前言　这是一本创新的地理书

这是一本创新的地理书。

一本书，没有创新，就没有生命力！

本书的创新，表现在三方面。

一是体例的创新。这是一本科普书，不是教科书，也不是教学参考书。地理类书籍的写作，几十年来，已经形成了一个不成文的体例，尤其是像笔者这样从事地理研究工作的学者。我第一次提交给出版社的提纲也是传统的，似教科书，有疆域、区位、气候、山脉、河流、湖泊、湿地、瀑布、火山、地震、岛屿、资源、环保，等等。我后来思考很久，地理科普著作不能再走这条路！因为市场证明，读者已经厌倦了老的体例。因此，本书大胆决定只讲传统的或教科书的三分之一到四分之一的内容。这样一来，就可以把要写的内容写细，写生动；就像我们画一幅画，把“细节”表现出来。如第二章“优越的区位”原来只有现第一节内容，现在增加到了三节；而第二节、第三节的内容，在其他的地理书或地理科普书中，我是没有见到的，而这两节的内容却是和我们生活密切相关的、读者又想知道的内容。如北京时间就是我们熟悉又陌生的知识。

二是个人风格的确立和表现。现在图书市场上的同类书百人一腔、千人一面，没有撰著者的风格。如写瀑布几乎都是“飞流直下三千尺，疑是银河落九天”，读者看腻了。为了确立自己的风格，我有3个原则：①写自己去过的、考察过的、并且懂得的。这样，有自己的看法、体会、体验，写出来就不仅不会有“隔靴抓痒”，而且绝不会与别人雷同。另外，懂得的、明白的，写出来才不会使人有“昏昏”之感。如我写孔雀石、马褂木等，不仅仅停留在表面的形态上，才能写出其内涵。②用优美的语言来写。中国古典诗词，尤其是唐诗、宋词，用最优美、最形象的语言，不仅写出了自己的情感，还写出了不少地理知识。本书引用多达八十首的诗词。③写别人很少写的新地方，写新的理论和观点。如在第七章“种种火山”中写了中国的玛珥湖、福建屏南的白水洋水波广场等读者感到新奇的地方。在第八章“奇秀的喀斯特山水”中，写了峰林和峰丛是两个独立的发育系统，两者之间没有前后，即没有继承和发展的关系等。

三是内容的扩展、延伸。在有关的章节，把笔者所写的精彩的科普文章、有关的信息联系在一起，让读者读来更有趣味。如在第一章“美丽的国家”中，讲述了辛弃疾的爱国情怀；在第三章“神圣的疆域”中，讲述了“边境‘龙’城嘉荫掠影”等。

本书不仅是一本创新之作，更是笔者几十年室内勤奋学习、室外艰苦实践的辛勤劳作的结晶，希望得到您的认可和喜爱。

把书的清样看完了，在序中加一小段话。

2016 年 6 月交稿出版社，今天是 2017 年大暑后的第 3 天，转眼一年后了，感想很多：最主要的是做学问的不易。我突然想到了王国维先生在《人间词话》中写的“治学三境界”：“昨夜西风凋碧树，独上高楼，望尽天涯路”，此第一境也；“衣带渐宽终不悔，为伊消得人憔悴”，此第二境也；“众里寻他千百度，蓦然回首，那人却在，灯火阑珊处”，此第三境也。

书中的每一个知识的获得，几乎都经历了这三个阶段，从望断到迷茫到成功。书出版了，是件高兴的事，还是用我喜爱的唐代诗人刘禹锡的两句诗来结束：

晴空一鹤排云上，便引诗情到碧霄。

吴胜明　2017 年 7 月 25 日下午

于国家图书馆一层阅览室

目录

目录

中国，多彩的大地

吴胜明　著

科学普及出版社
·北　京·

图书在版编目（CIP）数据

中国，多彩的大地 / 吴胜明著 . — 北京 : 科学普及出版社 , 2017.8
ISBN 978-7-110-09657-4

Ⅰ. ①中…　Ⅱ. ①吴…　Ⅲ. ①地理－中国－通俗读物　Ⅳ. ① K92-49

中国版本图书馆 CIP 数据核字 (2017) 第 220279 号

责任编辑	韩　颖　李双北　李　红
责任校对	焦　宁
责任印制	马宇晨
装帧设计	中文天地

出　　版	科学普及出版社
发　　行	中国科学技术出版社发行部
地　　址	北京市海淀区中关村南大街16号
邮　　编	100081
发行电话	010-62173865
传　　真	010-62179148
网　　址	http://www.cspbooks.com.cn

开　　本	720mm × 1000mm　1/16
字　　数	490千字
印　　张	34
版　　次	2017年9月第1版
印　　次	2017年9月第1次印刷
印　　刷	鸿博昊天科技有限公司
书　　号	ISBN 978-7-110-09657-4 / K · 156
定　　价	98.00元

目录

目录

Chapter 1

第一章 美丽的国家

我爱你，中国

我爱你，中国。蓝天下，五星红旗飘扬，这就是中国。天安门前，古松挺立，这就是中国。中国年轻而又古老。北海公园，龙腾天空，泉水喷涌，中国欣欣向荣；花坛绚丽，万紫千红，中国美丽。我爱你，中国；我要把最美的歌儿献给你，我的母亲，我的祖国——中国。

第1节 中外共识的美丽之国

丝绸之美在中国源远流长

丝绸在中国源远流长。外国人称中国为“丝绸之国”，他们崇拜和迷恋中国的丝绸。

丝绸之美不仅表现在质地上的轻盈、柔软、飘逸、绚丽，还有让人们惊叹的文化含量、艺术含量和知识含量。仅举长沙马王堆汉墓（距今2100多年前的辛追墓）出土的3类丝绸制品，让我们认识和欣赏一下丝绸之美。

1）轻薄的素纱禅衣。马王堆一号墓出土；交领、右衽、直裾式；用精缫丝织造，其丝缕很细。其衣长128厘米，袖长90厘米，腰宽48厘米，下摆宽49厘米。

中国古代宗教相信人骑鹤升天，天上有鹤

这么大的一件上衣，重量仅仅48克！真是轻若烟雾，薄如蝉翼。这件衣是用无色纱织成，因而称“素”，“禅衣”是指没有衬里。如此轻薄透明的纱衣怎么穿啊？《诗经·郑风·丰》中作出了回答：“衣锦衣，裳锦裳”。女人在色彩艳丽的锦袍外面罩上一层轻薄透明的禅衣，使里面锦衣的花纹若隐若现，产生一种朦胧之美，还增加了衣饰的层次感。当看到这样一位着丝织衣物的女子，你会感到她像花一样美。使人想到唐代伟大诗人白居易的《花非花》一诗：

花非花，雾非雾。
夜半来，天明去。
来如春梦几多时，
去似朝云无觅处。

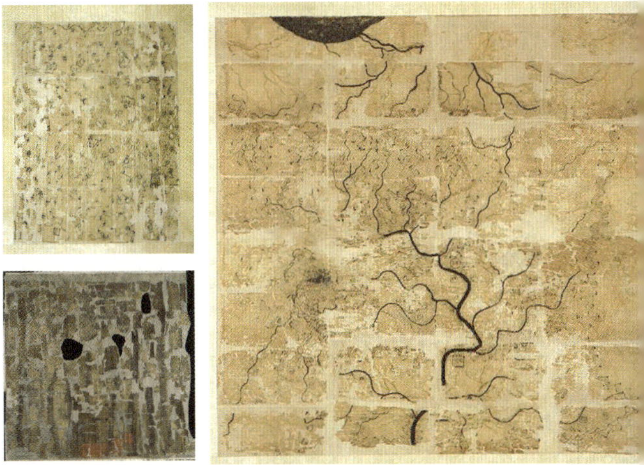
《长沙南部地形图》《驻军图》《城邑和园寝图》

2）T 形帛画。马王堆出土帛画（画在丝织物上）5 幅，其中盖在墓主人棺盖上的 2 幅 T 形帛画不仅色彩明亮、形象生动，而且内容丰富。帛画长 205 厘米，上宽 92 厘米，下宽 477 厘米；自上而下分为 3 部分，分别描绘了天上、人间、地下的情景。上部顶端正中有 1 个人首蛇身像，是大神烛龙的形象，下有鹤飞翔在其左右（中国古代宗教相信人骑鹤升天，天上有鹤）；右上为一轮红太阳，内立金乌，下方是翼龙、扶桑和 8 个较小的红圆点，反映了古代天空中有 10 个太阳的神话；左上部一鸽子作飞翔状，仰身擎托一弯新月（上九天揽月是中国人自古的梦想），蟾蜍与玉兔拱围月牙旁边，下有翼龙与云气。你看，天空多么美丽热闹，把中国人的神话传说都画在了这帛画之中。丝绸不仅仅是丝绸，帛画把丝绸之美提高了一个档次。

3）惊人的帛书和帛图。帛书质地为生丝织成的细绢，时间自秦末至汉初。有 29 种帛书，12 万余字。用篆书和隶书书写，字体规范、工整、美观；行距、字距适当，为书法珍品；抄写的有《老子》《周易》《经》等中国数千年的经典，帛书中还有史书、医学、兵书等。最让我人惊喜的是帛书中有地图，即 3 幅帛图《长沙南部地形图》《驻军图》《城邑和园寝图》。这些地图是目前世界上现存最早、具有一定地理科学水平的大比例尺实用彩色地图。即使现在，我们使用的不少地图都还是单一色彩的。这种帛书、帛图表现出的丝绸之美，是人类文明之美，能够在 2100 余年后重见天日，更显示了中国人和人类的智慧之美！

丝绸之美最直接、最鲜明、最撞击人的内心的是花纹之美、之巧妙、之无与伦比。这不禁使人想起白居易的《缭绫》一诗：

缭绫缭绫何所似？不似罗绡与纨绮。
应似天台山上明月前，四十五尺瀑布泉。
中有文章又奇绝，地铺白烟花簇雪。
织者何人衣者谁？越溪寒女汉宫姬。
去年中使宣口敕，天上取样人间织。
织为云外秋雁外，染作江南春水色。
广裁衫袖长制裙，金斗熨波刀剪纹。
异彩奇文相隐映，转侧看花花不定。

你看，缭绫比罗、绢、纨、绮 4 种丝织品还精美，尤其是其上的花纹似明月下的飞泉，闪闪发光，耀人眼目，静中有动；那花纹好比一篇绝好的美文，又似一片白烟轻轻地从雪花中袅袅升起。今年的花纹还要翻新，要把天上的美景作为“样本”，最后使人感到既是好诗又是妙画，就像刘姥姥进入锦绣的大观园！

自然环境中的桑树

中国的丝绸如此之美，巧夺天工！清代著名作家曹雪芹在《红楼梦》中，对主要人物的穿着描写离不了丝绸，在此仅举 4 个人物的一两件衣着。贾宝玉外面罩的是石青起花八团倭缎排穗褂，脚上登着青缎粉底小朝靴。你看，外面罩的是缎，脚上登的还是缎，并且花纹是不一样的。王熙凤身上穿的是缕金百蝶穿花大红洋缎窄袄，下着翡翠撒花洋绉裙。王熙凤是女性，其穿的丝绸更加华丽，袄子的大红云缎上有百蝶穿花，裙子上是碧绿色的无数的花朵（即撒花）。再看两个女孩的腰带，史湘云腰里束一条蝴蝶结子长穗五色宫绦；林黛玉系一条青金闪绿双环四合如意绦。好家伙！丝绸之带一个是五色的还有蝴蝶结，一个是青金闪绿（也应该有三色）的双环四合的如意形。难怪，早在唐代的韩愈在形容桂林之水时，用了“水如青罗带”就够了。

江西吉州窑烧制的木叶碗

种桑养蚕产生了丝绸，它是中国适宜的自然地理环境和农耕社会高度发展的人文环境相结合的结晶。离开了中国地理环境这个因素，不可能有美丽的丝绸以及享誉世界的丝绸之路。桑树在中国的江南生长得多好啊，根深叶茂，为生丝的生产者蚕宝宝提供了又多又好的食物。享誉千年的江西吉州窑在烧制陶器时，匠人们把桑叶放在碗底，成为美丽的标志。

中国丝绸之美，是中国自然之美，也是与中国人文之美的结合，这就是中国地理之美！

江山如画

江山是地理研究的对象。中国的地理，在某种程度上来讲，就是中国的江山。中国的江山是如此的美丽，多少中国文人满怀深情地唱出了中国江山之美、中国之美。

宋代的苏东坡，在《念奴娇·赤壁怀古》中写道：

大江东去，浪淘尽，千古风流人物。
故垒西边，人道是、三国周郎赤壁。

乱石穿空，惊涛拍岸，卷起千堆雪。

江山如画，一时多少豪杰。

他唱出了中国长江的壮美：一条大江，浪花滚滚；岩壁是红色的，一直刺向天空；惊涛有力地拍打着岩壁，激起无穷的浪花，就像漫天大雪，像画一样。

苏东坡还认为杭州西湖就像美女西施，晴天方好，雨天也奇。他眼中的庐山峰谷，“横看成岭侧成峰，远近高低各不同”，令人百看不厌。

长江是水阔之美，西湖是奇诡之美，庐山是神秘之美。他泛舟游于赤壁之下，尽情观察，享受着中国江山之美。

中国江山如画的地方是众多的。再来看看浙江的富春江山之美。

桐庐富春江风光：一折青山一扇屏

桐庐富春江风光：一湾碧水一条琴

清代刘嗣绾的《自钱塘至桐庐舟中杂诗》写道：

一折青山一扇屏，一湾碧水一条琴。
无声诗与有声画，须在桐庐江山寻。

用扇屏形容山势迤逦，如屏风陈列江岸，琴则指水声悦耳动听。这里江山是“无声诗和有声画”。

在这里，还要写“声如裂帛，声情并至”的宋代文豪——民族英雄辛弃疾对中国江山的描述。他在《丑奴儿近》词中开始的两句为：

千峰云起，骤雨一霎儿价。
更远树斜阳，风景怎生图画。

他把在旅途（博山道中）中见到的千峰、远树、蓝天、日光，还有阵雨等地理现象组成“风景”，而这风景就构成了一幅图画！中国的民族英雄人物，世世代代，始终用高昂的斗志、全身的忠诚，捍卫着中国的每一寸美丽的国土。这张照片于 2016 年 4 月拍摄于江西省的铅山县。辛弃疾仅仅是中国民族英雄的代表，信江因为有他，有一种英雄的色彩。

辛弃疾还有一首《西江月·夜行黄沙道中》，把中国江山夜晚的美丽写得使人心醉。

明月别枝惊鹊，清风半夜鸣蝉。
稻花香里说丰年，听取蛙声一片。
七八个星天外，两三点雨山前。
旧时茅店社林边，路转溪桥忽见。

词的前半部4句，有鹊叫、蝉鸣、蛙声，更有明月、清风和稻花；既有“动物地理”，又有“文学地理”。后半部分的4句就是地理了，七八个星星在天外，不是“明月星稀”，而是下雨云层较厚的原因；雨是小雨，不是骤雨，仅仅是两三点落在山前。旧时村中的茅店，走过田间小路，又过了溪上的桥，突然见到，多亲切啊！这首词写得美极了！中国的江山之美是丰满的，既有蛙声、蝉鸣之美，又有稻花香之美；既有夜空中七八个星星之美，又有两三点山前雨之美，更有溪桥边突见小时候茅店之美。辛弃疾为什么对宋代的中国爱得如此深沉，就是他对中国的江山爱得深远。醉里还在看剑，梦里仿佛听到了军号（吹角连营），他爱中国的一草一木，更爱那辽阔无比的天空，他胸怀

江西铅山县信江岸边的辛弃疾雕像：何处望神州

对自己国家的大爱。

宋代还有一个文人兼书法家叫米芾。他狂热地爱着中国大地上的奇石，见到好的石头，行大礼，拜为兄长。“米芾拜石”流传至今，石头也是江山的一部分。

武汉黄鹤楼处：米芾拜石雕像

明代伟大的地理和地质学家徐霞客更是对中国江山的美丽有着更切身的体会。他将在广西见到的河流的曲流形容为“如蝶之穿丛，梭之度纬”；他见到溶洞中的边池坝水盈盈、整整齐齐，就称之为“仙人田”——神仙种的田；他见到武夷山的水帘洞，呼之为“大观”；他将雁荡山的两个火山洞赞为“真天下奇观！”。他在《游黄山日记（后）》中写道：

下瞰峭壑阴森，枫松相间，五色纷披，灿若图绣。

黄山不仅是一幅图画，更是一幅彩色的丝绣。他将中国江山之美与丝绸之美、丝绣之美结合在一起，是一种美上加美！

江山如此多娇，引无数英雄竞折腰。历史上，多少爱国仁人志士、英雄儿女，为捍卫这片美丽的国土，拼尽了毕生的精力，甚至付出了热血和生命的代价。我在最近 15 年的野外考察中，有 3 位热血英雄有关的经历使我难以忘怀，他们是王二小、杨靖宇、辛弃疾。

王二小是抗日小英雄。“牛儿还在山坡吃草，放牛的孩子不知哪儿去了”这首传唱了几代人的革命歌曲，讲的就是王二小。2003 年 8 月，去河北涞源国家地质公园考察时，知道了这个让人敬仰的小英雄竟然就是涞源人！我把他写进了《中国地书——中国 21 个国家地质公园全记录》（山东画报出版社，2005）。抗日英雄杨靖宇是河南驻马店人，但他牺牲在中国东北的黑土地上的吉林靖宇县（原名蒙江县）。这是一位有着铮铮铁骨、身高有一米九多的硬汉，牺牲时，日本人剖开他的身体，胃内竟是野草啊！敌人的残暴吓不得我们，中国人民永远是顶天立地的捍卫神圣而美丽国土的战士，不屈的战士！写到这里，我流泪了！我把他写进了《中国最美的地质公园》（北京大学出版社，2011）。中国的地理，中国的江山，同样是实现我们理想、创造我们英雄业绩的根基！

中国人不但记录、歌颂、誓死捍卫我们的江山，更注重研究江山，这就是地理和地质。有两首唐诗和一则故事就是有力的证据。第一首诗是唐代胡玢的《桑落洲》：

莫问桑田事，但看桑落洲。
数家新住处，昔日大江流。
古岸崩欲尽，平沙长未休。
想应百年后，人世更悠悠。

第二首诗是李商隐的《谒山》：

从来系日乏长绳，水去云回恨不胜。
欲就麻姑买沧海，一杯春露冷如冰。

这两首诗，都是讲沧海桑田的变化。李商隐的诗更有趣，把沧海瞬间变成一杯水。可不是吗？地球至今已有46亿年的历史，每一次沧海桑田之变，不就是瞬间的事。

在我们的古代神话传说中有一位仙女叫麻姑，她自称在短时间内三见沧海变桑田。而麻姑的“家乡”是在今天的江西省南城县，2016年4月，我专程赴麻姑山考察，时间虽然只有半天，现代的交通工具使我到了麻姑山接近顶峰的地方。麻姑山是一座花岗岩之山，山脚下的自然环境优美，红豆杉、罗汉松等古树繁茂充满了生机。中国神仙出没的地方，一般来说都是山好、水好、风光好的宝地。

华夏·美丽大国·中国

古时，黄河流域一带的先民自称“华夏”。从字义上讲，“华”即“美丽”，“夏”即“盛大”。《左传》上说：“中国有礼仪之大，故称夏，有服章之美谓之华”。《书经》上曰：“冕服采装曰华，大国曰夏”。“华夏”可以理解为大而美丽，还有风度之意。

华夏民族居黄河流域，称其四境的民族为蛮、夷、戎、狄，华夏民族居于中央，遂习称“中国”。

“中国”一名已有 3000 余年的文献记载，但正式作为国名，始于辛亥革命后的 1912 年。在这以前，从夏、商、周一直到明、清历代王朝，“中国”从未正式作为国名，多用朝代名称来做国名。例如，“汉”或“大汉”，“晋”或“大晋”，“唐”或“大唐”，“宋”或“大宋”……直到清朝国名还是“大清”或“大清帝国”。

现在，“中国”一词远远不是指黄河流域了，经过数千年的历史发展，“中国”是指包括 56 个民族 13 多亿人口在内的约为 960 万平方千米的土地以及其上的一切自然资源，还有 473 万平方千米的蓝色海域以及其内的所有海洋资源。“中国”是个既古老而又年轻的国名，用于我们这个既古老而又年轻的人民共和国是十分恰当的。

第 2 节　让地理科普书插上文学的翅膀

《飘》及文学地理

让科普著作插上文学的翅膀，我 20 多年前就有这个想法，曾向中科院高泳源先生（现《中国国家地理》杂志前身《地理知识》主编）请教，高先生十分认真地给我回信（信写得极其工整，我保留至今），赞同我的“文学地理”，并给我推荐 3 本书。第一本就是美国女作家米切尔写的 *Gone With The Wind*（《飘》），介绍说这本书把美国东南部的棉花种植中心的亚特兰大市的气候、土壤等描写得很好。

2015 年 12 月，我去国家图书馆，找到了 2011 年中央编译出版社出版的由黄健人翻译的《飘》。我用半个月的时间不看故事情节，只看地理风光，并且既看中文，又看英文，我感到写得太好了、太妙了！

例一，“明天准晴，会热得跟 6 月份一样”，斯图尔特道，“瞧瞧那落日，没见过更红的啦，看落日知天气嘛。”与中国民谚“早看东南，晚看西北”如出一辙，而且落日用红来表示。

例二，“粉白的种植园砖屋宛若红色海洋中的小岛，那海波涛起伏，浪花滚滚，却在波峰裂作碎浪的瞬间忽而凝住，因而在这里看不到笔直悠长的田垄，不像佐治亚中部平原的黄土地，也不像沿海种植园上黑色的沃土。北佐治亚迤逦的丘陵被耕耘为无数条曲线，免得肥沃的土壤被雨水冲刷到河底去。”这一段文字不多，但不懂地学和生活在城市的人较难理解。这是一段描写“梯田”的文字，太形象了。梯田中的房屋因为高于田野，又不大，正如“小岛”；用两种方式描述梯田的田垄，一是像大海的波涛起伏，特别强调不像中部平原和沿海平原有“笔直悠长的田垄”；二是为无数条曲线。最后说明了梯田的水土保持作用。这就是文学地理啊！在用词上也讲究，“黑色的沃土”的肥沃用的是“lush”，而“肥沃的土壤”的肥沃用的是“rich”。

由《飘》想到了《徐霞客游记》（简称《游记》），我认为《游记》是至今为止中国最好的“文学地理”著作。地理，通俗讲就是研究山水的，把山水描写好太难了，但徐霞客笔下的山水是很精彩的。仅举两例：

例一，飘的作用。徐霞客在江西弋阳的龟峰考察时，发现景区的水帘瀑布很有特点，称之为“真霄壤间一灵胜矣”。为什么呢？因为水帘瀑所在岩壁是“三面环崖，回亘自天”的高耸的穹岩，又因为它具有“瀑”的特点：“泉（即瀑）从崖东飘坠，飞珠捲雪，为此中绝胜”。你看，徐霞客用了一个“飘”字，但以前我不理解。2015 年 11 月，我去龟峰考察来到了此地，但未见瀑布，连水也未见。这时导游小江叫我们大声喊叫，只见一股水（也是很小很小的）真的从崖上飘坠，一滴一滴的水珠在飞，也似雪花在舞。此刻意识到这个“飘”字用得太好了。随后，徐霞客又用一句话来描述：“时朔风舞泉，游漾乘空，声影俱异。”既然是泉飘下来，有风时，泉就舞起来；在天空中游漾，飘来飘去；泉水的声音和影子与人们的想象交织在一起，让人感到十分奇异。这使我想到唐代诗人刘长卿的《送严士元》中的两句：“细雨湿衣看不见，闲花落地听无声。”

我看这水帘时，只有在看到它滴落在下面的灌木树叶上时，才听到很轻很轻的声音。你看，写龟峰水帘中用一个“飘”字多形象和逼真，把山水刻画得耐人寻味。

例二，对山村的描述。徐霞客 1636 年 10 月 18 日到江西铅山见村舍，写道：“山断沙回处，霜痕枫色，映村庐而出石隙，若经一番点缀者。”第二天，又见一户人家，写道：“绕麓一山家，庐云巢翠，恍有幽趣。”这不禁使人联想到两首著名的唐诗——杜牧的《山行》和李白的《望庐山五老峰》。

《山行》——杜牧

远上寒山石径斜，白云深处有人家。
停车坐爱枫林晚，霜叶红于二月花。

《望庐山五老峰》——李白

庐山东南五老峰，青山削出金芙蓉。
九江秀色可揽结，吾将此地巢云松。

徐霞客的山行看见了霜痕、枫色、村庐、石隙的组合，好像是人工点缀的，地点比白云深处更具体——山断沙回处；李白理想的隐居地是和白云青松相伴，徐霞客遇见的山家正好是庐云巢翠，很有幽趣。

两个山村之家就是两首诗，多么吸引人。徐霞客的《游记》是文中有诗，诗情画意。

中国是个美丽的国家。时至今日，我们的中学、大学、研究生的地学教科书不但要克服枯燥无趣的缺点，而且我们的地学科普著作更要写得妙趣横生，有品有味。我写此文，也是自勉。

文人的“南昌地理”——《滕王阁序》

2015年11月2日，我又一次来到了江西的滕王阁学习、欣赏、游览。回京后，我又专门阅读了已经阅读过许多遍的王勃的《滕王阁序》，我被王勃的文章感动了。

“落霞与孤鹜齐飞，秋水共长天一色”，多么美妙的描述。当时都督阎公闻之，矍然而起，曰：“此真天才，当垂不朽矣！”新中国的主要缔造者毛泽东，书写了这一句悬挂在滕王阁最醒目的一楼抱厦的两柱上。美丽落日的彩霞在飞动，在与孤鹜一起飞动，把我们的视线引向远处，远处是弯弯的赣江，秋天的天空是那么清澈、那么空透，一直到远方，秋水与长天相连，那就是我们看到的水天一色的地平线啊！多么大气，多么壮丽的风景啊！紧接着，王勃写道：“渔舟唱晚，响穷彭蠡之滨”，赣江上的渔歌唱得这么嘹亮，居然能传到一两百千米之外的鄱阳湖。“雁阵惊寒，声断衡阳之浦”，这时经过滕王阁南飞的大雁的鸣叫声也能达到衡山之南的水边。文人笔下的地理就是这里的山水，南昌赣江的风景实际就是广义上的“南昌地理”。

年轻的王勃站在上出重霄、下临无地的飞阁流丹的滕王阁上，看见南昌、江西延伸到湖南，放眼远望，辽阔的山岭和平原充满他的视野，川泽的丰满使他惊异，这山水情更使他生发出一番对人生道路的深沉的思考，也给出非常积极的答案。最终他发出了“钟期既遇，奏流水以何惭？”的感慨。他提到的就是发生在我的家乡武汉市的一个闻名全中国的故事——“知音”：伯牙鼓琴，心里想着高山时，钟子期说“善哉！峨峨兮若泰山”；伯牙心里想着流水时，钟子期说：“善哉！洋洋兮若江河”。王勃说自己在今天遇到了知音——都督阎公，愿意并且十分高兴赋诗作文，就像当年伯牙奏流水之琴一样，有什么惭愧的呢！他告诉我们看到机会，就要紧紧地抓住，展现自己的才华和能力！因为，“呜呼！胜地不常，盛筵难再”——机会转眼即逝。在《滕王阁序》

结尾时，对座上所有的宾客还写到“请洒潘江，各倾陆海”，即大家竭其才能写出晋朝文学家潘岳（人说其才如江）、陆机（人说其才如海）那样的好作品。

王勃说：“君子安贫，达人知命”，但他极力苦苦劝导人们坚持、坚守自己的凌云之志，遇到伯乐、知音，赶紧奏流水之琴啊！

王勃的《滕王阁序》中所包含的山水人文情怀，是十分感人的。这就是为什么南昌人、江西人在滕王阁因各种原因被毁 28 次后，今天仍然第 29 次重建得如此辉煌，屹立在赣江边，成为江西南昌的第一地标，成为每一个中国文化人心中的圣地，个中原因就是王勃这篇把山水之情写“穷”了的千古佳文啊！阁以文传！

《滕王阁序》问世后，得到中国文人的一致肯定，韩愈、苏东坡等都给予了极高评价。

明代文徵明留下的这幅墨迹是一幅行书，如此流畅，如此生动；可以看出，文徵明应该是能把王勃之文背诵得十分娴熟的，不然不会写得如此一气呵成，如此气韵生动。诵读王勃的《滕王阁序》，我们可以

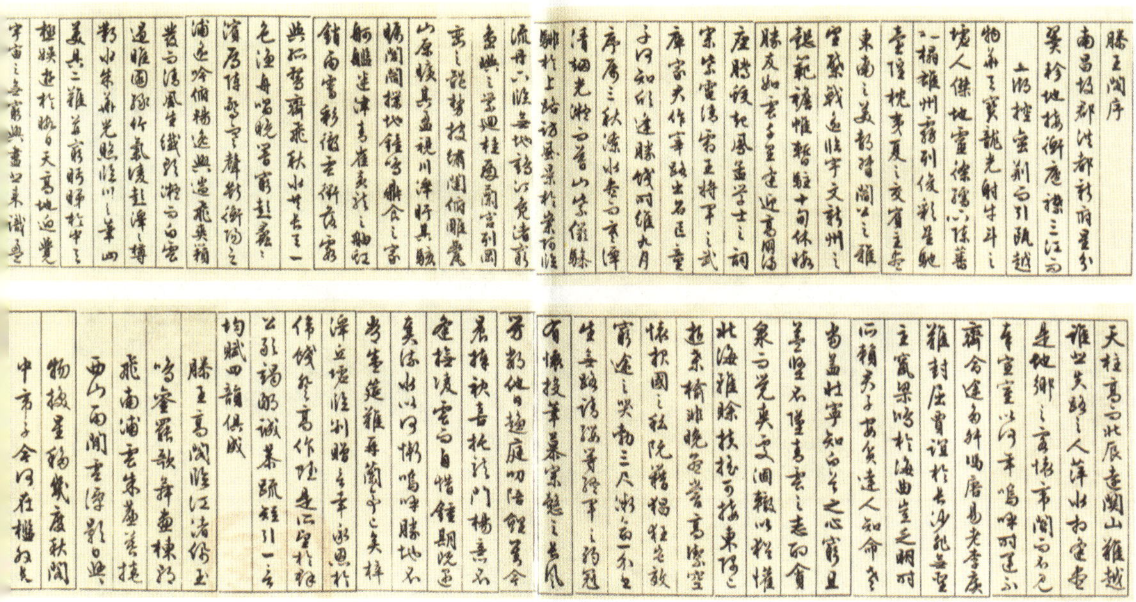

明代文徵明墨迹《滕王阁序》

从中体会出山水之美、地理之美以及它所蕴含的人生哲理。

《徐霞客游记》——地理科普著作的“样本”

历史上，对中国地理之美最为了解的就是明代伟大的旅游地学家徐霞客（1587—1641）。徐霞客旅游考察从1607年到1640年，历经30多年，最后4年是不间断地一直在野外；他的行踪遍及中国现今20个省、自治区、直辖市，大大超过了“万里”。他最东抵达了东经122°的浙江普陀，最西到达了东经99°左右的云南腾冲，东西跨越了23个经度，有90多分钟时差。他最北抵达了北纬40°以北的北岳恒山，最南到达了北纬22°的今广西崇左，南北跨越了热带、亚热带、温带3个气候带。他详细考察了24座名山、7大水系。正是在这伟大的实践基础上写出了中国地理的经典著作《徐霞客游记》。他的塑像矗立在家乡江苏江阴的徐霞客博物馆外，这位“伟大的行者”深情地注视着家乡美丽的山山水水。

徐霞客（1587—1641），明代伟大的地理学家

他的考察创造了两项当时的旅行记录。一是旅行的时间。徐霞客的始游是在1607年，这年他22岁，登临太湖中东、西洞庭两山，眺望了浩浩的太湖；终于1640年的云南鸡足山。前后达30多年，尤其是最后4年不间断的西南北行。这个记录是了不起的。二是行走的地区。他的行踪遍及现在中国内地的20个省、自治区、直辖市：河北、山西、陕西、山东、河南、湖北、江苏、安徽、浙江、福建、江西、湖南、广东、广西、贵州、云南、北京、天津、上海、重庆。

他考察了24座中国名山：天台山、雁荡山、齐云山、黄山、武夷山、庐山、嵩山、华山、武当山、五台山、恒山、江郎山、武功山、浮盖山、飞天山、龙虎山、龟峰、衡山、高黎贡山、鸡足山、泰山、珞珈山、罗浮山、盘山（后4座山无游记）以及著名的桂林山水。

他探查了长江（金沙江）、黄河、珠江（西江）、元江、澜沧江、怒江、大盈江7大水系。

徐霞客的最大成就是在行走、旅行、考察的基础上撰写了被称为“中华文化的经典著作”的《徐霞客游记》（以下简称“《游记》”）。《游记》不仅是伟大的地学著作，也是优美的文学游记，还是翔实的社会百科。这是一部写中国江山、中国山水、中国环境，即中国地理的科学著作；更是一部现代意义上的中国地理科普著作。

我从1993年系统研读《游记》以来，阅读许多遍后，它的4个特点使我印象深刻。

第一，《游记》字里行间，流露出作者炽热的真情实感。如在游天台山一开始写道“云散日朗，人意山光，俱有喜态”。看到这样的文字，读者心中喜洋洋的。在福建将乐考察时遇春雪，“赤足飞腾，良大快也”，读者不禁从内心发出笑声。他登上黄山最高的莲花峰写道“遇朝阳霁色，鲜映层发，令人狂叫欲舞”。你看，他见到黄山美景就像现在年轻人见到心仪的明星一样，是狂叫；比现在年轻人的尖叫还要高一格呢！他不仅狂叫，肢体也想舞，中国的江山太美了。

第二，《游记》为了让读者明白一些自然现象和自然景观，使用了大量生动的比喻，增加读者的阅读兴趣。如河流中的曲流，他比喻

“如梭之度纬，如蝶之穿丛，应接不暇，无过乎此”，旧时织布机上的梭子在来回地移动，好似蝴蝶在花丛中穿飞，多么生动。喀斯特山中因为溶洞多，千穴百孔，他比喻为丝瓜之囊、筋缕外络，内部都透空了。

第三，《游记》的文字贴切，记录真实，结论严谨。写山水，写环境，一定要一是一、二是二。例如，他写到桂林漓江时，“漓水至是已极汪洋”，漓水当时是汪洋，这也是桂林峰林形成的重要原因。写到贵州的黄果树瀑布，“盖余所见瀑布，高峻数倍者有之，而从无此阔而大者”，非常实事求是。当然，他见到好的景观也十分赞赏，如在考察浙江雁荡山，见到屏霞嶂左右有两个奇洞——龙鼻洞和天聪洞后，立刻写到“锐峰叠嶂，左右环向，奇巧百出，真天下奇观！”

第四，《游记》描述自然景观特点鲜明，绝无类同之感。如描写武夷山的水帘洞时，“岩既雄扩，泉亦高散，千条万缕，悬空倾斜，亦大观也！”；而在描写江西龟峰的水帘洞，则写道“西南循外谷入水帘洞……泉从崖东飘坠，飞珠捲雪，为此中绝胜。”这两个水帘洞我都考察过，确实龟峰水帘与武夷水帘有着不同的味道，他用了“倾泻”“大观”形容武夷水帘，用了“飘坠”“此中绝胜”来形容龟峰水帘是符合实际的。读者从中一下就体会到两者不同！

徐霞客是写山水、写环境的高手；但与王勃不同，王勃写山水，更多的是文学，可以称为山水文学；徐写山水中有文学，更多的是地学，可以称为山水地学。相同的是两者笔端都饱含激情，是有感情、有温度的。我这本书从本质上来说，是写中国的山水、中国的自然环境，即中国地理。但写出来一定既要有知识，更要有情有感，那就要以王勃的《滕王阁序》和徐霞客的《徐霞客游记》为“样本”，尤其是徐霞客把中国山水写得那么美妙，那么迷人。

王勃的《滕王阁序》、范仲淹的《岳阳楼记》，还有李白、杜甫、白居易、唐宋八大家，等等，他们都是我的样本和典范。当然，古代文人们写了壮丽的山水，是山水文学。我写的是山水地学，是科普著作，但他们的人文情怀是值得我很好地学习的。

这本书是写中国山水、中国的自然环境、中国的自然地理的。怎么写？我想，第一，不要写成第三人称的说明文，而要倾注进我的思想、感情和激情；第二，不能只有客观的描述，显得枯燥，要融进我的亲历、亲见的感受；第三，所写的内容不能是道听途说，而是我读万卷书、行万里路后的原创；最后，最应注意的是，不要写成教科书，要摆脱古板的说教。

陕西西安，钟楼

河南洛阳，周王城天子驾六博物馆

山东烟台，蓬莱阁

山东荣成，成山角岬角

广西南宁，邕江宾馆附近街景

贵州贵阳，甲秀楼

Chapter 2

第二章 优越的区位

区位就是一地的地理位置。

地球上一地的地理位置是用纬度和经度来表示的。纬度表示南北，经度表示东西。地球是个近似的圆球。地球南北的中央为赤道线，赤道线以北为北纬，以南为南纬，各有从 0° 到 90° 。地球东西的分界线在英国伦敦原克林威治天文台所在地，以东为东经，以西为西经，各有从 0° 到 180° 。

照片上 6 个地方的经纬度实际上就是它们在地球上的“门票号码”。具体如下：

西安，北纬 34° 18′，东经 108° 56′；洛阳，北纬 34° 30′；东经 112° 40′；蓬莱阁，北纬 37° 20′，东经 121° 30′；成山头，北纬 37° 25′，东经 122° 40′；南宁，北纬 22° 40′，东经 108° 30′；贵阳，北纬 26° 35′，东经 106° 40′。笔者举以上 6 地，仅仅作为例子。读者应该逐渐学会用经纬度来考虑一地的区位。我们平常用的 GPS 定位仪用的就是经纬度。在空投、救援、勘探等行业中，区位确定也是用经纬度。

我骄傲，我行走在中国的大地上

我骄傲，我行走在中国的大地上。

在黄果树，飞流直下、雷鸣喷雪的瀑布让我激动、兴奋、热血沸腾，人生也当如此壮丽。

在张家界，崇山峻岭之中，一条细细的绵长的线瀑布潺潺流动、不声不响，顽强地奔向大海。我为之感动，人生的大部分时间或大部分的人不都如此吗？

在雁荡山，五丈以上尚是冰、十丈以下全是烟的大龙湫，如今只是一条很细很细的时断时续的水流，像一个垂暮的老人。但它仍不停息，向往的依然是大海。

中国的大地，是一片多姿多彩的大地，是一片富有哲理的大地。

我骄傲，我行走在中国的大地上。

在广东韶关丹霞山，那色如渥丹、灿若明霞的岩壁似绚丽的青春，是我们所有人共有的不老年华！

在江西弋阳龟峰，那画笔峰的岩壁红得别样红，这是英雄方志敏同志的鲜血染红了它，是千千万万民族英雄的鲜血染红了它。

在贵州大方，那漫山遍野的红杜鹃盛开、绽放在偏僻又贫瘠的贵州高原上的千万株古树上，把中国的大地扮靓是它心中唯一的梦想。

中国的大地，是一片红彤彤的大地，是一片英雄的大地。

我骄傲，我行走在中国的大地上。

在玉门，那黑色黏稠的原油是从地下深处涌出的；

在黑龙江，那巨大的恐龙化石是在滚滚的江涛中被发现的；

在湛江，那圆圆的秀美的湖光岩是在火与水的激烈搏斗中诞生的；

在黄山，那高峻的每一座雄峰都是挣脱五千米的盖层后崛起的……

中国的大地，是一片奋斗的大地，是一片新崛起的大地！时时刻刻在改变着大地！

我骄傲，我行走在中国的大地上！

第1节　面对两洋，背靠群山

区位是国家的地理基础

区位就是一个国家或地区总的地理环境以及南、北、东、西4个方位的情况。

每个国家在地球上的位置即地理环境，决定了这个国家政治、经济、文化等许多方面。如一个深处内陆的国家，没有出海口，其对外交通和贸易肯定受影响，其蓝色文明即海洋文化发展就比较薄弱。再如一个位于高纬的国家，其农作物就会比较单调，且生物的多样性也会受到影响等。当然，地理环境决定论应该受到批判，但其影响是显而易见的。

可以说，一个国家，哪怕是一个省、地区，其区位是其地理基础。如果忽视了这个基础，就失去了地理的大局观和全球观。下面仅举中国云南省为例。

用开放的眼光来看“一带一路”国家战略和长江经济带建设，云南是饮马长江、肩挑两洋、通江达海、八面来风。只要构筑了四通八达的交通网络，云南的前景灿烂。站在昆明往南看，中南半岛到印度洋，往北是祖国的西南腹地，往东是两广和珠江三角洲，往西是西藏。用开放的眼光来看，云南是潜力巨大的辐射中心。

这是2015年3月,《云南画报》在《大通道辐射亚洲》一文中引用的中共云南省委书记的一段话。

你看，他把云南这个内陆省份的区位优势讲得多么具体生动。云南的东南西北四面都非常重要。长江上游金沙江奔流在云南境内，云南是既可以饮马长江，又能够肩挑印度洋和太平洋，从而形成通江达海、八面来风的盛况。对于既不靠海、又不临洋的内陆省云南来说，似乎站不住脚。但只要构筑一个四通八达的交通网络，云南便有灿烂的前景。由此可见区位的重要性。

中国的“门牌号”

一个国家在地球上的位置是由经度和纬度决定的。经度和纬度就相当于我们所说的“门牌号码”。

在这儿要特别指出经线和经度是两个不同的概念。经线是地理坐标的纵轴，经度是用来表示东、西方向的。同理，纬线是地理坐标的横轴，纬度是用来表示南、北方向的。

中国位于欧亚大陆的东部，并不位于世界之“中”。

从南北半球来说，中国位于北半球。中国人自古以来对北，尤其是对天空中的北极星和北斗七星特别熟悉和亲切，用这些星星来指引方向、确定季节。中国领土最南端的曾母暗沙，离地球的“中线”即赤道线还有 400 多千米之遥。

从东西半球来讲，中国位于东半球。习惯上，根据西经 20° 和东经 160° 的经线圈，把地球平分为东、西两个半球。我国领土的最西为帕米尔高原，处在约东经 73° ，离东西两个半球的分界——西经 20° 还相当遥远呢。我国领土的最东边是黑龙江和乌苏里江的主航道会合处，约为东经 135° ，离东经 160° 也有一段距离。确切地讲，中国的领土全部在东经的范围之内，因此，中国是一个地地道道的东半球国家，是东方之国。中国不仅位于东半球，而且位于亚洲之东，可称为“东亚的国家”。

中国版图的形状，好似一只雄鸡。中国正处于世界的东方，亚洲的东部。雄鸡总是在东方拂晓时啼叫，唤起人们开始一天的生活。

是的！中国是屹立在亚洲东方的一只雄鸡，它正在生机勃勃地欢唱着赞歌，向前奋进。

太平洋的波涛拍打着中国的海岸

十分幸运，中国大陆国土的东边是一望无垠的太平洋。太平洋的海风吹拂着我们，不仅给我们带来了温暖，还带来了降水。这种季风气候使得中国虽然位于北回归线的副热带高压，但是没有形成干旱的沙漠，而是一片欣欣向荣的锦绣农田。当然，季风也不可能一直向西长驱直入，到了甘肃就成了强弩之末了，中国的西北大多数地方是一片干旱的景象。唐诗就写道“春风不度玉门关”。

中国的东部位于宽广的太平洋，为海洋事业的发展提供了一个很好的舞台。明代郑和七下西洋开辟的海上丝绸之路最远到达了非洲的肯尼亚。现已证实，中国人比欧洲人更早地抵达了非洲。中非友谊源远流长。

太平洋上空的风云给我们带来了丰沛而及时的降水；太平洋海上的波浪提供了我们和海外各国交往的航运方便，更赐给我们丰富多样的海产资源。正因为中国面向太平洋，使古老的中华文明中有蓝色海洋文明融合——北京周口店人就佩戴着海贝。

印度洋的暖风吹拂着中国的高原

四川广汉三星堆一号、二号祭坑出土了齿货贝，在四川凉山和云南大理、楚雄等地，都出土了同样的海贝。这些生长在海洋中的生物如何来到了深居内陆的古人手中？经专家研究，这种海贝只产于印度洋的深海水域。原来印度洋蓝色的海洋文明之风几千年前就吹到了我们西南的云南高原和巴蜀大地。

印度洋季风，如同印度洋的文明一样也吹拂着我们的青藏高原的东部。拉萨就是典型的例子，由于印度洋季风的吹拂，降雨量很多，年平均降雨量达到 1461 毫米。1936 年，印度洋季风强盛，这年拉萨的降雨量竟然达到 5034 毫米，但紧接着 1937 年，印度洋季风很弱，拉萨降水只有 372 毫米。西藏日喀则市的亚东县虽然局部地形对印度洋季风有阻隔作用，但年降雨量仍达到 936 毫米。

中国不仅文明、气候和印度洋紧密相连；中国人在长期文明的进展中，也把古老的中华文明传播、融入到印度洋地区，互相辉映。

西部的高山雪峰孕育了华夏文明之花

全球最年轻、最挺拔、最高耸的喜马拉雅山系就屹立在中国的西部。中国境内以及边境线上有全球8000米以上高山雪峰12座中的8座。中国西部不仅有喜马拉雅，还有喀喇昆仑山、昆仑山、天山、阿尔泰山，更有那万山之宗的帕米尔高原。它们“近天都”“接海隅”，显得那么神圣、那么纯洁。

人们把珠穆朗玛峰称为“第三女神”，把昆仑之巅称为“阆苑仙境”，更是深入人心。宋代著名文人欧阳修在一首《临江仙》的词中就写道“闻说阆山通阆苑，楼高不见君家”。句意：“听说你要去的阆州有阆山通向昆仑山巅仙人居住的阆苑，楼那么高，我怕是看不到你了。”表达了对友人的祝福。新疆高山之湖天池，更传说是西王母开蟠桃宴会的地方。

对于我们来说，西部的高山雪峰中众多的冰川孕育了长江、黄河、澜沧江等大江大河，使得古老的中华文明能够在这些江河流水边诞生、生长、发展。没有这些高山、雪峰，就没有中华文明。

海光山月两相和

中国面对大洋，是一个很大的区位优势。看一看世界上的强国，美国、俄国、英国、法国、加拿大、德国、意大利等没有一个不是靠海临洋之国。

有些国土面积较小的国家，凭一两个海港就能富国，如荷兰的阿姆斯特丹和鹿特丹，比利时的安特卫普，新加坡等。海港城市的发展更是和海港密不可分，没有上海港就没有今日上海市的繁华景象。

国土面积居世界第九、世界最大的内陆国哈萨克斯坦，虽说石油天然气资源丰富，但无出海口，限制了经济的发展。不少国家为了争取一个出海口，费尽了千辛万苦。如非洲苏丹国分成南北两部分后，石油丰富的南苏丹没有出海口，只好依赖北苏丹，两国矛盾不断。

蓬莱阁——似万里长城卫海滩

有些国家缺乏山地、高山，不但矿产资源受到限制，就连登山运动也无法开展。

中国面向两洋、背靠群山的地理环境，既有海光，又有山月，为我们发展经济、文化、体育提供了广阔的领域和舞台。

中国人民热爱海洋，重视海洋。1988 年，中国国务院公布的第二批国家重点风景名胜区中，有好几处海洋景区。胶东半岛海滨也在其内，其中的蓬莱阁景区所在地是中国人十分重视的海域，宋代著名文人苏东坡还在此当过地方官，主管这片海域。我于 2014 年 9 月 28 日登上蓬莱阁时，蓝天白云、一望无垠的大海呈现眼前，内心无比激动；加上阵阵海风吹来，十分舒适。整个建筑似海上长城，那亭台楼阁如座座烽火台。在亭台楼阁中有不少的题匾，表达了中国人民热爱海洋之情。

与北京遥遥相望

如果从北京所在的地面开凿一条东西向的隧道穿透地球，那么隧道的另一端开口在何处呢?

中国人民热爱海洋、重视海洋

北京的地理坐标大约是北纬 40° 、东经 116° 。那么和北京正对着的地球的另一侧的地理坐标是北纬 40° 、西经 64° 。查一下世界地图可以知道，此地是浩瀚的大西洋，大约在美国东部城市费城以东 800 千米处，离大西洋海域神秘的百慕大三角不远了。

北京人要想到这片海域观光，没有捷径，因为隧道是不存在的，只能像坐环形公共汽车一样，从球面上绕行。

一是东行，从北京坐火车到天津（260 千米），然后进入海上的航程：天津—烟台（371 千米）、烟台—青岛（441 千米）、青岛—上海（756 千米）、上海—日本的横滨（1920 千米）、横滨—美国的旧金山

（8410 千米），海上的路程到旧金山结束，即横渡了太平洋。从旧金山坐火车横贯美国东西到费城（约 1000 千米），从费城到纽约，从纽约坐开往直布罗陀的轮船东行 800 千米就到了。上述里程相加总距离大约为 16971 千米。

二是西行，从北京坐火车到乌鲁木齐、越天山进入吉尔吉斯斯坦境内，经土耳其跨过东欧诸国，抵西欧巴黎、到伦敦，坐海船横渡大西洋到纽约，航途中可经北京“对面”的那片海域。这个距离应该说和东行相差不远，但却是异常艰难。要翻山越岭，横穿十多个国家，光护照就够麻烦的了。好处是横渡大西洋的路程仅 6000 千米左右，比东行海路要少 2000 千米，对于不习惯坐海船的人走西线当然好多了。

和北京对面的西半球是汪洋大海。那和我们中国基本上面对面的国家应该是美国。美国的首都华盛顿的地理坐标大致为北纬 38°、西经 77°，其对面的地方应是北纬 38°、东经 103°。查一下地图可知，这地方基本在我国甘肃省的沙漠绿洲——民勤县。

最后，北京对面的大西洋海域离神秘的百慕大三角不远了。我渴望能有人到地球的另一端去考察，带回异国的风土人情。

第 2 节　北京时间

时区和日界线

地球是圆的，如果不人为规定，各个国家或地区的时间无所谓早晚，因为大家都可以以自己所在地为一天时间的开始。为此，人们确定了时区。

地球从西向东自转，24 小时自转一周。1 小时就转 360° 的 1/24，即 15°。于是，每隔经度 15° 就相差 1 小时。人们以本初子午线（即 0° 经线）为起点向东到东经 7.5°、向西到西经 7.5° 共 15°，一起组成的一个时区称为中时区（又称零时区）。在这个时区内，以 0° 经线的地方时为标准时间，这就是格林尼治时间，又称世界时。然后，从中时区的边界分别向东、向西每隔经度 15° 划一个时区，东、西各划出 12 个时区，但东 12 区和西 12 区相重叠（一般称东 12 区）。全球共划出 24 个时区。各时区都以本区中央经线的“地方时”为本区共同的标准时间。在这儿要记住，东 2 区在东 1 区的东边，依此类推，同理，西 2 区在西 1 区的西边。顺序号（即时区号）越大的越在东边或西边。记住这点，对推算时间的差距是大有好处的。

时区确定了。1884 年，天文学家又确定了地球上一天开始和终止的线，即日界线，又叫国际日期变更线。这条线基本上是东、西经 180° 线，但又不完全是这条线，这是为了在同一个国家和地区不至于同时是两天，而使它稍有曲折，可以把这条线相近似看成是一条不规则的经线。这条线从北极开始，绕过楚科奇，从捷日涅夫角和阿拉斯加半岛上的威尔斯太子角之间经过白令海峡，然后从阿留申群岛的东端，中途岛、斐济群岛的西端，查塔姆群岛的西端通过，最后到南极为止。

紧靠这线的西边的地区和国家最早迎来新的一天，它们有俄罗斯的楚科奇半岛、斐济王国、新西兰等地区。反之，紧靠这条线的东边的地区和国家则是最晚送走同样的一天，如美国的阿拉斯加、夏威夷群岛。

在通过日期变更线时，一定要改变日期，或提前一天，或推后一天，差整整 24 小时。打个比方说，就是撕掉一张日历，还是找回撕掉的那张日历重新粘上。究竟是撕掉还是粘上，这就要看你是从西往东通过此线、还是从东往西通过此线了。

假若你是 10 日 15 时从日界线西面进入东面，比方是从俄罗斯的楚克奇到美国的阿拉斯加，你就要把日历重新翻到 9 日，时间当然还是 15 时。反之，若是 10 日 15 时从日界线的东面进入西面，你就要把日历翻到 11 日，时间也还是 15 时。这儿要记住两点：一是从日界线的西面进到东面，是从“今天”退到“昨天”，多过一天；反之，从日界线的东面进到西面，是从“今天”进到“明天”，少过一天。一般来说，越东面时间越早，但在日界线则刚好相反，线东面的反而晚，西面早。需注意的第二点是在变更日期时，时刻并不变化。

中国的经度区位是在东经 135° 和 73° 之间，我们属于东时区；中国又在日界线以西。正因为如此，中国总是比在西边的欧洲国家先迎来曙光和朝霞，迎来新的一天；先见到落日和晚霞，结束繁忙的一天！

北京时间——东经 120° 的时间

中国幅员辽阔，最东边在时区上属于东 9 区；最西边在时区上属于东 5 区，东西总共跨过了 5 个时区。

在我们这样一个大国里，不规定一个统一时间，大家都按地方时办事，就会给生活带来许多不便。举个简单的例子，一架飞机本月 5 日 8 时从上海市（东 8 区）出发，经过 4 小时到达乌鲁木齐市（东 6 区）。机上有个旅客在起飞前给目的地的亲友发了个电报说，5 日 12 时到，请他到机场接。这个旅客到达后发现这个亲友不在机场接他。走进候机楼再一看，当地挂的大钟刚走到 10 时，是飞机只飞了 2 个小时吗？不是。而是乌鲁木齐市和上海市之间相差了 2 个小时！

中国统一时间就要定一个标准，以某一个城市所在的时区为标准。中国是以首都北京为标准。北京位于东经 116°，时区上属于东 8 区。东 8 区的中央经线为东经 120° 经线，将此处的时间定为北京时间，所以，我们说的北京时间并不是真正的北京时间（即北京地方时）。而在东经 120° 附近的城市，有海拉尔、山海关、常州、杭州等，它们的“地方时”与我们说的“北京时间”基本吻合。其中，杭州是浙江省省会城市，西湖的美景以及 2016 年在此召开的 G20 会议使它名扬海外，但是，你也许不知道，它是中

杭州火车站

国所有省会城市中地方时最接近北京时间的城市。

可见，“北京时间”不等于是“北京地方时”，北京地方时是东经116° 的时间。由于经度差15° 就会差1个小时，116° 和120° 相差4°，时间上就差16分钟（经度差1° 差4分钟）。116° 在120° 的西面，所以北京地方时比北京时间晚16分钟。

吉隆坡和北京不是零时差

现在我们明白了，“北京时间”和“北京地方时”不是一回事儿，它们是两个很重要的地理概念。从2008年4月21日《北京晚报》25版上发表的《吉隆坡——北京零时差》一文入手，来讲这两个概念，以加深理解。

如果要理解“时差”，那么首先应该了解以下有关“时差”的地理知识：

①以英国原格林尼治天文台所在的0° 经线（本初子午线）为中心各向东西7.5° 所在地为零时区（又称中时区）。以0° 经线所在的“地方时”为标准时间，又叫格林尼治时间，又称世界时。

②从零时区的中心线（即0° 经线）分别向东、西每隔15° 划分一个时区，东、西各划出12个时区，东12区和西12区相重合，全球共划分为24个时区。

③各时区都以本区的中央经线的“地方时”为本区共同的标准时间。

④地球24小时自转1周即360°，1小时转经度15°，4分钟转1°。换言之，经度每相差1°，地方时就差4分钟，即存在“时差”。每差1个时区，正好相差1小时。

⑤中国采用东8区即东经120° 的地方时为标准时，又称“北京时间”。但北京位于东经116°，所以北京的地方时比“北京时间”有16分钟的差距。

明白了上述地理知识，就可以指出文中的错误了：吉隆坡和北京不是零时差，两城市的地方时相差56分钟。吉隆坡位于东经102°（大致和中国四川的西昌市、青海的西宁市差不多），已经属于东 7 区了，和北京所在的东 8 区应该有近 1 小时的相差。由于马来西亚国土由 3 部分组成，最东部的沙巴已经接近东经 120°，马来西亚决定采用东 8 区的时间为该国标准时，所以和北京采用了同一个标准时，吉隆坡人和北京人戴的手表的时间是一样的。但“时差”是地理上的概念，吉隆坡位于东经 102°，北京位于东经 116°，两地相差 14 个经度，1° 差 4 分钟，两地的地方时相差 56 分钟是不争的事实。这就是两地的“时差”。尽管手表时间一样，打个比方就好像我们把 15 ~ 35 岁称为“青年人”，青年人代表了一个年龄段的人，不是指具体的某个年龄的“青年人”，而其间的年轻人之间是有“年龄差”的。一般讲，两个城市都位于同一经度上才是零时差，正如两个同年生的人才是“零岁差”一样。

中国全国都用北京时间，包括最东边的黑龙江和最西部的新疆，中国所有人的手表时间都显示北京时间。但是绝不能说北京和西宁、乌鲁木齐、抚远等地是“零时差”。这种说法是不符合地理科学的。

懂得了北京时间和时差，还会给阅读增加不少趣味，如著名地质学家朱夏院士有一首诗《西行途中书感》：

锦绣晴空任意堆，谁知下界有风雷。
逍遥尘外何妨暂，已夺浮生半日回。

其中最后一句“已夺浮生半日回”，就是指北京时间比西边的格林尼治时间（即世界时）早 8 小时，而作者正是从北京往西飞到西欧，注定了在起飞时已经夺回了 8 小时即半日的时间。

时差及其他

谈到时间问题，一定要谈一下时差。现在，在中国不少电视台的知识问答题中，经常出现这类问题，而且难度还不低。如 2004 年 10 月，中央电视台“梦想成真”节目中，就有一问是：“当北京是 16 点

40 分时，下列何地是 11 点 40 分？A. 伦敦，B. 阿姆斯特丹，C. 巴格达，D. 新德里。”

这实际上是考时区即时差的地理题。其实，懂得了上面的知识后，分 4 步就能找到正确答案。第一步，何地比北京时间整整晚 5 个小时；第二步，1 个小时差 15 个经度，5 个小时差 75 个经度；第三步，何地比北京时间晚，应该是在北京时间东 8 区的 120° 经线减去 75°，即位于东经 45° 的东 3 区；第四步，比较一下，伦敦是在中时区，阿姆斯特丹是荷兰的首都距伦敦不远，不会相差 5 个时区；新德里是印度首都，而印度是中国西部的邻国，也不会相差 5 个时区；比较后，只有巴格达合适，即巴格达就是正确答案。查一下《世界地图册》，巴格达位于东经 44° 多，正好位于东 3 区。

记住一些重要国家的重要城市的所在时区是很有必要的，对我们出国很有帮助。如伦敦位于中时区（又称零时区），北京位于东 8 区，北京和伦敦相差 8 个时区，就等于差 8 小时；北京又位于伦敦东边，应该是比伦敦早 8 小时，即北京时间是晚上 8 时（即 20 时），此时英国伦敦是中午 12 时。日本东京，东 9 区；澳大利亚堪培拉，东 10 区；新西兰惠灵顿，东 11 区；泰国曼谷，东 7 区；孟加拉国达卡，东 6 区；印度新德里，东 5 区；伊拉克巴格达、伊朗德黑兰，东 3 区；埃及开罗，东 2 区；挪威、丹麦、德国、西班牙等欧洲大陆的绝大部分国家都位于东 1 区（这中间按经度来说，西班牙、葡萄牙应属于中时区，但为了和欧洲其他国家来往方便也用东 1 区时间）。需要注意的是，欧洲芬兰、匈牙利、保加利亚用东 2 区时。

再来看看西边的时区。西三区有南美的巴西、阿根廷，和北京的时差为 11 小时，在南美的晚上举办的体育比赛，中国人只要早上早点起床就能看到。加拿大的渥太华、美国的纽约位于西 5 区，和北京时间相差 13 小时，即 8+5=13 小时，北京时间是晚上 8 时（即 20 时），纽约是当天早上 7 时；反之，纽约是晚上 8 时（20 时），北京已经是第二天上午 9 时了；美国的休斯敦，即前中国球员姚明火箭队所在的城市，位于西 6 区，又比纽约晚 1 小时，和北京相差 14 小时了。休斯敦晚上 8 时，北京时间已经是第二天上午 10 时。所以，中国人看美国的 NBA 篮球比赛是不用熬夜的，美国西部的洛杉矶、旧金山（即圣弗朗西斯科）等位于西 8 区，和北京的时差是整整 16 个小时。

题外话：凡是在北极圈以北、在南极圈内都有科考站的国家，可以说全年都是阳光灿烂的白昼之国。这是因为南极、北极都分别有半年的白昼。这样的国家有中国、美国、俄罗斯、瑞典、挪威等国。但要注意，极圈内的白昼，太阳的高度是很矮的，每天 24 小时，太阳就是在地平线附近的高度转一圈而已，太阳永远不会升起来。

中国在时间制度上的一次失误

1986—1991 年，中国实行了 6 年的夏时制：规定 4 月中旬的第一个星期日北京时间 2 时整将时间调快 1 小时，到 9 月中旬的第一个星期日北京时间 2 时整将时间调慢 1 个小时。

研究地理的我，从地理知识的角度上看认为中国实行夏时制不妥，为此写了一篇《我国不宜采用夏时制》的文章，于 1989 年 3 月投寄给了《北京青年报》，没想到 4 月 14 日该报竟发表了，并还冠以“真知灼见”！

该文章是中国实行夏时制时，全国唯一的一篇见诸了媒体的反对文章。文章发表 3 年后的 1992 年 4 月 5 日，国务院决定暂停夏时制，并指出：由于我国南北温差大、东西时差大，全国采用的是统一的北京时间，实行夏时制在我国西北、西南及长江流域以南地区收不到节电效果，夏时制给人民生活和铁路运输等行业的工作带来许多不便。

我知道消息后，十分高兴，又写了一文《“暂停夏时制”的思考》。没想到该文发表后，全国竟有 30 多家媒体转载。可见，人同此心，心同此理。我内心十分感慨，历史终于用文字记录下与共和国一道成长起来的知识分子对祖国的忠诚。很高兴时隔 20 余年，再次将这两篇文章呈现给读者。

我国不宜采用夏时制

我国不宜继续采用夏时制。其理由如下：

1. 我国人民的作息时间早就随季节而变化。在不把钟表拨快1小时的情况下，就有春秋季、夏季、冬季的作息时间。我国古代就有“日出而作，日入而息”的传统，至今仍保持着。

2. 4—10月实行夏时制不符合我国的地理气候条件。我国领土的最北端离北极圈还有近13个纬度，最南端却延伸到北纬4° 的曾母暗沙附近。我国4—10月各地日出日没的时刻差别是很大的，仅举我国4个城市4月1日和10月1日的日出时间来说明。

中国4个城市的日出时间表

城　　市	4月1日	10月1日
哈尔滨	5时13分	5时31分
武　　汉	6时15分	6时16分
广　　州	6时20分	6时19分
乌鲁木齐	7时52分	8时06分

我国不宜采用夏时制。

你看，钟表拨快1小时，武汉、广州等地在4月和10月“7时才天亮”，而乌鲁木齐则近9时天才亮，这对人们长期的生活习惯给予了否定，不仅给工作带来不便，反而会使人们产生“逆反心理”。同时，能源专家预计的节省能源也会落空，因西部地区有两个月要有1小时的“点灯照明”的工作时间。

夏时制中的“夏”对我国名不副实。我国有两个地区是气候上的“无夏区”，一是青藏高原，二是大小兴安岭。4月初，入夏的除了南海诸岛、台湾省、海南岛之外仅有广东的雷州半岛；7月15日之后，东北北部才入夏。夏季结束时间，东北北部为8月10日左右，北京9月5日左右；10月初，南昌、长沙一线夏季结束，进入“小阳春”天气。据此，4至10月称“夏时”不符合我国大部分地区的实际。

3. 钟表拨快1小时后，产生的计时上的问题不容忽视。我国现在全国采用的统一时间是“北京时间”，即东经120° 的地方时。钟表拨快1小时后，从科学上讲是东经135° 的地方时，恰好是日本国采用的时间，人们通常称东京时间。这样，在使用上（在电台、电视台等），我们的“北京时间”在一年中的5个月就会消失，由此会造成和世界各国时间换算上的混乱，因为我国的全部领土几乎都在东经135° 线以西。

虽然，我们用了所谓“北京夏令时”，但这是一个人为的称呼，并无特定的科学内涵。实质仍然是“东京时间”。

至于，本文所说的理由，希望有关方面能够从1989年起废止在全国范围内使用夏时制——实际上，不少地方是明用暗不用。

“暂停夏时制”的思考

对实行了6年之久的夏时制，我国今年采取了暂停措施，作为曾为取消夏时制“据理力争”过的人，我值“暂停”之际，引出了一些思考。

我国是一个幅员辽阔的大国，南北温度差极大。因此，用一项统一的“调时”制度覆盖全国，便显现出不适应性。实行夏时制尽管在北方地区可起到一定的节电作用，但在南方则未必奏效，甚至适得其反。例如在素有“火炉”之称的武汉，实行夏时制后，人们入睡时间拖后1小时，不但没有达到节约照明用电的目的，反而有所增加。结果不少家庭在夏时制实行期间创造了用电的最高纪录。此种情况在重庆、南京、广州等南方大城市亦如此。

如此批评了夏时制后，使我同时联想到它的出台。据闻，它的建议最初只是几位太阳能专家提出的，然后便一下子在全国推行开来，且一直实行了6年。这其中确有可以让我们接受的教训。一个11亿人口国家的生活作息并非可以轻易定夺之事，它涉及极为复杂的方方面面，因此必须采取慎之又慎的科学态度，包括征求各方面意见，轻易做结论甚至推行开来是不足取的。

值得一提的是，我国对夏时制采取“暂停”所表现出的断然姿态是值得称道的。还是那句老话：“实践是检验真理的唯一标准”。不行就改，改过来并不意味着失败。

第 3 节　夏至与北回归线

“北极村”夏至拾趣

中国陆疆的最北处位于黑龙江省漠河以北的黑龙江主航道。位于北纬 53° 28' 的漠河村是我国最北的村镇，故又称“中国的北极村”。

在夏至（每年的 6 月 21 日或 22 日左右）这天夜里 1 点多钟，我国内地的人们都在熟睡之际，这里天已放亮，鸡鸣鸟啼，真是“半夜鸡叫”，子夜不夜。到 3:26，已见日出，很快升上天空，直到晚上 8:34 太阳才落下山。一日之内，太阳整整和人们相见 17 个小时。日落以后，天空中的晚霞临近晚上 11:00 才消失，到翌晨 3 点多钟日出，仅 4 个多小时。谁都知道，日出前和日没后天空有一段发亮的时间，天文学上称为“晨昏蒙影”。假若加上这段时间，漠河在 6、7 两个月没有“真正的黑暗”（即太阳不会下到地平线下 18° 以下）；也就是说，这近两个月看不到天空中最暗的星星，见不到“满天星斗”的现象。

你要是夏至前后到漠河看露天电影的话，往往电影没有放映完，天就亮了；打篮球、踢足球不用“挑灯夜战”，可以尽情地玩个痛快。

中国北疆夏季漫长的日照也为长日照作物如向日葵、大豆等的生长提供了优越条件。中国这些作物的品种以黑龙江最好，道理就在此。

为什么会出现这种现象呢？这是因为地球是斜着身子绕太阳公转，之间有 23.5° 的夹角，即地轴倾斜着运动，地球的赤道面和黄道（太阳视移动的路线）在 23° 26′ 纬线之间来回，也就是造成太阳光直射的范围每年在南北纬 23.5° 之间移动。因此，北纬 23° 26′ 一线被称为

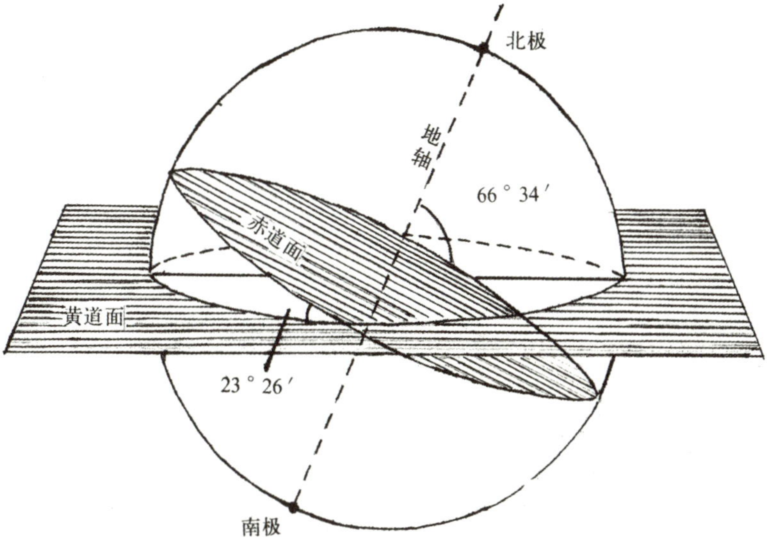

北回归线产生的原因图

北回归线，南纬 23° 26′ 线被称为南回归线。每年夏至，太阳光北移到北回归线。北回归线正好通过我国云南、广西、广东、台湾等省区，在北回归线以北的地区形成了一年中白昼最长、夜晚最短的一天，并持续 3 个月之久，一直到 9 月 22 日秋分（这一天全球各地昼夜等长）。此后，又变为了昼短于夜。北回归线使中国绝大部分地区享受到 3 个月的光明超过黑夜的时光。

影子·夏至·石表·手表

中国位于北半球，且大部分国土在北回归线以北，在几千年的生活实践中对于包括夏至在内的季节变化是相当熟悉和了解的。

我们的祖先是用什么方法知道日月之行带来的季节变化呢？答案就是“影子”，特别是“日影”。2000 多年前，秦始皇时代的《吕氏春秋》中的《察今》一文中就写道：

有道之士，贵以近知远，以今知古，以所见知所不见。故审堂下之阴，而知日月之行，阴阳之变；见瓶水之冰，而知天下之寒，鱼鳖之藏也。

多么聪明的中国古人，看房屋（堂）下的日月影子，就可知道日月之行啊！中国人不仅说到了还做到了。

我考察过中国最早的天文台——河南登封市告成镇的周公测景台。登封县就在著名的中岳嵩山脚下。告成镇是中国公元前 2000 年夏国的首都，即都城。其国王大禹治水就在嵩山地区，传说其子启也诞生在嵩山。

此处的“景”就是“影”的意思，古代景和影是通用的。这个测景台并不是 3000 多年前的周朝时代建的，而是唐朝的天文官南宫说带人来此建造，是为了纪念周公，故叫此名。这里是一个专门研究影子——日影的机构。

笔者在告成天文台元代石表前

夏至，太阳光直射北回归线。北半球各地这一天正午（中午 12 时）影子是一年中最短的；在北回归线上出现“立竿不见影”的现象。

中国天文学家从一开始就是竖立一个石柱来测定日影，定季节和年的。此石柱上端为一个三角形，称为“石表”。为了使测定更加准确，南宫说建立了一个高 8 尺的石表测日影。

元代时，著名天文学家郭守敬又把这里的 8 尺表加高为 40 尺，不仅测日影还观星。郭守敬当时根据日影测得一个回归年（即两次日影最长时的冬至之间或两次日影最短的夏至之间的时间长度），和现代科学测定仅仅差 26 秒，它和 16 世纪通用的公历格里高利历分秒不差，但比格里高利历早 300 年。

明清时代，中国用影子测一天的时间，记录太阳一年运行情况的石表即日晷不仅在北京故宫可以见到，在许多寺庙也能见到。

中国通过测影，对回归线尤其是北回归线的确定和认识无疑是走在世界前列的。

周公测景台给人两个启示。一是对“表”的认识，为什么计时的工具叫手表、怀表、跑表等，都来源于“石表”；而且今天手表的指针和石表的指针相似，也为一个尖角形。二是对“影”的运用。不少的文学作品中，用影来表示时间，仅举欧阳修《醉翁亭记》中的例子。“已而夕阳在山，人影散乱，太守归而宾客从也”，欧阳修不仅用了夕阳，更用了地上人们留下的凌乱影子，使得黄昏时的氛围更加生动。

最后要写一下“表”，即手表的变迁，令人十分失落。我 1963 年大学毕业后来到中科院读研究生，第一个梦想就是一块上海牌手表，经过半年的艰苦奋斗，手腕上终于有了表，好高兴啊！从此，我知道了时间，我掌握了宝贵的时间，当时我 22 岁。50 余年过去了，手表不再是年轻人的梦想之一，但时间您要抓紧！

看得见、摸得着的北回归线

地球上与太阳运行以及气候有关的纬线有 5 条：赤道线、南北回归线、南北极圈。5 条纬线之中，仅有北回归线通过中国境内。

把这条看不见的北回归线变成看得见、摸得着的线是普及天文学和地学知识的好办法。我在中科院地理所工作时，在所图书馆购买的一本台湾出版的地理图册中，突然发现台湾省的嘉义于 1909 年建有一座北回归线标志塔。

1979 年春节刚过，《光明日报》“科学”版创办，约稿于我。于是我撰写了《台湾地理花絮》一文，刊发在 1979 年 2 月 9 日的该报上，文中介绍了嘉义北回归线标志塔，引起较大反响。

1982 年 6 月，我国高等师范院校教“地理概论”的老师聚会羊城，我应邀参会。真没想到会议最后唯一的野外考察竟是在 6 月 23 日，即夏至这天，参观“文化大革命”前准备建造的从化北回归线标志点。

这个标志仅仅是一片花生地中的一个水泥墩。我和四五十位高校地理老师在此合影留念。照完相后，同行的华东师范大学的金祖孟教授找到我，恳切地对我说：“你写个报导敦促一下，让从化的北回归线标早日建成吧！”建立北回归线标不仅是他个人的意见，也是不少从事天文、地理工作者的心愿。

返京后，1982 年 8 月 12 日，我在广州的《南方日报》上著文《太平场应设立一个像样的北回线标》，这是新中国成立后首次正式在报纸上呼吁在大陆设立北回归线标。1982 年 12 期，我又在《天文爱好者》杂志上著文《广东从化的北回归线标》，继续呼吁在我国大陆尽快设立北回归线标志。此后几年，经过北回归线所在地的地方政府和专家等方方面面的努力，广州（即从化）北回归线标志于 1985 年 12 月 17 日竣工，1986 年 6 月 21 日（夏至）揭幕。广州北回归线标志位于从化太平场油麻浦村，地处北纬 23° 26′ 28″（1985 年北回归线纬度值）、东经 113° 29′，由底座、碑身和顶球三部分组成。碑身高 23.5 米（暗喻北回归线纬度值约数为 23.5°），总高 30.35 米，是中国最高的北回归线标志。

我兴奋地写了一首科学诗：

《祝贺从化太平场北回归线标志塔的建成》

光阴似箭日月过，南国荔枝红三载。
多年梦想成现实，线塔高耸入云端[①]。
太阳高高照寰宇，南来北往有定数[②]。
春秋两分射赤道，冬夏两至到回归。
中华大地幅员阔，南北季节不同时。
两分两至是关键，历来各地都重视。
台湾嘉义首建塔，挣得世界第一名[③]。
广东封开不落后，祖国大陆第一塔。
从化太平又建塔，漂亮挺拔世之最[④]。
待到明年夏至日，请君来看此奇观：
红色玛瑙映红日，不见人影留石上[⑤]。

广州从化北回归线标志塔

①广东一些知名的天文学家、地学家在新中国成立初期就提议在从化建立北回归线塔。

②由于地球绕日公转有 23.5° 的倾斜，所以太阳直射点是在赤道南北 23.5° 纬度之间运动。地球绕日公转，在地球上的人看来是太阳在运动，其实太阳是不动的。

③台湾省嘉义的北回归线标建于 1909 年。

④从化北回归线塔高度为 30.45 米，是世界第一。

⑤从化塔底的红色玛瑙，每年夏至的中午，太阳光将直射这一点。中午时分，由于太阳直射，人将无影。

中国北回归线标的建设，特别是在大陆起步是艰难的，但进步是飞速的。现在中国大地已经有 10 座北回归线标了，可以自豪地说，这项工作中国已经走在了世界前列。再次证明，国运昌，科学盛。前些年，在宝岛台湾召开了一个有关北回归线标的学术讨论会，华南师范大学教授刘南威在论文中提到了我的有关努力，作为一个地学家能在这项工作中贡献绵薄之力，深感欣慰。

中国北回归线标知多少

中国至今建好的北回归线标有10座，其中台湾有4座，嘉义和花莲各2座。嘉义的北回归线标是中国第一座北回归线标，建于1908年，至今已超过100年了！它高20多米，是一个塔形的石碑。碑的四面均刻着“北回归线标，北纬二十三度二十七分四秒五一，东经百二十度二十四分十六秒五”。

广东有3座：1984年，广东封开建成了中国大陆最早的北回归线标标志塔，用花岗岩和大理石装饰。1985年12月，广东从化建成了中国最高的北回归线标塔。1986年6月，广东汕头建成了北回归线标志塔，它是中国大陆最东（东经116.7°）的北回归线标志。

云南2座：一座位于云南东南部的文山壮族苗族自治州的西畴县。另一座位于云南南部普洱市的墨江哈尼族自治县境内，围绕着这座北回归线标志建成了一个公园，成为当地一个重要的旅游景点。

广西1座：位于桂平市。2003年9月的一天，我参观了桂平市的北回归线标。它位于桂平市北回归线公园，其占地2462平方米。它矗立在北纬23° 26′ 25″ 、东经110° 08′ 37″ 的南宁至梧州的公路旁。标志由拱形支架、地球模型和基座3部分组成。它用一个半圆的拱形横跨地面上的北回归线，而直径6米的地球模型又在高16米、跨度26米的拱形的中间，整个标志显得宏伟壮观、醒目大方，体现出现代设计理念。1997年夏至（6月21日）标志揭幕后，使得我国北回归线通过的4个省（区）即台湾、广东、云南、广西都建成了北回归线标。该标志塔还有一个奇特的现象，就是人们置身于标志塔场地范围内说话，会产生奇特回音的声学效应。不少参观者都会在此大喊一声：“我站在北回归线上。”此时都会听到一声共鸣嘹亮的回音，这更增加了该标志的魅力！

这10座北回归线标志塔，就像一条七彩的丝线上串着的10颗珍珠，耸立在中国的大地之上、蓝天之下，靓丽无比。它们从最西边森林繁茂像墨绿的绿松石一样的墨江出发，经过三江汇流、太平天国起义的故乡桂平，穿过中国改革开放前沿的广东，跨过波涛滚滚的台湾

广西桂平北回归线标

海峡，抵达宝岛台湾。我从这 10 座北回归线标不禁想到了登封告成镇的周公测景台。它们何尝不是今天的周公测景台，是中国数千年来文明的延续、承继和发扬。

中国北回归线上的风景奇丽而多样。因为它是热带和北温带的界线，同时也是其汇合处。地理上凡是两种地理地带的汇合处都会有一番让人兴奋、激动的地理景观，如海洋中暖流和寒流的交汇形成了富饶的渔场。北回归线广西区段把广西南宁市、柳州市、百色市、梧州市、桂平市等重要城市都包括在内，一眼就知道广西是个地处热带和亚热带的地区。有地理知识的人一看就明白，中国“得天独厚”，北回归线附近为富饶的家园。

北纬 30° 线并不神奇

前些年，中央电视台拍了一个电视片，专门介绍中国的一条纬线，叫“神奇的北纬 30°”。这个片子笔者看了好几期，确实拍的漂亮，内容和解说词也值得肯定，但其最大的问题是“名不副实”。说是北纬

30°，但拍的不少地方根本不在北纬 30°。按地理知识，北纬 30° 的范围应该限定在北纬 30° 0′ 0″ 至 30° 59′ 59″，这样一个东西走向的宽大约达 111 千米的范围之内。可是该片编导远远超过了这个范围，如把位于北纬 28.5° 的浙江丽水市遂昌县的千年红豆杉之村、位于北纬 29° 浙江金华市生产药材浙贝的磐安县都列入其中。编导肯定缺乏地理常识，以为往南或往北移 1 ~ 2 个纬度关系不大。要知道差一个纬度差 111 千米啊！你拍的就不是北纬 30° 了！从地学上来看，北纬 30° 没有任何神奇之处！如果有，那么沿地球上绝大多数纬线都有神奇之处。

我们还是要回到科学上来。地理科学上确有一些神奇的界线，但就纬线来说，就是笔者讲过的 5 条纬线。有些国家把纬线作为行政区的界限（如美国等）是另外一回事。如果真要拍地理界线，其实有不少，如中国南北方的地理界线——秦岭淮河线，把这条线的南北拍一下，又精彩，又科学。此话就到此，希望有人拍一部《中国的北回归线的壮丽风光》，收视率不会低。

北纬 30° 城市：武汉市武昌辛亥革命博物馆

北纬 30°城市：杭州市岳飞庙中的半边亭，亭内陈列着硅化木化石，即传说中的“尽忠柏”

影子中的美丽新世界

我考察过中国最早的天文台——河南登封市告成镇的周公测景台。此处景台的“景”就是影的意思。

银色的月光下的自然景物，其影子之美是十分迷人的。中国人在这方面的审美，有着数千年的历史传统。写到这，我首先想到的就是宋代文学家苏东坡的《记承天寺夜游》一文：

元丰六年（公元 1083 年）十月十二日，解衣欲睡，月色入户，欣然起行。念无与为乐者，遂至承天寺寻张怀民。怀民亦未寝，相与步于中庭。庭下如积水空明，水中藻、荇交横，盖竹柏影也。何夜无月？何夜无松柏？但少闲人如吾两人者耳。

这篇短文仅一百余字。苏东坡指出，古寺庭院中的月光像一泓积水那样空明，那样清澈透明；令人难忘的是这“水”中居然有水藻和水荇纵横交叉的生长啊，原来这是绿竹翠柏的影子。竹柏影子是幻化水草。晚上赏竹柏真是别有一番风趣！

凡是写到月光下的美好景色，人们往往都要提到这篇名文。如 1637 年 4 月 12 日，明代伟大的旅行家徐霞客在今湖南郴州美丽的翠江上的月夜写下了一段优美文字：

是晚素魄独莹，为三月所无，而江流山色，树影墟灯，远近映合，苏东坡承天寺夜景，不是过也。

徐霞客赏月也是在 12 日，月光是 3 个月以来最明亮的，即独莹。在江流旷达的空间之中，水中的山色加上岸上的树影和闪烁的墟灯，远近融合、汇集在一起，真是远远胜过了苏东坡的承天寺的月夜。徐霞客是一位十分懂得欣赏月夜之美的行者，他不仅注意到月光下的江流、山色、树影、墟灯，更欣赏到了它们的映合，即光和影的浑然一体。苏东坡不仅写了承天寺的月夜中的光和影，而且在《后赤壁赋》中第一段也写了月夜和人影：

是岁十月之望（即 15 日）……霜露既降，木叶尽脱。人影在地，仰见明月。顾而乐之，行歌相答。

你看，阴历 10 月 15 日，月圆之夜，树木经霜以后，叶子全都脱落了。这时，人影就特别的显现出来，使得苏东坡不知不觉抬头看见一轮明月高挂空中。他和客人一起观看四野的景色，即月夜的光和影。对于这美景，情不自禁地一边走一边吟诗。

苏东坡对月光下的光和影也是作为一种自然景物来欣赏的。在《水调歌头·黄州快哉亭赠张偓佺》诗中就写道“一千顷，都镜净，倒碧峰”。

长江的水面一碧千顷，犹如莹净的镜面，两岸青翠的山峰倒映水中，景色如诗如画。看倒影，是把远处的连绵起伏的山映在一望无际的水中，仿佛是映在巨大的擦拭得特别干净的镜子之中，人们看得更清楚，把山上的树木花草都能看得真切、更生动、更具画面感，水面就像一个画框一样。不仅文学家欣赏影子之美，科学家、不少天文学家更是专门研究影子，他们从影子中发现美、发现新的世界。

回过头来还说河南登封市告成镇的周公测景台。在唐代时，这里立的一个长八尺的石表，测太阳之影，并测得夏至之日中午阳光到达石座四周，石座全部被照亮，无影。石座的背后，有人还题刻了一副对联："道通天地有形外，石蕴阴阳无影中"。周公测景台使人们知道了夏至是"无影"的。

影子之美在科学上的应用很多，如岩石学中切片的观察、地图学中的遥感卫星的观测和研究等。山水影子不仅是自然之美，更能在科学上找到影子。

甘肃敦煌市市标

甘肃鸣沙山和月牙泉

新疆阿克苏市地标

新疆巴音布鲁克天鹅湖

青海扎陵湖

青海唐蕃古道上的文成公主像

（本页照片为陈琳摄）

Chapter 3

第三章 神圣的疆域

我们的祖国：中国，多么辽阔，多么绚丽。现在，呈现在读者面前的6张图片仅仅是中国西部万千风光和历史文化中之沧海一粟，令我们向往。

甘肃敦煌市市标。汉武帝时，敦煌就是河西四郡之一，是丝绸之路南线和北线的必经之地。敦煌是中国历史和艺术的殿堂。这个“反弹琵琶”的雕像多么生动。甘肃鸣沙山和月牙泉。它位于敦煌市南仅5000米。你从沙山往下滑时，可清晰地听到沙层中发出一阵阵声音，真奇妙。月牙泉面积仅5666平方米，最深处约5米，但被称为“沙漠第一泉”。新疆阿克苏市地标。它的旅游资源丰富，有龟兹古城、天山峡谷、塔里木河等。新疆巴音布鲁克天鹅湖。它位于和静县，是中国最大的天鹅繁衍、栖息地。青海扎陵湖，位于黄河源头地区，湖水清澈，湖中有一个长条形的鸟岛奇观。青海唐蕃古道上的文成公主像。中国人民永远忘不了这位为民族团结、和睦做出贡献的公主。

第1节　辽阔的国土

两件“奇”事的背后

中国东西的辽阔，我是在经历了两件当时觉得难以理解的事后，切身感受到了。

那是在“文化大革命”期间的1976年7月,《地理知识》(今《中国国家地理》前身）派我去东北北大荒采访。我去北大荒的第一站就是农垦兵团的18团，其兵团总部设在黑龙江省的宝清县。东北那一望无际的肥沃的黑土大平原，令人陶醉。此时正值麦浪滚滚、即将开镰收割之际，办完一天的事后，当晚住在兵团招待所。

由于旅途疲劳加上工作的紧张，我一上床就睡着了。但感觉没睡多久，天就亮了。一看手表才凌晨2点多钟。怎么天亮的这么早？很是奇怪。我想问问同房的另一位同志，但他床上已空空如也。我只好起床来到户外，见他正在外面洗漱，一问才知道，我的手表没停也没坏，正是凌晨2点多钟。

我站在户外的空地上看看天，确实亮了。虽说星空中还有几颗很亮很亮的星在闪烁，但绚丽的朝霞已经布满天空，在这大平原上看天空，天是如此辽阔，远方的地平线分外清晰，麦浪滚滚翻金浪，麦香飘天外，真是心旷神怡。

正在此时，响起了嘹亮的军号声，兵团的战士们起床了。不多久，一群群少男少女们排着整齐的队列向田野走去，开始了他们一天的劳作。

7点不到，他们收工了。吃早饭时，我问一位兵团女战士这里夏季的作息时间表。她答道：上午3 ~ 6点劳动；7 ~ 8点吃早饭；8 ~ 11点劳动；11 ~ 12点吃中饭；下午3 ~ 6点劳动。你看，多么辛劳的一天，真是“日出而作，日落而息”。

为何此地凌晨 2 点天就亮了？原来此地位于东经 132°，整整比 120° 差了 12 个经度。经度差 1° 相差 4 分钟，此地比北京时间早了整整 48 分钟。再加上此地的纬度也靠北，达到北纬 46°，比北京往北了 6°，自然这里凌晨 2 点天就亮了。

第二件事发生在 1989 年。这年夏天的一个下午，3 点多钟，我正在办公室里编稿，一位陌生人走进我的办公室问：“你们下午几点上班？”

“下午 1 点，”我答，“你们那儿几点？”我立刻反问他。

“4 点。”

我感到意外了，反问道：“你是哪儿的？”

“我是新疆乌鲁木齐的。”

学地理的我立即明白了。中国全国统一采用东经 120° 的地方时，即北京时间。但由于中国东西之间地域辽阔、时差大，各地都制订了不同的作息时间。为什么夏季乌鲁木齐下午 4 点才上班呢？这也是一道地理题。

新疆乌鲁木齐位于东经 87° 左右，和东经 120° 相差了 33°。经度相差 1° 就相差 4 分钟，33° 就相差了 132 分钟，比 2 个小时还多呢！也就是说，如果新疆乌鲁木齐下午也是北京时间 1 点上班，也就是当地时间不到上午 11 点，工作 4 ~ 5 个小时，也就是当地时间下午 3 点。那时，刚好是在当地最热的时间工作。他们安排在下午 4 ~ 8 点上班，正好相当于北京时间 2 ~ 6 点左右（精确的说应是 2:12—6:12）。

这两件事使我了解到，太阳在中国的东方起得真早啊，半夜就起床了；而在中国的西方落得真晚啊，下午 4 点才开始下午的工作。

我计算了一下，太阳光从中国最东边的东经 135° 走到最西边的东经 73°，需要 4 个小时！从我经历的两件事，大家可以深切感受到中国的幅员辽阔。

世界老三

中国是个泱泱大国。在中国历代文人的文章中，从古至今可以找到许多描写。如汉代贾谊（公元前 201 年—公元前 169 年）在《过秦论》中对秦国的国土就写道：

履至尊而制六合，执敲朴而鞭笞天下，威震四海。南取百越之地，以为桂林、象郡；百越之君，俯首系颈，委命下吏。乃使蒙恬北筑长城而守藩篱，却匈奴七百余里；胡人不敢南下而牧马，士不敢弯弓而抱怨。

你看，2000 多年前的秦国统一中国后的有效疆域就北抵长城、南达南岭之南的桂林，这是一片广袤的地域。我几十年前从北京去考察秦始皇时代修的灵渠（在桂林市北），就深深感到中国在距离都城长安这么远的地方，2000 多年前修建这么一个跨流域的水利工程，展示了泱泱大国的风范。我们再看唐代诗人刘禹锡的脍炙人口的《望洞庭》一诗。

湖光秋月两相和，潭面无风镜未磨。
遥望洞庭山水翠，白银盘里一青螺。

中国地域广大，培养了人们一种豪迈的文风。刘禹锡是河南人，这是他贬为今广东连州刺史赴任途中所写。当时，洞庭湖据说有 8000 多平方千米（是现今 2 倍多）。刘认为这大湖只不过是一方铜镜。最近，我参观了四川达州博物馆，看到唐代、宋代、明代等十数面铜镜，其直径就 10 ~ 15 厘米。刘禹锡还认为君山仅仅是盛放在银盘中的一个青螺。这也说明，他心目中的中国是一个“东边日出西边雨”的大国。那么，中国究竟有多大？960 万平方千米的陆上国土面积就是答案。这个面积有多大，从 3 个方面可以具体说明。

1）世界陆地面积的 1/15。地球的面积为 5.1 亿平方千米，陆地占近 30%。简单一算，世界陆地面积为 1.5 亿平方千米。960 万接近 1000 万，所以中国的陆地国土面积占全球陆地面积的近 1/15。

2）世界老三。世界陆地面积约为 1.5 亿平方千米，如果被 200 个国家和地区平分，平均每个国家和地区为 75 万平方千米。但是达到或超过这个平均数的国家和地区（以下简称国家）大约只有 35 个，仅占总数的 17.5%。拿欧洲的国家来说，仅有俄罗斯的国土面积在这个平均数之上，人们习惯把俄罗斯称作欧洲国家，实际上它的国土跨欧亚两洲。乌克兰国土面积是欧洲最大的，但仅 60 万平方千米多一点，达不到这个平均数。大洋洲也只有澳大利亚一国的国土面积在这个平均数之上。可见，世界各个国家的面积大小不均。下面我们列一张表看一看，国土面积居世界前 9 位的国家和面积。从中可知中国位居世界第三。

国土面积居世界前 9 位的国家和面积

名次	国名	面积（万平方千米）
1	俄罗斯	1707
2	加拿大	995
3	中国	960
4	美国	930
5	巴西	851
6	澳大利亚	768
7	印度	297
8	阿根廷	277
9	哈萨克斯坦	270

3）中国比小国大多少，你知道吗？如果问一个问题：阿尔巴尼亚、瑞士、荷兰、比利时比我国台湾省面积大的有哪几个国家？答案是瑞士。这 4 个国家都是赫赫有名的，阿尔巴尼亚曾是我国的“亲密

战友”；瑞士是有名的钟表、旅游之国；荷兰是世界的花国和足球强国；比利时是钢铁之国。可是这 4 国中竟有 3 国的面积比不上我国台湾省，瑞士也只比台湾稍大一点；欧洲小国多，在 7 大洲中面积较小，位居七大洲中第 6 位，仅 1000 万平方千米，比我国的国土面积稍大一点。

元帅的感受

1956 年 12 月，陈毅元帅作了一首诗《由北京到广州》：

朝辞京华雪满天，夕过黄河冰塞川。
中原大地麦未绽，青山隐隐武胜关。
仲冬汉口看菊展，长沙红叶缀满山。
韶山冲里览风物，霭霭青松赤壤嵌。
清水池塘傍茅舍，鸢飞鱼跃竹万竿。
农村潜力最伟大，中国革命属发端。
湘赣两省典型多，星火燎原豹一斑。

2011 年秋，武汉菊展：辛亥百年

武汉菊展：孔雀开屏

七日行抵广州地，郁郁苍苍浩无边。
灼灼红花排满径，游踪疑在三月三。
应赞祖国地广大，应赞气候各种兼。
应赞资源最丰富，应赞建设更伟观。
应赞天时配地利，人和使我得占先。

你看，陈毅元帅出发时，北京雪满天；到广州整整 7 天，可广州却是花满径，感叹祖国地域广大啊！陈毅元帅是冬天从北京到广州，其感受更加深刻、更加难忘，情不自禁写下了这首具有物候的地理诗歌。陈毅元帅，仅仅用 7 天就从北国之冬走到了南国之春。有气象学家写过一文《春天的脚步》，就是说春天从中国的海南岛或广州一路北上，一直走到中国最北部的漠河大约要 4 个月的时间，即从阳历的 1 月一直走到 5 月中下旬才能完成。由此，也可见中国南北的五千里江山，即令“春天”行走，也是如此之遑远啊！陈毅元帅是有心人。他把各地的物候都记下来了。我们也应做个对自然的有心人。2015 年 8 月，我去四川通江县参加全国洞穴学术大会。在达州停留了半天，在入住的凤凰宾馆附近的小广场散步；这里绿树成荫，仔细一看，这里

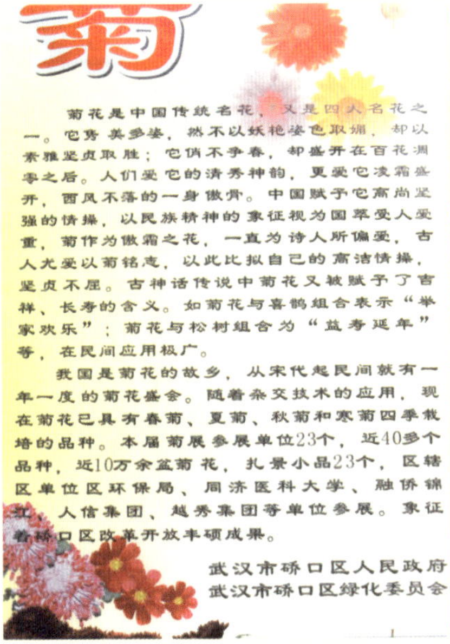

菊

菊花是中国传统名花，又是四大名花之一。它秀美多姿，然不以妖艳姿色取媚，却以素雅坚贞取胜；它俏不争春，却盛开在百花凋零之后。人们爱它的清秀神韵，更爱它凌霜盛开，西风不落的一身傲骨。中国赋予它高尚坚强的情操，以民族精神的象征视为国萃受人爱重，菊作为傲霜之花，一直为诗人所偏爱，古人尤爱以菊铭志，以此比拟自己的高洁情操，坚贞不屈。古神话传说中菊花又被赋予了吉祥、长寿的含义。如菊花与喜鹊组合表示“举家欢乐”；菊花与松树组合为“益寿延年”等，在民间应用极广。

我国是菊花的故乡，从宋代起民间就有一年一度的菊花盛会。随着杂交技术的应用，现在菊花已具有春菊、夏菊、秋菊和寒菊四季栽培的品种。本届菊展参展单位23个，近40多个品种，近10万余盆菊花，扎景小品23个，区辖区单位区环保局、同济医科大学、融侨锦江、人信集团、越秀集团等单位参展。象征着硚口区改革开放丰硕成果。

武汉市硚口区人民政府
武汉市硚口区绿化委员会

左图：菊花简介　　　　右上：金龙戏珠　右下：中国风

居然都是在福建、广东常见的榕树。好家伙，一数竟有三四十株，其四周还有棕榈树，一派热带风光。达州和我的家乡武汉纬度相近，武汉鲜见大片榕树，由此想到达州的年均温度该高于武汉，回京一查，果然如此。四川盆地的气温在同纬度上也是较高的。

洪亮吉的实践与竺可桢的感慨

中国国土的最东部为东经 135° 以东的黑龙江与乌苏里江汇合处，最西部约为东经 73° 的帕米尔高原，跨越了 62 个经度，大约 5200 千米。在没有汽车、火车和飞机的年代，只靠步行和骑马，不要说从中国最东部，就是从中东部的北京、长安等地走到中国西北的新疆，也需要很长时间。我们还是来看一下洪亮吉的实践和竺可桢的感慨吧。

洪亮吉（1746—1809 年），清代著名文人、官员。1800 年写了一篇歌颂今天新疆伊宁市境内的赛里木湖的文章——《净海赞》，写了 1800 年元月（冬）和 5 月（夏）两次到净海的所见风光。

读者可能会问：200 年前，洪亮吉为何两度到赛里木湖？原来，在1799年8月，他作为翰林院编修上书言事得罪了皇帝，被流放新疆伊犁。刚刚走到今伊宁市，上任仅百日，就奉旨释放回原籍，所以能两度“旅游”赛里木湖。他旅途用去了161天，返程亦然。今天我们坐火车从北京到伊宁也就4～5天，飞机几小时就到了！这就是时代的进步，我们感叹科技的进步缩短了时间和空间。

竺可桢（1890—1974年）是著名的现代地理学家、气象学家。1958年9月，从北京到新疆考察1个月后，写了一篇科学散文《新疆记行》。文中，他对中国的东西方向的幅员辽阔作了生动的描述：

凡是久居华北、华东、华南沿海一带的人，总以为兰州是我们的西北了。若是打开地图来看，便知道兰州靠近我国心脏，并且还偏东一些。新疆才是我国地理上的西北。百闻不如一见，这次我乘坐民用航空局的飞机去新疆乌鲁木齐，分两天行程，第一段从北京经包头到兰州，行程1320千米；第二段从兰州到乌鲁木齐经酒泉、哈密却要行1580千米，从此可知西北地区的辽阔。这样遥远的路程在过去封建时代固属有关山阻隔，插翅难飞之感，晋僧法显从长安出发至鄯善，花了一年半的时间，即近至北洋军阀和国民党反动政府时代亦无近代交通工具与新疆相沟通。我们在伊宁群众旅社遇到一位翟姓的管理员，他是天津杨柳青人，于40年前从天津出发，晓行夜宿地步行到乌鲁木齐来做灌溉菜园的工作，共走了120多天。这是过去劳动人民来新疆时所必须付出的代价。到1928年瑞典人斯文赫定，为了替德国资本家寻找航空路线，曾组织西北科学调查团到新疆，那时科学工作者还是要靠驼马作为主要交通工具。新中国成立以后虽不到10年，国内外交通状况已经起了根本变化，不但全疆公路平直如矢，各绿洲间相贯穿。兰新铁路在目前虽只通到新疆大门的尾亚，但路基早已筑到乌鲁木齐，只待钢轨铺上便可直达，进而接通至苏联阿克斗卡，如此可缩短莫斯科北京间铁路线距离2000千米之多，使新疆成为国际铁路线的一个重要环节。兰新铁路通车以后北京到乌鲁木齐坐火车不过四五天的路程。至于航行，目前乘民航机只需实际飞行时间10～12小时，遥远的新疆将和国内其他省区紧密地联系在一起。

第2节　绚丽而多彩的陆疆

多彩的中国。一个是青藏高原的冰川的侵蚀形成冰蘑菇；一个是贵州赤水四洞沟的水帘瀑；一个是黄河上的羊皮筏子；一个是黑龙江五大连池火山土壤上生长的白桦林。中国疆域内的土地多么多彩多姿！

青藏高原上的冰蘑菇

左上：贵州赤水四洞沟精彩水帘瀑布
左下：黄河上的羊皮筏子

右图：黑龙江五大连池白桦林

不教胡马度阴山

打开中国地图，最明显的就是那红红的国界线。它像一条曲折有致的钢铁长城。几千年来，中国人民在自己的领土内辛勤地劳作，创造自己的美好幸福生活；热爱和平，从不侵犯别国。但是，任何国家或民族要想侵占中国的领土，中国人民一定奋起抗战，捍卫我们神圣的土地。唐代诗人王昌龄在《从军行》中写道：

青海长云暗雪山，孤城遥望玉门关。
黄沙百战穿金甲，不破楼兰终不还。

将士们遥望中国的关隘，虽已身经百战、铁甲磨穿，也一定要把侵犯楼兰的匈奴人赶走！他还有一首《出塞》写道：

秦时明月汉时关，万里长征人未还。
但使龙城飞将在，不教胡马度阴山。

多么豪迈的守边关的誓言，千年来在中国人中流传的誓词！

唐代诗人岑参更是通过诗，将守边将士的英勇无畏的气概和艰苦生活呈现在我们面前，令我们感动。

将军金甲夜不脱，半夜军行戈相拨，风头如刀面如割。
马毛带雪汗气蒸，五花连钱旋作冰，幕中草檄砚水凝。
——《走马川行奉送封大夫出师西征》

将军角弓不得控，都护铁衣冷难着。
瀚海阑干千尺冰，愁云惨淡万里凝。
中军置酒饮归客，胡琴琵琶与羌笛。
纷纷暮雪下辕门，风掣红旗冻不翻。
——《白雪歌送武判官归京》

从古至今，一代又一代的英勇战士不怕牺牲、不畏强敌、不惧风雪险阻，使我们的边疆得到安宁！

我的心爱在边疆

现在，中国的陆地国境线全长达到 22000 千米，这个长度超过了地球赤道的 1/2。我到过烟雾腾腾的长白山下，也考察过大漠落日圆的中蒙边界，也见过西北一望无际的大草原。中国的陆疆像一条美妙的丝绸彩带，更像一条镶嵌着无数珍珠的闪闪发光的项链。边疆的自然风光是诱人的，人们的生活是欢快的。若干年前的一个春末夏初、阳光灿烂的日子，我在长白山下考察，在路途中就听到一阵嘹亮的歌声从远处传来；走到近处，原来是朝鲜族人民在田间干活休息时欢歌起舞，田头上还有酒坛呢！

红太阳照边疆，青山绿水披霞光，长白山下果树成行，海兰江畔稻花香。劈开高山，大地献宝藏；拦河筑坝，引水上山岗。哎咳，延边人民斗志昂扬，军民团结建设边疆……

——《红太阳照边疆》

我的心爱在天边，天边有一片辽阔的大草原，草原茫茫天地间……呼伦贝尔大草原，我的心爱，我的思恋。

中国东边、北边、西边的边疆有不少地方都是草原。这首歌使我仿佛看到了草原上空矫健的雄鹰正在翱翔，湛蓝湛蓝的湖水在泛着涟漪，洁白的帐篷散落在河边……

中国的东极：与太阳相拥的东方第一哨

中国最东端就是位于国界线上的黑龙江省抚远县乌苏镇的东方第一哨，东方啊！您是太阳升起的地方，最东端就是中国最先迎来第一线阳光的地方，也是最先把太阳迎进中国大地的地方。这儿的战士每天日出的第一件事就是升国旗，唱国歌，向国旗敬礼！在这儿观升旗，心中的国家形象陡然而升，五星红旗飘在东方红色的霞光之中，奔流的黑龙江水几乎在演奏着欢快音乐。这里的太阳广场上有两个象征着中国东方的标志物：一个是广场上巨大的“东”字造型；另一个就是2007年中俄重新勘定边界后所立的国界碑，一共有11块界碑。这里是黑龙江的下游，离入海口不远，是一片水丰草美的湿地，临两江交汇处，江中有岛。著名的黑瞎子岛的西部回归中国，就有一岛两国的有趣现象。这儿全年天亮的最早时间为北京时间2：13，为什么呢？在前面已讲过，这里是东经135°，比北京时间整整早1个小时！

黑龙江省漠河的北极村

中国虽处于北半球，自古以来人们就对北方保持着神秘之感。2300 多年前，今河南商丘的一位哲学家庄子在《逍遥游》中就写到了他想象中的北方。

北冥有鱼，其名为鲲。鲲之大，不知其几千里也。化而为鸟，其名为鹏。鹏之背，不知其几千里也；怒而飞，其翼若垂天之云。

你看，北边生长着这么大的鱼——鲲、这么大的鸟——鹏。尤其是鹏能够击水三千里，扶摇而上九万里。后演化成语为“扶摇万里”和“扶摇直上”。当然，在漠河找不到这么大的鱼和鸟。

中国人对北有深深的感情。我们抬头望见的最明亮、最耀眼的星星是北斗七星，这儿有座广场叫七星广场。到了北极村，你最有兴趣的事是“找北”。这里有“最北邮局”“最北哨所”“中国最北一家”（一饭馆）……找北以后就有很多只有这里才能实现的愿望。进了“最北邮局”，可以买一套当地宣传最北的漂亮明信片；还可以把明信片寄给家人和朋友共享您的欢乐。广场上的中国地图上标有中国各个省会到北极村的距离，其中最引人注目的是从海南岛的天涯海角到北极村的距离为 5500 千米。还有一个“北”字的雕塑竖立在广场之上，高度达 10.5 米，取自清代著名书法家邓石如的墨宝。我有一年去安徽省安庆市考察，参观了当地的邓石如碑廊，知道著名科学家邓稼先是邓石如的孙子。游客到此，几乎都要把这个“北”字摄入镜头。如果运气好，在这儿还能看见绚丽的北极光呢！

中国的西极乌恰：英雄玛纳斯的故乡

中国最西部的国界线在什么地方，大多数人是陌生的，它就是位于帕米尔高原的乌恰县，一个柯尔克孜族居住的地方。这是一个民族风情浓郁的地方，该民族的服饰很有特点，尤其表现在帽子上：女性的帽子是圆锥形，以红色居多，还有蓝色的，帽顶上插有白色的羊绒；男性都戴一个白色的有棱的高帽子。凭着帽子的特点，很容易辨认出是柯尔克孜族。这是一个崇拜英雄的民族。《玛纳斯》是柯尔克孜民族著名的英雄史诗，主要描绘了 13—15 世纪柯尔克孜人民与蒙古族卡勒玛克人之间的冲突和征战，玛纳斯则是部落联盟的首领和统帅。史诗中还有妇女形象。帕米尔是万山之宗，在这里能“一眼看两山”，看见绵长的红色的天山和黛色的昆仑山相交结的壮美。看见两水交汇的地方不少见，如在武汉就能看见汉江和长江交汇的地理现象，但看见两山尤其是两座雄伟的大山交汇，真是不多。著名的特克斯草原就位于此，是一个优良的夏季牧场。每到夏季，这儿就是牧民的天下，他们在此搭建的毡房既明亮又干净，因为毡房的顶上有一个大大的圆形天窗，温暖的阳光从天窗照射进来。他们招待客人的美食有烤肉、奶酪、鲜奶等，人们常说，柯尔克孜人的毡房有多大，餐桌就有多大。随着丝绸之路的开通，这里日益繁荣、热闹起来，尤其是吉尔吉斯斯坦和中国两国的游客经此互相来往，游客一年已经达到 6 万人次了。

边境“龙”城嘉荫掠影

嘉荫在哪里？打开黑龙江省的地图，在东经 131° 和北纬 49° 附近的交界处的黑龙江南岸就会“发现”它。因为中国第一枚恐龙化石是在这儿发现的；而且境内恐龙化石数量丰富，所以被称为“恐龙之乡”，建成“龙”城。中国领土的最北边是在漠河附近的黑龙江的主航道，为北纬 53° 30′ 附近，而嘉荫离我国最北边不到 5°；我国领土的最东边为东经 135° 附近，嘉荫离我国最东边也就是 4° 左右，在中

黑龙江嘉荫：俄罗斯风格建筑

黑龙江嘉荫：风帆雕塑

嘉荫黑龙江边：人和鱼的雕塑

国遥远的东北方。2003 年盛夏 7 月，我大学毕业 40 年后，终于第一次真真实实地走到了祖国的边境。这个地方由于地理位置的原因，产生了三个让游人感到新奇的现象。

一是天亮得早。我 7 月来此，早上 3 点左右天就大亮了，不久一轮红日就升起了。嘉荫在东经 131°，比 120° 向东多出 11°，即比北京时间早 44 分钟迎来日出。再由于我国北方比南方降雨量少，大气透明度好，更感觉天亮得早。二是天气凉爽。北京、哈尔滨虽说是中国北方的城市，但 7 月时气温都在 30° 左右。可是在嘉荫，早晚还有点凉意，中午则感到温暖，也就相当于北京春末夏初的气候，十分舒服，是个避暑的好地方。三是夏季到此，住朝西的房间比朝东的房间好。朝东的房间，早上 3 点天就亮了，影响睡觉；5 点就已经是“太阳高照”，很难继续入睡。住朝西的房间就没有这些烦恼了。这三个新奇的现象，只有你亲身到了东北尤其是嘉荫，才能够深切地感受到。

嘉荫在中俄边境线上。从嘉荫县城所在地的朝阳镇中心步行到黑龙江边只需 5 分钟，而黑龙江正是中国和俄罗斯之间的界河。我是第一次来到边境城市，在停留的 3 天中，几乎每天的中午和晚上都要到黑龙江边走一走、看一看，心中总是升起无名的激动。

庄严的界碑。黑龙江所在嘉荫地段的江堤已经经过整修，建成了一个江堤公园。江堤堤面不仅平坦而且宽阔，地面全部由花岗岩石铺就；设有高约 1.5 米整齐的栏杆，栏杆之间每隔 10 米左右就有一盏灯。让人最激动的是在江堤上散步遇见庄严的界碑。界碑上刻有“中华人民共和国国徽、中国、223、1993”的字样。这界碑提醒人们已经到了祖国的边境。我虽然走过大半个中国，但却是第一次真真实实来到了祖国的边境。联想到来嘉荫的路程，心中不禁想起了一首歌：“我们祖国多么辽阔宽广，她有无尽的森林和宝藏”。我立即在界碑旁留影。中国古人把中国称为天下，边境称为“天涯海角”，到过边境的人可以说走到“天尽头”（山东的成山角立有此石碑）。作为中国人无论走到祖国的任何界碑前，脚下是我们的土地，我们要把这片大地保护好、建设好。

两岸的景色。在江堤上架有高倍望远镜，花一元钱就能清清楚楚看到对岸的俄罗斯。我花两元钱看了很长的时间，看到了对岸俄罗斯的景观是一个村庄的小木屋，屋前有一辆拖拉机；还有一幢楼房，房顶插有红十字的旗帜，估计是一家医院。由于望远镜的倍数还是不够，

黑龙江嘉荫：庄严的国界碑

只见物不见人。小木屋和拖拉机是典型的俄罗斯风光，在边境上有一家医院是意料之外、也在情理之中。江边停泊着军舰。如果俄国人从望远镜中向我们这边看过来，看到的应该是江堤公园，人来人往，热热闹闹；江堤上最醒目的、最高的建筑应该是“恐龙之乡”的雕塑。这个雕塑题名“远航”，3 个形似恐龙的不锈钢骨架组成一个类似风帆的造型，顶上还有一个硕大的金黄色球体。底座是黑色大理石台阶，上面是“恐龙之乡”四个大字。不锈钢的风帆在阳光下闪闪发光，好似一艘巨轮迎着东方的朝阳劈波斩浪、扬帆远航。而高悬的球体象征着嘉荫县是镶嵌在祖国北疆上的一颗璀璨的明珠。黑龙江这边的岸边也停泊着一艘军舰，有“边”就要有“防”，一定要防患于未然。

边城印象。不大不小的嘉荫城是国家一级口岸，边境线长 249.5 千米，面积 6739 平方千米，可能不应算是小城，但全县人口仅 8 万，而且县城规模也不大，不用 1 小时就能把整个县城走遍。2003 年我去考察时，黑龙江的江堤公园已经修好；堤下有中国境内最大的恐龙雕塑公园（占地 3.5 万平方米）已经基本完工，公园中还有 30 多种 13600 多株小兴安岭的树木及蕨类植物，使得公园美丽异常。城内交通、通信方便。县城内有“面的”出租车，在县城内随便到任何地方一律 2 元。县城不通火车，一天有 4 趟开往伊春市的长途汽车，从伊春市到中国其他地方交通就十分方便了。县城主要街道两旁都安装了不少磁卡电话亭，打电话十分方便。县城内有俄罗斯的痕迹：主要建筑物嘉荫购物中心是俄罗斯的建筑风格，最上面还有一个圆球形屋顶；县城内还有专门卖俄罗斯军刀、工艺品、望远镜、刮胡刀等商品的小店；黑龙江江堤上可以低价买到苏联以及俄罗斯通用的金属硬币，制作工艺精美。我也买了两套，现在时时拿出欣赏，很有趣味。在嘉荫县城以西 5000 米的黑龙江靠我方一侧有一个江心岛，叫太平岛，面积为 0.87 平方千米，岛上风光很好，尤其是岛中还有一个湖，湖旁有各种野花，湖中有成群的水鸟，这里给人一种幽静之美。如果你有空，不妨到中国东北边境这个安静而美丽的“龙”城来走一走、看一看。

第 3 节　富饶而神奇的海疆

470 余万平方千米的蓝色海疆

“我知道，祖国有 960 万平方千米的陆地面积，还有辽阔的蓝色海疆，具体有多大？有什么资源？”这是一位少年朋友提出来的问题，我想不少读者也是想知道的吧。

中国的海岸线北起鸭绿江口、南至北仑河口，有长达 18000 多千米的大陆海岸线。

中国大陆或岛屿海岸基线相邻接的海域面积 473 万平方千米，主要由一个内海——渤海和 3 个边缘海——黄海、东海、南海组成。渤海面积约 7.7 万平方千米，平均水深 18 米，最深处 70 米；黄海面积约 38 万平方千米，平均水深 44 米，最深处 140 米；东海面积约 77 万平方千米；南海总面积 350 万平方千米，它的海底是一个巨大的海盆，海盆的山岭露出海面就是中国的东沙、西沙、中沙、南沙群岛。

在中国辽阔的蓝色海疆里，还有丰富的资源。主要有以下 6 种：①海洋矿产资源，它由近海的砂矿、石油天然气、深海多金属矿组成；②海洋生物资源，如 2011 年中国海水产品产量占全国水产品产量的 52%；③ 海水资源，中国每天淡化海水 60 万吨，其中民用 16 万吨、工业用 44 万吨；④ 海洋再生能源，包括潮汐能、波浪能等，如中国的潮汐电站发电功率 6000 千瓦，居世界第三；⑤海洋空间资源，主要用于渔业、交通运输、工业三个方面，中国的港口现在年吞吐量达到 63 亿吨；⑥海洋旅游资源，海岸湿地、海洋观光等日益受到人们的关注和热爱。

在广阔的海域内，有星罗棋布的海岛。据现有资料，面积在 500 平方米以上的岛屿达到 6500 多个，总面积 8 万多平方千米。其中有人居住的海岛 400 多个，人口近 3000 万。省一级建制的海岛两个（台湾省、海南省）；市一级建制的海岛两个（舟山市、三沙市）；县一级建制的海岛 12 个。开发利用海岛是发展海洋经济的重要组成部分。

中国的东、南方隔海同日本、韩国、菲律宾、马来西亚、印度尼西亚、文莱 6 个国家相望。

在中国的“南极”——曾母暗沙的投碑仪式

中国内地的最南端是广东徐闻县的最南端，但这里绝不是中国的最南。有人认为海南岛的“天涯海角”是中国的最南，也是不正确的。中国是一个沿海国，中国领土的最南端是在中国南海中的曾母暗沙的岛礁上。其具体经纬度为北纬 3° 58′ 20.08″ 、东经 112° 16′ 53.08″。纬度位置大约和马来西亚首都吉隆坡相当，比吉隆坡稍北一些；经度位置大约和山西沁水、河南新安、湖北襄阳、湖南祁东、广东云浮、阳东等地相当。曾母暗沙才是中国的“南极”，其礁盘在水下 17 米深处。

为了捍卫中国的神圣领土，我国不仅开展了定期维权巡航，并且还进行了多次庄严的投碑仪式。

1990 年，由国家海洋局局长率领的考察队于 3 月 15 日从广州起航，一路向南，乘坐“向阳红五号”船经过 11 天的航行，于 3 月 26 日晚上 22 时到达曾母暗沙所在的经纬度。投碑仪式开始，船内拉起了“曾母暗沙考察纪念”横幅，广播里播放雄壮的中华人民共和国国歌。这是一个水泥浇筑的方尖碑，外面封装了一个塑料壳，上面写着“中华人民共和国国家海洋局南沙群岛科学考察碑”。当时有 13 家媒体参加了这次投碑仪式。

2010 年 4 月 20 日，中国两艘海监船——海监 81 和海监 83 船载着有关人员，把一块花岗岩的主权碑投放在曾母暗沙水下，碑上镌刻有“中国”两个红色大字。投放时响起了国歌，南海局的领导和全体人员宣誓，捍卫祖国海洋权益，为海洋事业贡献力量，两艘海监船拉响了嘹亮的汽笛。这是中国又一次宣示主权的行动。

2012 年，中国海监 83、中国海监 84 把一块镌刻着“曾母暗沙”的花岗岩主权碑投放在曾母暗沙的水下。

这三次的投碑仪式，庄严地向世界宣示中国人民保卫自己国家神圣疆域的决心不可动摇！

三国时期，吴国中郎将康泰督船来到南沙，写下了《扶南传》；明代郑和七下西洋，十次往返于南沙；清代，广东水师副将乘战船到南海巡视。南海以及南沙群岛自古属中国。

写到这里，突然想起来《西沙，可爱的家乡》这首歌曲。

哎啰，哎啰，哎啰，在那云飞浪卷的南海上，有一串明珠闪耀着光芒，绿树银滩，风光如画，辽阔的海域，无尽的宝藏。

在那美丽富饶的西沙岛上，是我祖祖辈辈生长的地方，汗水洒满座座岛屿，古老的家乡，繁荣兴旺。

西沙，西沙，祖国的宝岛，我可爱的家乡！

南海，又称南中国海，遍布大小岛屿，包括东沙、西沙、中沙及南沙群岛。南沙群岛自古以来就是中国的固有领土。

维护南海主权，中国绝不会动摇！

渤海沧桑

莫问桑田事，但看桑落洲。
数家新住处，昔日大江流。
古岸崩欲尽，平沙长未休。
想应百年后，人世更悠悠。

这是唐代诗人胡玢写的《桑落洲》。他道出了地球上沧海桑田之变。经过约 1500 年的努力，现在人们对这种结论可以给出充足的理由和证据。就以渤海为例吧。

2014 年 9 月，我从山东蓬莱乘坐海船到渤海之中的中国唯一的海岛县——长岛去考察。海船破浪而行，海风阵阵，好惬意。天空中，不时还有海鸥掠飞而过，好一派海洋风光。20 世纪 70 年代，古生物学家周明缜研究过一块从渤海海底发掘的牙齿，经鉴定居然是生活在苔原或草原上的披毛犀的牙齿，惊动了中国的海洋界。1 万年前全球处于冰川期，气温下降，海平面下降了 100 ~ 150 米，由于渤海最大深度仅 80 米，因此那时完全裸露成为陆地。

在渤海北部老铁山水道的西侧，经浅钻在地层中又发现了生活在淡水中的丽蚌贝壳。对贝壳进行 C14 测年，获得的数据为 11570 年 ± 140 年。所以说，1.1 万年前现在的渤海不仅是陆地桑田，而且还分布着许多湖泊，其中生活着蚌等生物。当时的渤海是一个大平原，现在的庙岛群岛就是平原上的丘陵。

距今 1 万年到距今 5500 年，全球气候返暖，冰川融化，海平面迅速上升，海水入侵渤海，渤海平原消失。在渤海平原上奔腾的黄河、滦河、辽河也逐渐沉沦于海底。距今 7500 年以后，海水入侵的范围扩大，突破了今天的岸线。证据之一，距现在滦河口约 15 千米的乐亭县姜各庄地下 8.5 米深的土层中，发现了文蛤、青蛤、牡蛎等海相的贝壳层。经测定贝壳年龄为 5590 年，这说明当年这里是滨海地带，每天都能见到潮起潮落。

地球的沧桑之变是不停止的，不是这一个回合就终止了。距今 5500 年以后，温暖气候结束，气候变冷，海平面又下降，海退达到百里以上。证据之一，在秦皇岛与山海关之间有 5 道或 7 道主要由海中牡蛎、红螺、文蛤组成的砾石堤。用 C14 对这些砾石堤测年后，发现其年龄在距今 455 年至 3595 年之间，离海最远的堤形成最早，离海最近的形成最晚，说明海平面下降，海城不断缩小。

近百年来，有专家认为渤海海平面又升高，海水向陆地推进。证据之一，渤海西部的曹妃甸岛上建于 1820 年的庙和供航海用的灯塔，到了 1925 年都被海水冲去，如今曹妃甸岛成为一个无人岛了。

第 4 节　彼此情无限的近邻

14 个好邻居、好伙伴

中国有多少邻国，都叫什么“名字”？正确答案是 14 个邻国。我把这 14 个国家的概况列表如下。

中国传统的孔孟思想教育使中国在处理人与人、国与国的关系中，本着“与人为善”“成人之美”“四海之内皆兄弟”的原则。墨子的原则是兼爱、非攻、尚贤、尚国，不主张打仗，著名军事家孙子认为军事的最高原则是不战屈人之兵。中国从古至今是一个坚持正义、热爱和平的国家。现在，我国的外交政策又提出“与邻为伴，与邻为善”的原则，只要双方都遵循这一原则，中国与 14 个邻国的关系一定会长久地和睦相处，从而造福于各国人民。

中国周边 14 个邻国概况表

国名	面积（万平方千米）	人口（万人）	首都名称	首都经纬度	
				北纬	东经
朝鲜	12	2222	平壤	39°	125°
俄罗斯	1707	14553	莫斯科	57°	38°
蒙古	156	250	乌兰巴托	47°	107°
哈萨克斯坦	272	1491	阿斯塔纳	52°	72°
吉尔吉斯斯坦	19	504	比什凯克	43°	74°
塔吉克斯坦	14	800	杜尚别	39°	68°
阿富汗	65	2775	喀布尔	34°	69°

续表

国名	面积（万平方千米）	人口（万人）	首都名称	首都经纬度	
				北纬	东经
巴基斯坦	79	14900	伊斯兰堡	33°	72°
印度	298	103000	新德里	28°	77°
尼泊尔	14	2587	加德满都	28°	85°
不丹	3.8	81	廷布	28°	89°
缅甸	67	5200	仰光	17°	96°
老挝	23	550	万象	18°	103°
越南	32	8067	河内	21°	105°

其中，8个国家还有一些富有象征意义的名字：“千里马之国”朝鲜，“万塔之国”缅甸，“清真之国”巴基斯坦，“内陆高原国”阿富汗，“畜牧之国”蒙古，“地跨欧亚两洲”俄罗斯，“内陆国”老挝，“内陆山国”尼泊尔。

地跨欧亚两洲之国——俄罗斯。俄罗斯和中国有着很长的边界线，两国关系有过坎坷和起伏，但现在无论在政治、经济还是在文化等领域，都建立了良好的关系。

佛教和高山之国——尼泊尔

1965年4月，陈毅外长访问亚洲三国后写了三首“蝶恋花”的词，第三首为《加德满都晨望》：

雨后雄都清又丽，梳掠朝阳，薄雾飞还聚。翠岭苍崖围素壁，红垣金塔穿林际。东使一行千万里，贤主嘉宾，意厚谈能细。喜马拉雅天接地，友情飞越高难计。

这首词既写了尼泊尔的佛教标志——红垣金塔，又写了高山的代表——喜马拉雅天接地。尼泊尔有一个全世界佛教徒顶礼膜拜的圣地——兰毗尼，就位于首都加德满都西南的鲁潘德希县。公元前623年，佛教创始人释迦牟尼的诞生地。释迦牟尼出生后叫“悉达多·乔答摩”，现在鲁潘德希县府所在地就叫悉达多城。兰毗尼有许多与释迦牟尼有关的历史遗迹。公元406年，东晋高僧法显为寻访佛祖降生地，就曾到过兰毗尼附近的迦毗罗卫城。他是最早访问尼泊尔并留有真实记录的第一个外国人。公元635年，唐代著名高僧玄奘去印度取经，长途跋涉到达了兰毗尼。由此可见，中尼友好关系源远流长。尼泊尔是个高山之国，全球14座8000米以上的高峰，其中有8座在中国和尼泊尔边境线上和尼泊尔境内。世界最高峰珠穆朗玛峰就位于中国和尼泊尔边境上。1953年5月29日，一支英国登山队克服种种困难，终于从尼泊尔所在的南坡登上了珠峰之巅。这是人类首次登上世界之巅。但遗憾的是，登上珠峰之顶的两个人都不是英国人，一名是新西兰的养蜂家、登山家埃德蒙·希拉罗，另一名为尼泊尔的夏尔巴族人、登山队向导田津·洛克。这两人成为世界上首次登上珠峰的人！从此，这个高山之国成为世界主要的登山胜地，各国登山队纷至沓来。

缅甸：胞波感情重

2015年7月30日，中央电视台《新闻联播》播发了一条重要消息：缅甸总统吴登盛大赦1月被抓捕、7月22日被缅法庭判处10 ~ 35年重刑的中国155名伐木工人。现在，他们在云南腾冲的家属在度过了极端煎熬的200多个日日夜夜终于解脱了、解放了！这不禁使我想起了陈毅元帅1957年12月14日写的《赠缅甸友人》一诗：

我住江之头，君住江之尾。
彼此情无限，共饮一江水。
我吸川上流，君喝川下水。
川流永不息，彼此共甘美。

彼此为近邻，友谊长积累。

不老如青山，不断似水流。

中缅人民的友谊是长期积累的，情义无限。在其交往中，虽说有时有些波折，但友好是主流。最近，中国在缅甸大力投资建厂，还有以翡翠为主的宝玉石边界贸易，为中缅两国经济发展带来了活力。

幸福的神龙之国——不丹

不丹在中国西南，面积只有 3.8 万平方千米，比中国的台湾稍大，但人口只有 81 万，是个不起眼的小国，在“世界快乐地图”上排第 8 位。不丹人信奉佛教，街道整洁干净，没有乞丐和游民。政府 1/3 收入投入医疗和教育。从幼儿园到十年级都是义务教育。人人都感到十分快乐。不丹和龙有不解之缘。不丹在藏语中叫“德鲁克”，意即“神龙”，故被称为“神龙之国”。其国旗由橘黄、橘红色两个三角形组成，中央是一条白色的神龙。不丹国徽为圆形，以传统藏画鲜艳的色彩描绘出两条腾空而起的神龙，龙的周围是升腾的祥云，中心由雷电霹雳图案构成十字形。

中亚三国：丝路好伙伴

哈萨克斯坦、吉尔吉斯斯坦、塔吉克斯坦是中国西部的 3 个邻国。它是中亚五国中的 3 国，另两国是乌兹别克斯坦和土库曼斯坦。这 5 个“斯坦”和中国有着很深的渊源和长久的友谊。中国唐代著名诗人李白就出生在中亚碎叶（今吉尔吉斯斯坦托克马克城附近）。

我们熟悉的波斯，实际和塔吉克人有关。他们是中亚最古老的民族之一，使用波斯语。现在位于乌兹别克斯坦境内的布哈拉和撒马尔罕更是历史文化名城和波斯语发源地。

中国汉唐开辟和经营的丝绸之路，更是和这几国建立了亲密的关系。阿拉木图（清政府叫“古尔班阿里玛图”）、比什凯克、塔什干等地更是中国人耳熟能详的地方。

2013 年 9 月 7 日，中国国家主席习近平在哈萨克斯坦的纳扎尔巴耶夫大学发表《弘扬人民友谊 共创美好未来》的讲话，提出创新合作模式、共建丝绸之路经济带。中国方面第一次正式提出“丝绸之路经济带”是在哈萨克斯坦。

2014 年 6 月 22 日，在卡塔尔首都多哈召开的世界遗产第 38 届大会上，中国、吉尔吉斯斯坦、哈萨克斯坦三国把丝绸之路全名为“长安—天山廊道路网文化”作为文化遗产申请入选《世界遗产名录》获得成功，为“丝绸之路经济带”的建设注入了强大的动力。

哈萨克斯坦、吉尔吉斯斯坦和塔吉克斯坦三个邻国为了国家的发展、人民的需求，愿意积极参与“丝绸之路经济带”的建设。

中学时代，我就知道丝绸之路是汉武帝时代开创的一条中国和西亚、中东、非洲之间的繁忙的商贸之路，更是一条伟大友谊之路。经过 2000 多年的风风雨雨后，随着中国经济的高速发展以及和 14 个邻国，特别是和哈萨克斯坦、吉尔吉斯斯坦、塔吉克斯坦、巴基斯坦以及阿富汗 5 个丝绸之路邻国关系的日益紧密，今天丝绸之路更焕发出青春的风姿。

1965 年 4 月，陈毅元帅访问亚洲三国写了《蝶恋花》词，其中的第一首为《喀布尔望雪山》（喀布尔为阿富汗首都）。

一望琼花争怒放。飞越群山，人喜从天降。宫阙常年观白浪，冬温夏清真佳况。大道丝绸应细量，称我为秦，汉代还超上。中立真成新榜样，友情万古相依傍。

半个世纪前，陈毅元帅就把阿富汗列为丝绸大道的友好之国。

紫竹院公园：雪灾

2014 年旱灾山东：龟裂的土地

江西明月山：云雾山中

江西明月山：林中光柱

Chapter 4

第四章 多样的气候

地理要素中，气候与我们关系最为密切，中国或世界的农业大部分地区是“靠天吃饭”。这个“天”就是气候！不少依赖农产品的工业也是间接靠天，甚至航天业也要考虑气候的因素。

关于气候，有两方面应该引起我们的注意。一是预防气象灾害，减少气象灾害带来的损失。左页左上图是 2009 年 11 月 1 日，北京的雪灾把公园的树压倒。中国不少年份低温、寒冻灾害给生产、生活带来的负面影响，应该引起我们重视。右上图是 2014 年 9 月 26 日，山东省章丘市著名的泉水旅游区平脉泉全部干涸，湖底泥土龟裂。抗旱是中国不少地区的农业生产的主要任务。二是气候资源作为旅游资源日益受到人们的追捧，如云海、日出、雪、虹等。左下图和右下图是 2016 年 11 月 2 日我在江西武功山中的明月山考察时，看到的云雾山中的“仙境”和带有神秘色彩的“光柱”。

第1节　四季分明、南北有异

谈谈四季

中国的大部分国土处于北温带，在气温上有着明显的季节变化，即春暖、夏热、秋凉、冬寒。

四季在天文上和气候上有着不同的划分标准。

天文学上，根据地球绕太阳公转的位置来划分四季。春季始于春分（3月21日左右），终于夏至（6月22日左右）；夏季从夏至到秋分（9月23日左右）；秋季则是从秋分到冬至（12月22日左右）；冬季始于冬至，终于春分。天文学上的四季有两个特点：一是每季几乎等长，即3个月左右；二是每季的起始和昼夜的长短变化息息相关。春分日和秋分日，全球各地昼夜等长；夏至日，包括我国在内的北半球昼最长、夜最短；冬至日，包括我国在内的北半球昼最短、夜最长。但天文学上的四季和地球上各地气温的变化不能吻合一致，一般很少用。

气候学上的四季是以气温的变化来划分的。中国的四季是以候（5天为1候）的平均气温来划分的。凡是候平均气温在10℃ ~ 22℃的时期为春季或秋季；在22℃以上的时期为夏季；在10℃以下的时期为冬季。由于我国各地气温不同，根据这个标准，我国各地的四季也是不同的：有四季分明的地方，也有无四季的地区；而无四季的情况又不一样。根据四季的不同，我国的气候大体可以分为5个类型。

第1类型：长冬无夏、春秋相连，包括东北北部、新疆北部、青藏高原的大部，占我国面积的1/3还多；

第2类型：长夏无冬、秋去春来，包括南岭以南和台湾省；

第3类型：四季如春，云贵高原的南部；

第4类型：全年皆夏，南海诸岛；

第 5 类型：四季分明、冬冷夏热，除以上地区外的所有地方，约占中国面积的 1/2。

北京的四季

北京，是中国的首都。在这儿，生活工作着 2000 多万人。每年还有全国各地的人到北京来出差、开会、参观、旅游。北京四季的冷热为人们所关心。

北京属于四季分明、冬冷夏热的类型。

四季不等长。春天 55 天（4 月 1 日—5 月 25 日），夏天 103 天（5 月 26 日—9 月 5 日），秋天 50 天（9 月 6 日—10 月 25 日），冬天 157 天（10 月 26 日—3 月 31 日）。冬季最长，达 5 个多月；夏季次长；春、秋短暂，加起来和夏季差不多。

从冬进入春是“快步走”的速度，气温上升快，光秃的树木在春风里转眼就冒出了嫩绿。春天干旱、风大。

从春进入夏更快，简直是“跑步”的速度。夏初（6 月初）是北京极端高温（1961 年 6 月 10 日，43.5℃）出现的时间，此时的北京往往比南方各省区还热。但北京夏季只有 10 ～ 20 天的酷暑炎热，在全国来说不算多。

漂亮的春天：桃红柳绿

紫竹院公园之夏

秋季是北京最好的季节，晴空万里、天高云淡，人们心情舒畅，但也是最短暂的季节。一到 10 月下旬，西北风和寒流一齐南下，寒冷的冬天就来临了。

北京的冬季天气干燥而寒冷，是个漫长的季节。

金黄的秋天：银杏

北京的冬天：冬之乐

五月天山雪，无花只有寒

我国长冬无夏、春秋相连的代表地区有两个——天山地区和东北北部。

天山地区我们举伊宁西北、临近中国和哈萨克斯坦边境的城市——温泉镇为代表。温泉镇一年中气温低于 10℃的有 7 个月（从 10 月到翌年的 4 月），即至少有 7 个月的冬天。剩下的 5 个月（5—9 月），没有 1 个月的平均气温在 22℃以上，春天过完了就是秋天，没有夏天。只有从农作物的播种和收获才能分出春、秋两季。这儿一年是 3 季——春、秋、冬。

再看看东北北部黑龙江省的爱辉县。它的冬季从 9 月 13 日开始，一直持续到第 2 年的 5 月 10 日。长达 8 个月，整整 240 天！从 5 月 11 日—9 月 12 日是春、秋两季，仅 125 天。

四时山叶绿，五夜海霞红

清代进士史申义写过一道《南海

杂诗》，对广东佛山市一带的风物作了很好的描述：

石壁猩猩语，惊心百粤东。
四时山叶绿，五夜海霞红。
日明摇溟渤，星河浸祝融。
鹧鸪飞不断，只在荔枝丛。

诗中把中国南方的风物——猩猩、山叶、鹧鸪、荔枝等一一呈现在人们眼前。祝融是中国传说中的火神，使人感到南方的温暖。

南岭以南，大致从福建福州、广东梅县、广西柳州、云南元江一线以南就是长夏无冬、秋去春来的地区。

广州的夏天始于 4 月 20 日，一直持续到 10 月 31 日，共计 195 天，长达半年多。进入“秋天”，即从 11 月 1 日到翌年的 4 月 19 日，“秋天”一直持续不断，长达 170 天。但这 170 天内，听不到“秋风吹”，看不到“树叶落”，看到的是一派郁郁葱葱、万物欣欣向荣，应称为春。正是这“春常在”的气候，使得广州成为“四时花不断”的“花城”。

福州的季节类似广州。但由于地理位置比广州偏北，夏季比广州少 35 天，从 5 月 11 日持续到 10 月 18 日，长 160 天；春季则比广州多 35 天，达到 205 天。正是这温暖的气候，使得福州的榕树成行，成为“榕城”。

烟树与小枫：秋天好美啊

2014 年 9 月，我和夫人入住山东烟台市的凤凰山宾馆。29 日清晨，到宾馆附近的凤凰山公园散步，旭日东升，蓝天白云，烟台毕竟是一座海滨之城，空气清新。在蜿蜒的盘山道上行走，突然夫人大叫：看这“毛毛树”！我立即上前一看，啊！smoke tree，“烟树”！整整 8 年，我终于又遇到它了。思绪又把我带到 2006 年的 8 月。

那年，我去西安参加中国地质公园的学术会议。8 月 26 日野外考

黄栌：绿叶羽紫烟林娇

察时，我选择和母校西北大学的生物系教授李继瓒在一起活动。刚一进西安翠华山地质公园的大门，李教授抬头向远眺望，只见一片“烟林”十分显著。他立刻告诉我，这形成烟林的树，外国人叫 smoke tree，即烟树。其中文名叫黄栌。啊！黄栌，我是知道的，北京秋季香山红叶的主体就是黄栌树叶啊！李教授感叹：“很少有人知道其花形成的烟林景观啊！”因为当时太远，根本不可能走到跟前近处欣赏，十分遗憾。没想到 8 年后，得来全不费工夫，我能仔细观察这几棵黄栌树了。原来这烟是淡紫色的花梗伸长的白色羽状花；一丛丛、一簇簇，就像密集的白色绒毛，当然更像万缕炊烟缭绕林间。原来，黄栌的花比叶更加妩媚，更使人怜爱！中国有一位古代诗人用“绿叶羽紫烟林娇”来形容，多美啊！这就是中国文人的高雅情趣。此时，眼前黄栌树叶颜色是斑斓的、缤纷的，有深绿、浅绿、浅黄、浅红、深红，在阳光的照射下更显得层林尽染。此时我在烟台看到这烟树，也是一种

黄栌树的树叶和花

缘分吧！

我由黄栌想到了红叶，想到了秋；由烟想到了酒。此时记忆之门打开，南宋著名诗人杨万里的一首《秋山》闯入了我的脑海：

乌桕平生老染工，错将铁皂作猩红。
小枫一夜偷天酒，却倩孤松掩醉容。

这枫树，杨万里拟人，称为“小枫”却是个“喝酒的树”。枫树叶在秋天也是红彤彤的，像一个不胜酒量的美女，一喝酒脸就红，而且红的特别明显，怕被人发现，躲在常绿的松树旁来掩盖自己红红的醉容。

乌桕树也是秋天著名的红叶树。但这种树很奇怪，结的果实是一种天然的染料，而这种染料是专门把布染成丈青即黑色，又叫铁皂。

你看，自然界多奇妙。所以杨万里说，乌桕是“错将铁皂作猩红”。

中国最壮观的乌桕红叶是在湖北东北部的大悟县，那里的红叶壮观景象远远超出香山红叶。现在每年 11 月初，就有游客专程赴大悟赏红叶。

杨万里这首诗太好了，把两种红叶写得生动无比、颜色绚丽，使我不禁想起他的“映日荷花别样红”。《秋山》是一首“别样红”的诗！

我在 2014 年秋天之始见到了烟树黄栌之花；秋天之盛看到了偷天酒的枫树之叶；秋天之尾，“APEC 之蓝”挂在天空，这个秋天好美啊！

第 2 节　季风降水　东湿西干

两条降雨的界线

我国南方雨多，北方雨少；东南雨多，西北雨少；在降雨上，有两条明显的界线。

秦岭—淮河线是南北的雨量界线。此线以北，年降雨量小于 750 毫米，以南年降雨量大于 750 毫米。仅以陕西省境内秦岭南北 4 地的年降雨量加以说明，秦岭以北的西安和大荔年降雨量分别为 584 毫米和 538 毫米，而秦岭以南的汉中和安康分别为 903 毫米和 772 毫米。

大兴安岭的西坡向西南，经过张家口、兰州、拉萨以北，到喜马拉雅山脉东部是东南、西北的雨量界线，此线大致把我国分成西北和东南两大部分。此线东南和秦岭—淮河线以北的地区年降雨量在 400 ~ 750 毫米；此线西北地区年降雨量在 400 毫米以下。

湿润的东南

中国的气候属于季风气候，雨量主要是夏季风从海洋上带来。东南是我国湿润多雨的地区，年降雨量均在 1000 毫米以上。

有趣的是东南地区的年降雨量不一定是距海越近就越多。例如，上海的年降雨量 1128 毫米，少于武汉的 1272 毫米；杭州的年降雨量 1482 毫米，少于南昌的 1806 毫米；福州的年降雨量 1421 毫米，少于广州的 1680 毫米。当然，这不是一般规律，这和当地的地理位置、地形条件有关。

中国年降雨量的冠军在台湾岛北端基隆南侧的火烧寮，最高年降雨量高达 8409 毫米。也就是说，如果把当地每天的雨积起来，不流失、不渗漏、不蒸发，一年下来就能积 8.4 米深的水层，能把 3 层楼房全部淹没。为何火烧寮的雨这样多呢？原因就在于它不仅在东南沿海，而且还处于近风坡上。

厦门的年降雨量为 1179 毫米，原因就在于台湾岛的阻挡；澎湖地区因为风速大，又位于山脉背风面的雨影地区，年降雨量仅为 1022 毫米。

山中多雨

由于地形的关系，山地中的降雨比山麓要多得多，对于这点古人也已认识到了，唐代诗人张旭在《山中留客》的诗中就写道：

山光物态弄春晖，莫为轻阴便拟归。
纵使晴明无雨色，入云深处亦沾衣。

山中多雨，还是用气象台站的记录加以说明。

山地和山麓降水对比表

山名	海拔（米）	年降水量（毫米）	城市名	海拔（米）	年降水量（毫米）
五台山	2895	885	大同	1068	384
华山	2065	903	西安	397	584
泰山	1534	1131	泰安	129	740

续表

山名	海拔（米）	年降水量（毫米）	城市名	海拔（米）	年降水量（毫米）
长白山天池	2670	1345	长春	237	572
庐山	1164	1834	九江	32	1300
峨眉山	3047	1886	峨眉	447	1519
衡山	1266	2091	衡阳	101	1340
黄山	1840	2264	屯溪	147	1508

山中不仅雨量多，雨日也多。峨眉山的年降水日数高达 269 天，泰山也有 102 天。您在游山时可不要忘了带雨具喽。

干旱的西北

新疆的塔里木盆地、吐鲁番盆地和青海的柴达木盆地是我国降雨最少、气候最干旱的地区。

塔里木盆地大部为塔克拉玛干沙漠所覆盖，仅在盆地的南、北边

新疆的“戈壁丰碑”：风的侵蚀作用

缘地带有城镇和乡村，这些城镇的年降雨量都在 50 毫米以下，像于田为 49 毫米，轮台为 37 毫米。盆地内部则为盐湖沼泽，这是地下水所致。盆地中的年降雨量也在 50 毫米以下，号称“石油城”的冷湖年降雨量 15 毫米，有名的格尔木市年降雨量是 42 毫米。

吐鲁番盆地是我国最干旱的地区。吐鲁番盆地西侧的气象站——托克逊最少的年降雨量只有 6 毫米。据报道，在吐鲁番盆地的某些地区，终年不降一滴雨。塔里木盆地这些地方虽说雨量少得可怜，一年的雨水抵不上中国南方半个月的雨水，可这些地方依旧有“瓜果甜、棉花白”的沃土绿洲。道理就在于它们不靠雨水，而是靠高山融雪补给的河水以及地下水来滋润大地上的禾苗和瓜果。

春风不度玉门关

黄河远上白云间，一片孤城万仞山。
羌笛何须怨杨柳，春风不度玉门关。

唐代诗人王之涣的这首《凉州词》很有名，其中还有个故事叫“旗亭画壁”。有一年，三位诗人王昌龄、王之涣、高适一起到旗亭酒楼饮酒。恰好有十多位歌女也在此聚会吃饭。三人约定说：我们三人都有诗名，现在请歌女演唱，以谁的诗入歌辞多为胜。一歌女先唱的是王昌龄的，王在墙壁上画一首；接着唱的是高适的，高则画一首；接着又一歌女唱的仍是高适的，高则画二首。这时，王之涣脸上挂不住了，指着歌女中最美的一位说：她唱的若不是我诗，我终身不与二位争胜负。不久，这位歌女唱的就是“黄河远上白云间”这首诗，三人大笑，饮醉才归。可见，这首诗在唐代已是脍炙人口的名篇，有人甚至认为是唐人绝句压卷之作。这里我介绍此诗，因为这是一首包含地理科学知识的生动描写的诗。谈到此诗，我记起了一件往事。

20 世纪 60 年代，我在中科院做研究生，去甘肃酒泉搞农业区划。当时的中科院副院长、著名的地理气象学家竺可桢也亲临酒泉为我们讲话，特别讲到这首诗的第一句应为“黄沙直上白云间”。他说，在凉州（今甘肃武威）是见不到黄河的，但却可以见到滚滚的黄沙；而且只有“黄沙”才和“孤城”等相对应。竺老的话过去了几十年，但至今我仍记忆深刻。竺老是一位对古代诗词很关注的科学家，他在1972年写的著名论文《中国近五千年来气候变迁的初步研究》中就引用了这方面的资料。

唐朝诗人张籍（765—约830年）《成都曲》一诗，诗云：“锦江近西烟水绿，新雨山头荔枝熟”说明当时成都都有荔枝。宋苏轼时候，荔枝只能生于其家乡眉山（成都以南60千米）和更南60千米的乐山，在其诗中及其弟苏辙的诗中，有所说明……从陆游的诗中和范成大所著《吴船录》书中所言，12世纪，四川已不生荔枝……现在眉山还能生长荔枝，然非作为经济作物……由此证明，今天的气候条件更像北宋时代，而比南宋时代温暖。

你看竺老是多么关注古代文人的诗词啊。他这篇论文中引用的诗文既是“证据”，又使文章生动无比。我提到此事，也是希望科技界的专家、学者也能像竺老那样从中国古代文人的诗词中汲取丰富的营养。

“春风不度玉门关”是这首诗的最后一句，这里“春风”是指我国的夏季风。我国为季风气候，春夏之际风从东南沿海吹向大陆，称为夏季风。它带来了丰富的降水，而越往西北其势利越弱，到甘肃省的河西走廊（即凉州，今武威市）就如同强弩之末了。这就造成玉门关以西沙漠、戈壁广布。

白日依山尽，黄河入海流。
欲穷千里目，更上一层楼。

这是王之涣另一首流传广泛的诗《登鹳雀楼》。说明一个道理，就是只有站得高，才能看得远，才能看到事物的大局和全局。我们研究地学的人，在野外工作时对此深有体会。每到一个地方总要登上最高点，鸟瞰这个地方的山水大势。杜甫说，“会当凌绝顶，一览众山小”。

不到绝顶，怎么能体会到众山小的境界。孔子两千多年前就发出了“登泰山而小天下”的感叹！做任何科研工作，应该都要更上一层楼；你在每一层楼看到的风光、看到的景物以及关系都是不同的。我在广西资源县天门山考察资江上游的 180° 曲流时，花 1 个多小时艰苦地登上山的顶峰时，瞭望这个河流的拐弯，从内心发出：好美啊！最好的风光不一定在顶峰，但顶峰一定有你看不到的精彩！

第 3 节　不同的雨季

夏季—雨季

中国的降雨不仅在空间上的分布是不均匀的，在时间上的分布也是不均匀的。时间上有春雨、夏雨、秋雨、冬雨。

在我国，雨季与夏季风的进退是一致的。正因为如此，除几个小范围的特殊区域外，全国都以夏季降雨量为最多，夏季成为雨季，愈向高纬度夏雨愈为显著。冬季降雨量除台湾省东北部外，全国都少，也有愈向高纬度冬雨愈少的趋势。春季和秋季的降雨量介于冬夏之间，但随各地的条件而不同。有的春雨多于秋雨，有的秋雨多于春雨。大致上，多气旋过境的地方春雨较多，多台风过境的地方秋雨较多。

夏雨是中国降水中的最显著特点。中国东北、华北、西北、西南均为夏雨集中的地方，夏季降雨量占全年降雨量的 50% 以上。夏雨百分率最大地集中在华北地区，如保定全年降雨量为 549 毫米，夏季降雨量为 417 毫米，夏雨量占全年的 76%。

西南一些城市虽说夏雨百分率比华北低，但因全年降雨量多，所以总的夏雨量大于华北。以成都为例，全年总降雨量为 1018 毫米，夏雨率为 64%，降雨量为 651 毫米，超过了保定近 240 毫米。

中国夏雨在 45% 以下的地区集中在华中、东南沿海。最低的是台湾基隆，夏雨只占全年降雨量 2910 毫米的 18%。

从上可知，为什么中国东北、华北、西北大部分地区的农作物只能 1 年 1 熟。这除了与气温关系密切外，另一个制约因素就是雨水。全年 800 毫米以下的降雨，夏季就用去了 60% 以上，其他季节就所剩无几了！

中国夏雨正好和夏季高温相结合，为农作物的生长带来了有利的条件。夏季是一个欣欣向荣的季节。当然，夏雨有时对北方冬小麦的收割打场带来不利；但一般情况下，夏季的雨季是在冬小麦收打完后才开始。夏季，若风调雨顺，农村更是一片欢腾景象。宋代王安石的《后元丰行》把这景象写的热闹非凡：

歌元丰，十日五日一雨风。
麦行千里不见土，连山没云皆种黍。
水秧绵绵复多稌，龙骨长干挂梁梠。
鲥鱼出网蔽洲渚，荻笋肥甘胜牛乳。
百钱可得酒斗许，虽非社日长闻鼓。
吴儿踏歌女起舞，但道快乐无所苦。
老翁堑水西南流，杨柳中间杙小舟。
乘兴敧眠过白下，逢人欢笑得无愁。

此诗作于 1078 年，距今已经过去了 900 多年。被称为“十一世纪改革家”的王安石，心系农村和农民。中国农村大地在党中央富民政策的推动下，一派欣欣向荣，达到了“逢人欢笑得无愁”。

春雨贵如油

这句话主要针对中国的北方而言。因为北方春季气温回升快、气温高、风大、水分蒸发量大，很容易造成春旱。这个时候正是冬小麦拔节期间，急需雨水，使人感到春雨贵如油。

中国春雨贵如油的地方有这么四大片——河北省大部和北京市、山东省北部、山西省大部、河南省的东北部。

就北京来说，据统计，1841—1955 年的 104 年间，3 月降水在 5 毫米以下的有 49 年（其中 12 年完全无雨，1 毫米以下有 9 年），占 47%；有 25 年超过 10 毫米，仅占 24%。4 月降水在 15 毫米以下的占 57%。可见这么少的雨水远远不能满足作物生长的需要，春旱的危险是年年都存在的。因此，北方农业如何战胜春旱是一个很重要的问题。

春雨绵绵

放眼中国的南方，春天则是另外一番景象。唐朝诗人戴叔伦在《兰溪棹歌》中写道：

凉月如眉挂柳湾，越中山色镜中看。
兰溪三日桃花雨，半夜鲤鱼来上滩。

这短短四句把浙江省富春江上游兰溪的春色写尽。桃花雨即春雨，为大自然所赋予，这一带是没有春旱的。

长江下游全年的降雨量春雨占 25%，中游则占 30% ~ 40%。正因为如此，唐朝诗人杜牧在《江南春绝句》中写道：

千里莺啼绿映红，水村山郭酒旗风。
南朝四百八十寺，多少楼台烟雨中。

江西南城：中午时分一片顶篷

江西南城：防雨防晒顶篷

此诗写出了江南蒙蒙春雨中的春山、春花、春莺，是一幅十分美丽的中国画。

杜牧还有一首写春雨的名诗，叫《清明》：

清明时节雨纷纷，路上行人欲断魂。
借问酒家何处有？牧童遥指杏花村。

清明节在每年的 4 月 5 日，此时正值江南春雨。据统计，我的家乡武汉市年平均降水日以 4 月为最多，达 13 天，即 2 天就有一场雨。

中国南方还有些地方，春雨所占年降雨量的比例甚至大于夏雨。江西南昌春雨占 40%，夏雨占 35%；湖南长沙春雨占 35%，夏雨 32%；广东韶关春雨占 41%，夏雨 36%。我国江西、湖南和广东等地春雨是充足的，为双季稻的生产提供了有利条件。

秋风细雨与秋高气爽

这是中国秋天两种截然不同的景象。正如同春季降雨一样，有些地方是春雨贵如油，有些地方又是春雨绵绵。

中国仅有两个地区多秋雨。一个是西南地区（包括四川、云南、贵州），另一个就是陕西省的渭河流域。

西南地区的秋雨是印度西南季风与冷空气交会的结果，加上地形的关系使冷暖气团进退缓慢，更加强了秋雨。

渭河流域的秋雨是由于北方冷空气南下受秦岭阻挡与四川的暖湿空气相遇的结果。渭河流域的西安秋雨占全年降雨量的 34%，居我国秋雨百分率之首。

除以上两个地区外，中国广大地区秋天是秋高气爽。正如刘禹锡的《秋词》中所写：

自古逢秋悲寂寥，我言秋日胜春朝。
晴空一鹤排云上，便引诗情到碧霄。

武汉秋雨一景：武昌文华中学国庆的全校大会会场

这些地区并不是秋天无雨，适量的秋雨更给秋天增添了无穷的魅力。

秋山不可尽，秋思亦无垠。
碧涧流红叶，青林点白云。
凉阴一鸟下，落日乱蝉分。
此夜芭蕉雨，何人枕上闻。

你看，宋代诗人林逋的《宿洞霄宫》把有芭蕉夜雨的秋天写得太美了！

江淮梅雨

梅雨是中国江淮流域的一种特殊的天气现象。梅雨得名是因为此时正值江南梅子黄熟的季节。又因这时空气湿度很大、温度也高，衣物很容易发霉，因此又有“霉雨”之称。梅雨开始和结束的时间分别称“入梅”和“出梅”。中国江淮流域一带平均每年6月10日前后入梅，7月10日前后出梅，历时1个月左右。此时的情景是“黄梅时节家家雨，青草池塘处处蛙”！

江淮流域的梅雨天气有四个特点：

其一，阴雨连绵，雨期持久，最长可达近2个月。所以谚语说“雨打黄梅头，四十五日无日头”。据分别设在上海、南京、芜湖、九江和汉口的5个气象站的统计，梅雨平均总降雨量达123毫米，约占这5个站6、7月总降雨量的70%。其二，阴云密布，晴天少，空气湿度大。其三，降水范围比较大。其四，除偶有阵雨和雷暴外，雨势一般都不急。上海梅雨期多半时间日降雨量小于10毫米。

梅雨主要是由冷暖空气两者相交而形成。每年6月开始，南方海洋上来的暖湿空气已经强大起来，常常伸展到长江中下游和长江以北地区；与此同时，北方的干冷空气仍有较雄厚的力量，并未撤离这个地区。于是，这两股势力相当的冷暖空气就在江淮流域一带相持不下，产生了连绵的锋面雨。随着时间的推移，待暖湿空气强大到把冷空气推移北上，江淮流域的梅雨便宣告结束。雨带北移，江淮流域就出梅，迎来了盛夏酷热季节。

由于每年暖湿空气的强弱不一，因而梅雨期长短不一。当暖湿空气弱时，梅雨期长；反之，梅雨期短。梅雨期正值长江中下游水稻生长迫切需水之时，梅雨对水稻生长极为有利。但梅雨期过长，易造成水涝；梅雨期来得过早，冬小麦尚未收割，就会使小麦霉烂变质；梅雨期太短，出现“空梅”，则必定是旱年。所以，根据梅雨季的变化和天气特点安排好农业生产，是江淮地区农业生产上的一个重要问题。

江淮梅雨和人民生活戚戚相关，有这么两首古诗：

黄梅时节家家雨，青草池塘处处蛙。

有约不来过夜半，闲敲棋子落灯花。

这是宋代诗人写的《有约》一诗。梅雨太大了，约好的棋友到半夜也未来，心中真有点怒气呢！

农人辛苦绿苗齐，正爱梅天水满堤。

知汝使车行意速，但令骢马著郫泥。

这是唐朝诗人吕温写的《宗礼欲往桂州；苦雨，因以戏赠》，诗中表达出了另外一种情绪。作者对急于登程去桂州（今广西桂林）而苦于为雨所阻的友人说：农民正喜爱这梅雨天，在雨天中，秧苗长得茁壮整齐。接着他又说：知道你要急于在雨中赶路，给马披上马鞍，以防溅上泥污。作者喜爱梅雨的心情跃然纸上。

提到梅雨，一定要写北宋词人贺铸的《青玉案》：

凌波不过横塘路，但目送、芳尘去。锦瑟华年谁与度？月桥花院，琐窗朱户，只有春知处。飞云冉冉蘅皋暮，彩笔新题断肠句。试问闲情都几许？一川烟草，满城风絮，梅子黄时雨。

作者晚年退隐苏州。这是他在苏州横塘附近写的表示相思和闲愁的词。结尾三句借助于三种自然景观抒发自己的情感，独具匠心。作为从事地理研究的我，不禁拍案叫绝。这三句长期被人传诵，以致贺铸被称为“贺梅子”，同代文人黄山谷在寄贺铸的诗中曰“解作江南断肠句，只今唯有贺方回。”方回是贺铸的字。其评价何其高也！

有人认为这首词与寇准的“杜鹃啼处血成花，梅子黄时雨如雾”有异曲同工之美。这三种自然现象都是绵延的、深入人心的，都有其可爱之处。地理不是枯燥的，不是无味的。每种地理事物的内在美需要我们去挖掘、去发现。

四川的暴雨

中国中央气象局规定，日雨量小于 10 毫米称为小雨，10 ~ 25 毫米为中雨，25 ~ 50 毫米为大雨，日雨量超过 50 毫米为暴雨。为了方便，称日雨量 100 毫米以上为大暴雨，200 毫米以上为特大暴雨。

中国的暴雨集中发生在夏季，台风暴雨则发生于夏秋两季。中国暴雨集中在东半部，西半部则没有，这条界线约为东经 100° 线，大致通过内蒙古西部、甘肃西部、青海东部、四川西部、云南西部。

东半部有些地区似乎暴雨不强，可也有例外。例如，陕西和内蒙古交界的毛乌素沙漠在 1977 年 8 月 1—2 日出见了罕见的特大暴雨，最大降水中心的乌审旗什拉淖海 24 小时的雨量达到 1050 毫米。

当然，中国最大的暴雨地区有 7 个——东北的丹东地区、华北太行山东坡、燕山南坡、河南省中南部、四川盆地西部、两广沿海、台湾省。下面简单讲一下四川的暴雨。

据资料统计，四川盆地年年都有暴雨。大面积出现暴雨并造成洪涝灾害，在 1951—1980 年的 30 年中有 19 年，频率达到 63%。出现的地区多在嘉陵江以西或涪江以西的盆地，有的年份也扩展到渠江流域，强度最大的在盆地北部和西部。

1981 年 6 月下旬到 9 月上旬，四川盆地共发生了 6 场暴雨。永川地区的荣昌县 2 天内的总降雨量达 403 毫米，绵阳地区的旺苍县 3 天内总降雨量达 379 毫米。这次暴雨覆盖的面积比 1963 年 8 月 1—10 日河北特大暴雨覆盖面积大。暴雨带来了洪灾，洪水使受灾的县达 119 个，受淹县城 53 个，其中金堂、资阳、射洪、资中、南部、潼南、合川 7 县全部被淹没。农作物受灾面积达 8740 平方千米，成渝、成昆、宝成铁路线中断，直接经济损失 20 亿元以上。

有趣的夜雨

晚上 8 点钟至第 2 天早晨 8 点钟的降雨量为夜雨量。夜雨率则是指夜雨量占总雨量的百分比。

中国四川、贵州东部、湖南和湖北西部的夜雨率很大。贵州的遵义为 58%，贵阳高达 67%，四川的北碚为 61%，峨眉山 67%。夜雨也随季节而变化，以冬、春两季为大，夏季为小。贵阳冬季的夜雨率达到 71%，春季也有 70%，夏季则只有 54%。

除了西南地区的夜雨外，中国另一个夜雨地区是西藏。西藏夜雨现象最明显的是拉萨、日喀则两地，这两地的夜雨率都在 80% 以上。藏北、藏东夜雨率也有 60% ~ 70%。西藏这种“昼晴夜雨”的气候使得白天日照时间长、夜间温度低，有利于光合作用，对农作物生长有利。因而，我国小麦亩产最高的地区是在西藏。

夜雨之思

山水景观中的夜雨为人们所关注和喜欢。中国古代文人在经历夜雨后写下了不少文学篇章表达他们的所思、所想，其中最著名的是唐代诗人李商隐写的《夜雨寄北》：

君问归期未有期，巴山夜雨涨秋池。
何当共剪西窗烛，却话巴山夜雨时。

这首诗作借助巴山夜雨这一地理景象，把对亲人（有人说是对其妻）的思念表达得十分充分，两个巴山夜雨的连用更显奇妙。夜晚是最想念离别亲人的时候，有一首歌词就写道“真的好想你，我在夜里呼唤着黎明，真的好想你。”这种思念之情，雨夜应该更为强烈。

杜甫的《春夜喜雨》也是写夜雨的：

好雨知时节，当春乃发生。
随风潜入夜，润物细无声。
野径云俱黑，江船火独明。
晓看红湿处，花重锦官城。

这首夜雨之诗喜气洋洋。杜甫之喜在于这夜雨有三大好处，一是知时节，它在人们期盼、又是土壤和农作物最需要雨水时来到；二是和风细雨，它随风而来，根本听不出雨声。细雨也非常有利于农作物和土壤的吸收和利用；三是夜雨，既不影响人们白天的出行和工作，又把明天的锦官城——成都装扮得更加美丽。

宋代的大理学家朱熹也写了一首有关夜雨的诗《水口行舟》：

昨夜扁舟雨一蓑，满江风浪夜如何。
今朝试卷孤篷看，依旧青山绿树多。

水口在福建的闽江，今天这里已修建了一座雄伟的大坝。夜雨那么狂暴，一叶扁舟多么渺小；满江的风和浪似乎要摧毁我们，夜后将如何还是一个大大的问号。毕竟是大哲学家，夜雨过后的今朝，他卷篷远望，绿树青山依旧，倍觉秀丽。朱熹用这首夜雨之诗告诉我们，风浪虽大，终究是暂时的；充满生机的勃发的生命是永远长存的，生命是永远值得我们敬重的。

三首夜雨之思写了三种精彩的人文思考，都是那么生动贴切。由此，我想到了我们的科学研究，同一个课题、同一个项目从不同的角度和方向来切入，深入研究以取得不同的新的发展。我比较熟悉的洞穴中洞中次生化学沉积物即石笋和石钟乳的研究，就是一个很好的例子。

有人从溶洞中采取样品后，在实验室进行其沉积速率的研究，即这些石笋在 10 万年或 20 万年中一共生长了多少、平均 1 万年或 1000 年或 100 年中究竟生长多少，从而揭开整个洞穴的形成时代。

有人从溶洞中采取样品后，在实验室通过其沉积速率来研究哪些年生长快、哪些年生长慢，从而进行气候变迁的研究，为今天的天气预报作参照。

有人通过发育在不同时代灰岩中的样品，在实验室中进行不同时代灰岩沉积速率是否一致的研究，来探寻其中的奥妙。

同一个题目，从新的角度介入，往往会有重大的创新。著名的大陆漂移说创立者德国科学家魏格纳从古生物学方面寻找到了不少重要的证据，但他仍不甘心，他要直接从测量方面实实在在地测得大陆在移动，最后冻死在格陵兰的冰原之上，但他取得了显著的成果。20 世纪后，海洋科学家从海洋研究入手，证明了海洋时时刻刻在移动，新的海底把旧的海底打入海下；海洋时时刻刻在吐故纳新，“旧貌换新颜”，这为大陆漂移说的胜利取得了关键性的证据。最后，加上板块构造的建立，终于成就了地学上的最伟大成就之一，即新的全球构造。

第 4 节　形形色色的气象城

风城：达板城

石头像棉花絮一样被风吹走，车马像帐篷一样被风刮起，这就是清代人对新疆达板城大风的描写。

达板城位于兰新铁路线上，在兰新线通车的最初 10 年中，三个泉（达板城东南）一带就吹翻了火车 3 次。其中，1971 年 1 月 9 日一次就吹翻火车 10 节。

当地火车站新建的站房墙上的砖，2 ～ 3 年内就被飞砂走石打磨掉 1/3 的厚度。大风起时，迎风北开的汽车驾驶室的玻璃全被打碎；油漆被打光，露出金属外壳。如果列车经过正遇大风，客车窗玻璃也常被飞石打碎，旅客只能匍匐趴在座席下面，躲避风的袭击。货车的苫篷常被风撕得稀烂，还发生过火车因顶风开不动的事。

达板城的气象资料表明，此处每年风力在 8 级以上的大风日数在 100 天以上，12 级以上的特大风也不少见。12 级风的风速为 32.6 米 / 秒，而从实验测知吹翻火车的临界翻车风速则为 38.5 米 / 秒，能吹翻 10 节货车的风速必然比 12 级风大得多。

达坂城位于风口北端，风口中心位置在三个泉，此处 30 年一遇的特大风为 55 米 / 秒，而百年一遇的特大风速达到 60 米 / 秒！真正是“风驰电掣”。

达坂城之所以成为风城，主要是由所在地的地形引起的。它位于博格达山（天山山脉的中段支脉）的山麓，白杨河谷的切割使此处成为博格达山的唯一山口。每当冷空气南侵，只能从此山口南下，犹如水库决口一样倾泻直下、势不可挡，加上高差（博格达山为 4000 米，达坂城只 1100 米）使气流下泻加速，风力更加猛烈，形成国内少见的特大风。

大风多发生在春秋两季，尤以春季为最。这是因为春天天山南北侧增温不一样，气压差明显增大所致。

日光城：拉萨

西藏自治区的首府拉萨市是中国有名的日光城。拉萨市的年平均日照时数达到 3005 小时，比北京的 2779 小时多了近 230 小时，比广州多了 1000 多个小时。虽然它比我国日照时数最多的冷湖（位于青海省，年平均日照时数达 3554 小时）少近 500 小时，但由于拉萨纬度（北纬 29° 42′）比冷湖（北纬 38° 50′）偏南 9°，因此，拉萨太阳高度更大、太阳辐射强。另外，拉萨海拔 3658 米，比冷湖（海拔 2733 米）高了近 1000 米，则大气层薄，水汽、尘埃少，太阳辐射在大气中削弱就少。拉萨获得的太阳辐射量每分钟高达 202 千卡 / 平方厘米，而冷湖只有 169 千卡 / 平方厘米。所以，把拉萨称为日光城是当之无愧的。

根据气象卫星云图统计，表明西藏还有 3 座日光城，这就是定日、日喀则和噶尔。西藏四大日光城的地理位置如下表所示。

西藏四大日光城地理位置

域名	北纬	东经	海拔高度（米）
拉萨	29° 42′	91° 08′	3658
定日	28° 35′	86° 37′	4300
日喀则	29° 13′	88° 55′	3836
噶尔	32° 30′	80° 05′	4278

内蒙古是中国阳光灿烂的地区，中国日照时数第二、第三就分别是内蒙古的达来库布（3443 小时）和哈日奥日布格（3393 小时）。我国设计组装的第一座充电功率为 560 瓦的太阳能充电站就建在内蒙古巴林右旗的巴彦他拉公社古力古台大队，解决了这个大队 106 户牧民的用电。

寒极城：漠河

漠河是我国最北的地方，也是我国最冷的地方。

漠河在冬至前后的几天里，黑夜长达 17 个小时以上，白天只有 6 个多小时。即使在晴天的中午，天色也不十分明亮，若是遇上冰雾茫茫的天气，太阳就像躲在毛玻璃后面一样。漠河 1 月（最冷月）的平均气温是 −30.6℃，居全国亚军；第一名是黑龙江省的根河，为 −31.5℃。但是，中国极端最低温是 1969 年 2 月 13 日在漠河记录到的，为 −52.3℃。这天午后最高气温只有 −26.5℃，日平均气温仅为 −43.9℃，这天为中国最冷的日子了！

漠河之所以取得中国极端最低温的冠军，主要是由于纬度高、冬季长、太阳光斜射、地面受热少，所以气温低；其次是距寒潮源地近，寒潮南下，气温剧降；最后是背依大兴安岭，面向寒极，冷空气南下，首当其冲。

“春残花始艳，无暑夏天凉，岭积半年雪，花飞六月霜。”这就是人们对漠河气候的描述。

雨都种种

雨城和雨山。中国雨日最多的前 3 名城市，第一为云南省东北部的镇雄，年雨日 232.1 天；第二为云南省中南部的元江，年雨日 232 天；第三名为四川省境内被称为“天漏”的雅安，年雨日 219 天。它们都超过了 200 天，可称为“雨城”。你若到 3 个城市旅游、出差，一定不要忘了带雨具。四川省的峨眉山、金佛山和吉林长白山的天池年雨日分别为 264 天、233 天、210 天，这 3 座山可称为“雨山”。

天无三日晴。这是指晴天最多只能连续 3 日，拿云南镇雄为例，它的年雨日达 232 天，平均 3 天中有 2 天雨日。但不要忘了大自然是千变万化的，雨日和非雨日并非有秩序地间隔排列。镇雄连续无雨日虽说是我国最短的了，也达 11 天。号称“天无三日晴”的贵州一般连续无雨日可达 20 ~ 30 天；连续无雨日最短的毕节、六枝、安顺、威宁也有 16 天。

最长的连雨日。北京最长的连雨日是 11 天，上海为 14 天，哈尔滨为 10 天（发生在冬季，实际是降雪），广州为 22 天，武汉为 14 天；这几个大城市的连雨日都在 3 个星期以内，并且是北方短、南方长。最高纪录是四川稻城，连雨日超过 2 个月，达到 65 天；云南瑞丽和四川乾宁并列第 2 名，均为 58 天，接近 2 个月。

一天降雨之最。不少城市（主要是东半部）都会出现暴雨，但一日最大降雨可以达到多少呢？各地是不同的。北京是 401 毫米，上海是 581 毫米，武汉是 332 毫米。中国一日降水之冠是台湾省的新寮，达到 1672 毫米，是台风降雨。

云雾山中·雾都·无雾港

雾最多的地区是山中。四川峨眉山年平均雾日高达 323 天，最少年也有 309 天，最多年达 334 天。湖南衡山、安徽黄山、长白山天池、福建九仙山年平均雾日为 255 ~ 296 天。江西的庐山为 188 天，山西五台山为 180 天，均接近 200 天。

称为“雾都”的重庆一年有多少雾日呢？根据 1951—1964 年 14 年的统计，年平均雾日为 94 天，最多的一年达到了 148 天。重庆的雾日是比较高的，但并不是最高的。中国城镇中年雾日最多的是云南西双版纳的勐腊，年平均雾日达到 186 天。云南的边境城镇勐腊才是我国首屈一指的“雾都”。

干旱的高原地区以及热带沿海地区为少雾地区。榆林港的年平均雾日为零，人称“无雾港”。青海的西宁年雾日仅为 1 天，甘肃酒泉为 3 天，吐鲁番为 3 天，广州为 5 天，昆明为 8 天，都是少雾的城镇。

第 5 节　地理纬度与太阳辐射

各地的气候是太阳辐射、下垫面以及大气环流相互作用的结果。地理纬度决定了当地的太阳高度以及昼夜的长短，因而决定了太阳辐射量的多少。

中国领土面积广大，四境的位置从经纬度来看，最东为东经 135° 3′，最西为东经 71° 55′，东西经度差为 63° 8′；最南为北纬 3° 59′，最北为北纬 53° 33′，南北纬度差为 49° 34′。海南岛南端为北纬 18° 9′，如果从这里算起，南北纬度差也达到 35° 23′，以每一纬度的距离平均为 110 千米计，南北直线距离约有 4000 千米。南北距离这样远，太阳辐射也就有很大的差别。

我一直想找到中国主要地方的地理纬度与太阳高度表。时间过去了半个多世纪，只在陈世训编著的《中国气候》一书中找到，现引在下面。

中国 10 地两分两至正午时的太阳高度表

地方	北纬	春分	夏至	秋分	冬至
海南岛南端	18° 9′	71° 51′	84° 42′	71° 51′	48° 24
琼山	20° 1′	69° 59′	86° 34′	69° 59′	46° 32′
广州	23° 8′	66° 52′	89° 41′	66° 52′	43° 25′
长沙	28° 12′	61° 48′	85° 15′	61° 48′	38° 21′
武汉	30° 35′	59° 25′	82° 52′	59° 25′	35° 58′
郑州	34° 45′	55° 15′	78° 42′	55° 15′	31° 48′
北京	39° 54′	50° 6′	73° 33′	50° 6′	26° 39′
长春	43° 55′	46° 5′	69° 32′	46° 5′	22° 38′
齐齐哈尔	47° 10′	42° 50′	66° 17′	42° 50′	19° 23′
漠河	53° 32′	36° 28′	59° 55′	36° 28′	13° 1′

由上表可知，各地太阳高度角随纬度增高而减小。在北回归线以北的地方，一年中以夏至最大、冬至最小，冬至以后逐渐加大，夏至以后逐渐减小。在北回归线以南的广州和琼山等地，一年中在夏至前后有两次太阳位于天顶，夏至时太阳位置不在天顶，而且距北回归线愈近，太阳高度角愈大，例如广州大于琼山、琼山又大于海南岛南端。

中国 10 地两分两至昼长时间表

地方	春分	夏至	秋分	冬至
海南岛南端	12 时	13 时 5 分 28 秒	12 时	10 时 54 分 32 秒
琼山	12 时	13 时 12 分 40 秒	12 时	10 时 47 分 20 秒
广州	12 时	13 时 25 分 28 秒	12 时	10 时 34 分 32 秒
长沙	12 时	13 时 47 分 36 秒	12 时	10 时 12 分 34 秒
武汉	12 时	13 时 58 分 48 秒	12 时	10 时 1 分 12 秒
郑州	12 时	14 时 20 分 8 秒	12 时	9 时 39 分 52 秒
北京	12 时	14 时 50 分 8 秒	12 时	9 时 9 分 52 秒
长春	12 时	15 时 17 分 28 秒	12 时	8 时 42 分 32 秒
齐齐哈尔	12 时	15 时 43 分 12 秒	12 时	8 时 16 分 48 秒
漠河	12 时	16 时 47 分 28 秒	12 时	7 时 12 分 32 秒

从上表可以看出，各地昼长时间以夏至最大、冬至最小，春分与秋分相等。夏至的昼长时间随纬度增高而加大，例如海南岛南端为 13 时 5 分 28 秒，漠河为 16 时 47 分 28 秒，相差 3 时 42 分。夏季高纬地区虽然太阳高度角不及低纬地区大，但因日照时间加多而增加了一部分热量。冬至的昼长时间随纬度增高而减小，这时海南岛南端又比漠河大 3 时 42 分。冬季高纬地区不但太阳高度角小，而且日照时间短，所得到的热量比低纬地区少得多。

另外，从以上两张表还可以得到一些地理知识。例如，北京最长的白天（夏至）为 14 时 50 分 8 秒，而最短的白天（冬至）为 9 时 9 分 52 秒，相差 5 时 40 分左右，相差还是显著的；季节变化也是显著的，但每一天的变化是缓慢的。还是北京为例，从 12 月 15 日到冬至为 1 周的时间，昼长仅仅减少 2 分钟，每天还不到 1 分钟呢！再谈谈太阳的高度，北京太阳最高只能升到 73° 33′，到不了天顶；而冬至时只有 26° 39′，还升不到 1/3 的天空高度；而漠河仅仅为 13° 1′，基本上就是在离地平线不高的地方转一圈吧！所以，我们说每天的太阳都是新的、是变化的！

中国著名地质学家李四光院士（1889—1971）在工作中

Chapter 5

第五章
频发的地震

中国著名地质学家、原地质部首任部长李四光坚定地认为："地震是可以预报的。"为此，直到生命的最后，他仍然为地震预报操劳。李四光先生还为发现中国东北大庆油田做出了卓越的贡献。周恩来总理赞誉李四光先生是科技界的"一面旗帜"，要求科技工作者学习他的优秀品质。

第1节 不平静的大地

地震常识

什么是地震？迅速释放地球内部积累的能量，使地壳产生快速的颤动的内动力地质作用，称为地震。

地震波。地震的能量是以弹性波的形式释放的，从震源通过岩石向四面八方传播，所以地震是颤动的。

地震波分为体波和面波。体波是由地下震源直接产生的地震波，它又可以分为纵波P和横波S。在地壳中，纵波传递速度快，每秒为7～8米；横波较慢，每秒为4.5～5千米。所以在地震时，我们先是感觉上下动，然后感觉左右晃。面波是沿着地球表面传播，每秒约为3.5千米；周期长，振幅大，对地面建筑物破坏程度最大。

震源、震中。地震波发源的地方叫震源。震源垂直投影在地面上的地点称震中。震中到震源的距离叫做地震深度。

震级。震级表示地震能量的大小。能量大，震级就大；反之，能量小，震级小。目前，世界上广泛使用的是由美国地震学家克特提出的“里氏震级”，其范围是1到10级。它是通过地震波释放出的能量来计算。震级差1级，能量差32倍。5级以上地震称为破坏性地震；7级以上的地震称为强烈地震。

7级地震，大约相当于60万吨级原子弹爆炸时所释放的能量。唐山7.8级地震，所释放的能量相当于一座12.5万千瓦发电机持续运转8年的总能量。

世界最大的3次地震为1960年智利9.5级地震；1964年美国阿拉斯加9.2级地震；2004年印度洋苏门答腊岛9.1级地震，这次地震引起了海啸，使不少人至今难忘。

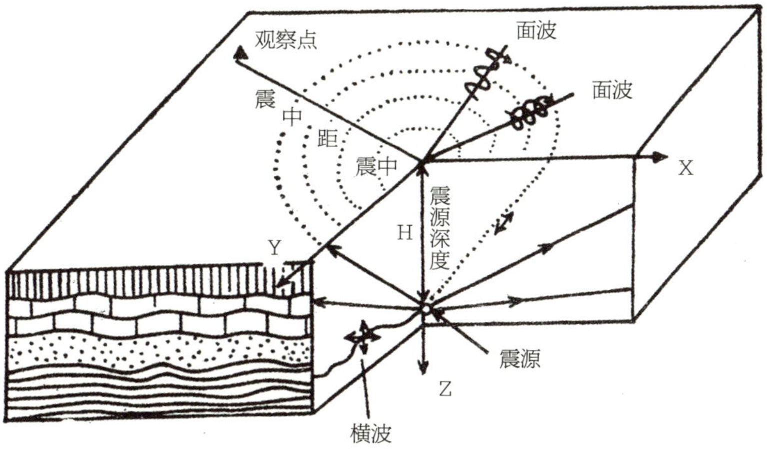

震源、震中及地震波传播方式图

地震烈度是根据人的感觉以及地面及房屋建筑等受到破坏程度来划分的；一般分为 12 级。一次地震只有一个震级，因距震中的距离不同，不同的地方有不同的烈度。

地震的类型。根据成因可以分为构造地震、火山地震、陷落地震 3 类，又以构造地震为主。此外，人类活动，如炸山采石、大型水库、石油勘探中的钻孔爆破、地下核爆炸等都会引起或诱发地震，这类地震称为人工地震。为了让读者一目了然，我们把地震类型列了一个表。

中国目前通用的地震烈度表

烈度	地震现象
Ⅰ度	人无感觉，仪器能记录到
Ⅱ度	个别完全静止中的人能感觉到
Ⅲ度	室内少数人在完全静止中能感觉到
Ⅳ度	室内大多数人和室外少数人能感觉到；悬挂物震动，门窗有轻微响声，但不造成任何的破坏作用
Ⅴ度	多数人有感觉，梦中惊醒，家畜不宁，悬挂物明显摆动，少数液体从装满的容器中溢出，门窗作响，尘土落下

续表

烈度	地震现象
Ⅵ度	很多人从室内跑出，行动不稳，器皿中液体剧烈动荡以致溅出，架上书籍、器皿翻倒坠落，房屋有轻微损坏以致部分损坏
Ⅶ度	人从室内匆忙跑出，许多房屋损坏以致少数破坏，表土中产生裂缝
Ⅷ度	人很难站住，房屋损坏或破坏，工厂烟囱损坏，地面裂缝，喷出夹泥沙的水，常有滑坡、山崩
Ⅸ度	许多房屋破坏，少数倾倒，工厂烟囱损坏，地裂缝多，绵延很长，很多滑坡、山崩，常有井泉干涸或新泉产生
Ⅹ度	许多房屋倾倒，工厂烟囱大都倒塌，地裂缝宽几十厘米，裂缝带可绵延数千米，个别情况下岩石中有裂缝，道路变形
Ⅺ度	房屋普遍破坏，路基大段破坏，大量铁轨弯曲，地下管道完全不能使用，地面除许多裂缝外，大规模滑坡、山崩，地表产生相当大的垂直和水平断裂
Ⅻ度	房屋及其他建筑物普遍破坏，山崩地裂，地形改观，由于滑坡、山崩等影响，动植物遭受毁灭

地震类型表

分类方式	地震类型	定义
按成因	构造地震	地壳构造运动引起的地震
	火山地震	火山活动引发的地震
	塌陷地震	由于地层塌陷引起的地震
	诱发地震	①人类活动引发的地震；②一个地震的发生引发余震区以外发生另一个地震
	人工地震	人类为了某种目的而制造的地震
按震源深度	浅源地震	震源深度 < 60 千米的地震
	中源地震	震源深度在 60 ~ 300 千米的地震
	深源地震	震源深度 > 300 千米的地震
按地震序列特点	主震型地震	主震震级突出又有很多余震的地震序列
	震群型地震	由多次震级相近的地震组成的地震序列
	孤立型地震	前震、余震都很稀少且与主震震级相差非常大的地震序列

续表

分类方式	地震类型	定义
按里氏震级的大小	极微震	震级 < 1，人们不能感觉只有用仪器才能测出
	微震	1 ≤震级 < 3，人们不能感觉，只有用仪器才能测出
	小震（弱震）	3 ≤震级 < 5，人们可以感觉，但一般不会造成破坏
	中震（强震）	5 ≤震级 < 7，可造成不同程度的破坏
	大地震	震级≥ 7，可造成巨大破坏
	特大地震	震级≥ 8，可造成巨大破坏
按震中附近人们的感觉	有感地震	震中附近的人能感觉到地震（一般烈度Ⅳ度的地震能被室内多数人感觉到）
	无感地震	震中附近的人不能感觉到地震，只能被地震仪器记录下来
按震中发生位置	海洋地震	震中位于海洋的地震
	大陆地震	震中位于大陆的地震
按发生地在板块的位置	板间地震	发生在现代岩石圈板块之间的构造地震
	板内地震	发生在现代岩石圈板块内部中的构造地震
按观测点与震中距离	地方震	观测点与震中之间的距离≤ 100 千米
	近震	100 千米 > 观测点与震中之间的距离≤ 1000 千米
	远震	观测点与震中之间的距离 > 1000 千米

地震诱发的地质灾害。地震造成的人民生命财产的重大损失往往是地震引起的次生灾害，即地质灾害造成的。这些地质灾害有崩塌、滑坡、泥石流、堰塞湖、地裂、地陷、山崩、雪崩、喷沙冒水、海啸。每一种地质灾害在大地震后都是我们需要认真、下大力气预防和关注的。如 2004 年印度洋地震引发的海啸夺去了 22.7 万人的生命。

全球三大地震带。环太平洋地震带，地中海—喜马拉雅地震带（或称欧亚地震带）和太洋中脊地震带。前两个地震带在中国境内都有分布。

中国是个多地震的国家

中国是个多地震的国家，和火山作用相比，中国的地震活动则要比火山强烈、频繁得多，造成的损失也更严重。

中国历史上很早就有地震灾害的记载。公元前 91 年司马迁在《史记》中说：周幽王二年（公元前 780 年），渭河上游发生了大地震，泾、渭、洛 3 条河水都震干了。《诗经》描述这次地震使高岸化为深谷，深谷变作山陵。以后各个时代，类似地关于地震的记述遍及史书。尤其是 10 世纪宋代以来，地方志书（以县志为主）盛行后，对于地震的记载更为详尽。有些地方甚至立碑记载，仅四川省就有西昌碑林、巴塘地震碑、叠溪地震碑、黔江地震碑等。

据考证，中国古籍记载的地震次数达 3500 余次；仅 24 正史记载就有 500 余次；记载完备者 200 余次。中国现代地质学的创立者之一翁文灏先生认为：中国旧籍于地震记载，其用意并不在科学之研究，而仅以为灾祥之示征。但这些记载是真实可信的，具有研究价值，其原因有三：

地震现象为多数人所共见闻，不易隐讳，亦不易臆造，一也。旧思想以地震为重大灾异，为时所忌，决无人无故妄造，二也。地震记载所举事实，大抵较其他祥异较为翔实，间有不易解说之事，如地生白毛等类，亦间与外国古记不谋而合，即或观察偶误，亦非同向壁虚构，三也。

我认为还有第四个原因，那就是官方即朝廷的重视。仅举一例，公元前 2 世纪，河南南阳人张衡创造了观测监视地震的仪器——地动仪。它把地动仪设在当时京城（今开封市）的皇宫里。据说，有一次陇西地震，地动仪中的那个方向的龙口吐铜丸，张衡即判断陇西地震，大伙不信。过了若干天，陇西地震的驿报送到宫中，朝廷终于信服了。官方对地震的通报要求是很严格的，一定要有当地的驿报。

中国地震的分布和活动

中国的台湾省位于环太平洋地震带上；云南、西藏南部位于地中海、南亚地震带上。这两条地震带属于世界上的两条构造地震带。

中国也有两条地震带。中国境内的两条地震带，一条是中部的纵

受地震影响的西安小雁塔

地震形成的翠华山崩：山崩石海

地震形成的翠华山崩：山崩洞穴

陕西西安位于中国东西地震带上，历史上多次发生大地震。以上3张图片就是“证据”

向地震带，即南北地震带。它从甘肃的河西走廊到六盘山，然后南下过天水，沿四川盆地的西部边缘继续往南进入云南，绵延数千里。它是稳定地块和活动地块的接触带，又称中部断裂带，发生构造运动的机会很多，每1次构造活动均伴随有地震发生。历史上很多大地震和特大地震都发生在这条地震带上，例如1920年六盘山西麓宁夏海原的特大地震、1922年甘肃古浪特大地震、1925年云南大理大地震，1933年四川岷江上游叠溪大地震、1954年甘肃河西走廊山丹大地震、1970年云南通海大地震。

另一条地震带是华北地震带（又称东西地震带）。它从鄂尔多斯和秦岭之间向东沿渭河谷地，经过黄河到山西的汾河谷地，向北绕五台山，向东进入燕山，沿燕山南麓东到渤海。此带是稳定地块上的一系列断裂盆地组成的构造断裂带，成为地震集中的地方。在此带上发生过两次大地震：一次是1556年陕西关中特大地震，震级为8级，震中在华县。据《明史·五行志》记述：这次地震“河渭大泛，华岳终南山鸣，河清数日。官吏、军民压死八十三万有奇。”另一次是1976年7月28日发生的河北唐山大地震，更使中国人（尤其是辽宁、河北、山西、北京、天津等地的居民）至今记忆犹新。

在华北地震带的东部有一个大断裂，称为郯城大断裂。此断裂自山东东部向南延伸到安徽中部的庐江，但沿线地震很少；向北通过渤海海底沿辽东半岛与松辽大断裂相连，1975年2月，辽宁海城地震就发生在这个断裂带中。

除了上述两条地震带外，中国还有区域性的强裂活动的地震区，其一为复活的大断层，如新疆喀什附近的卡拉别克切尔断裂、云南昭通至个旧的小江大断裂等；其二为山前凹陷，如新疆准噶尔盆地南面与天山之间的乌鲁木齐山前凹陷；其三为现代剧烈沉降区，如银川盆地、临汾盆地等。

中国地震的活动有重发性，即在同一地点可以发生多次地震，也就是活动高潮与低潮相向，形成多旋回的活动特点。例如山西汾河地震带，公元1303年是一次活动高潮，1695年又是一次活动高潮，旋回期为392年；1966年河北邢台发生了7.2级大地震，其附近曾于公元777年发生过强烈地震，相隔1182年；1976年发生地震的唐山地区在公元1057年、1679年都发生过大地震，旋回期为数百年。

有的间隔是很短的。如四川甘孜州的炉霍县于1816年12月13日、1923年3月24日、1973年2月6日均发生7级以上地震，第一次间隔107年、第二次间隔仅50年。正由于中国地震活动有规律，对它各种特点的研究对进行地震预报有着重要意义。

台湾的地震

台湾是中国地震活动最为强烈的地区。因为台湾省地处欧亚板块与菲律宾板块的交汇地带，两大板块相互活动和俯冲，必然引起大量的地震。每年都要发生100 ~ 200次的有感地震，小地震更多达千次以上，以至于《乾隆台湾县志》上书：“台地罕有终年不震者，故不悉书，大震则书。”

台湾的地震90%左右发生在台湾东部沿岸，即海域的台东地震带。特别是花莲至台东之间的地区称为台东大峡谷，地震活动十分频繁，有感地震每年多达90余次。1978年的12次5级以上的地震全部集中在台湾东部北起宜兰、南到台东的地区。

台湾地震虽多，但危害性不是很强。原因一是不少地震发生在海中。近百年台湾发生了两次8级地震，即1920年6月5日花莲东南海域地震和1972年1月25日台东东北海域地震，但都发生在海中。原因二是台湾的居民有丰富的防震、抗震经验。《乾隆台湾县志》上记载有："以台地沙土浮松，不时地动，故以树为城。"台湾北部的淡水县有的城墙就是用竹子和树木等材料构筑的。

新疆的地震

从近百年地震史料来看，新疆发生的7～8级大地震次数仅次于台湾，居中国第二。仅20世纪以来，新疆就发生了3次8级地震。第一次是1902年在新疆西部塔里木盆地西部边缘与南天山的衔接地带即喀什附近的阿图什。地震时发生巨大山体崩塌，造成长达1000米的"山剥皮"，有感面积90万平方千米；第二次是1906年在新疆中部天山北麓的玛纳斯，地震波及60万平方千米；第三次是1931年在阿尔泰山区的富蕴，地震造成全长达1200千米的大断裂带和数条宽几十米到500米的槽沟。震中区有一山，部分山体陷落50米，余震持续5年之久。这3次大震后，新疆大地并不平静。1974年在阿尔泰南面和帕米尔北面地区都发生了7级地震。这预示着强烈地震会在一些地区重复发生。

在1996—2015年近20年间，新疆发生震级大于或等于6级的地震居然达到18次之多，近乎平均每年1次。

新疆1996—2015年震级≥6级地震概况表

发震日期	东经（度）	北纬（度）	地点	震级
1996年3月13日	88.0°	48.6°	阿勒泰	6.1
1996年3月19日	76.8°	39.9°	伽师－阿图什	6.9

续表

发震日期	东经（度）	北纬（度）	地点	震级
1997 年 1 月 21 日	77.4°	39.6°	伽师	6.4
1997 年 3 月 1 日	76.9°	39.5°	伽师	6.0
1997 年 4 月 11 日	76.8°	39.7°	伽师	6.6
1998 年 3 月 19 日	76.8°	40.2°	阿图什	6.0
1998 年 5 月 29 日	79.2°	37.8°	皮山	6.2
1998 年 8 月 2 日	77.5°	39.6°	伽师	6.0
1998 年 8 月 27 日	77.9°	39.9°	伽师－巴楚	6.6
2001 年 11 月 14 日	90.9°	36.2°	昆仑山口西	8.1
2005 年 2 月 15 日	79.3°	41.6°	乌什	6.2
2008 年 3 月 21 日	81.6°	35.6°	于田	7.3
2008 年 10 月 5 日	73.9°	39.5°	乌恰	6.8
2012 年 6 月 30 日	84.8°	43.4°	新源	6.6
2012 年 8 月 12 日	82.5°	35.9°	于田	6.2
2011 年 11 月 1 日	82.4°	43.6°	尼勒克县，巩雷县交界	6.0
2012 年 3 月 9 日	81.3°	39.4°	洛浦	6.0

直接经济损失过 10 亿的有 3 次。1997 年 1 月 21 日的伽师 6.4 级地震，遇难 12 人，直接经济损失 82 亿多元；2003 年 2 月 24 日巴楚—伽师 6.8 级地震，遇难 268 人，直接经济损失 13 亿多元；2012 年 6 月 30 日新源 6.6 级地震，直接经济损失 19 亿多元。

第 2 节　地动山摇，悲痛欲绝

中国最大的地震

中国最大的地震震级有多大？发生在什么地方？这两个问题是不少人想知道、却未必知道正确答案的。

中国最大的地震是 8.5 级，据历史记载共发生过 4 次：① 1668 年

7 月 25 日（清康熙七年六月十七日），山东省临沂地区莒县、郯城大地震；② 1902 年 8 月 22 日，新疆阿图什大地震；③ 1920 年 12 月 16 日，宁夏固原地区海原大地震；④ 1950 年 8 月 15 日，西藏察隅附近大地震。第一次距今 300 多年，除文字记载外，没有更多的科学资料；第二次和第四次发生在人烟稀少的新疆和西藏高原，对社会影响不大；唯有海原大地震发生在人烟较为稠密的中部地区，但距今已经 95 年了。大地震的情景对现在的人们是陌生的，认识这次大地震的情况以及中国地质学家的历史贡献是很有必要的。

海原大地震拾零

海原大地震发生在 1920 年 12 月 16 日（农历初七），没有明显的前兆，发震时间为北京时间 20 点 06 分 09 秒。此时“突见大风黑雾，地如船簸，人不能立”；天旋地转，并“有声如雷”，持续达 10 多分钟。麦场上重达千斤的石碾子自地面跳起了 1 人多高，像皮球一样上下蹦跳，甚至砸死牛羊。海原县西有一居住 200 余户人家的西安洲，原建有的庙宇、鼓楼等在地震时变为一片废墟。

极震区南达固原、西吉，北抵甘肃省的靖远、景泰，面积达 2 万平方千米，比今天北京市的 1.8 万平方千米还大。由于时值隆冬季节，下午 5 点多钟天就黑了；发震时的 8 点多钟，人们早已进入梦乡，来不及躲避。据当时各县统计，这次大地震造成 23 万余人死亡。

海原大地震造成南起宁夏固原硝口、北抵甘肃景泰兴泉堡一条长达 200 余千米的地震破碎带和地震鼓包。

海原大地震有感半径约 1600 千米，震撼大半个中国。据当时报道，地震时，北京电灯摇动；上海时钟停摆；广州掉灰泥片；香港大多数人感觉地震。

世界上有 96 个地震台记录到了海原大地震，难怪兰州市白塔公园在一块石碑上称这次地震为“环球大震”。

地震后的次年，1921 年 4 月 15 日，受政府委派，中国地质调查所所长、著名地质学家翁文灏以及地质学家谢家荣、王烈、苏本如、易受楷、杨警吾 6 人离开北京，经呼和浩特、银川到达兰州，然后进入报震区；经甘肃会宁、静宁，再由固原经平凉、天水返回兰州，历时 4 个月。他们做了大量的调查研究工作，并且拍摄了许多灾难照片。

1923 年，翁文灏先生在《中国地震区分布简说》一文中就此次考察透露了一些细节，有三点值得注意：

其一："9 年（即 1920 年）12 月甘肃之震（即海原大地震），并奉政府委派，实地察勘，多所见闻。"从中可知，翁的行为是中国的政府行为。

其二："去年（1922 年）比京（比利时首都布鲁塞尔）万国地质学会，余为中国代表，因以历年地质与地震之关系，考研所得，著为一文贡之大会。"当时，翁文灏提交的论文为法文，题为《中国的地震》。这是中国地质科学家第一篇有分量、有影响的地震学论文。

其三："民国九年震灾之重，尤为空前浩劫。至今犹震动频作，未归静息云。"一年之后，翁乃不忘这次大震。

这是一次有历史意义的工作。1966 年 5 月，周总理在接见邢台地震科学讨论会的代表时，对这次工作给予了肯定。他说，旧社会有了地震不去实践，是否这样差？1920 年六盘山大地震，有人去看过，不要否定一切，历史也要一分为二、批判吸收嘛！

海原大地震以后，当时的青年的中国地质学家正式负起了调查地震的任务，国内任何一地发生地震，都要向地质部门打报告。所以可以这样说，通过海源大地震，中国地震地质学得以开创。

1556 年关中大地震

中国伤亡人数最多的地震发生在何时何地？答案就是明朝嘉靖三十四年十二月十二日半夜子时发生在今天陕西关中平原的华县和蒲州的 8 级地震。公历时间就是 1556 年 1 月 23 日的 24 时左右。《嘉靖实录》记载这次地震"压死官吏军民奏报有名者八十三万有余……其不知名未经奏报者，复不可数计""二千里人烟几绝"，多么悲惨啊！

史书对这次地震特别详细地谈到了 10 个方面：①地动山摇。震撼荡摇，川原坼裂。②地起鼓包。壅为岗阜。③地陷。陷作沟渠。④地声。山鸣谷响。⑤喷水喷沙。水涌砂溢。⑥建筑倒塌。城垣庙宇、官衙民庐，倾颓推圮；城郭宫室，倾覆殆尽。⑦地裂缝。裂之大者，水出火出，怪不可状，人有坠于穴而复出者。有坠于水穴之下，地复合，他日掘一丈余得之者。⑧滑坡。滑坡体所过之处“原移路凸”（陕西黄土高原上把比较平坦的地方叫原，如著名的白鹿原等是农业精耕之地）⑨河堤崩塌。茅河南岸的由柏桩、条石、铁锭构筑的十分坚固的堤岸尽崩。⑩湖水干涸。

关中地区，平原沃野，农业发达，人口稠密，地震灾害伤亡人数巨大！这里是一个地震活动强烈的地带，西岳华山是一个强烈上升的地带，而紧邻的渭河则是一个强烈下沉的地带，形成了一个地堑，并且和山西的汾河连在一起，形成了汾渭地堑带。

损失惨重的唐山大地震

1976 年 7 月 28 日 3 时 42 分 53 秒，一场 7.8 级的特大地震震倒了唐山，震撼了整个中国。当时，人们正在梦乡之中，还搞不清是什么情况时，灾难已经降临。顷刻之间，房倒屋塌，道裂路陷，桥断河泛，停水停电！唐山沉浸在一片黑暗和恐怖之中；哭泣声、呼救声、尖

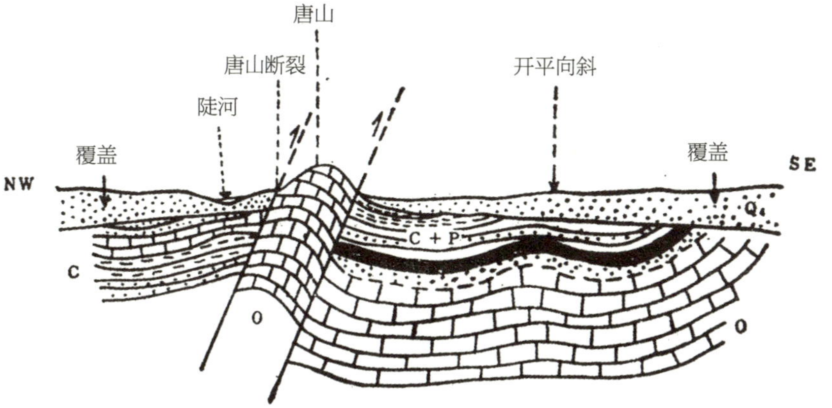

唐山 7.8 级地震发震构造示意图

叫声等此起彼伏。天刚蒙蒙亮，人们发现唐山已经成为一片瓦砾废墟，城市中高大建筑物还有烟囱、水塔等都倒塌了，连街道都无从辨认。

事后两三天，各种各样的有关这场灾难的信息通过多种渠道传来。人们才知道这是共和国的大地上最大的、也是最惨重的一次自然灾难！仅举一例，唐山市有不止一幢楼是整体陷下去、倒塌，楼里的人没有一个生还！

中国大地上，北自哈尔滨，南到安徽蚌埠、江苏镇江一线，西抵内蒙古磴口、宁夏吴忠，东至渤海湾以及东北边境，大半个中国都有强烈震感。我在北京，在睡梦中被巨大响声震醒，立即开灯，啊！灯不停摇晃，房间的热水瓶倒了，厨房内一声巨响，燃气罐被生生移动了半米。意识到是地震时，基本已经过去。因为是夏天，我们都穿着短衣短裤离开家，跑到楼前和所有居民一样惊恐未定地避难，大家都是一群难民。一直等到天亮才回到家中穿上衣服。我们夫妇俩立刻赶往北京的东大桥中科院幼儿园，因为仅仅 3 岁的儿子不知怎样。到达时，只见家长们陆续来到，老师非常有序地把一个个孩子交给家长，并介绍说所有孩子都安全……从此，首都北京开始了几乎长达 1 个月的“不眠之夜”。人们生活在十分简陋的由几根木头和竹竿搭成的抗震棚中，不仅空间小，而且最多只能放躺椅，根本无法放床……过了 1 个月的艰苦生活。那么，唐山、秦皇岛、天津等位于唐山地震震中区的人们的艰难生活是可想而知的。

唐山地震属于构造地震。唐山处在北东向沧东断裂带和东西向燕山褶皱带的交汇、复合部位。当北东向沧东断裂带活动时，它影响及改造了开平向斜构造，这时开平向斜西翼岩层发生变形及断裂，从而形成唐山断裂，引起地震。其震源深度只有 12 千米。

当时正值“文化大革命”后期，国家物力和财力都十分有限，再加上国内外政治形势的影响，抗震救灾工作进行得十分艰难。多年之后，中国地震出版社出版了《地球的震撼》一书，公布了唐山大地震的确切死伤人数：死亡 242769 人，伤 70.8 万余人，重伤 164851 人；死亡加重伤两者相加 407620 人！从这些数字就可以看出当年唐山地震的悲惨和损失惨重！

汶川大地震：悲剧不要重现

2008 年 5 月 12 日，四川省汶川发生 8.0 级大地震，具体位置是东经 103.4 度、北纬 31 度。地震使得北川—映秀断裂，在地表形成长约 240 千米的地表破裂带（相当于从北京到石家庄的长度）；灌县—江由断裂，在地表形成长约 72 千米的地表破裂带；还有小鱼洞破裂带等，加起来超过了 300 千米长。特别是地震引发的山崩、泥石流、滑坡、洪水等次生灾害特别严重。

这次大地震共造成 6.9227 万人死亡，1.7923 万人失踪，共计 8.7150 万人；8.7 万余人的生命瞬间消失。地震造成的直接经济损失达到 8964 亿 3 千万元。这次地震灾害带给我们永远难以抚平的痛。

例一，5 月 12 日 14 时 28 分，由陕西宝鸡开往四川成都的 21043 次货车进入 109 隧道时，汶川地震引发的山体滑坡堵住了隧道的出口，车体以 20 千米时速撞上巨石，41 节载有 600 吨汽油的货车脱轨，机车头部和一、二节发生火灾，火势异常凶猛。同时，12 万方巨石滑落嘉陵江中造成河道严重堵塞，形成堰塞湖。经过铁路工人日夜抢修，于 5 月 24 日上午 9 时 53 分抢通。至此，中断了 283 小时近 12 天的西南铁路大动脉宝成铁路才全线恢复通车。

例二，青川县木鱼镇初中宿舍楼坍塌，300 多人被埋在废墟中，十分悲烈。"我们参加过无数的救援，没有一次像这样悲烈；我们过了多次护士节，没有一次像这样有意义"。参与抢救的一位护士含着泪叙说着。

例三，北川中学 1000 多名学生遇难。16 岁的女孩说，我们班 70 多个同学只剩下十几个了！

好了！不一一列举了。这次地震的极重灾区有下列 10 个县市：汶川县、北川县、绵竹县、什邡市、青川县、茂县、安县、都江堰市、平武县、彭州市。这 10 个县市都遭受了极其惨重的生命和财产损失。北川县受到了灭顶之灾，已经无法在当地重建，只好搬迁到距北川县城 20 千米左右的原安县老县城所在地安昌镇重建。2012 年，我考察四川安县地质公园时，知道安县新县城在距绵阳市仅 10 余千米处已初步建成，当时正处在搬迁之中。青川县 25 万人无家可归，4400 余人遇难，在重建中外迁 3 万灾民，1 万人在县内异地安排，1 万人在广元市其他县区安排，1 万人外迁到陕西、浙江两省。所以这 10 个县市灾后的重建任务是相当艰巨而繁重的。这次地震的重灾区有 41 个县、市、区，它们是四川省的理县、江油市；甘肃文县、陇南市武都区、康县；陕西省宁强县、宝鸡市陈仓区等。

汶川县离成都仅 146 千米，与都江堰市接壤，是川西平原与川西北高原之接触带，是岷江大峡谷的门阀地区。这一片地区有 4 条逆冲断裂带，还有龙门山前沿、彭灌杂岩、宝兴杂岩 3 个大的推覆体，地形破碎，地质构造不稳定。在这么一个极易发生地震的地区发生 8 级地震，我们的地震工作者为什么没有丝毫的察觉?《北京晚报》5 月 27 号，苏文洋先生提出了三个问题：①事先是否毫不知情？②地震前究竟有没有一些蛛丝马迹？③从唐山大地震到汶川大地震，这 32 年地震研究水平到底提高了多少？事先没有任何预报，损失重大，这是事实。

《北京晚报》在汶川地震 4 个月后的 9 月 22 日用一个整版发表了我撰写的《李四光说：地震是可以预报的》一文，引起了巨大反响。该文发表的当天和第二天，我接到数十位朋友、专家的电话，还有素不相识人的来信，表示了极大的支持。我们老一辈的地质学家翁文灏早在 100 多年前，就提出了地震是可以预报的。他们做了许许多多的脚踏实地的工作，取得了一定的成绩。痛定思痛，为了我们的国家、我们的民族、我们的人民不再遭受这么大的灾难和牺牲，我们地震行业的从业人员一定要努力工作，在地震预报上做出突破性的成绩。

生命的奇迹

汶川地震发生后，全国军民组成无数支抗震的救援队快速抵达灾区，展开了积极、顽强、有效的救援，创造了许多生命奇迹。我们向救援者表示崇高的敬意，也向被救者表示深切的慰问。在这次灾难中，也展现出生命的奇迹，下表列举 13 位生命奇迹的创造者。

被救者	被救时间	说明
蒋宇航	震后 125 小时	20 岁
北川县医生 唐雄	震后 139 小时	其妻 3 天前被同一战士从同一废墟中抢救出来
映秀水电公司 虞锦华	震后 150 小时	营救时长达 56 个小时，后高位截肢
映秀稽查员 沈佩云	震后 146 小时	
卞刚芬	震后 124 小时	31 岁，获救后体质好、基本无伤
什邡市 刘德云	震后 100 小时	
什邡市 陈玉林	震后 107 小时	绝望的妻子已经为其找好墓地
德阳 王发珍	震后 165 小时	50 岁的女性
青川 王春邦	震后 164 小时	
女孩 乐刘合	震后 75 小时	她说：我相信你们会来救我
绵竹矿工 赖元平	震后 196 小时	44 岁
什邡市女工 崔昌会	震后 216 小时	32 岁，9 天 9 夜
映秀 马元江	震后 179 小时	马元江、虞锦华均被 20 岁的志愿者尹春龙所救

第 3 节 痛定思痛

他们为何伤亡

为了避免、减少地震灾害造成的人员伤亡，就必须分析地震中人员伤亡的具体原因。现以云南省两次地震中人员伤亡的事实加以分析。

例一：云南省昭通市鲁甸县（27.1° N，103.3° E）2014 年 8 月 3

日 16 时 30 分 10 秒发生 6.5 级地震，震源深度 12 千米。该地震是云南省 2000 年以来的第二大地震（最大地震为同年发生的景谷县 6.6 级地震），也是昭通地区 40 年以来的最大地震。

该地震共造成 617 人死亡、112 人失踪、3143 人受伤，是中国自 2008 年汶川 8 级地震、2010 年青海玉树 7.1 级地级后死亡人数居第三位的地震，超过了四川芦山 7.0 级地震。

鲁甸地震人员死亡原因可以分为 6 类，如表所示。其中房屋倒塌致死占 68.46%，是最直接、最主要原因；第二位就是地震诱发的滑坡、崩塌、滚石地质灾害，致死占 21.3%。这里只讲地质灾害中的堰塞湖。

鲁甸地震人员死亡原因

原因	所占百分比	原因	所占百分比
房屋倒塌	68.46	抢救无效	9.59
山体滑坡	11.38	逃生坠楼	0.16
崩塌滚石	9.92	其他原因	0.49

张彦琪等：2014 年云南鲁甸 Ms6.5 地震人员震害研究。《地震研究》，2015 年第 38 卷第 3 期。

堰塞湖位于鲁甸县火德红镇李家山村和巧家县包谷垴乡红石岩村交界的牛栏江干流上。它是地震造成的大滑坡以及河流两岸山崩堵塞牛栏江形成，名为红石岩堰塞湖。堰塞体形成的坝高 110 米，宽 70 米，湖库容 2.6 亿立方米；其规模为汶川地震形成的最大堰塞湖唐家山堰塞湖 1.3 亿立方米库容的 2 倍。该堰塞湖致使附近村寨农民部分房屋整体性连片式被摧毁或掩埋，其中鲁甸县淹没 528 户、巧家县 48 户、会泽县 82 户。鲁甸地震人员失踪原因为房屋倒塌和山体滑坡，分别占 64% 和 36%。

例二：云南省昭通市彝良县 2012 年 9 月 7 日 11 时 19 分 40 秒发生 5.7 级地震，震中位于北纬 27.5°、东经 104.0°，震源深度 14 千米；12 时 16 分 29 秒，几乎是在原地又发生 5.6 级地震，震源深度 10 千米。

该地震造成 81 人死亡、832 人受伤，是云南省 1900 年以来相近震级的最高伤亡人数。伤亡的原因及所占百分比见下表。

彝良地震人员死亡原因

死亡原因	人数	所占百分比
滑坡滚石	59	74.07
房屋倒塌	15	18.52
坠落摔死	3	3.70
跌入河中	2	2.47
电力检修	1	1.24

白仙富等：彝良 9.07Ms5.7、5.6 地震震亡人员研究。《中国地震》，2014 年第 30 卷第 4 期。

不在地震中倒下

分析清楚伤亡原因，我们就尽可能地不让悲剧重演，不在地震中倒下。大致有五个方面的工作可以在地震来临前做好。

（1）房屋建筑的选址。避开活动断裂带、陡峭的山坡、峡谷的两岸等；房屋的建筑质量一定要有抗震能力的要求；对于不达标的房屋一定要进行加固、改造或重建。1978 年 6 月 20 日 20 时 03 分，希腊第二大城市萨洛尼卡发生 6.5 级地震，仅一幢楼房倒塌，死亡仅 51 人，小的生命损失就是牢固的房屋建筑立下的功劳。

（2）地质灾害的防治。不少地质灾害是地震引起的，但也有不少是本身存在的，并非地震引起。对各类地质灾害的分布地点、规模、危害，不仅要监测，还要治理。

（3）避难场所和临时安置场的建设和宣传。使老百姓知道地震来了如何应对、地震时如何避难、避难场所在哪里、其他哪里有安全的地方可以去。这点在中国是一个十分薄弱的环节。

（4）宣教教育普及地震知识。

（5）人口密度应该引起重视，在易发生地震的地区，不应聚集太多人员。2013 年，全国人口密度为 141 人 / 平方千米，云南省为 120 人 /

平方千米，而鲁甸地区达 277 人 / 平方千米，2011 年彝良地区达到 230 人 / 平方千米。本身就是地震区，是中国资源环境承载能力最弱的地方，这种严重的超载是十分危险的，正如同汽车“超载”会发生车祸一样。

第 4 节　地震是可以预报的

牵鲸就缚，捉鳖归笼

唐山大地震，顷刻之间，24 万人的生命之花凋谢，70.8 万人受伤疼痛，16 万人终身致残。这都是我们的同胞啊！我们中华民族遭受了如此重大的自然灾害，我们痛心啊！我们不能让数十万人的鲜血白流，我们不能将数十万人生命付出换来的沉痛教训遗忘。我们要像扼住命运的咽喉一样，扼住地震的咽喉。唯一的办法就是不仅要预防，更要预报，预报地震。只有这样，才能让我们的民族、我们的人民、我们的国家不至于重蹈覆辙。

任何事物都有其发生、发展的规律，只要我们付出艰苦的劳动，坚持正确的方法，持之以恒，地震预报这个科学难题一定会攻克。

在此，我要强调的是一种理想、一种渴望、一种勇气、一种斗志、一种精神，你如果认为地震预报是可能的，就会为之努力奋斗和工作。朱夏院士是新疆克拉玛依油田和黑龙江大庆油田发现者中的重要成员，是我国著名海洋地质学家。1983 年他做了一首《望海潮》，在词前他写道：1980 年我建议以西湖胜景为东海地质构造命名，翌年龙井构造见显示；至 1983 年 4 月又在平湖构造钻获工业性油气。因喜作小词：

遏住洪波，钻开玉垒，九渊唤起潜龙。记否当初，沙沉潮落，无边大泽迷蒙。浩劫岂无穷，喜香涎凝喜，银甲生风。破壁重来，一点灵犀海陆通。

沧溟为记游踪，借明湖胜景，指点相逢。射虎南山，掣鹰北国，浩茫凭诉心胸。酹酒向琼宫，看牵鲸就缚，捉鳖归笼。吩咐铜琶铁板，唱彻掉头东。

一位地质学家多么豪迈的气魄和勇气。一开篇就是“遏住洪波”，“遏”就是要控制，要制止大海的洪波、滔天的巨浪，在海洋中找到石油（潜龙），当初是迷茫的，但浩劫岂无穷，终于迎来“破壁”的一天，那就是新的全球构造理论，把海洋和陆地联系在一起考虑。中国东海终获工业性油气，满心欢喜！发现陆上的石油就如同在南山射虎、北国掣鹰一样的壮举。转向海洋，我们已经把海洋中的天然气和石油都找到了，就如同把海洋中的鲸鱼牵住了，还捆起来了，或者是把鳖捉住了还放进了笼子中。吩咐关东大汉执铜琶铁板、唱苏东坡的“大江东去”以表达喜悦心情。

朱夏是在中国第一代著名地质学家培养下成长起来的第二代地质学家。他在石油地质特别是海洋石油地质上立下了卓越的功勋，但他取得的成绩首先是敢想、敢于突破、敢于创新。中国的地震工作者也应该有这样“牵鲸就缚，捉鳖归笼”的勇气和决心实现地震预报的成功。

预告地震：庶有能之之一日耳

地震既是地质现象，又是地质灾害，是地质学家的研究范围。现代地质学在中国诞生后，中国的地质学家就十分注重地震地质的研究，并提出了地震预报的问题。

中国现代地质学的奠基人之一翁文灏 1920 年考察过海原大地震，1923 年著文《中国地震区分布简说》。该文第一、第二段是这样说的：

地震学别成专科，非余素习。然地震源于地质，故尝就地质学范围内，略有问津。民国以来，各地遇有地震，辄由地质调查所收集报告，稍有研究。9 年（即民国 9 年，1920 年）12 月甘肃之震（即海原大地震），并奉政府委派，实地察勘，多所见闻。去年比京（比利时首都布鲁塞尔）万国地质学会（即世界13届国际地质大会），余为中国代表，因以历年就地质与地震之关系，考研所得，著为一文（即“中国的地震”，用法文写作），贡之大会，久思译为国文，以质同学。辄为事间，作而复辍。近时日本地震，全球震骇，同州密迩，感动尤深。友朋相见，多以中国地震见询，乃为削繁节要，草成此篇。

恒人之情，莫不亟欲确知科学研究，能否预告地震。欲答此问，当分二端。就空间而言，则何地震多，何地震重，科学研究颇能有所诏示。若就时间言，欲于未震之前，而知将震之实，则今日科学尚未能预言。盖地震与日中黑子，地轴移动，北极微光等诸天文现象，虽约略似有因果，究尚未得定律。地震与岩浆内潮，磁力骤变，气压低降等诸地质现象，即有关系，亦尚无法预测。近代地动仪虽至精密，测及毫芒，但仅研究震浪于既震之后，未能预报警信于未震之先。充其极亦不过如汉代张衡，预报陇西地震于驿报未至之先而已。而当其长安预报之时，固已在陇西震动之后。虽迁张衡于陇西，固无济于其震灾。古今仪器，虽精粗迥异，而效用相去，尚不过远。间或臆测偶中，要非确有把握，此亦一时之无可如何者也。但当继续研究，力求进步，庶有能之之一日耳。

从上面两段不足700字的文字中，不仅可以了解翁先生的人品，而且可以知道翁先生对地震预报的极度关心和坚强信念。

当时，翁先生是中国第一个海归地质学博士、中国顶尖的地质学家、中国地质调查所所长（相当于现在地质部部长）。一个大地质学家称自己对地震学只是“略有问津”“稍有研究”，看得出他为人谦逊。以当时翁先生的身份，完全不必亲临，但他坚持深入地震灾区前后达4个月之久。毕竟是90余年前的中国，况且还是大地震灾区，生活的艰辛、艰苦是可以想象的。地质学是个实践科学，不深入实践，很难甚至得不到正确的知识和结论。

对于地震的预报工作，翁先生当年的建议和信念仍不过时，仍有参考甚至指导意见。他指出：①地震的空间预报应该是“颇能有所诏示”。但是，十分遗憾，经过了 90 余年，仅中国近 10 年中有好几次大地震都不在国家地震重点监视防御区，如 2007 年 6 月 3 日云南宁洱 6.4 级地震、2008 年 3 月 21 日新疆于田 7.3 级地震、2008 年 5 月 12 日四川汶川 8 级地震（部分不在）、2010 年 4 月 14 日青海玉树 7.1 级地震等，这些问题值得深刻总结和反思。②地震与太阳黑子、地轴移动、北极光等天文现象有关系，但是这些研究至今并未深入开展。③地震与岩浆内潮、磁力骤变、气压降低等地质现象“有关系”。但到底有多大关系，并未深入研究。④地震预报“当继续研究，力求进步，庶有能之之一日耳”。翁先生认为总有一日能预报地震！要继续研究，力求进步。这是一位老地质学家对我国地震预报工作寄予的殷切希望。

地震前兆现象举例

中国是个多地震的国家，有不少震前是有前兆现象的。我们知道，了解一些地震前兆的知识，到地震时说不定就用上了。

1）地光。1975 年 2 月 4 日傍晚，大连开往北京的 129 次列车向海城方向奔驰前进。突然，司机发现前方出现熊熊耀眼的“紫红色大火”，立即紧急制动，在 7.3 级地震中，列车安全地停在极震区的海城县唐王山站外。时间过去一年多，还是这一趟列车 1976 年 7 月 28 日凌晨风驰电掣地向唐山奔去。这时，司机突然发现前方“漫天大火”“红白光闪闪”，司机立即紧急刹车，列车在 7.8 级大地震中安全地停在唐山车站站外，千百位旅客的生命财产保住了！国家的财产保住了！这次列车的司机张耀武、刘振帮被誉为“英雄司机”。为什么他们能成为英雄，别的原因除外，还有一条就是他们知道地震前会有地光的出现。

1920 年 12 月 16 日海原 8.5 级大震时，“空中发现红光如练，瞬时即地震”。

1970 年 1 月 5 日通海 7.7 级大震时，“忽见小街方向上空闪映出一片晚霞似的红光，随后听到轰轰巨响，接着发生大地震”。

1974 年 5 月 11 日昭通 7.1 级大震时，“震前瞬间见双河口方向出现红色火光”。

1976 年 5 月 29 日 20 时 23 分云南省西部龙陵、潞西一带发生 7.5 级地震。当天 22 时，又发生一次 7.6 级地震。极震区烈度均为 9 度。5 月 28 日和 29 日晚，震区不少群众不同程度发现山沟闪闪发光，“火烧天”“人人脸发红”，太阳将落，而光亮未减，由红色变成蓝白色。极震区及外围上百千米的地方（如瑞丽、保山、耿马）均反映看见地光，方位也较有规律，震区反映是多沿构造带，外围反映光源在震中方向。

1976 年 8 月 16 日四川省松潘 7.2 级地震前，出现特殊的地光——火球。在震前 4 个月即 1976 年 4 月 13 日傍晚在邛崃县夹关公社就出现了 10 多个火球；不过主要集中在震前 1 个多月内。7 月 19 日晚，绵竹、安县一带连续几个晚上出现大火球。尤以 19 日晚为甚，在绵竹县玉泉公社出现火球 300 多个，当地群众把那天晚上火球的现象比喻为一次盛大的焰火晚会。8 月初，江油县有两人在路上行走突然碰着火球，并闻到一种特殊的气味而导致休克。

2）地声。1855 年 12 月 11 日，辽宁省金县发生 6 级地震，“未震时，先闻有声如雷，旗民早已预防，俱各走避出屋，是以未经压毙多人，只伤男妇子女共七名。”还有一趣事，辽宁本溪北台钢铁总厂在得知该地区有地震后，从 1975 年 1 月上旬就开始用大缸监听地声。2 月 4 日大震前，值班员在 19 点 34 分听到耳机（与大缸相通）发出如狂风呼啸声，立即大喊:“有地震！”楼上的人闻讯跑下楼，刚走出门外，大地震就发生了。1976 年 4 月 6 日，内蒙古和林格尔 6.3 级地震前，地声非常强烈，不仅 7 度区、6 度区甚至绝大多数 5 度区都能听到地声。

3）动植物异常。早在公元 787 年（唐朝贞元三年）长安附近地震时，已有震前“巢鸟惊散”的记载。1976 年唐山地震前，7 月 28 日 3 时 30 分左右，柏各庄农场一同志因天下雨，由家中赶到饲养处，见一公牛犊站在院内，就往棚里牵。进棚后，牛犊站了一会儿又往外跑，该同志刚追出牲口棚，地震发生了。还发生了狗咬主人、鸡不进窝、老鼠搬家、家养金鱼跳出缸、羊不进圈、猪不吃食等现象。植物异常表现在不该开花结果的植物开花结果了。

4）地下水的变化，表现在水位、水温、水质等的变化。公元1100年2月（即北宋）安徽歙县地震，震前黄山第4峰下的温泉“水变赤如流丹。顷之地势倾动，波沸涌，声如雷，屋舍皆震”。1966年3月8日6.8级邢台地震前，宁晋小刘庄公社有一新打的机井，水位上升冒出地面；邢台营头公社有一井，平常每天只能担3～4担水，震前2～3天井水突然上升半米左右，每天井水担不完；与之相反，井陉庄子头村有一井，震前10多天突然干枯见底。1976年7月28日唐山大地震前，昌黎附近的热水井在震前2天井水温度急剧上升。

5）气象热异常。1966年3月8日邢台地震前数日，日平均气温从−13℃上升到3℃～5℃之间。

李四光说：地震是可以预报的

中国的首任地质部长、著名的地质学家李四光先生曾经说过，地震是可以预报的。

地震能不能预报？有人认为，地震是不能预报的，如果这样，我们做工作就没有意义了。这个看法是错误的。地震是可以预报的。虽然地震预测的问题在世界上还未解决，我们相信中国人民有志气、有能力首先解决这个问题。

李四光先生在生命的最后7年，始终在指挥和领导着中国地震预报工作并站在一线战斗。早在1965年1月19日，李四光就与地质力学所参加西南地震地质工作的同志谈地震地质问题。1965年，李四光专门就地震地质工作的谈话和指示达四次之多。1966年3月河北邢台大地震后，李四光对地震的地质问题给予了极大关注，他不顾年事已高，亲自去灾区了解情况、进行研究。1966年10月，李四光专门就地震预报发表看法。1967年1月19日，李四光更旗帜鲜明地提出地震是可以预报的。

20世纪60年代初，广东新丰江水库发生地震，尤其是在1966年邢台发生了强震之后，身为中国科学院地震委员会主任委员和全国地震领导小组领导人的李四光极为焦虑，深感地震灾害对国家和人民生命财产造成的损失之严重。在他生命最后的几年里，投入很大精力到地震的预测、预报研究工作中。他认为地震是一种地质现象，大多是由地质构造运动引起的。因此，对构造应力场的研究、预测、分析和掌握其动向是十分重要的。他在邢台地震之后，对河间、渤海湾和唐山等地区孕育发生地震的可能性提出过一些预测性的意见，后来证明是正确的，可惜这项工作没有来得及深入总结。

李四光提出了地震预报应该以地应力为主开展十个方面的工作：

1）天文方面。我看，不能忽视。毛主席教导我们说："唯物辩证法认为外因是变化的条件，内因是变化的根据；外因通过内因而起作用。"地震的发生也有外因的影响，但不是起决定作用的。主要还是要研究地球内部，具体一点说就是研究地壳的运动。

2）地震台。记录地震，这很现实。历史地震的研究分析很有必要，在指导工作的方向上很有意义。危险区的确定：一是历史地震资料，二是构造活动情况。

3）形变电阻率。现在看，对地震有反映，在很大程度上与地下的地质情况有关。

4）地磁。它的变化非常复杂。

5）重力。它反映大块岩石密度的变化，这种现象不能忽视。

6）地下水。水位、水质、水温的变化与地下构造的活动是有一定联系的。这种变化肯定与应力作用有关。

7）生物物理。观测动、植物的反映，一般是可以注意的。不过，都是一些微妙的观测，尚在摸索当中。目前，不要作为规律性提得太高。

8）地形变。对地震预报来说，应该研究地壳形变在震前的变化。因此，用大地测量的方法去找地面形变的现象，慢慢发现形变规律，这是一个很重要的手段。但是，这里有个时间性的问题，要及时抓住震前形变的前兆，否则就起不到预报地震的作用。

9）海平面观测。可否在沿海适当的地点（不同纬度地区）设若干海平面观测站，研究海陆的相对运动和局部构造的更动，来探索地震预报。

10）地应力。主要是研究应力的变化，加强到突变的过程。因此，在研究活动构造体系的基础上，选择适当的地点观测地应力加强的过程，看来是探索地震预报比较可靠的途径。

李四光的谈话和指示既是原则性的、纲领性的，更是非常具体的，能够使地震地质工作者去一一执行的。他在地震地质以及地震预报中提出了十个应该注意的方面。

李四光在谈到地应力时，还有以下意见：

地震之所以发生，是由于地下产生了一种力量推动地壳中的岩石，在地壳构造比较脆弱的处所到了承受不了的时候，就会引起破裂，发生地震。

在地震发生以前，在有关的地应力场中必然有个加强的过程；但应力加强不一定都是发生地震的前兆，这主要是由当地地质条件来决定的。因此研究地震预报，首先要查明地震频繁地区的地质条件，找出最可能发生地震的地点。如果我们能够准确地划分出危险区，这就给出了地震发生的空间性。这样，地应力测量必须同构造体系的研究结合起来，找出彼此之间的关系，才能了解地震的发生。其次，从预报的时间上讲，最好能报出几小时以前，一两天以前更好。如若在这个时间范围内预先发现地震前兆是很有意义的。这样，对地应力进行观测，不仅要测量它的绝对值，关键还在于测量其变化，找出地应力有关的性质、特点以及作用方式和变化规律，也就是研究某一个地区地应力分布规律的问题。如果我们的方法确实观测出力量的变化，又能看出这种变化与地震的内在联系，我想是能够摸索出地震发生时间的。当然，地震的频度和强度也要研究解决。

你看，李四光已经断定能够摸索出地震发生的时间。李四光的理论在周总理的支持下，在中国 20 世纪七八十年代产生了深远的影响。不仅科研机构，而且一些大学、中学都有地震预报的科学小组，取得了不俗的成绩。

丹霞山：贵州赤水龙凤岩

花岗岩山：安徽黄山

喀斯特山：广西桂林永福

火山：吉林四平伊通

Chapter 6

第六章 地形骨架：山脉

山脉的类型。中国是个山地之国，山是地形的骨架，山脉的高低有天壤之别，外形则千姿百态。地质学家主要是根据组成山脉的岩石类型，把山脉分类的。本页图片选择了中国常见的四种山脉。

一是丹霞山。它是贵州赤水的龙凤岩的丹霞山。人们用“色如渥丹，灿若明霞”来形容丹霞山，另外丹霞山还多洞穴，这张图片把丹霞山的这两个特点充分表现出来了。二是花岗岩山。它是安徽黄山的群峰。图片中的山峰、幽谷还有垂直节理一目了然，真是雄伟的花岗岩山。三是喀斯特山。它是广西桂林永福的金钟山，如锥状的石灰岩的峰丛地貌多么可爱、多么清秀。四是火山。它是吉林四平市伊通境内的西尖山，呈伞形排列的柱状节理多么奇特。中国的山脉绝不止这四种类型，还有变质岩中的石英岩山，如中岳嵩山；还有沉积岩中的石英砂岩山，如湖南张家界山。山脉是一个绚丽的“大家庭”。

第1节 山脉是地理之魂

山·山脉·群山

中国是个山地之国，有无数的山。山的特点是“群居”。随便举一个例子，唐代诗人李白在《西岳云台歌送丹丘子》中就写道：“三峰却立如欲摧，翠崖丹谷高掌开。”华山就有高峻的三个山峰——西边的莲花峰，南边的落雁峰，东边的朝阳峰。远远望去，形如巨人的手掌，在翠崖丹谷中闪光。郭沫若在《黄山之歌》中写道：“奇峰虽云大小七十二，实则七十二万尚有奇，八百里内形成一片峰之海。”黄山的山也不是孤立的。有孤立的山吗？有！广西桂林的山，一个个是孤立的。徐霞客形容为“分岐叠出”“离立献奇”，如独秀峰、叠彩山、伏波山、象鼻山等。而这种山在中国或世界仅占很小的比例。

山大都是连绵几百千米、上千千米，唐代诗人王维说是“连山接海隅”，山海相接，像人体的血脉等脉络一样，称为山脉。较大的山脉又往往不是一条脉组成，由几条山岭组成；不少山脉中还有大大小小的山间盆地、缺口（山谷）、低地等，它们一起构成了山脉。正因为如此，在形容山脉时，往往用“雄伟”“伟岸”等词。宋代苏东坡《江上看山》第一句就是“船上看山如走马，倏忽过去数百群”，一下就是几百的群山；明代徐霞客对广西喀斯特山峰丛的描写“乱尖叠出，十百为群，横见侧出，不可指屈”，你看又用了“十百为群”；群山这就是最通俗的称呼。“望飞雪，满天舞，巍巍群山披银装，好一派北国风光”，这是《林海雪原》改编的京剧《智取威虎山》中的一句唱词，多么漂亮的群山啊。

中国是个山地之国

中国有 5 种地形。

1）平原。海拔高度多数低于 200 米，相对高度 50 米以下；地面基本平坦，但有起伏，甚至还有残丘、孤山等。东北平原、华北平原、长江中下游平原、珠江三角洲平原是中国的四大平原。渭河平原、河套平原也很有名。

2）盆地。四周隆升，中间沉降；盆心与盆周高差在 500 米以上。盆地内部时有分割的丘陵。中国有四大盆地：

①塔里木盆地。位于天山、昆仑山和帕米尔高原之间，东部的缺口与河西走廊相接。面积 55 万平方千米，是中国最大的盆地，中心为中国最大的沙漠——塔克拉玛干沙漠所占据，有着丰富的油气资源。盆地边缘受天山、昆仑山冰雪水的滋润，形成了不少农业发达、人口密集、盛产瓜果的人口集中的绿洲，在古代是“丝绸之路”上的一系列集镇，至今仍是欣欣向荣。

②准噶尔盆地。位于天山与阿尔泰山之间。面积 38 万平方千米，是中国第二大盆地。其内部有古尔班通古特沙漠。由于降水较多，发育固定、半固定沙丘。草场辽阔，畜牧业发达，盆地南缘有绿洲农业。

③柴达木盆地。位于青藏高原北部，昆仑山、祁连山、阿尔金山和日月山之间；平均海拔 2600 ~ 3000 米，是中国海拔最高的盆地，其面积约 20 万平方千米。盆地内部有许多著名的盐湖，如大、小柴旦湖，还有全国有名的万里盐路。

④四川盆地。位于青藏高原以东、巫山以西，南北介于云贵高原与大巴山之间，面积约 18 万平方千米；盆地海拔 300 ~ 700 米，由于盆地沉积了紫红色的砂页岩，称为“紫色盆地”。盆地中是盆地式丘陵，分为三部分——川东平行褶皱带、中部方山丘陵、西部的地堑式平原（即川西平原，位于龙门山与龙泉山两大断裂带之间）。四川盆地特别是川西平原，是中国农业富庶的地区，有“天府之国”的美誉。

3）丘陵。海拔 500 米以下，相对高度在 50 ~ 500 米。中国也有四大丘陵：

江西宜黄：江南丘陵

①江南丘陵，位于南岭以北、长江以南、武夷山以西，主要分布在湖南、江西两省；②广西丘陵，喀斯特地貌占60% ~ 70%，有人说“桂林山水甲天下，广西处处有桂林”，这是中国最美的丘陵；③东南沿海丘陵，分布在浙江、福建两省；④辽东丘陵和山东丘陵，沿海形成曲折的海岸和港湾，是中国温带水果苹果、梨、杏、桃等著名产地。

2016 年 4 月，我去江西抚州所属的几个县考察，见到了江南丘陵的美丽风光。有山，山不高；山上有林，往往是大片的竹林，一片片竹子迎风微微摆动；有水田，更有人家。这景色不禁使我想到宋代辛弃疾的词《鹧鸪天 · 代人赋》：

陌上柔桑破嫩芽，东邻蚕种已生些。
平冈细草鸣黄犊，斜日寒林点暮鸦。
山远近，路横斜，青旗沽酒有人家。
城中桃李愁风雨，春在溪头荠菜花。

你看，他把江南丘陵的自然环境和农家生活写得多生动有趣啊！

4）高原。海拔高度大于 1000 米，比四周高出 500 米以上。中国有四大高原——青藏高原、内蒙古高原、黄土高原、云贵高原。青藏高原构成中国第一级台阶，海拔达到 4000 ~ 5000 米，山脉多在 6000 米以上；其余三个高原都在第二级阶地上。

5）山脉。中国的山脉分布广泛，东西南北都有著名的山地，一般说来中国有五大山系。

中国五种地形面积不同：山地为 33%，高原为 26%，盆地为 19%，平原为 12%。山地面积约占全国的 1/3；如果把丘陵和高原也算山地，中国的山地面积约占总面积的 2/3；平原面积仅占 1/10 多一点。因此，中国是个山地之国。

山脉是地理之魂

中国现代地质学的创立者、著名地质学家翁文灏于 1925 年撰著的《中国山脉考》一文，是中国一篇划时代的经典地学论文，文中他提出了 3 个重要的观点。

1）山脉是地理之魂。此文开篇的第二句话就写到“而言地理而不知山脉，即在普通教学亦感无所归纳之苦。”确实如此，中国是个山地之国，如果不讲山脉，也就无所谓地理。

2）我不能舍地质而论山脉。该文开篇就写道“余以研究中国地质构造，于中国山脉新旧各说有所涉猎，因觉舍地质而论山脉，无论中外均不免矛盾穿凿之病。”

确实如此，山脉的形成主要是内力地质作用的结果。这种地质作用的能源在地球内部，这种内力地质作用可以分为 4 类，即地壳运动（包括地壳的水平运动和地壳的垂直运动）、岩浆作用（包括侵入作用和喷出作用）、地震作用、变质作用。

一般来说，地理学与地质学的不同在于：地理学是研究地球的表面的学科，是“外科大夫”；地质学是研究地球内部的学科，是“内科大夫”。上列的四类地质作用正是地质学家研究的范围。

3）山之成因及分类中，翁先生把山分成5类：①“有因剧烈褶曲而成山者”；②“有因拗褶而成山者”；③“有因断层陷落而断岩耸立者”；④“有因火山喷出物堆积成山，尚未侵夷者”；⑤侵蚀山（即残余山）。最后指出“今日所见之山脉并非一时代之产物，其间实大有先后新旧之分别，伟大博丽之历史。不明其成毁之经过，即莫能知其实之关系。总之，非应用地质学知识不可。”

我写中国的山脉，基本上还是按照翁先生的思路和理论，但也有小部分的新意。如蚀（残）余山，翁先生提到了峨眉，但未提到大瓦山、瓦屋山，我把这三座山放在一起作了比较详细的讲述；翁先生还认为匡庐也是蚀余山，现在研究认为庐山顶上并非玄武岩流，而是古元古代的变质核杂岩，成因不是蚀余，而是逆掩断层形成的飞来峰，或者是低角度的断裂形成的。关于逆掩断层飞来峰的研究，今天研究进展还是比较大的，如四川彭州龙门山的飞来峰研究，为了普及地质科学知识，为此还在此建立了国家地质公园。

地理学家要有良好的地质修养

中国当代地理学家中公认排第一位的是气象学家兼地理学家竺可桢先生，他生前为中国科学院副院长。第二位就是黄秉维（1913—2000），他生前为中国科学院地理研究所所长、中国地理学会理事长。

1998年2月，已经85岁的黄秉维在《黄秉维先生学术思想研讨会》上一开始就说道：“中国地学界我最佩服的人，头一个是丁文江，第二个是翁文灏，第三个是李四光，第四个是竺可桢。”

前三位都是地质学家，并且是中国顶尖的地质学家，是中国现代地质学的奠基者和开拓者。黄秉维年轻时从这三位地质学家身上学到不少的知识和治学方法。我们还是看一下黄秉维自己是怎么讲的[①]：

说要开这个会有相当长的时间，因此想了想，回顾了一下过去。我6岁开始念书，就念孔孟之书《论语》《孟子》。我父母也很全身心

① 此文为1998年2月13—14日黄秉维在《黄秉维先生学术思想研讨会》上的讲话（根据录音整理，未经本人审阅，题目及文内小标题为编者所加）。

地敬重孔孟。孔子活了 73 岁，孟子寿命比较长一点，活了 84 岁。我现在已经 85 岁了，超过他们了。念大学之后，中国地学界我最佩服的人，头一个是丁文江，第二个是翁文灏，第三个是李四光，第四个是竺可桢。

后来同这 4 个人都有过比较多的关系。我大学毕业就到北平地质调查所工作，那时是翁文灏指导我。第二年编《中国地理》，丁文江指导我，丁文江去世后，翁文灏再来指导我。编这本书时就在地质研究所，所长是李四光。跟李先生第一次接触时的情景，我还很清楚。敲一下门就进去了，他在那里看显微镜。他很高兴跟我谈，也很客气，但眼睛始终没有离开显微镜。当时我就感觉这位先生和别的先生不一样，很佩服他。他非常谦虚。大家恐怕都知道，李先生 30 年代初期就发表有关庐山冰川的文章了，我的老师 W.Panzer 看了这篇文章之后，提出一些疑点。疑点在哪里呢？头一个就是在云南，冰川的下限 3000 多米，东部在台湾也是 3000 多米，那庐山比它们低很多，怎么会有冰川呢？唯一可能就是冬天下雪比台湾、云南多，可以比较一下。当时古代的温度情况不知道，没有记录。按照现在的资料计算，好像长江下游冬天降水也不是特别多，所以他怀疑是否有形成冰川的条件。第二个，中国动物、植物残存的很多，就是我们中国的动物区系和植物区系不像欧洲那样，欧洲有阿尔卑斯山，一个大冰期，令植物退无可退，都绝种了，而中国没有这个情况。所以他觉得假若李四光先生是对的，这个现象就难解释。开始就是这样一些怀疑，我脑子中也经常想这个问题。

李希霍芬（F. v. Richthofen）的 China 这本书里就写到，据他穿过南岭时看到的，南岭不是一个山脉。阿尔卑斯山是一个很明显的山脉。南岭至少不是阿尔卑斯山那样意义的山脉，问题就这样提出来。那时在南京，我跟丁文江先生编《中国地理》，他就说中国的区划，别的地方都比较简单，就是这一块，究竟是怎么一回事，是 Richthofen 对呢，还是他不对呢？你去看一看。刚好他让我做这件事情的时候，也就是李四光先生住在庐山的时候。我是和谭振龙一起去的，他也是地理学家，他先是考取牛津，但他最后是到美国去念书而不是到英国。我们到上面就找到李先生。李先生在庐山牯岭有房子。当我们找到之后，李先生对我们很好。他说陪我们走走，就看冰川地貌，从山顶一直到山下。到山下已经是黄昏了，我们住在一个饭店，这个饭店是一个英国人办的，我们三个人就住在一起，白天看到的东西也谈，下去看的东西也谈。谈了以后，意见总合不拢。当时我的一个问题是，U形谷地过去冰川地形我只看过照片，没有见过，觉得这是无可辩驳，我承认它。不过当时Barber就提出，U形谷后没有积雪的地方。积雪很多移动下来才成冰川，这个地方没有积雪，怎么成冰川呢？冰川哪里来？这点李先生也没有很好地回答。另一个，谷地里有一些分水的地方（divide），中间有许多小石块，一块一块的。李先生认为这是冰川搬去的，因为那地方比较高，水搬不上去，肯定是冰川搬来的。我不相信。我在广东很多地方就看到过这种现象，那时是跟Panzer和Credner两位先生到野外去，他们认为这是岩石风化后上面水冲下来的，并没

川地貌景石：庐山的冰桌

孔雀石

龟峰：十八罗汉

有经过多长距离的搬运。假使这种东西是冰川造成的，那广东就应有冰川了，所以这是一个怀疑的地方。到山下边，他所谓终碛的那些东西，看这些风化壳，这些风化情况肯定和寒冷地区不相一致。所以搞来搞去我也不能赞成它，也不能否定它。李先生很谦虚，他说："黄先生，我们现在不作结论，希望你秋天来到鄱阳湖鞋山那里看一看。"鞋山是个岛，我们去时是夏天，水淹着。他说秋天来看，上头是石灰岩，冰川的擦痕清清楚楚，到那时来看后就不会同他辩论了。所以我就等。等到日本打来了，离开南京不能再到鄱阳湖去了，所以我就带着疑问走了。后来施雅风先生又做了研究，认为那不是冰川造成的。当时我很佩服李先生，一面和你谈，一面在做他的化石工作。那时我们才大学刚毕业，他已经是一个很著名的学者，我们在那里反对他、怀疑他，他还是非常的客气，所以对我的影响是很大的。这是李四光先生。

翁文灏先生，我怕他，我想这里没有地质调查所的人，上午讲就可能了解清楚了（程裕淇先生上午在座——整理者注）。他的脾气是非常坏的，随便骂人，哪个人都被他骂过了。我几乎给他骂了。因为我到地质调查所做他的助手，他指导我的工作。我和陈国达两个人一起，陈国达就给他骂了。我可能运气好一点，他对地理究竟还没有那么内行，所以就敷衍过去，没给他骂过，但内心里还是老嘀咕。丁文江就不一样了，他非常开朗，和你讲话可能骂你，可骂了之后你反而觉得痛快，他骂之中带着一种鼓励的意思在里头。所以不怕他骂，骂了之后反而高兴，反而喜欢他。

竺老我是迟一点才认识的，在抗战之后。我记得有一次听人讲，竺老和我的身材一样。后来我到浙大教书就和他认识了。竺老又是另外一种人，对人很温厚，半点架子都没有。这四个人在那时我都很佩服的，所以工作不久就认识他们，后来关系都比较深。他们命都不太长，最长的还是竺老，竺老 84 岁去世的。解放以后风气变了，我比较多地学习马克思、恩格斯的东西，从科学研究方面对他们也很佩服。

他们两位也是 70 多岁就去世了。我已 85 岁，超过他们很多了。回顾我的成就，自己感到有些悲哀。大家说很努力，我自己确实很努力，我不讳言这个，努力了一点，但成就是很少的。

在几十年的野外工作中，我也和许多地理学家共事，发现凡是地质学修养好的，野外观察各种地理学的现象就能一针见血、事半功倍；否则，半天也抓不住要害。这也是我的肺腑之言。

2016 年 5 月 26 日，我偶然看到一张可爱的孔雀石（即碳酸铜，冶炼铜矿主要原料）矿物标本，马上联想到 2016 年 4 月 22 日在江西龟峰考察时见到的丹霞峰丛十八罗汉。两者的外形如此相似！都是柱形的一丛，柱顶都是圆头的。懂地质才能把这两者放在一起。从深层来讲，十八罗汉是沉积岩和水有关，孔雀石的成因往往和石灰岩有关，而石灰岩也是沉积岩，也和水有关。知识真是左右逢源！两个“骆驼”

龟峰：骆驼峰

桂林七星公园：骆驼山

都是沉积岩，但龟峰的骆驼峰是从江湖中诞生的，而桂林的骆驼山是从大海中诞生的；龟峰的骆驼峰是白垩纪的，距今 1.35 亿年，是偏红色的，桂林的骆驼山是泥盆纪的，距今已 4.09 亿年，比龟峰的骆驼峰“年龄”要大很多，是灰白色的。懂地质的地理学家可以从同样的景观中得到更多的知识。

第 2 节　山脉是如何形成的

山脉形成的主要类型

地球由地壳、地幔、地核三部分组成。地球表面的山脉就是地壳运动形成的。地壳运动可以分为水平方向的运动和垂直方向的运动。这两种运动都可以形成山脉，但形成的山脉是不同的。按形成的机理可以把山脉进行地质分类：

1）褶皱山。又叫褶曲山。岩层受到水平方向的压力时，挤压成褶皱。就如同我们拿一块泥巴或面粉，从两旁用力向中间挤压，就形成穹状或弧状的弯曲。弯曲中间隆起的部分称为背斜，下凹的部分叫向斜。在没有风、降雨、河流等外力地质作用即风化作用的情况下，一般都是“背斜成山，向斜成谷”。但是由于风化作用的存在，在现实的野外往往是“背斜成谷，向斜成山”。因为外力地质作用总是“削高填低”，背斜突出的岩层被侵蚀、风化堆积到低凹的向斜之中。其判断的方法就是背斜上新的岩层缺失、老的岩层出露，向斜谷中保存着新的岩层。武汉市著名的两个相连的风景区东湖和磨山就是例子，东湖波光粼粼，却位于背斜位置上；磨山高耸，位于向斜之中。这种现象称为“地形倒置现象”。

水平方向两边的力若是对称的，其核部（褶皱的中心部分）两边的地层是对称的，称为“直立褶皱”。但这种构造少见，大部分两边的力大小大一，就产生了斜歪的褶皱山、倒转的褶皱等。

2）断层山。由于地壳的垂直运动，使得一个大的岩层沿着一个倾斜的断层面一部分升起、一部分陷落，升起的部分成山。岩层断层面两边有两个岩体（叫岩盘），在上面的岩盘叫上盘，在下面的岩盘叫下盘。断层两侧的岩块的上盘相对下降、下盘相对上升的叫正断层；上盘相对上升、下盘相对下降的叫逆断层。中国的断层山是相当多的，陕西境内著名的西岳华山就是一个断层山。

知道了断层山作用是很大的。美国地质学家在亚利桑那州发现了一个大型的斑岩铜矿，叫圣马纽埃，心情非常激动。在1947—1958年的12年中打了7个深的钻孔，孔深都在426～762米，但没有任何收获。后来发现，圣马纽埃矿围岩的“蚀变带”（在成矿热水溶液作用下，周围的岩石产生了新的矿物和岩石）在空间上呈同心圆分布，奇怪！只有3个半环，对应的另外3个半环在哪里？后来发现这里有一条断层存在。终于，在圣马纽埃矿西南3千米处发现了新的克拉马祖铜矿，矿石储量4.55亿吨，品位0.7%，属一个特大型铜矿。好了，故事就讲到这里。从中得到一个结论：知识就是力量，知识就是财富！

3）地垒与地堑。在断层区域中突出于两个陷落间的地块，叫做地垒。地堑则正好相反，中央部分相对下降，而两侧部分相对上升。天山山地东端有很多的断层，博格多山就是一个地垒。山西的汾河是著名的地堑，两旁高峙者就是吕梁山和霍山。

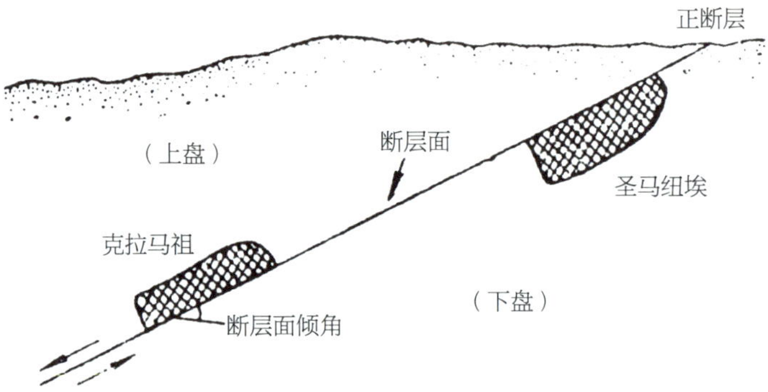

圣马纽埃与克拉马祖铜矿相对位置示意图

4）逆掩断层山，即飞来峰。断层的上盘上升后冲到下降的下盘之上并覆盖在其上，形成老地层在上，不少地方称为“飞来峰”。逆掩断层的英文为 overthrust，其中，over 为越过、跨越；thrust 为推开、插入，两者合起来就是逆掩断层之意。中国地质学开创者翁文灏对逆掩断层十分重视。他在《中国东部中生代造山运动》一文中写道：

王曰伦君年前在静乐县西马坊查勘铁矿，亦曾发现震旦系地层，自西北向东南，复横移于中生代砂岩之上，此皆证明中生代横压力之重大者也。（震旦系为老地层覆盖在新的中生代地层之上）

汉水流域之大巴山脉，自北向南，折曲甚烈，逆掩甚广，为其特征。

江西庐山的山顶有一小块古元古代的深变质岩。山顶应该是最新的岩石，但多少地质学家都无法解释。1987 年，著名的美籍华人地质学家许靖华用逆掩断层来解释。他在《中国南方大地构造的几个问题》一文中说：

我去过庐山好几次，总感到用原来的观点不好解释，在庐山顶上是前寒武纪（距今 5.7 亿年以前）的花岗岩和片麻岩，到山脚下多半是古生代（距今 5.7 亿～ 2.5 亿年）地层，它们已经褶皱，有时伴有逆掩断层的褶皱，这样一个高近 2000 米的山，两边都是寒武奥陶纪（距今 5.7 亿～ 4.39 亿年）地层，庐山花岗岩像一个塞子冲上来一样，是很难解释的，所以我认为庐山也是一个飞来峰。

其飞来的地点是在 240 千米以外的浙江西部龙泉一带，飞来的时间是在距今 2 亿年之后的中生代。

有些地质学家认为，庐山的变质核杂岩不是从外地飞来的，是低角度断层上升作用从当地地壳下 15 千米“撕拉”上来的，时代是在中新生代，经过 30 千米距离才来到山顶。

5）火山。岩浆喷发作用形成的山。中国新生代（即距今 6500 万年）的火山在东部沿海（属于环太平洋火山带）和云南的腾冲等地（属于地中海火山带），分布广泛。特别要提到中国台湾周围的澎湖列岛、火烧岛、兰屿、龟山岛、花瓶岛、钓鱼岛等都是由海底火山喷发而成的火山岛。

6）桌状台地和方山。在岩层仅受到构造抬升的地区，水平岩层表现为平坦的高原，当它受到强烈切割后，就会形成桌状台地和方山。

中国最典型的桌状山是位于四川盆地西南缘、横断山脉东部的三座高山——大瓦山、峨眉山、瓦屋山。

瓦屋寒堆春后雪：大峨瓦三座桌状山

大瓦山、峨眉山、瓦屋山矗立在四川盆地西南缘的大渡河金口峡和乐山平原之间，简称“大峨瓦”。它们是中国最典型的桌状山，即山顶像我们吃饭时的一个方桌，但这三个大自然的方桌的高为 800 ~ 1400 米（海拔 2800 ~ 3300 米）！这三座山之间的直线距离约 31 ~ 35 千米，并且构成一个倒“品”字形，峨眉山在东北，瓦屋山在西北，大瓦山在南。山顶平台面积分别为 1.6 平方千米、4.8 平方千米和 11 平方千米。北京著名的紫竹院公园面积为 0.45 平方千米；武汉市著名的中山公园的面积则为 0.33 平方千米，大瓦山的桌面刚好是紫竹院公园的 3.5 倍、中山公园的 4.8 倍。北京颐和园中的昆明湖为 2.1 平方千米，峨眉山的桌面是其 2.28 倍。杭州西湖面积为 5.6 平方千米，瓦屋山桌面是其 1.96 倍。

我的同行、四川省旅游地学家范晓对这三座山的描述是：

从地质地貌结构来看，这三座山一脉相承，有着惊人的相似：它们都是山顶面十分平缓，周边有近千米的垂直绝壁围绕的孤峰状平顶高山或桌状高山，远观如空中楼阁，十分壮观。它们的山体均由震旦系至二叠系构成，岩层层理近于水平。其山顶均由数百米厚的二叠系峨眉山玄武岩组的玄武岩构成“顶盖”。玄武岩之下都是数百米厚的二叠系阳新组石灰岩。峨眉山玄武岩与阳新组石灰岩共同构成山体上部最为险峻的悬崖绝壁和桌状地形。

这段文字中有4个名词需要作一下解释：①震旦系，距今8亿~5.7亿年形成的岩石；②二叠系，古生代最后的一个时代即距今2.5亿~2.9亿年形成的岩石；③玄武岩，是由火山喷发形成的一种喷出岩，其二氧化硅的含量在45%~52%，称为“基性”岩，是岩浆岩类中的基性岩，常为深灰色、黑色；④石灰岩，湖泊海洋中所沉积的碳酸钙物质失去水分、紧压胶结起来形成的沉积岩。经过解释就可以明白这三座山经过了“水”与“火”的洗礼，才形成了今天美丽的外貌。在大海中沉积了石灰岩，在火山作用下形成了玄武岩，大自然中大多数山脉的诞生是多么“来之不易”啊！

这三座山之美使我想到了南宋著名诗人杨万里的词句“映日荷花别样红”中的“别样红”，山一般大都是尖峰，桌状之峰真是别样。中国人在古代就对这三座山很感兴趣。籍贯为四川省眉山的宋代大文人苏轼用“瓦屋寒堆春后雪，峨眉翠扫雨余天”来形容三山的雪雨之美；南宋大文人陆游用“山横瓦屋破云出，水至牂牁裂地来”描述山是破云、水是裂地，多么强的动感，这山水的气魄多大啊！南宋文人范成大在广西桂林当地方官时，写下了今天世人皆知的桂林山水“如此诚当为天下第一”的名句；他北上代表南宋朝廷去和金国谈判时，强有力地维护了国家利益。好了，还是看一下他在《峨眉山行纪》中在峨眉山山顶看到的景象：

丙申，复登岩眺望。岩后岷山万重，北则瓦屋山，在雅州；少南则大瓦屋，近南诏，形状宛然瓦屋一间也。小瓦屋亦有光相，谓之‘辟支佛现’。此诸山之后，即西域雪山，崔巍刻削，凡数十百峰。初日照之，雪色，如烂银晃耀曙光中。此雪自古至今未尝消也。山绵延入天竺诸蕃，相去不知几千里，望之但如在几案间。瑰奇胜绝之观，真冠平生矣。

文中的小瓦屋、大瓦屋、西域雪山即今天的瓦屋山、大瓦山、贡嘎山（最高峰 7556 米）。“辟支佛现”指瓦屋山为独自悟道之修行者——辟支佛的道场中心。范成大对山的形状描述为“宛然瓦屋一间也”，多么形象！特点一是光、二是雪，和苏、陆异曲同工之妙。

外国人也对三座山充满了好奇。1878 年，美国探险家贝伯尔登上了峨眉山、大瓦山，并认为大瓦山是“世界上最具魔力的天然公园”。美国科学家威尔逊在 100 余年前的 1908 年前后登上这三座山，特别对瓦山写下了赞叹之语：

当瓦山第一次出现在我眼前时，大约是在 20 英里（32.18 千米）的距离上，我简直不敢相信这就是瓦山——它看上去是这样一个巨大的悬崖…… 当地空气透明度真好，能看到 32 千米之外的景物。

由于瓦山有丰富的植物、独特的动物、奇异非凡的地质构造以及瓦山顶上壮丽堂皇的自然公园，瓦山在许多方面都值得自然科学家去关注。

三山动植物资源令人艳羡，仅举一例，瓦屋山拥有中国 90% 的树生杜鹃花品种。2013 年春我应邀去贵州大方县观看杜鹃花，好家伙！从来没见过，这里的杜鹃花是生长在树上，我在北京仅仅见到过的杜鹃花是草本、是草花。大方树生杜鹃花的美丽、艳丽、壮丽无与伦比，树不是一株两株，也不是十株几十株，而是成百上千株的杜鹃花树林，这是花海、花洋！这气势和壮观从未见过。这么多不同红颜色的花一树树迎面而来，永远没有尽头。向上望，蓝天也成为旭日东升的红天，瓦屋山 90% 的树生杜鹃花会更加绚丽多彩！更加醉人！

峨眉山 1982 年就是中国首批国家级的重点风景名胜区，和乐山大佛一起被列为世界自然和文化双遗产。瓦屋山是大渡河国家地质公园的主要组成部分。

第3节 中国西高东低的三级大台阶及地理意义

两列山脉和东西方向上的三级大台阶

从陆地卫星遥感图像编制成的中国地形图上，不要说地理学家，就是普通的读者，都可以观察出中国地形的两个特点。一是五大走向的山脉构成了中国地形的骨架；二是两列山脉从西到东把中国大地明显划分为三个大的台阶（即阶梯）。我们来看一下这两列山脉和三个台阶的情况。

西边的一列是昆仑山、阿尔金山、祁连山、岷山、邛崃山、横断山等3000米左右的山脉。这列山脉以南、以西就是中国地形最高的一级台阶，即青藏高原。张千一先生词曲的《青藏高原》中唱道：

我看见一座座山一座座山川，一座座山川相连。呀拉索，那就是青藏高原，呀拉索，那就是青藏高原。

青藏高原确实是由一座座山川组成。山脉有可可西里山、巴颜喀拉山、唐古拉山、冈底斯山、念青唐古拉山等海拔在5000 ~ 6000米以上。这些高山雪山孕育了许许多多的大河名川。外流河（流入大海）主要有雅鲁藏布江（下游为布拉马普特拉河）、怒江（下游为萨尔温江）、澜沧江（下游为湄公河）等国际河流，还有中国的长江和黄河。内流河（不流入大海）有注入河西走廊的黑河，注入青海湖的布哈河，注入柴达木盆地的巴音河、格尔木河、那棱格勒河、柴达木河，注入色林错的扎加藏布等。源出青藏高原的长江和黄河是中华文明的起源地和摇篮；怒江和澜沧江也产生了“茶马古道”之文明；这一切文明的源头都可以归结为青藏高原。青藏高原还有一个个湖泊。其湖泊面积为 36610 平方千米，占中国湖泊总面积的 45.8%。位于青藏高原的著名湖泊如下表所示。

青藏高原著名湖泊

湖名	海拔（米）	面积（平方千米）	备注
青海湖	3194	4200	中国最大的咸水湖
纳木错	4718	1920	名为“天湖”之意，世界上海拔最高的大湖
色林错	4530	1865	名为“霞光映照的魔鬼湖”，十分美丽
班公错	4242	604	奇特之处在于湖水从东向西依次为淡水、半咸水、咸水
喀顺湖	5558		中国最高的湖
羊卓雍湖	4442	649	

青藏高原的湖泊成因并不是某些人想象的冰川作用形成的冰碛湖，而是以地壳运动形成的构造湖为主，其海拔均在 4000 ~ 5000 米；以内陆湖居多。根据水的矿化度，以咸水湖和盐湖为主。柴达木四大盐湖的情况如下表所示。

柴达木四大盐湖

湖名	面积（平方千米）	盐储量（吨）	备注
茶卡盐湖	100	6 亿	矿产盐可供全国人民吃 200 年
柯柯盐湖	175	8 亿	盐层厚达 30 米
察尔汗盐池	5000		所产盐可供全国人民吃 1 万年
昆特依湖			盐质好，含氯化钠 99% 以上

青藏高原是中国重要的牧区，高原上牧草如茵、湖光山色，十分

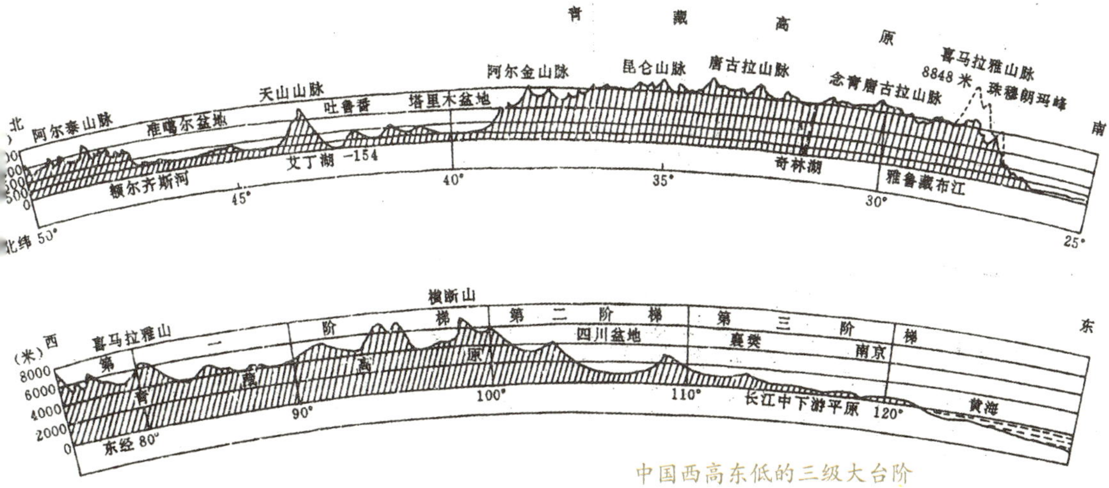

中国西高东低的三级大台阶

美丽。由于高原特殊的气候，牧草的粗蛋白质、粗脂肪等都大大高于低海拔亚热带和温带的天然牧草。其草地可分为高寒草原、高寒草甸、高寒荒漠草原、高寒草甸草原、高寒荒漠、温性草原、山地草甸 7 类，牧草有菊科、禾本科、蔷薇科、豆科、石竹科、十字花科、莎草科等 2672 种之多。

青藏高原以北、以东地形显著降低，进入到中国的第二级台阶；向东一直伸展到一列山脉为界，从北到南分别是大兴安岭、太行山、巫山、雪峰山等海拔 2000 米左右的山脉。中国第二台阶和第一台阶的高差应该是在 1000 米以上。第一台阶可用“高”来形容；第二台阶可用“大”来概括，中国的大高原、大盆地、大山脉都在第二台阶之内，如下表所示。

中国三大高原

高原名	面积（平方千米）	备注
黄土高原	60 万	70％的地面黄土厚度在 100 米以上，水土流失严重的地区
内蒙古高原	100 万	最大的天然牧场，四大高原中最矮、最平坦

续表

高原名	面积（平方千米）	备注
云贵高原		长江、西江（珠江）、元江（红河）的分水岭，喀斯特发育

中国三大盆地

盆地名	面积（平方千米）	备注
准噶尔盆地	38 万	盆地南缘绿洲多，是新疆主要农业区，东北为肥美牧场
塔里木盆地	53 万	中国最大的盆地，最大沙漠所在地，石油基地
四川盆地	18 万	农业发达，有“天府之国”之称，地形以低山丘陵为主

注：中国应该是四大高原和四大盆地，青藏高原和柴达木盆地已经讲了。第二台阶中还有河西走廊（实际也是一个开口的盆地）和阿拉善高原以及鄂尔多斯高原。

第二台阶上也有许多山脉，如阴山、六盘山、吕梁山、秦岭、大巴山、峨眉山、大娄山、武陵山、苗岭等，海拔大多在 1500 ~ 2500 米，少数高峰在 3000 米以上。

大兴安岭至雪峰山一线以东是第三级台阶。第三级台阶以平原为主，间有少量的低山和丘陵。自北而南是东北平原。

三个台阶和中国的三大自然区

中国西高东低，三个台阶（有些地理学家称“阶梯”）是一个地理现象或地理常识。这样的结构在地理学上其最大意义在于它明显地把中国划分成三个自然景观不同的自然区。这一观点在 1983 年由我的研究生导师赵松乔先生在《中国自然区划概要》中首先提出。

这三个自然区是东部季风区、西北干旱区、青藏高原区。我们可以从位于三大自然区中的北京、乌鲁木齐等 6 个城市的有关气象资料看出它们水、热方面的特点。

北京、乌鲁木齐等 6 城市气温、降水表

项目＼城市名	北京	乌鲁木齐	拉萨	武汉	呼和浩特	西宁
北纬	39° 48'	43° 54'	29° 42'	30° 38 '	40° 50 '	36° 35 '
东经	116° 28'	87° 28'	91° 08'	114° 04 '	111° 40 '	101° 40 '
海拔高度（米）	52.3	912.6	3658	23.3	1062.2	2244.2
一月均温（℃）	−4.7	−16.6	−0.3	3.7	−12.8	−7.2
七月均温（℃）	26.1	23.8	16.4	28.8	22.5	18.1
全年均温（℃）	11.8	5.3	8.8	16.8	6.2	6.5
平均年降雨量（毫米）	636	293.8	1461.5	1272.9	392.2	365.8

1）东部季风区。特点就是水、热条件配合好，年平均雨量都在 400 毫米以上，秦岭线以北的北京在 800 毫米以下，以南的武汉在 800 毫米以上；平均温度在 10℃以上；选择这两个城市仅作为代表。东部季风区比地形的第三台阶的范围要大，还包括四川盆地和云贵高原以及黄土高原的一部分。中国东部的季风实际上包括东南的太平洋季风和西南的印度洋季风。自然景观是森林地带。

2）西北干旱区。主要包括地形第二台阶的北部，特点是干旱，平均年降雨量在 400 毫米以下。自然景观以草原、荒漠平原、荒漠地带为主。我的朋友、气象学家林之光先生写到乌鲁木齐的年降雨量不能生长森林；在天山北坡这样低的高度上是不能生长森林的。只有再向高处，雨量增多了，温度降低，植物的蒸发消耗也更少些了，一个增加供应，一个减少消耗，大约到了 1800 米的山上，森林就出现了，出现的是耗水量小的针叶林。

3）青藏高原区。其特点是高寒。如拉萨的纬度和武汉差不多，但拉萨比武汉海拔高3600余米，七月均温（16.4℃）比著名避暑胜地鸡公山（22.8℃）、黄山（17.7℃）等都低。青藏高原有冬无夏，拉萨和西宁10月到次年4月为冬季，冬长7个月；5～9月为春秋，长5个月。气温低于0℃就会出现霜冻和冰冻，窗户上还会出现美丽的冰花。拉萨的霜冻期一年为38天，并不多，比东部季风区的上海（北纬31°10′）的40.6天少、比北京的128.4天更少，拉萨“似乎”比上海、北京暖和，但拉萨日平均气温大于10℃的日数仅为140天，而上海达到231.7天，北京也有198.3天，只和北纬45°41′（比拉萨高出16个纬度，即往北1600多千米）的哈尔滨差不多（146.6天）。10℃以上的累积温度（简称积温）对农作物的生长是十分重要的指标。

与西北干旱区相比较，乌鲁木齐的一月确实比拉萨冷，但就全年来看，乌鲁木齐的累积温度（简称积温）为3300℃，吐鲁番盆地可以达到5000℃，而拉萨为2000℃，西宁仅为1900℃，况且乌鲁木齐的纬度在拉萨以北近14° 即1400多千米。呼和浩特的夏季为45日，拉萨则是无夏。三个自然区的地形气候特点决定了东部季风区农业发达、郁郁葱葱、花红柳绿。我们还是用杜甫的两首诗来形容东部季风区更合适。一首是他761年作的《江畔独步寻花七绝句》中的其六：

黄四娘家花满蹊，千朵万朵压枝低。
留连戏蝶时时舞，自在娇莺恰恰啼。

一首是他764年写的《绝句》其一：

迟日江山丽，春风花草香。
泥融飞燕子，沙暖睡鸳鸯。

西北干旱区牧业发达、草原荒漠、一望无际。自然景观正如两首唐诗所形容的，一首是王之涣的《凉州词》：

黄河远上白云间，一片孤城万仞山。
羌笛何须怨杨柳？春风不度玉门关。

这首诗把中国东南季风不度玉门关的西北干旱区的流沙荒漠写的多好啊！第一句黄河应为黄沙。我同意竺可桢先生的意见，在凉州（即武威）是看不见黄河的（我考察过）。

另一首是岑参的《走马川行奉送封大夫出师西征》：

君不见，走马川，雪海边，平沙莽莽黄入天。
轮台九月风夜吼，一川碎石大如斗，随风满地石乱走。……风头如刀面如割。

这首诗把西北干旱地区狂风怒卷、黄沙飞扬、遮天蔽日写的很生动。干旱地区的风不仅割人的面，还把似铁板一样的山岩逐渐风化成“碎石”，并且风还“欺侮”这些斗大的碎石，吹得它们“乱走”。当然这里我们还能看到少数的水丰地肥的绿洲，更能看到“天苍苍，野茫茫，风吹草低现牛羊”的美丽画面。

西高东低的地理意义

1）大江大河孕育中华民族和古老文明的诞生。中国东西伸展达到 4000 ~ 5000 千米，大江大河大都发育于西部冰山雪峰的高原之中，经过三个台阶，一路毫无阻挡地向东部大海奔流而去，十分雄伟壮丽。这些大江大河从西向东奔流的几千千米的“流程”之中，不仅养育了中华 56 个民族，更培育了伟大的中华文明。人们往往把中华文明称作“黄色文明”，用以区别海洋的“蓝色文明”。实际上，正是这些“连山到海隅”的地理环境，使中华文明不仅是黄色文明，更有蓝色文明。在北京周口店就发现古人类拥有贝壳、珍珠；1700 多年前，大官僚石崇斗富海中珊瑚，把皇帝司马炎的亲戚王恺打败的故事广为人知。从中，可以看出中国人很早就和海、海洋结下了不解之缘。不少歌颂大

云南金沙江石鼓长江第一湾

江大河的诗歌也成为中国文化瑰宝的重要组成部分，唐代诗人李白的《将进酒》一开篇就是“君不见黄河之水天上来，奔流到海不复回”的大气磅礴，在《庐山谣寄卢侍御虚舟》中又写道：“登高壮观天地间，大江茫茫去不还。黄云万里动风色，白波九道流雪山。”把长江奔腾天地外的气势呈现在你面前。

2）冬季风对农业的影响。总体来说，冬季风对农业生产会带来伤害。大陆地形的西高东低，使得寒冷的冬季西北季风可以长驱南下到达中国的东部季风区，使农林渔业遭到惨重的损失。如 2016 年 1 月中旬，中国的“霸王级”寒潮南下，使湖南、浙江的沙糖橘大面积遭受冻害，广东省不少鱼塘的鱼大量死亡等。当然也使一些南方的名山，如安徽的黄山和九华山银装素裹，分外妖娆动人，更使得湖北神农架雪场的雪更加厚实，这些地方的旅游业得到了好处，增加了收入。有一年，广东韶关下雪，有人马上在媒体上发了一张韶关丹霞山雪景照，2 ~ 3 天内引来了大批游客。人们旅游都是“求新”“求变”，黄山之雪比较常见，丹霞山之雪就很稀奇了。任何事物正如老子所说：祸福是相存相依的；中国人常说，不少事物的利弊是同时存在的。

3）“一带一路”的打通。中国大陆西高东低，形成了东阻大海、西阻高原的十分隔绝的不利形势。中国人为了生存和发展，向西打通了陆上丝绸之路，向东开辟了海上丝绸之路。现在，把前者称为“丝绸之路经济带”，把后者称为“21 世纪海上丝绸之路”，两者简称为“一带一路”。如果中国不是这种西高东低、三个台阶的地形、山脉大势，不可能有“一带一路”，而“一带一路”也不限于贸易和交通上的地理作用和意义，而是已上升到国家层面，要打造国际间的政治、经济、文化利益共同体、命运共同体、责任共同体。

第 4 节　中国的五大山系

五大山系构成中国地形的骨架

中国山脉数量众多、纵横错列、构造复杂，但是从山脉的走向来看，却具有一定的规律性，可以归纳为五个走向。

1）东西走向的山脉。从北到南三列，即天山—阴山、昆仑山—秦岭、南岭。

2）南北走向的山脉。主要有贺兰山、六盘山、横断山等。

3）东北—西南走向的山脉。主要分布在中国的东部，从东到西有三列，即台湾山脉、小兴安岭—长白山地、山东低山丘陵—浙闽低山丘陵。

4）西北—东南走向的山脉。分布于中国的西部，以祁连山和阿尔泰山为代表。

5）弧形山脉。主要是亚洲大陆边缘的喜马拉雅山。

这五大走向的山脉和山系，构成了中国地形的骨架和脊梁。

巴颜喀拉山是长江和黄河的发源地，这是其山口的雄姿

东西走向的山脉与天山及昆仑山

东西走向的山脉从北向南主要有三列：天山—阴山—燕山、昆仑山—秦岭和南岭山脉。

天山。天山山脉全长2500千米，分为西、中、东三部分。西天山在哈萨克斯坦和吉尔吉斯斯坦境内；东天山和中天山横亘于新疆的中部，长约1500千米。为了记住这个地形特点，可以用“疆”字打个比方：“弓”代表中国的边境线，“土”代表帕米尔高原，右边的三个“一”代表从北到南的三座山——阿尔泰山、天山、昆仑山，两个“田”即准噶尔盆地和塔里木盆地两大盆地。

天山的两个特点：一是高，二是冰雪的故乡。唐代诗人李白《关山月》开头有两句“明月出天山，苍茫云海间。长风几万里，吹度玉门关”。你看，明月从天山升起，山峰挺立在云海间。天山西部高耸的主峰汗腾格里峰海拔6995米。天山西高东低，即便是东天山，主峰也达到5445米，终年白雪皑皑的博格达峰脚下是高山冰碛湖——天池，面积4.9平方千米，最大水深达103米。天山的冰雪自古有名。唐代诗人岑参在新疆天山南坡的轮台写下了《白雪歌送武判官归京》，其开始两句和结尾两句都是写天山之雪：

北风卷地白草折，胡天八月即飞雪。
忽如一夜春风来，千树万树梨花开。
……
轮台东门送君去，去时雪满天山路。
山回路转不见君，雪上空留马行处。

天山到底有多少冰雪？我们还是用具体的数据说明。中国冰川面积 58912.58 平方千米，冰储量 53048.65 亿立方米。天山冰川面积 9253.58 平方千米，仅次于昆仑山、喜马拉雅山居第二位，冰储量 10122.38 亿立方米，居第二位。这些冰雪水孕育了两条重要的河流——开都河和玛纳斯湖。天山内部的伊犁河流域的年径流量为 170 亿立方米，是中国年径流量最多的内流河。

新疆天山天池

天山中间夹杂着一些断块陷落盆地，即著名的西部的伊犁谷地和东部的吐鲁番盆地。吐鲁番盆地比海平面低 154 米，其中艾丁湖为 -283 米，是中国最低的地方。

天山山脉向东延伸到甘肃后，就和合黎山、龙首山等河西走廊北侧的山地连接起来。这些山时断时续，到内蒙古中部就称为阴山。

昆仑山。唐代著名诗人杜甫的《戏题王宰画山水图歌》中就写道："壮哉昆仑方壶图，挂君高堂之素壁。……中有云气随飞龙"。诗中把中国西方的神山称为昆仑，把中国东部海上仙山称为方壶，昆仑山一直是中国人心目中的圣山。昆仑山从东经 75° 附近的帕米尔东部向东延伸到四川盆地西北部，跨越新疆、西藏、青海、四川等省区，长达 2500 千米，平均海拔 5500 ~ 6000 米，不仅是中国的脊柱，还被称为"亚洲脊柱"。昆仑山分为西、中、东三部分。西昆仑从帕米尔边缘至玉龙喀什河源区，长约 600 千米，平均宽 150 千米。其中最著名的山峰就是被称为"冰山之父"的慕士塔格山，海拔为 7546 米，周围有 2500 多平方千米（相当于湖北省洪湖市的全部面积）终年为积雪覆盖。中昆仑从玉龙喀什河源区至喀拉米兰山口，长约 600 千米，宽度 200 千米以上。不少山峰在 6500 ~ 7000 米之间，山口也有 5000 米以上。它面向塔里木的山坡，是昆仑山最干燥的部分。除去海拔高、荒漠性的特点外，中昆仑还是中国第四纪（距今 200 万 ~ 300 万年）火山活动频发地区。1951 年 5 月 27 日的火山爆发是中国活火山活动的最新纪录。东昆仑可分为三支，一支叫阿尔金山，东延为祁连山；一支为祁曼塔格山；一支为可可西里山，东延为巴颜喀拉山。阿尔金山—祁连山组成青藏高原的北部边缘。昆仑山冰川面积为 12259.55 平方千米，冰储量 12857.07 亿立方米，这两个数字在中国山系中都居第一位，大于天山、喜马拉雅山、喀喇昆仑山、帕米尔、祁连山等。毛泽东同志 1935 年"夏日登岷山远望"昆仑，见"群山飞舞，一片皆白"，在《念奴娇·昆仑》词中用"飞起玉龙三百万"的名句对昆仑多雪作了形象、生动的描述。

昆仑山的冰雪融水孕育了多条流入塔里木盆地的河流，这些河流又在昆仑山的南麓造就了沙漠中的绿洲。从西往东有：

叶尔羌河流域：叶城县、莎车县、麦盖提县等；

喀拉喀什河和玉龙喀什河流域：和田市、墨玉县等；

克里雅河流域：于田县等；

车尔臣河流域：且末县、若羌县等；

格尔木河流域：格尔木市等。

且末年降雨量为18.3毫米，若羌为15.6毫米，若仅仅依靠这可怜的降雨量，是无法满足且末6万人、若羌3万人的生活和生产需要的，但这里的人们靠高山冰雪融水、河水、地下坎儿井水带给他们生机，可以完全不靠天下雨。他们反而希望晴天越多越好，天气越热越好。老天也是这么安排的，如若羌、民丰（尼雅河流域）10年才有一场中雨（日雨量≥10毫米），且末1960年只有3天下雨。

南北走向的山脉与贺兰山及横断山

贺兰山和横断山是南北走向中最重要的山脉。

贺兰山。位于宁夏中部，南延伸达270千米，主峰敖包圪垯海拔3556米，是宁夏最高峰。贺兰山是不对称的，西坡和缓，与阿拉善高原相连，腾格里沙漠自此向西扩展，呈现荒漠景观；东坡较陡，与宁夏平原毗邻。它还是夏季风势力范围的西界以及河流外流与内流区的分界线。贺兰山在文人心目中最著名的是贺兰石砚，它与广东肇庆的端砚、安徽歙县的歙砚、甘肃临洮的洮砚并称为“中国四大名砚”。1963年，董必武视察宁夏时专门为贺兰石砚题诗：

色如端石微深紫，纹似金星细入肌。
配在文房成四宝，磨而不磷性相宜。

董老还是很有眼光的，端砚和贺兰砚都是变质岩的板岩，所不同的是端砚是距今4亿多年前的泥盆系中的绢云母泥质板岩；贺兰砚是距今8亿年前震旦系中粉砂质板岩。贺兰山中还盛产太西无烟煤、磷矿，还有大片的珍稀树种云杉林。

横断山脉。位于四川盆地、藏南山地和云贵高原之间的一系列南北向狭长的高山裂谷带，长 900 千米，东西最宽处约 700 千米。它西起西藏伯舒拉岭，东至邛崃山，共由 6 条平行山脉和 5 条平行谷地组成，从东往西分为以下 6 列：

①邛崃山—大渡河。邛崃山最高峰四姑娘山海拔 6250 米；大渡河在乐山流入岷江，在宜宾汇入长江。

②大雪山—雅砻江。大雪山最高峰贡嘎山海拔 7556 米，是整个山地最高峰和冰川作用中心；雅砻江在攀枝花汇入金沙江即长江上游。

③沙鲁里山—玉龙雪山—金沙江。玉龙雪山海拔 5596 米，位于“万里长江第一弯”石鼓的东部，大约为东经 100° 、北纬 27° 。

④云岭—澜沧江。云南大理苍山（洱海）是云岭山的一个分支，绵延 50 余千米。马龙峰为其主峰，海拔 4122 米，位于洱海西面，形成山海相映的瑰丽景观。著名的“大理四景”除上关花、下关风外，另外两景就是苍山雪和洱海月。澜沧江，人称“东方的多瑙河”，一江连6国——中国、缅甸、老挝、泰国、柬埔寨、越南。全长4500千米，为亚洲第三长河，仅次于长江和黄河，比欧洲第二长河多瑙河长 1650 千米。中国著名的西双版纳景区多是沿澜沧江伸展，在那里可以体验傣族风情、探索雨林之奇、感受橡胶园之美、漫游澜沧江之乐、遍尝热带水果之味。

⑤怒山（碧罗雪山）—怒江谷地。怒山的主峰海拔 4379 米。怒江发源于唐古拉山的南麓，上游称那曲河，因水深黑，又称黑河；流到云南贡山县的齐那桶后称怒江，也是黑水之意。怒江在中国境内长 1540 千米，怒江大峡谷主要是指绵延于怒江傈僳族自治族境内的 300 多千米，被平均海拔 4000 ~ 5000 米的两座大山夹峙，东岸是碧罗雪山，西岸是高黎贡山。从云南流到缅甸后叫萨尔温江，最后流入印度洋的安达曼海，全长 3200 千米，是亚洲第 8 长河。

⑥高黎贡山。其主峰高 4900 米，迎风坡，由于受西南季风影响，降雨量充沛，植被繁茂。

我们说的横断山是指“三江并流”即金沙江、澜沧江、怒江以及其间的山脉。“三江并流”不仅是国家级的重点风景名胜区，更是被列入世界自然遗产名录。

华夏式山脉与大兴安岭及长白山

在中国的东部有三列东北—西南走向的山脉，被李四光先生称为华夏式山脉。从东到西可以分为三列：台湾山脉由五列平行的山脉组成；小兴安岭—长白山地—山东低山丘陵—浙闽低山丘陵；大兴安岭—太行山—雪峰山。

大兴安岭。位于内蒙古东部，北起黑龙江南岸，南至西拉木伦河北岸，是中国最北部的山脉，长约 1000 千米，宽 300 ~ 400 千米，海拔 1000 ~ 1500 米。它以洮儿河为界，分成南北两段。北段长约 670 千米，海拔 1000 ~ 1100 米，个别山峰 1700 米以上，为中低山；南段海拔 1000 ~ 1300 米，最高峰 2034 米，位于赤峰市克什克腾旗，为中山。大兴安岭森林密布、树木参天，有“绿色海洋”之称。牙克石市（位于呼伦贝尔市东，大约北纬 49°、东经 121°）素有“林城”之称。在此坐铁路火车，向东可抵达加格达奇（约北纬 50° 和东经 124°），向北可抵达北纬 52° 以北的满归。在牙克石与满归铁路中间有一个地方叫根河市（北纬 50° 41′、东经 121° 57′，海拔 979.9 米），是中国最冷的地方之一，曾出现过 −49.6℃的低温，每年低于 −40℃的极为严寒的日子平均达到 35.1 天；漠河（北纬 53° 29′、东经 122° 21′，海拔 279.6 米）为 26.3 天，比根河少了近 10 天。

大兴安岭是一条重要的地理界线。首先它是内蒙古高原与松辽平原的地形分界线；其次它是季风与非季风气候的气候分界线；再次它是内流与外流区的水文地理分界线；最后它还是中间第二级和第三级台阶的分界线。大兴安岭东侧为新构造运动的断裂带，此带以西上升、以东沉降，著名的大庆油田就位于东侧沉降带中的松辽平原中。

第 5 节　山地风光

多姿多彩的山地风光

中国多山，山地风光千姿百态、绚丽多彩。山地风光从岩石的性质上可以分成八大类。

奇特的花岗岩山峰

花岗岩是一种分布很广的深成酸性火成岩，二氧化硅（SiO_2）含量多在 70% 以上。花岗岩主要由石英、长石、云母组成，其颜色较浅，以灰白色、肉红色较为常见。花岗岩结构均匀，质地坚实。花岗岩中的节理发育经过长期的风化作用形成丰富多彩的造型景观，这正是花岗岩景观吸引人的地方。如果你想欣赏到大自然的"鬼斧神工"，一定要去花岗岩景区。

花岗岩的山脉具有险、奇、秀等多种风貌，如华山被称为"华山天下险"。仅举"千尺幢"为例。这是一条沿花岗岩垂直节理风化形成的岩石缝隙，略经人工斧凿的竖槽式的蹬道。石级之宽仅容半足，缝隙之宽仅容两人的侧身相错。黄山被称为"矫激离奇，不可思议"。黄山的奇险幽奥、变化莫测在于黄山花岗岩节理发育经长期风化作用，形成种种如人似物的巧合。九华山，李白赞道："天河挂绿水，秀出九芙蓉。"正因为花岗岩的山脉有险、奇、秀等多种风貌，所以它们在中国的风景名胜区中占有重要地位。

妩媚的丹霞山水

丹霞景观是指红色的沙砾岩层所构成的景观，这类岩石形成于距今 6500 万年的白垩纪。当时气候炎热干燥，沉积在内陆盆地的碎屑物质经过强烈氧化，其中所含的铁锰物质变成红色。有的地方如广东北部的丹霞山这类岩石很鲜艳，仿佛是早上日出时太阳发出的红色霞光，我国地学工作者将其命名为“丹霞岩层”。丹霞岩层经过长期的风化剥蚀、水流侵蚀和重力作用等雕刻，形成了峰顶平坦、四壁陡峻的地形，这就是现在所称的丹霞地貌或丹霞景观。丹霞景观的造型很大度、很有气魄，加上它颜色的鲜艳，在风景名胜区中独树一帜。

丹霞风景区内层岩叠嶂，凝紫映红，岗峦突兀，断崖林立，奇峰秀出，错杂峥嵘，尤以峰奇为突出特点。如武夷山，古人形容是“东望如楼台，南视如城壁，西顾似廪庚，北观如车盖。”其大王峰、玉女峰真是惟妙惟肖。因为景色优美神奇，齐云山、龙虎山、武夷山等都成为了道教名山。

秀丽的岩溶山水

人们常说“桂林山水甲天下”，而这桂林山水就是岩溶峰林景观。它是由碳酸盐类岩石（常见的是石灰岩）在一定的地质、气候和水文条件下，主要通过地表水和地下水的溶蚀、冲刷、沉积作用而形成的，这种作用称为岩溶作用。岩溶作用形成的地貌表现为奇峰异洞。地上形成“平地涌千峰”的壮丽的峰林景观。这类景观景色秀丽、造型奇特，吸引着无数的游人。

各种岩溶景观有着不同的风格。有的秀丽，如桂林山水被人称为“江作青罗带，山如碧玉簪”；有的雄伟，如云南石林被人称为“万千石笋拔地起，森严刀剑指向天”。岩溶地貌地上部分有峰林、孤峰、峰丛、石林、天生桥等。中国岩溶景观主要分布在华南和西南地区。四川省的黄龙、九寨沟和云南省的白水台风景区为高寒岩溶景观，也属于此类风光。

瑰丽的地下岩溶洞穴

地下水沿着可溶性岩体的各种构造面，特别是各种构造面相互交叉的地方，逐渐溶蚀和侵蚀而开拓出地下洞室，就是洞穴。一般的大型旅游洞穴均为石灰岩构成，即岩溶洞穴。岩溶洞穴内一般有绚丽多姿的石钟乳和石笋，其造型丰富多彩，加上彩色灯光的辉映，人们仿佛到了一个神奇虚幻的世界。岩溶洞穴有的是旱洞；有的是水洞（能在洞中划船欣赏景观）；有的洞上面是旱洞，下面是水洞，如浙江省建德的灵栖三洞就是如此。中国的岩溶洞穴主要分布在广西、广东和云贵高原。

由于地表水不断沿着洞顶的裂隙下渗，继续溶蚀石灰岩，常使一些构造面交叉的地方变为开阔的通道，甚至发育成厅室或洞中套洞，曲折迷离。现在全国已开发的溶洞约有400处。

独特的火山风采

火山是地球内部炽热的融熔状态的岩浆、各种气体（水蒸气、二氧化碳、硫化氢等）和固体（火山灰、火山弹、火山砾等）猛烈喷出地表所形成的山。火山活动往往形成火口湖、火山锥、火山台地、火山堰塞湖等独特的火山景观；不少火山地区还有地热、温泉、矿泉的出现。正因为如此，火山景观是旅游资源中的重要组成部分。

中国有三个著名的古火山，即浙江省雁荡山、浙江省仙都、广东省西樵山。

雁荡山位于浙江省乐清县境内，是由中生代酸性流纹岩构成的熔岩山地。由于流纹岩抗风化性强、垂直节理发育，因而竖向线条占优势，形成一些造型奇特的石峰、石柱和洞穴。正因为如此，明代旅行家徐霞客用五个比喻来形容雁荡山的山峰。这五个比喻是：如削如攒、如骈笋（并列的竹笋）、如挺芝（笔直的灵芝）、如笔之卓（直立的笔）、如幞之欹（歪戴的帽子）。

浙江缙云火山石柱：鼎湖峰

仙都位于浙江省缙云县境内。仙都风景区内有一条美丽的练溪，又称好溪。仙都的五大景区姑妇岩、倪翁洞、小赤壁、鼎湖峰、芙蓉峡如5颗闪闪的明珠镶嵌在练溪两岸，构成了一条“九曲练溪，十里画廊”的带状旅游线。其中，最为著名的是鼎湖峰。鼎湖峰又叫仙都石鼎，如擎天一柱或如倚天长剑，高170.8米，直径56米，底面积约2467平方米，山顶面积约666.7平方米。顶上生长有古树、药材，有凹地积水。它四壁陡直，拔地而起，天下奇绝。该峰是火山流纹岩沿柱状节理风化剥蚀而成，是火山岩景观中的佼佼者。

西樵山位于广东省佛山市南海区。它是距今 300 万 ~ 4000 万年前火山喷发形成的一座规模较大的死火山。西樵山上有 2 个火口湖，即东天湖和西天湖。西天湖面积有 1 平方千米，风景相当美丽。这里地下水沿着火山裂隙涌出地表形成不少优质泉水。

江苏南京附近的六合筷子山、吉林四平附近伊通的马鞍山、山东省昌乐的古火山口等地的岩石像一根根直立的筷子非常独特，这些岩石就是玄武岩。玄武岩的形成和火山活动有关。这种多边形的岩柱形成一种独特的山地风光。

气势壮观的砂岩峰林景观

中国国家重点风景名胜中有 4 个属于此类。它们是湖南省武陵源、江西省井冈山、河北省苍岩山和河北省嶂石岩。

一般认为砂岩是最易风化的。其实，砂岩比石灰岩难以风化。但砂岩中如果有节理存在，经过风化侵蚀，也会形成美丽的峰林地貌。湘西的武陵源的山峰是由泥盆系的石英砂岩夹薄层砂质页岩构成的，岩性硬度大，但垂直节理极为发育，经过风化侵蚀形成如塔如柱、有棱有角的塔状群峰。

雄伟、挺拔的变质岩山地风貌

中国国家重点风景名胜区中有下列 5 处归于此类——山西省五台山、湖北省武当山、江苏省云台山、山东省泰山和河南省嵩山。

岩浆岩和沉积岩经过变质作用形成变质岩。如大理岩是石灰岩变质形成的；石英岩、板岩则分别是石英砂岩、泥岩变质形成的。变质岩岩性坚硬，抵抗风化的能力较强。一般来说，变质岩构成的山体山势雄伟、挺拔。有的专家认为山东泰山是花岗岩岩化的作用，即变质作用形成的。

秀美的冰山雪峰

中国不少山地海拔在雪线以上，山顶终年积雪，发育成雄伟壮观的山岳冰川。这些山岳冰川千姿百态，变化无穷。有的冰面辽阔，气势磅礴；有的静卧幽谷，蜿蜒曲折；有的瀑布飞泻，冰湖秀美。中国国家重点风景名胜区中有 5 个可以归于此类——云南省丽江玉龙雪山、四川省大邑西岭雪山、四川省贡嘎山、新疆天山天池和四川省四姑娘山。

中国哪一座山最美

在中国的山岭中，哪一座山最美？换言之，就是哪一座山是中国的第一山？这确实是一个难以回答的问题，这是因为每座山均有自己的风采和短长，并且各人都有自己的审美观点。但不少中国人有这种爱好和本领，下面我们还是选取一些这方面的论述吧。

天下第一山——福建太姥山

传说，汉武帝派出大臣东方朔给天下山川授名，东方朔见今福建省太姥山山景奇绝，就信笔提了“天下第一山”。太姥山位于福建省北部的福鼎县境内，最高峰覆鼎峰海拔 917 米，由于该山紧邻东海之滨，因而显得十分高耸，摩崖石刻有“山海大观”四个大字。太姥山 1988 年被国务院批准为国家重点风景名胜区。太姥山以石奇、洞异、峰险、云雾多“四绝”闻名。

匡庐奇秀甲天下——江西庐山

唐代大诗人白居易认为江西的庐山最美，他说“匡庐奇秀甲天下山”。近代伟人毛泽东也是偏爱庐山的，虽说他未说庐山是最美的山，但毛泽东任领袖时，几次重要的会议都是安排在庐山召开，可见他对庐山情有独钟。1959 年 7 月 1 日，他还写了七律《登庐山》：

一山飞峙大江边，跃上葱茏四百旋。
冷眼向洋看世界，热风吹雨洒江天。
云横九派浮黄鹤，浪下三吴起白烟。

毛泽东在诗中把庐山缩九派、镇三吴、一山飞峙、万仞葱茏的雄伟气概写得有声有色。在庐

福建太姥山：仙人穿衣

江西庐山

山工作和生活期间，毛泽东还十分喜爱李白写的《庐山谣寄卢侍御虚舟》一诗中的下列两句诗：

登高壮观天地间，大江茫茫去不还。
黄云万里动风色，白波九道流雪山。

我在庐山参观时，亲眼见到毛泽东主席书写的这两句诗，写得大气磅礴！

庐山位于江西省九江市，主峰大汉阳峰海拔 1474 米。其南边为烟波浩渺的鄱阳湖和滚滚东去的长江。庐山扼湖、川汇江之颈口，傲然屹立，有气夺万山魄、势压九江城的雄伟气势。1982 年，国务院公布的第一批国家重点风景名胜区 44 处就有庐山。

造化一尤物——安徽九华山

唐代另一位大诗人刘禹锡则认为安徽省的九华山是最美的。他在《九华山歌》的引言中说“九华山在池州青阳县西南，九峰竞秀，神采奇异。昔予仰太华，以为此外无奇；爱女儿，荆山，以为此外无秀。

及今年见九华，始悼前言之容易也（后悔以前说的话太随便了）。”在诗的一开始，他就写道“奇峰一见惊魂魄”，最后赞道：“九华山、九华山，自是造化一尤物。”尤物即动人的美女。

九华山位于安徽省青阳县，主峰天台峰海拔 1342 米，它和峨眉山、五台山、普陀山并称为中国四大佛教名山。九华山是第一批国家重点风景名胜区。

桂林山水甲天下

宋朝著名诗人范成大则认为广西的桂林山水为天下第一。他在《桂海洞壑志序》中写道：

> 桂之千峰，皆旁无延缘，悉自平地崛然特立，玉笋瑶参，森列无际，其怪且多，如此诚当为天下第一。

另外，李曾伯在《重修湘南楼记》中有“桂林山水甲天下”句。

桂林的山和水相结合，相得益彰，仿佛是中国一幅传统的山水画。唐代韩愈形容桂林风景是“江作青罗带、山如碧玉簪”。乘舟顺漓江而下，既可见“山清、水秀、洞奇、石美”之四绝景，又可观“深潭、险滩、流泉、飞瀑”之四佳境。桂林—漓江是我国第一批国家重点风景名胜区。

第一山——湖北武当山

宋代书法家米芾为湖北武当山写下了刚劲有力的“第一山”三个大字。武当山位于湖北丹江口市，主峰天柱峰海拔 1613 米。按照道教的经典，玄武神降生为净乐国王太子，到武当山修道成仙。武当山是我国道教基地，和安徽齐云山、四川鹤鸣山、江西龙虎山并称为四大道教名山。北宋张三丰在此创造的“武当拳术”与嵩山少林派的武术齐名，名扬海内外。从明代起，武当山被称为“太岳”。武当山为第一批国家重点风景名胜区。1994 年，武当山古建筑群被批准为世界文化遗产。

登黄山天下无山——安徽黄山

著名的明代旅行家徐霞客认为安徽的黄山是最美的。“五岳归来不看山，黄山归来不看岳”“薄海内外无如徽之黄山，登黄山天下无山观止矣！”这就是徐霞客对黄山的评价。黄山位于安徽省黄山市，主峰莲花峰海拔 1873 米。黄山有奇松、怪石、云海、温泉“四绝”，被誉为“震旦国中第一奇山”。1982 年，黄山被列为我国第一批国家重点风景名胜区。1990 年，黄山被批准为世界文化和自然遗产。

雄伟奇特甲于全球——浙江雁荡山

浙江雁荡山自古就有“寰中绝胜”之美誉。北宋沈括称雁荡山为“天下奇秀”，近代著名改革家康有为则赞誉其为“雄伟奇特甲于全球”。雁荡山主要是指北雁荡，位于浙江省乐清县，主峰百岗尖海拔 1157 米。山峰拔地而起，移步换形，造型地貌极为典型。明代徐霞客游雁荡山时，对其山峰作了十分精彩的评价：

锐峰叠嶂，左右环向，奇巧百出，真天下奇观。

雁荡山以奇峰、怪石、幽洞、飞瀑、夜景“五绝”著称，“五绝”以峰为首。1982 年，雁荡山被列为国家首批重点风景名胜区。

天下第一山——江西井冈山

朱德元帅把江西省的井冈山誉为“天下第一山”。我去井冈山考察时，就见过朱德元帅的题词石刻，十分鲜明、醒目。井冈山位于江西吉安井冈山市，主峰江西坳海拔 1841 米。原人民币 100 元背面的风景为井冈山的五指峰，人称井冈山为我国“最值钱”的风景区。不少游人在游五指峰时纷纷拿出百元人民币和实地风景对照，都感叹画家的高超技艺。朱德将井冈山看做是“革命的摇篮”，并称为“天下第一山”。井冈山的风景确实是美丽的，尤其是瀑布和森林的茂密。五龙潭和水口飞瀑雄伟、绚丽，林中的杜鹃花盛开时，景色十分壮观。1982 年，井冈山被列为第一批国家重

雁荡山中折瀑

点风景名胜区。

登泰山而小天下

最后要写一下泰山。泰山位于山东省泰安市，主峰玉皇顶海拔1545 米。孔子曾说过“登泰山而小天下”，杜甫站在泰山下也发出过“会当凌绝顶，一览众山小”的感慨。两者都说明了泰山的高大。汉武帝登上泰山惊赞：

高矣、极矣、大矣、特矣、壮矣、赫矣、骇矣、惑矣。

泰山是五岳中的“东岳”。古人以东方为万物交替、初春萌生之地，故东岳泰山为“五岳之长”“五岳独尊”，又称“岱宗”，在不少中国人心目中，泰山是中国第一山。

如上所述，福建太姥山、江西庐山、安徽九华山、广西桂林山水、湖北武当山、安徽黄山、浙江雁荡山、江西井冈山、山东泰山 9 座山都被不同的名人誉为“中国第一山”，即中国最美的山。当然，被中国历代文人墨客、旅行家、政治家等誉为“中国第一山”的绝不止这 9 座山。好在上面列举的诗文、题词并未引起什么“麻烦”和“官司”。不过，现代著名的文学家、社会活动家郭沫若先生却有过一次小麻烦。原来，郭老生前在游完福建武夷山后感慨地写到“桂林山水甲天下，不及武夷一小丘。”桂林人十分不舒服，“怎么能说桂林山水不及武夷山的一个小丘呢！”与郭老打起了风景笔墨官司。当时主管全国风景旅游的谷牧副总理只好作了一首诗，他在诗中写道“桂林、武夷都是祖国好山水”，才算平息了这场风波。当然，游人从自己的角度和感受对所见的风景做出评判、发出感慨，无可厚非，对于郭老也不例外。但通过此事可以感受到桂林人民对自己家乡山水的热爱之情。

千峰竞秀

其实，中国的山各有自己的特点、自己的风韵、自己的位置。我还是认为古人对几座山的评价是恰当的。那就是：

泰山天下雄；华山天下险；峨眉天下秀；青城天下幽；黄山天下

奇；天目天下树；雁荡天下湫；……

中国的山各有自己诱人的地方，把其特色加以概括比统称“中国第一山”更吸引游人、更实事求是。如桂林山水可用“山清、水秀、洞奇、石美”四特点来形容，非常恰当。

总之，中国是一个千峰竞秀的国土。各地的山除了高矮不同、地质构造有异、景物有别外，其风光无优劣之分，想要像人间搞的“选美”那样排个谁是第一、谁是第二，真是一件费力不讨好的事。

雄哉！中岳嵩山

嵩山是石英岩之山，而石英岩是变质岩。中国名山中，这类山不多。嵩山被先人尊为五岳之一，具有许多特点。

嵩山有三个特点：壁立千仞的石英岩石林，壮丽的潭瀑景观，积淀深厚的历史文化。

河南位于中国的中部，登封又为河南之中，所以嵩山又叫“天中山”。嵩山不仅是五岳中的中岳，而且还是一座有着深厚历史积淀的名山。三皇五帝都在嵩山生息繁衍，中华民族的“华夏”之称即源于此。相传嵩山的两大山系——太室山和少室山就是为纪念大禹的两位夫人而命名的。不仅如此，嵩山儒、道、佛三教荟萃，嵩阳书院（儒）、中岳庙（道）、少林寺（佛）就分别是其代表。

河南嵩山：石林与栈道

嵩山不仅人文历史积淀深厚，自然风光也很有特色。它既是我国重点风景名胜区，更是2004年批准的世界地质公园，壮观的石林（三皇寨景区）和秀丽的峡谷（卢岩景区）构成了嵩山世界地质公园的核心。

三皇寨景区位于登封市西南的少室山景区，离少林寺约5000米，是嵩山地质公园最为壮观的部分。

我一下缆车，就被这里的景色震慑住了。作为地质工作者，这里的岩石构造对我有巨大的诱惑，它们是如此的雄伟，构成每一座山峰的岩石都清晰可见，而且都是直立着站起来的样子。这一片片岩石，一片紧挨着一片，一片片竞相向上争先。岩石的颜色是白色的，在夏日蓝天白云的衬托下，在阳光的照耀中，更让人感到大自然的无比纯洁。

它们好像是一队队由成千上万人组成的仪仗队，但个头都在百米以上。它们顶天立地，是有根的岩石，深深扎根在这中原大地之上。奇怪，地层如果没有受到地壳运动，岩层一般应该是水平的，一层一层地叠在一起。为什么这里的岩层是“直立”的，是“壁立千仞”？原来，这也是地壳运动造成的。地壳运动使水平的岩层发生弯曲变形后，又有一个旋转也就是倒转，使水平岩层直立。

三皇寨的山是由石英岩组成的，我认为叫做“嵩山石英岩石林”才对。石英岩是一种由石英砂岩变质而成的变质岩，化学成分是二氧化硅（SiO_2），矿物成分主要是石英。石英的硬度可达到7级，坚硬、不易风化。嵩山的石英岩是很纯的，SiO_2的含量达到97%以上。石英岩是制造玻璃的最主要原料，嵩山脚下河谷中的石英岩粉碎成石英砂后就可直接用于制造玻璃。

中国的石林地貌不少，但规模、气势上都不及嵩山石英岩石林。这是一个气势恢弘、所向披靡、无坚不摧、欲与天公试比高的石林。

卢岩景区离中岳庙仅2000米，是太室山风景区的重要组成部分，素有“卢岩风光甲太室”之说，是嵩山地质公园最具观赏性的地貌。

卢岩实际上是一条由白色石英岩组成的秀丽峡谷，在地貌上属于秦岭东延的熊耳山系。这里森林茂密，花草繁盛，空气清新。当年，

河南嵩山挺拔的群峰

唐代著名文人卢鸿乙（字浩然，范阳人）来到峡谷中隐居，唐玄宗感他品德高尚，为他在峡谷中赐建草堂。从此，这个峡谷就叫卢岩。卢鸿乙在此办学，声名远播。

在这个长约 2000 米的峡谷中居然有 12 个瀑布，而且 12 个瀑布之下都有潭。这些瀑布的落差不同、水量各异，让人惊叹。更为奇异的是，那些水潭不仅形状、大小异样，潭中水的深浅和颜色也不一样。在国内，我是第一次见到 12 个瀑和潭连在一起同处一个峡谷之中，仿佛是潭和瀑特别是潭的博物馆。

这 12 个潭瀑的命名也很奇特，由潭来代其上的瀑来命名，如黑龙潭是潭和瀑共有的名字。潭名都是些很美丽的词汇，有搁笔潭、落印潭、映枫潭、扶琴潭、宁静潭、聚宝潭、玉镜潭、黑龙潭等，让人遐想。

为什么会形成这种壮丽的潭瀑景观呢？这和冰川的作用有关。在距今 200 万年前后，嵩山发生了山岳冰川。在峻极峰附近的法王寺和嵩岳寺，我环望四周高山，可以清楚地看见角峰、刃背、冰斗等冰川地貌。卢岩瀑布是由冰川掘蚀、磨蚀形成的冰坎，其下的潭是流水和

河南嵩山卢岩深潭：黑龙潭

冰川共同作用的结果。现在，地貌学家把冰川作用形成一个个圆形的大小不等的凹地叫“冰臼”，把流水作用形成的称为“壶穴”。自然界往往是复杂的，卢岩瀑布下的12个水潭既是“冰臼”，又是“壶穴”。

对于卢岩风景区，明代地貌学家徐霞客早就“心艳卢岩”，一个“艳”字包含了多么浓浓的情感。

余心艳卢岩，即从庙东北循山行，越陂陀数重，十里，转而入山，得卢岩寺。寺外数武，即有流铿然，下坠石峡中。两旁峡色，氤氲成霞。溯流造寺后，峡底矗崖，环如半规，上覆下削；飞泉堕空而下，舞绡曳练，霏微散满一谷，可当武夷之水帘，盖此中以得水为奇，而水复得石，石复能助水，不尼水，只能令水飞行，则比武夷为尤胜也。徘徊其下，僧梵音以茶点饷，急返岳庙，已昏黑。

总之，嵩山是一座雄伟之山，《诗经》上说“嵩高为岳，峻极于天。”海拔1492米的嵩山主峰峻极峰虽然不算高，但屹立在一望无垠的黄河之滨的华北大平原南端，则显得十分高大。嵩山也是一座秀丽之山，因为它有卢岩，使嵩山“得水为奇……比武夷为尤胜也。”嵩山更是一座人文之山，这里是宗教之山、佛教达摩祖庭的所在，唐太宗敕封的“天下第一名刹”少林寺在这，最早的道教庙宇中岳庙在这里，嵩山周围寺院林立，素有“三里一寺，五里一庵”之说。这里是文化之山，中国古代著名的四大书院之一的嵩阳书院在此，该书院培养出来了程颐、程颢等著名哲学家。这里的“天地之中”历史建筑群被列入世界文化遗产名录。

中国最高峰：珠峰气象风光

海拔 8844.43 米的喜马拉雅山的主峰珠穆朗玛峰（位于中国与尼泊尔的边境上）是中国的最高山峰。

珠峰的气象有以下特点：

1）低温。在对流层中，气温总是随着高度的上升而下降。珠峰 1 月均温 −36℃，比漠河还要冷得多；7 月均温 −19℃。极端低温为 −57℃，极端高温为 −14℃。最暖和的时候，温度也在 −10℃以下。

2）干旱。降水是随高度增加而增加，但由于爬山气流中的水汽在上升中也会减少，有一个高度叫最大降水高度。喜马拉雅山位于东经 90°，年降雨量 1500 ~ 2000 毫米，最大降水高度在 2000 ~ 2500 米，年雨量大约为 3000 毫米。过了这个高度，雨量就迅速减少，位于南坡海拔 4300 米的西藏帕里镇年降雨量只有 397.2 毫米，估计珠峰年降雨量只有 40 毫米左右，和南极差不多。

珠峰如此干旱，为什么还有那么多的雪？主要是气温低、蒸发量很少。正是这个原因，南极内陆年降雨量不多，但有 2000 ~ 3000 米厚的冰盖。

3）气压低。珠峰气压只有海平面的 34%，每立方米的空气不到 450 克重（1 个大气压下，1 立方米空气为 1000 克），可见，珠峰的空气密度低、氧气含量少。在珠峰吸三口气，才抵得上海平面上吸一口气的氧气。气压低导致珠峰上水温 76℃时水就开了。

4）风大。珠峰 1 月平均风速达到 35 米 / 秒（12 级风的风速为

32.6 米 / 秒，而从实验得知吹翻火车的临界风速则为 38.5 米 / 秒），最大风速达到 87 米 / 秒。由于珠峰空气密度小，风大但力不猛。到了 7—8 月，珠峰的平均风速变得很小，只有 5 米 / 秒，最大也只有 15 ~ 17 米 / 秒。

5）登珠峰为何大多选在 5 月。原因即回避了 7—8 月的“雨季”（珠峰的雨季不是降雨，而是大雪纷飞），风也开始变小了。

2008 年 5 月 8 日 9 时 17 分，奥运会火炬“祥云”登顶时，气温 -26℃，风速 18 米 / 秒，可见当时的天气条件是相当不错。风速 18 米 / 秒，只相当于海平面 8 米 / 秒的风吹在人身上的感觉。

6）珠峰和南北极的不同。珠峰由于海拔高，被称为地球的“第三极”，但珠峰和南北极的不同在于其位于北纬 28°，没有极昼和极夜；太阳高度比南北极高；珠峰由于空气稀薄，人类不能长期生存。①

登上珠峰

1992 年是地矿部建部 40 周年、中国地质学会成立 70 周年，也是著名探险家哥伦布发现美洲大陆 500 周年，这一年对于地学工作者来说是个喜庆年。

为什么把哥伦布发现美洲与地矿部及地质学会联系在一起呢？因为不管探险也好、地质工作也好，都是开拓者的事业，都需要人们付出艰辛劳动。李致新——我国著名的登山探险家就是其中杰出的一员。

为了撰写《探险世界》一书，我采访了我国著名的登山家李致新。1991 年大年三十的早上，我脚步匆匆地来到了国家登山队在北京的基地——左安门外的一幢大楼。

出乎意料，他不像一个运动员，更不像一个登山探险家。主要是他戴着一副眼镜，很像一个青年知识分子。

他 1962 年出生在大连，毕业于武汉地质大学，在大学时就开始了登山生涯。

他还告诉我，现在国家登山队的 3 名现役队员都是学地质的，都

① 本段内容摘自林之光先生所著的《气象万千》，特此感谢。

是武汉地质大学的！原来在我们共和国的一个专门从事登山的运动队中，竟都是我的同行！40年来，我们的同行为共和国建立了赫赫功绩。

李致新在珠穆朗玛峰峰顶时刻

1985年，中国登山协会指定中国地质大学登山队和日本的一所大学登山队联合攀登海拔7694米的拉木拉尼峰。李致新在登到7500米处，眼看就要到顶了。突然日方1名队员病倒，需立即派人陪同救助下山。李致新毅然放弃了登顶的机会，护送日本队员下山。他当时仅23岁，还未登过7000米以上的山峰。舍自己名利而救人，难能可贵！事后，当时的日本首相中曾根康宏接见了他，称赞他说："你没有登上自然界的高峰，却登上了中日友谊的高峰。"正是这高尚的品德，使得国家登山队一眼看中了他。此后，他成为中国国家登山队的一名骁将。

登山是人与自然的一种奋斗拼搏，这其中人的各方面受到严酷的考验。要登顶不仅取决于登山者的体力、智力，也取决于登山者的精神、思想。这其中团结友爱是非常重要的。

1991年，李致新又参加了梅里雪山的救援工作，再次立下赫赫战功。

1988年5月，我观看了中国、日本、尼泊尔3国联合攀登珠峰的实况转播，经过艰难的攀登，李致新终于从北坡登上了海拔8844米的世界最高峰——珠穆朗玛峰，这是他人生的辉煌时刻。那一次，他为了等待从南坡上来的队员，一人在世界最高峰上待了88分钟。

这是在冰天雪地、风狂、气压低、氧气含量少的严酷环境下的88分钟，多么难得的精神！

三千秀峰立湘西

张家界市所在地是原来的大庸县即今天的永定区，坐飞机或火车到达张家界市时其实还未到达风景区，只有到达武陵源区才算到达张家界风景区。而从张家界火车站到武陵源还有 50 千米左右的路程，需坐 40 分钟左右的汽车。

张家界的山是石英砂岩峰林。张家界风景名胜区主要包括 4 个部分：

一是索溪峪。土家语为“雾大的山寨”，是国家自然保护区，位于张家界景区的东部，主要由十里画廊、宝峰湖、黄龙洞三个景区组成。黄龙洞又是中国最著名的喀斯特溶洞之一。

二是天子山。为国家自然保护区，位于张家界景区的北部。因明初土家族首领“向王天子”——向大坤在此揭竿起义而得名。这里峰林如海、气象万千、气势雄伟、居高临下、视野开阔、层次分明，是观赏武陵峰林的绝佳之处，以御笔峰、云青岩、神堂湾、大观台为最佳

张家界索溪峪宝峰湖

湖南张家界御笔峰

自然景观，人造景观有贺龙公园等。

三是张家界国家森林公园。位于张家界景区的南部。张家界又名青岩山，因汉代名臣张良隐居于此而得名。它是中国的第一个国家森林公园，主要景区有黄石寨、金鞭溪、袁家界等，以奇峰、秀水著称，也是最早开发、最早出名的景区。

以上三部分组成了张家界的核心景区。

四是天门山。其得名是因为山中有一个南北通透的大洞，晴空万里时，犹如“天门”一样，所以又称“天门洞”。张家界的天门山自1999年12月11日以后，迅速成为中国乃至世界的名山。因为这一天举世瞩目的“99张家界世界特技飞行大奖赛”在这里举行，大赛以“穿越天门，飞向21世纪”为主题，而具体的飞行比赛活动则是驾飞机穿越“天门”。

天门山海拔1518.6米，天门位于海拔1261米处，洞高127.3米，洞深即洞厚达279.42米。所以，飞机穿越此洞是有一定难度的。此次活动后，张家界的天门山从湖南走向了全中国、走向了世界。

战国时期著名的纵横家、道家创始人之一鬼谷子曾隐居天门山研读《易》传术，绝壁上有洞称“鬼谷洞”，洞中尚存石凳、壁刻。不过，天门山的地貌和武陵源的砂岩峰林不同，是岩溶地貌。天门山虽然属于张家界，但已经不是其核心景区了。

湖南张家界砂岩峰林的主要看点就在武陵源的天子山、袁家界、金鞭溪、黄石寨四个地方。除了砂岩峰林外，张家界景区还有两个著名的景区，即索溪峪的黄龙洞和宝峰湖。

天子山拥有气势壮观的石柱林方阵、惟妙惟肖的御笔峰和仙女献花。

从天子山索道上山，索道的停靠站有一个大平台。从此平台坐车约 5 分钟便到达了进入张家界天子山景区的第一个观景平台——云青岩。观景平台上，人山人海，观景一定要注意安全。

这是我第一次见到张家界的山。这山给我的感觉就是“画”，而这“画”是鲜活的。“五岳”我看过，黄山也看过，没有哪一座山如此美丽，以至于让人“一见钟情”。

作为旅游者和地学考察者，张家界的山在我眼中，到底美在哪里？

张家界砂岩峰林：仙女献花

首先，是山的方阵呈现出宏伟的气势。在云青岩看到的山是连成一片的，组成了一个山的“方阵”。它们不像桂林石灰岩的山峰是一个个孤立的，更不像黄山花岗岩的山峰仅仅有几个“冒尖”。它们是一个方阵，虽然高低有别，但大致在一个水平线上。

武陵源袁家界天下第一桥

其次，是裸露的岩壁的阳刚之气。远远望去，这一大片山向阳的一面几乎是“全裸”的（上面只点缀着零星的植被），裸露出的岩壁白中带红、质感很强，像一座座铜墙铁壁。山的坚硬、坚忍、不屈不挠的性格从中体现出来。确实如此，岩石由矿物组成，这山又由石英砂岩组成，矿物的硬度分为10级，而石英的硬度是7级，仅次于黄玉、刚玉和金刚石。我们常见的方解石的硬度仅为3级。石英砂岩是一种坚硬的岩石。这裸露的岩壁展现出一股阳刚之气，一种男儿的坚忍不拔的精神。

最后，是那无所不在的植物体现出生命的顽强。张家界的山虽说向阳面是裸露的，但在张家界无论如何却看不到一座向阳面的山峰是全裸的，即使在山顶上、在山的裂缝中、在险峻的方寸之间，都能见到顽强的生命——植物。背阴的一面则几乎被植物的绿色覆盖了，远远望去，张家界的山脊和山谷淹没在一片绿色的海洋之中，而那露出的山峰和山脊恰似林海中的点点白帆。

在武陵源的袁家界景区有一座气势恢宏的天生桥。它拱高 347 米，厚 10 米，桥高 357 米，长 20 米，跨度 40 多米，是目前国内最高最长的一座天生桥之一。更为难得的是，它还是一座石英砂岩桥，石英砂岩是比较坚硬、抵抗风化能力较强的岩石，能够形成如此规模的天生桥是非常困难的。

为了发展旅游业，当地不仅推出了“天下第一桥”的旅游品牌，而且提出“到天下第一桥，挂天下第一锁”的“天下第一桥心愿锁”的活动。这是在中国其他天生桥罕见的独特的人文景观。

在天子山的贺龙公园内，还有一个奇特的景观——一块巨石滚落在两个小丘之间，形成了一个很小很小的天生桥（当地叫“石船珠海”）。这可能是我所看到的最小的天生桥。其成因应该是外力的重力崩塌作用。

金鞭溪景区包括长春泉、黄石寨等景点。金鞭溪之旅是沿着一条山谷行进。山谷中一条溪水欢快流淌，溪底的大小卵石清澈可见。我们刚进入不久，就在山谷的底部见到一眼泉水，称为“长春泉”，用杯子接一杯品尝了一下，十分甘甜。道理何在呢？因为它是从石英砂岩中流出来的，这种水的水质一般是很好的。虽然不知道这泉水中具体含有哪些元素，但它让我想起了号称“天下第三泉”（镇江的金山泉为第一泉，无锡的惠山泉为第二泉）的杭州名泉——虎跑泉，它就是出露于和张家界一样的地层——泥盆纪的石英砂岩中。甘美的虎跑泉水泡清香的龙井茶，沁人心脾，被誉为“西湖双绝”。所以，用这里的泉水泡茶也一定十分清香。金鞭溪之旅的黄金时间应该是春、夏、秋三季，因为那时水量大，溪水会更欢快流动；而初冬的季节，溪水只是平静流淌。

金鞭溪之旅最重要的是要看那砂岩的各种各样的造型。在这 15 千米的游程中，有 400 多座石峰分布于溪涧两则，成为“一步一个景，十步一重天”，著名景点不下 10 多处，给我留下深刻印象的有“鲁迅峰”“金鞭岩”“神鹰护金鞭”“母子情深”“猪八戒背媳妇”（张家界金鞭溪是电视连续剧《西游记》的外景地之一）。这中间的金鞭岩相对高度达到 350 米，如同一根巨大的石柱直插云霄，位居群峰之首。神话传说当年秦始皇“赶山填海”时，将赶山的鞭子遗落于此，这里从此就变成了金鞭岩。

看完金鞭溪，我们来到了黄石寨。黄石寨实际是一个巨大的石峰，顶部面积 0.2 平方千米，有茶园、宾馆及十多个观景台，此峰海拔高度为 1040 米，可以从山顶鸟瞰整个张家界的美景，比在天子山看到的群峰更多更全。所以，不少人在此赞叹“不到黄石寨，枉到张家界。”有人说张家界有五绝——黄石寨之奇、腰子寨（在黄石寨东南）之险、金鞭溪之幽、朝天观（在张家界森林公园外面西南）之高、沙刀沟（位于金鞭溪北边的峡谷）之野。如果有充足的时间把这五个景区都看一看，肯定会有更大的收获。

张家界的石峰无论大小，大多呈四方柱体。中国洞穴研究会会长朱学稳教授在第九届全国洞穴会议上提议张家界的地貌应为石柱林，不应该称“峰林”，因为“峰林”是岩溶地貌中的一个学术名词。我对此十分赞成，认为张家界的砂岩峰林应该称作张家界石柱林。张家界的石峰四壁垂直平整、有如刀削，有的石峰又细又长，而峰顶的大小是差别很大的。如金鞭溪中的蜡烛峰峰顶仅几个平方米，上面还长了一棵树，远望酷似点燃的蜡烛；黑枞脑的顶部面积有 0.04 平方千米，上面长满了原始森林；最大的黄石寨顶部面积竟达 0.2 平方千米。这种差别使得张家界的石柱林表现为千姿百态。

大海中的火山岛：南碇岛

腾冲著名的火山热泉：热海大滚锅

Chapter 7

第七章 种种火山

南碇岛位于福建省漳州市漳浦县境内，形成于距今 26—27 百万年的第三纪的古火山岛。蓝天、白云、碧海、绿地、火山岛构成一幅画。南碇岛上的雄伟壮观的玄武岩石柱林更是一绝。

热海大滚锅是云南腾冲火山中最大、最壮观的高温沸泉，水温达到 96.7℃，一年四季永远是热气腾腾。明代徐霞客就考察过并写道“风水交迫，声如吼虎。”

第1节　火山不是只有一种类型

一件不可思议的事情

什么是火山？活火山、休眠火山、死火山又是怎么定义的？不少人并不知晓，更别说熟悉了，有时难免还会产生一些不必要的恐慌和误会。让我先从40年前遇到的事情讲起，来认识火山。

那是在20世纪70年代，我在《地理知识》（今天《中国国家地理》前身）当编辑。当时，编辑部有位编辑未细心审阅稿件，就把一篇有关山西大同火山的稿件刊发出去了。文中称大同火山群是活火山，并且随时可能爆发。该文发表后，大同市的十多位局长拿着这篇文章找上级政府要求搬迁。事情很快反馈到编辑部，编辑部主任十分重视。经过查阅资料和实地考察，证明大同火山群根本不是活火山，而是休眠火山，近期不可能再次爆发，才平息了此次“风波”。旅游者如果驾车从大同去北岳恒山考察，沿途就可以见到大同火山群中的盾状火山锥，其位置在大同市东20～60千米处，主要由20余座火山锥组成。你看，中国境内的火山知识与我们的生活息息相关。

这件事不禁使我想到唐代伟大诗人李白在《与韩荆州书》一文中写的一句话“青萍、结绿，长价于薛、卞之门。”意思是好的宝剑青萍、美的玉石结绿只有在善相剑者薛烛和能识玉者卞和那里，才能显现出其价值所在。火山也是一样，只有内行才能理解其奥秘。作为一个现代的中国人，要掌握一定的中国地理知识，火山知识是很重要的一部分。

火山的“真面目”

火山是地球内部炽热的融熔状态的岩浆以及各种气体（水蒸气、

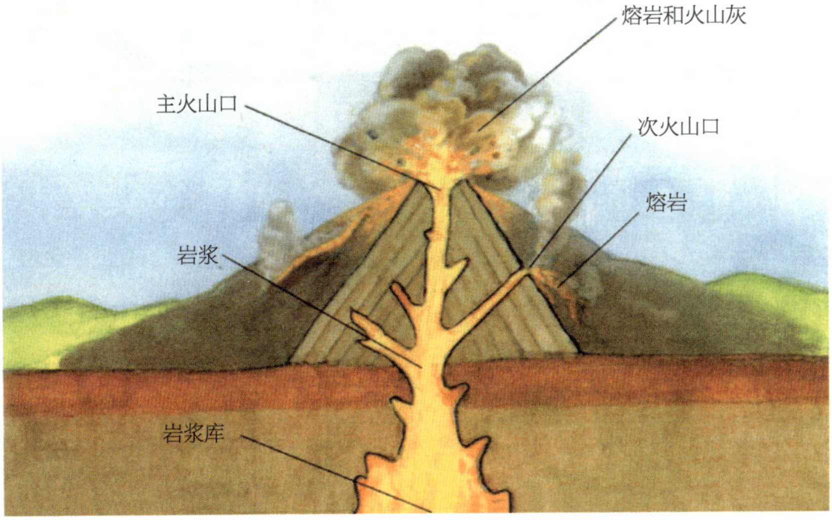

火山的构造图

二氧化碳、硫化氢等）和固体（火山灰、火山弹、火山砾等）猛烈喷出地表所形成的山。火山喷发时，一般都有通红的火柱腾空而起，汹涌的岩流似洪水奔流而下，景象十分壮观。

地下冷凝或半冷凝的岩浆物质、未冷凝的团块及细滴或微末在空中形成冷凝物、火山口周围被炸碎的岩石这三类物质在火山内部气体膨胀力的作用下被抛射出火山口，构成了火山爆发的固体产物，地质学上统称为“火山碎屑物”。按它们的性质与大小，可以分为 5 类：①火山灰，粒径小于 2 毫米。②火山砾，粒径 2 ~ 50 毫米，形态不规则，常有棱角。③火山渣，粒径数厘米到数十厘米，外形不规则，多孔洞，似炉渣，其中色浅、质轻、能浮于水者称浮岩。我手边就有一块火山渣，圆形，布满了孔洞，似蜜窝，很好看，是从五大连池得到的，洗澡时还可以用来搓澡。但要提醒读者，搓澡时最好在火山渣外包一层毛巾，以保护皮肤。④火山弹，粒径大于 50 毫米。由喷出的岩浆滴在空中冷凝而成，外形多样（有长圆形、圆形、麻花形等）。火山弹外壳因快速冷凝收缩，常有裂纹，内部多孔洞。⑤火山块，粒径大于 50 毫米，常为棱角状。

火山地质构造一般由四部分组成。①岩浆库，即岩浆的源地。其位

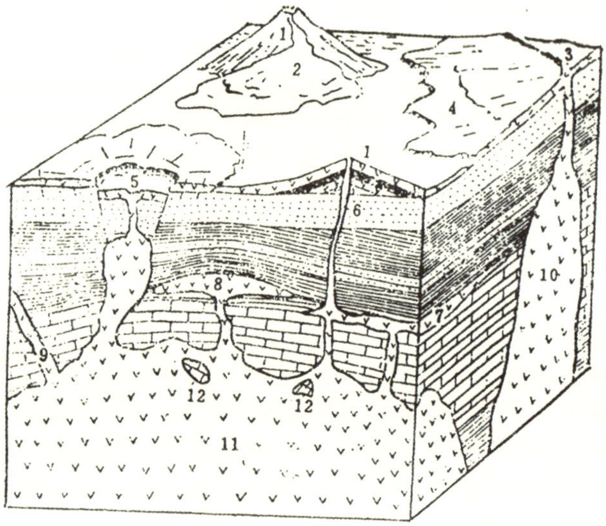

火山地质图

1. 火山锥；2. 熔岩流；3. 火山颈；4. 熔岩被；5. 破火山口；6. 火山颈和岩墙；7. 岩床；8. 岩盘；9. 岩墙；10. 岩株；11. 岩基；12. 捕虏体

于地壳（平均厚度为33千米，大陆地区一般厚度为35千米，中国西藏厚达60～80千米，海洋地区只有5～10千米）深处和上地幔。②火山喉管（简称喉管），是岩浆库和火山口之间的通道或管道。当火山喷发停息后被凝固的岩浆填塞以后，称为火山颈。③火山口，是原火山的喷发出口。火山如经过多次猛烈爆发或由于喷出在火山口的熔浆不断冷却收缩，火山口塌陷，称为破火山口。有时在主火山口旁边有较小的火山口，称为次火山口或寄生火山口。④熔浆，火山喷发时堆积在火山口附近，在地表以不同的速度流动，当冷却后形成了各种形态的熔岩。

火山喷发实为天下奇观

上面这样干巴巴的描述把火山喷发的气势和魅力全部“抹杀”了！火山弹也看不见其威力。我们还是通过中国著名的地质学家、原地质矿产部副部长程裕淇先生考察墨西哥帕里库廷火山的经历来感受一下火山喷发吧。

1943年2月，墨西哥首都墨西哥市西北300千米的帕里库廷火山喷发，1945年冬，33岁的程先生来此考察。

火山爆发的猛烈程度已较初期和缓，但每隔一两分钟或五六分钟仍然爆发一次。地质学家们踏着松散的火山灰向锥顶进发。正行进间，风向突变，火山的爆发活动也骤然加剧，灼热的火山灰像大米或大豆那样大小，并不像我们所理解的灰，似雨点般砸在考察队员身上，感觉相当疼痛。他们边前进边左右躲闪，手中的地质锤也成了“挡箭牌”。可是，“流弹”太密了，程裕淇的右肘和右膝各中一“弹”，伤处顿时青肿流血。他们终于登上了火山口。

火山口热气袭人，大家赶忙用手帕掩住鼻子，迅速转移到喷气孔的上风处观察火山喷气活动。气体不断从孔中喷出，发出可怕的“轰”“轰”声。喷出的气体含有硫酸和盐酸的水汽，一旦吸入肺部，十分危险。火山锥旁的裂隙中火山熔岩流似火龙，顺坡滚滚而下，十分壮观。事后，程裕淇先生写道：

> 火山爆发及熔岩溢流，实为天下奇观……地质界人士亲临观察，更为欣幸。宿山之夕，自火山锥北里许茅舍中举目遥望，但见火山口光芒四射，作狮吼雷鸣，深感自然界威力之大！离舍西行，远望锥西缓行之火龙，几疑身处神话世界！

程裕淇先生考察后，行文中用了两个惊叹号，一是自然界威力之大，一般说太阳光芒四射，他用在火山口处，不到现场无法写出这4个字；二是神话世界，中国人的最高境界就是神话世界。程裕淇43岁就当选了学部委员，曾是地学部中最年轻的学部委员，专门从事山西五台山的变质岩研究。我和他有过一次短暂接触，他个子不高，但给我留下的印象是“一位精明能干的地质学家”。

不同“脾气”的火山

一提到火山喷发，不少人认为都是猛烈的、凶猛的、惊天动地的，但这仅是一部分火山喷发如此。火山喷发犹如我们发脾气，不是一个模式，是多样的、绚丽的、丰富的。依据喷发时的猛烈程度，火山喷发可以划分为以下 7 种类型：

1）冰岛式：平静地喷发。冰岛大部分火山喷发时，熔岩几乎和水一样易于流动，形成宽广的水平熔岩平原和高原。

2）夏威夷式：温和地喷发。在电视上，可以看到美国夏威夷岛上的火山喷发以及巨大的火红的熔岩流流进太平洋海水中的壮丽景观。这种喷发温和到我们可以安心地欣赏，不必逃离。

3）斯特龙博利式：强烈地喷发。斯特龙博利为东地中海中的火山，属于意大利，被誉为“地中海灯塔”，高 926 米。

4）伏尔干诺式：猛烈地喷发。伏尔干诺也为意大利地中海中的火山，海拔 499 米，英文火山“Volcano”一词就源于此。

5）维苏威式：更猛烈地喷发。维苏威火山位于意大利海港城市那不勒斯的东部，公元 79 年的大喷发摧毁并掩埋了庞贝城、赫库兰尼姆城、史比达镇三个城镇，震惊了全世界。

6）培雷式：凶猛地喷发。培雷火山位于西印度群岛的马提尼克岛上，1902 年它的凶猛喷发震撼了整个世界。

7）喀拉喀托式：凶猛地爆炸，是火山喷发中最强烈的一种。1883 年 5 月，印度尼西亚的喀拉喀托火山爆发是近代最猛烈的火山爆发。

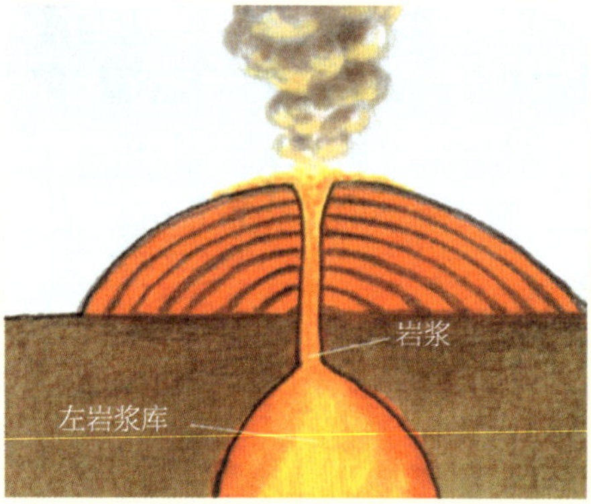

温和喷发形成的盾形火山

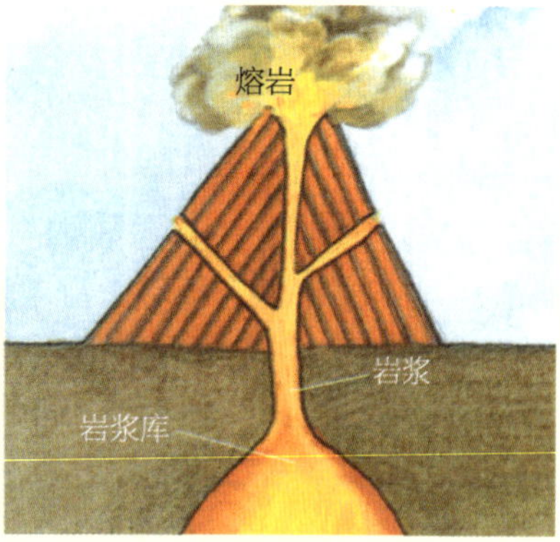

强烈爆发形成的锥形火山

这 7 个等级就好比音乐的 7 个音阶，一级一级增强。1 ~ 2 级是一个级别——平静、温和，有火、有熔岩，也还壮观，是那种虽用词激烈，但口气舒缓，有话慢慢地说；3 ~ 4 级是一个级别，强烈、猛烈，在“喷”字上表现，不像 1 ~ 2 级的“流”，人类不能近距离观赏，要防“灾”了！5 ~ 6 级是一个级别，猛烈、凶猛、来势汹汹，有话不好好说，是一种巨大的灾难了。7 级是罕见的天灾了，是一种爆炸，并且是最凶猛的爆炸。

旅游地质学家陈安泽先生在 1989 年 7 月 22 日对夏威夷岛基拉韦厄活火山进行考查，让我们跟着他的文字更感性和直观地感受一下火山：

基拉韦厄（Kilauea）活火山是岛上唯一正在喷发的火山，最高点海拔 1248 米，熔岩覆盖面积 1500 平方千米（相当于 5 个云南滇池的面积），90% 的熔岩年龄在 1100 年以上。目前正处于火山活动的第二阶段。其喷发类型属于温和裂隙型喷发，也称夏威夷型喷发。

……旅行车沿滨海公路高速前进，路旁是渣状熔岩，其上有一些光秃的树干和枯枝，显然是不久前被熔岩过火所形成。在黝黑的熔岩中偶尔出现绿色的羊齿植物，使荒野露出了勃勃生机。突然，车停下来，公路被熔岩拦腰切断了。原来，这是昨晚刚刚流下来的熔岩。

我们迫不及待地走下汽车向横在公路上的熔岩走去，用手摸去仍有余热（别的火山类型你是没有这种机会的）。这是一种绳状熔岩，表面十分光滑。然后踏着熔岩向海边走去，没走 200 米远，奇观出现了。

海岸到处在冒烟，海风迎面吹来，一股令人窒息的火山气味扑鼻而来。警察劝阻游客停止前进，允许我们地质工作者继续前进走到海边——熔岩的尽头（因为是温和地喷发，不会有危险的）。

这时，火红的熔岩与碧绿的海水展开了无情的斗争。前边的熔岩入海后发出嘶嘶的声音，由红变黑，而后面的鲜艳色的熔岩又涌上来，令人惊叹。火与水奋斗着，逼着海水一毫米一毫米向后退去。新的海滩在一毫米一毫米地向前推进（大地在火中诞生，火逼着水退去！）。各种火山岩不知见过多少，这次能亲眼看到来自地下深处的熔岩还是首次。

领队告诉我们这股熔岩是从库信安那哈火山口中流出来的，流到海边大约有 8000 米远。为了安全，任何人不能接近喷发地点（即使是温和的，还是有底线的）。不能亲睹火山喷发实在是一憾事。接着去看火山喷硫黄蒸气现象。

在一处熔岩台地上，分布着许多硫黄蒸气喷孔，发出嘶嘶的响声，浓厚的硫黄气味充满空间。在喷气裂隙岩壁上，生满了菱方形锥状自然硫晶体，通体亮黄晶莹夺目。对于火山喷气成矿现象深深地印在了脑海中。中午，来到夏威夷火山观察站。在参观站内，通过望远镜观察了基拉韦厄破火山口，里面烟雾弥漫，显示仍在活动中。破火山口是由于岩浆流空后，因上覆熔岩陷落而成。

陈安泽先生的文章于 1990 年发表在我工作的《地球》杂志上，如果感兴趣，可以再找些资料看看。

中国著名地质学家黄汲清先生 28 岁留学瑞士，1932 年坐海船对斯特罗姆波力和艾特纳火山进行了考察。

离亚力山大港后，船航行于东地中海，西风微吹，暑气顿消，旅客精神大振，都到甲板上来散步。东地中海有一小火山岛，叫斯特罗姆波力（Stromboli）。我们的船长和德神父（20 世纪在中国工作的法国地质学家德日进先生，以神父的身份从事地质研究）很要好，听神父的话，把船向西驶，然后慢速绕火山一周，详细观察火山活动情况。德神父此时特别叫我和他一起享受此非常难得的机会，可惜我们没带照相机。过墨西拿海峡以后（在意大利半岛与西西里岛之间），船的左舷是西西里岛，岛上有高山，最高者是艾特纳火山，夜间火势汹涌，历历在目。

1933 年春假期间，黄汲清又到意大利旅行，专门考察了维苏威火山。他写道：

我买了一张快车票，由米兰直达南方大城拿波里（那不勒斯）。先观光市容，然后参观庞贝旧城和维苏威火山。旧城是古希腊时代的一个小城，由于火山爆发，几天之内被火山灰掩埋，一部分居民成了木乃伊……我又参观了附近的硫黄气田和碳酸气田，之后登上覆锥体的维苏威火山，步行下到火山口最低处。观察还正在冒烟的口颈和大批不同时代的熔岩流，后者一盘一盘的互相靠近有如堆堆绳索。最新的岩流还烫脚，不能久留。

在拿城半坡上我们远眺全景：碧绿的一湾海水，波涛拍打着渔船前进，而回响于高耸的石灰岩岸边。从松林看去，维苏威一缕轻烟。掠过头上而消失。风景如画，不可言宣。所以德国诗人歌德曾说过：在你死之前，必须看一看拿波里！

黄先生作为一位中国的地质学家，不到 30 岁就连续考察了欧洲地中海火山带中的 3 座主要火山斯特龙博利、艾特纳、维苏威，令人惊艳！当时，三座活火山都处于休眠期。他看到的是火山的另一面——火山风光，风景如画，不可言宣。

黄先生是中国全能的地质学家，最大成就是在大地构造上提出了地壳运动是“手风琴运动”。在我工作的中国地质博物馆领导高振西院士 80 寿诞上，我曾见到过黄先生。他祖籍四川仁寿，中等个子，戴着眼镜，能说英文和法文，是一位“大气早成”的地质学家，1938 年 34 岁的他当选中国地质学会理事长。

欧洲地中海的火山虽然离我们好像很遥远，其实，它们和中国云南、西藏的火山是密切相关的，都位于一个大的火山带之中。30 多年前的 20 世纪 80 年代，西藏地矿局进行地热研究和开发的工程师吴钦被派到意大利考察学习半个月，回国后，到我的办公室和我交谈了意大利的地热和火山情况，谈得很投机。由于篇幅有限，我对意大利的情况就“忍痛割爱”了。任何事物都是有联系的，你看过地中海西西里火山风波后，再看看云南、西藏的火山别有一番滋味在心头。德国诗人对维苏威风光作了很高的评价，中国明代旅游地学家徐霞客对云南腾冲地热作了精彩描写：

遥望峡中蒸腾之气，东西数处，郁然勃发，如浓烟卷雾……沸泡大如弹丸，百枚齐跃而有声，其中高且尺余，亦异观也，时雨势亦甚大，持伞观其上，不敢以身试也。

中国新生代火山有 1000 座左右

根据资料统计，中国新生代（即6500万年以来喷发形成的）火山有1000座左右。它们在两大火山带上，绝大部分分布在下列7个地区。

1）东北地区的黑龙江省和吉林省是火山集中区域，约有近 300 座火山，组成 20 个左右的火山群。黑龙江省有 5 个火山群很有名气：①嫩江县东北的科洛火山群（23 座）；②五大连池火山群（14 座）；③讷河市莲花山火山群（6 座）；④克东县二克山火山群（2 座）；⑤尚志市高丽山火山群（11 座）。吉林省有 3 个火山群很有名气：①辉南、靖宇等县的龙岗火山群（164 座）；②伊通火山群（11 座）；③抚松、长白县的长白山火山群（100 余座）。

2）内蒙古地区和大同有 400 余座火山，是中国火山数量最多的地区。其中，有 4 个火山群闻名中外：①阿巴嘎旗、克什克腾旗的达里诺尔火山群，有火山锥 240 座，是中国数量最多的火山群；②阿尔山市的哈拉哈火山群（46 座）；③鄂伦春自治旗的诺敏火山群（43 座）；④集宁火山群和大同火山群，共有 80 座以上的火山。大同虽然属于山西省，但在地形上属于内蒙古高原，所以列在内蒙古地区。

3）南京附近的长江南、北两岸以及江淮之间有 20 多座火山锥和由玄武岩构成的平顶方山。其中，较著名的有南京的六合火山、安徽省明光市（原为嘉山县）的女山火山等。

4）广东西樵山火山群，东距广州 45 千米，位于佛山市的南海区。它由 72 座火山锥组成，是中国著名的火山风景区。

5）雷州半岛和海南火山群。这是中国南方最大的火山群，雷州半岛有 76 座火山，其中又以玛珥火山为最。中国最著名的玛珥火山湖光岩就位于雷州半岛的湛江市。

6）台湾省正好位于太平洋火山带中，是中国火山活动最为剧烈

浙江桃渚火山石柱

内蒙古阿尔山市地池火山

福建白水洋水波广场

云南腾冲：火山柱状节理

广东湛江：湖光岩一角

吉林靖宇：龙泉龙湾中好大的鱼

阿尔山是一座新兴的以火山、温泉著名的旅游城市。其天池火山和湛江湖光岩、靖宇的龙泉龙湾都是玛珥湖类型的火山。

的地方，近期曾有海底火山爆发。台湾本岛周围的澎湖列岛、火烧岛、兰屿、龟山岛、花瓶岛、钓鱼岛等都是由海底火山喷发而成的火山岛。台湾本岛最著名的大屯火山群在岛的北部，由 10 多座海拔 1000 米上下的火山组成。

7）火山规模、完整性、密度居中国之首的腾冲火山群是中国西部火山带的主要火山，位于云南腾冲县城北 25 千米外。总面积 80 多平方千米的大地上，矗立着 97 座火山，密度之大居中国前列，其中有 22 座保存完好的火山口。

以上的火山大概有 980 座，再加上在老的火山地区不断有新的火山发现，如 20 世纪 90 年代地质学家在五大连池火山群又发现了 11 座鲜为人知、规模较小的盾火山，还有我国在新的地区有火山发现（如西藏的火山），两者总计在 1000 座左右。

请放心大胆地走进火山公园

火山和其他山相比较，不同之处在于可能会有定期和不定期的活动，这样火山被划分为活火山、休眠火山和死火山。

活火山是至今还在喷发或在活动的火山，其中最著名的是分布在冰岛、意大利、菲律宾、美国夏威夷、印度尼西亚等国的活火山，在我国十分鲜见。活火山一次的活动时间即“寿命”的长短是很不相同的，短到几个月，长到百年以上。我们一生中很难或者说根本看不见一座其他山的崛起，但我们确有机会目睹一座火山的诞生和成长，这也是活火山给我们的独特享受。如墨西哥的帕里库廷火山于 1943 年 2 月 20 日开始喷发，一直持续了整整 9 个年头，直到 1952 年夏天在其 9 岁生日的第 2 天才平静下来。这火山也从平地崛起为一座相对高度 450 米的雄伟火山锥。

休眠火山是指在全新世（距今 1 万年）中爆发过，以后长期处于平静但仍有可能喷发的火山，叫休眠火山。中国有四大著名的休眠火山群——黑龙江五大连池、吉林长白山、海南石山火山群、云南腾冲火山。有人把休眠火山包括在活火山范围内，因为休眠火山会突然

“醒来”。我国的科学工作者对这些火山都采取了严密的监视和观察措施，一旦有情况，肯定会发出预报的。我们可以放心地在这些地区生活和工作。

死火山是指在全新世即距今 1 万年以来从未爆发过的火山。中国绝大多数的火山都是死火山。

中国著名的休眠火山群之一：腾冲火山群

云南腾冲火山群是中国著名的休眠火山群之一。如果用一个比喻，它是一个近 400 年来一直在燃烧、从未熄灭的大火炉！

徐霞客在著作中没有提到“火山”这一词，但他关注了云南腾冲地区的火山地质现象，并且对地热现象进行了观察和纪录。

1639 年 4 月 13 日，徐霞客抵达腾越州城（今腾冲）南门就写道“城南居市甚感，城中所无，而此城又迤西所无。”当时，腾冲是徐霞客西行以来见到的最为壮丽的城市。

徐霞客对热海大滚锅的喷泉写道“跃出之势，风水交迫，喷若发机，声如吼虎，奇高数尺，坠涧下流，犹热若探汤。”其实，这正是

云南腾冲蛤蟆嘴沸泉，水温 95.5℃的高温泉水从形似蛤蟆的嘴里喷射而出，令人惊心动魄

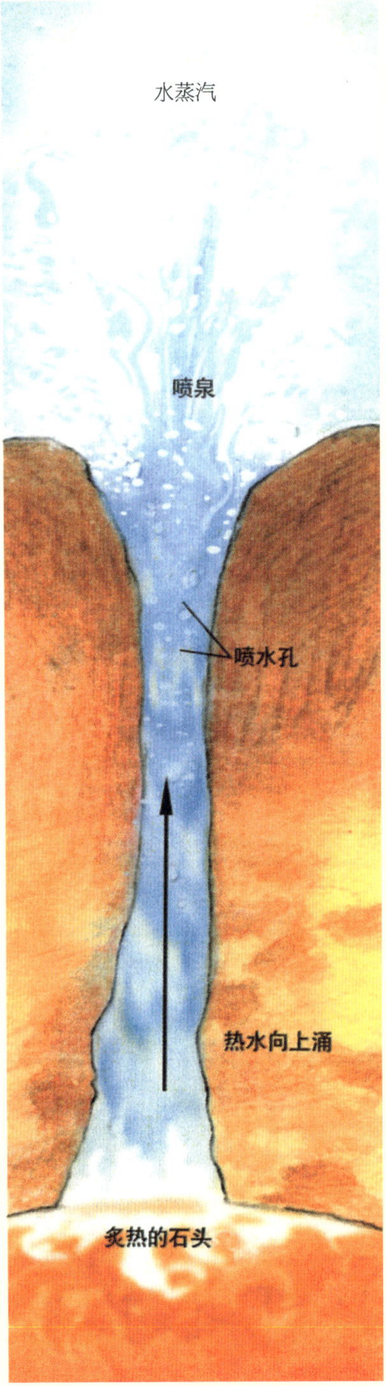

火山喷泉

火山喷泉的景象。当地下的高温将地下水加热并具有一定压力后，水和蒸汽就会从喷口冲出。压力降低后便停止喷出，进入下一个过程，如此反复进行。

4月21日，徐霞客到腾冲打鹰山考察访问当地人，却意外地发现了火山遗迹。他写道：

大山自后回环之，上起两峰而中坳，遥望之，状如马鞍，故又名马鞍山。据土人言其上多鹰，旧志名为集鹰山，而土音讹为打鹰云。……土人言："三十年前，其上皆大本巨竹，蒙蔽无隙，中有龙潭四，深莫能测，足声至则涌波而起，人莫敢近；后有牧羊者，一雷而震毙羊五六百及牧者数人，连日夜火，大树深篁，燎无孑遗，而潭亦成陆。今山下有出水之穴，俱从山根分逗云。"山顶之石，色赫赤而质轻浮，状如蜂房，为浮沫结成者，虽大至合抱，而两指可携，然其质仍坚，真劫灰之余也。

从上面200多字的文字可以解读出以下两个信息：

一是徐霞客借当地人之言把火山喷发的时间和现象描述得很

精准。

二是他告诉我们马鞍山是火山地区常见的山形。徐霞客观察打鹰山的形状是上面有两峰中凹，远处观看状如马鞍。一个地区的火山喷发往往不止一个火山，而是有多个、十几个甚至几十个先后喷发；就像我们过春节时点燃一串鞭炮一样。这样往往有两个火山锥连在一起，形成了这种两头凸、中间凹的马鞍山。我在雁荡山（古火山）、五大连池等火山考察时，都见到这种马鞍山。徐霞客考察浙江雁荡山，在从灵岩去大龙湫考察时，在《游雁荡山日记》中就写道：

更前，重岩之上，一峰亭亭插天，为观音岩。岩侧则马鞍岭横亘于前。鸟道盘折，逾坳右转，溪流汤汤，涧底石平如砥。沿涧深入，约去灵岩十余里。过常云峰，则大剪刀峰介立涧旁。

19 年后的 1632 年，徐霞客在《游雁荡山日记后》又写道马鞍岭：

又过观音岩，路渐西，岩渐拓，为犁尖，复与常云并峙。常云南下，跌而复起，为戴辰峰。其跌处有坳，曰马鞍岭，内谷之东西分者，以是岭为界。从灵岩至马鞍岭，凡四里，而崇峦屼嵲，应接不暇。逾岭，日色渐薄崦嵫。

你看，徐霞客对火山地区的马鞍山情有独钟，此处用了“跌”字，“跌处有坳”来描述马鞍山的外形。

让我们成为火山知识领域的卞和和薛烛

从 1985 年走进黑龙江五大连池火山地区开始到 2015 年，整整 30 年了，我考察旅游了中国数十个主要的火山区，渐渐领悟到中国的富饶和美丽离不开火山和火山活动。就我们中国而言：

没有火山，中国就没有最好的响水大米；

没有火山，中国就没有栩栩如生的山旺化石；

没有火山，中国就没有萤石、雨花石、玛瑙等这些精美的玉石；

没有火山，中国的娃哈哈、农夫山泉等企业将受到巨大的打击；

没有火山，也就没有火山中叮咚的泉响、层峦叠嶂的山峰、飞流直下的瀑布、粼粼的火口湖光、湖岸以及山中那鲜艳得让人不知所措的野花，等等。

为了更好地了解火山并欣赏火山风光，应该知道火山的地貌分类。根据我的学习和实地考察，把火山地貌分为三大类 16 个型，如下表所示。

中国火山地貌景观分类

山体类	火山形状、火山口、火山熔岩、火山碎屑、火山石柱林、火山洞穴、火山象形石共 7 类
水体类	火山口湖、火山堰塞湖、玛珥湖、火山瀑布、火山温泉、火山冷泉、火山峡谷浅水广场共 7 类
岛屿类	海上火山岛、海上火山口

通过这个表可以使读者知道火山景观的“大千世界”，知道走进火山会观察到、欣赏到如此众多的景观。

第 2 节　独特的火山风光

中国的火山国家公园知多少

在了解中国的火山公园之前，我们还是先看看火山公园的风光。

中国的火山，风光美丽、奇特，已经成为人们喜爱的旅游景区。现选登 3 个火山公园的景观，供读者欣赏。

一是福建省漳州市滨海火山国家地质公园中，火山岛林进屿的火山喷气口；二是湖北省随州琵琶湖；三是中国“最火”的火山公园福建的白水洋景观。

林进屿火山岛上的火山喷气口

湖北随州琵琶湖

中国“最火”的火山公园：白水洋

中国的火山国家公园都分布在环太平洋火山带和西部火山带这两大火山带上，它们是两大板块相接的地方。

环太平洋火山带是由太平洋板块向欧亚大陆板块俯冲而形成的。在中国可以再细分为 4 个火山带，即台湾—南海火山带、东南沿海火山带、长白—郯庐火山带、兴安—太行火山带。每个火山带都有几十

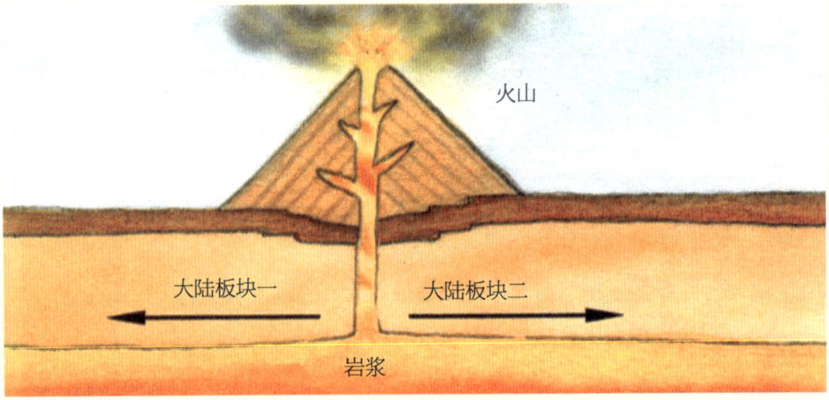

反向的板块运动引发的火山喷发

相向的板块运动引发的火山喷发

个火山群、几百座火山。

西部火山带是由于印度板块和欧亚板块碰撞而形成的。在中国有 2 个火山带，即西昆仑山—可可西里火山带，有 12 个火山群、64 座火山；冈底斯山—腾冲火山带，有 3 个火山群、百余座火山。

中国的火山国家公园一共为 30 处，加上著名火山风景区一共达到 45 处之多。它北起黑龙江，南抵海南岛，东始福建东海岛屿之中，西止云南腾冲。这就为人们走进火山公园或风景区创造了非常便利的条件。

中国火山国家公园名录表

序号	公园名	位置	等级
1	五大连池火山群	黑龙江省黑龙江市五大连池市	世界地质公园 国家重点风景名胜区
2	镜泊湖	黑龙江省牡丹江市宁安市	世界地质公园 国家重点风景名胜区
3	雁荡山	浙江省温州市乐清市	世界地质公园 国家重点风景名胜区
4	克什克腾	内蒙古赤峰市克什克腾旗	世界地质公园
5	雷琼	广东雷州半岛和海南海口市	世界地质公园 国家重点风景名胜区
6	靖宇火山矿泉群	吉林省白山市靖宇县	国家地质公园
7	阿尔山火山温泉	内蒙古兴安盟阿尔山市	国家地质公园
8	南京六合山	江苏省南京市六合区	国家地质公园

续表

序号	公园名	位置	等级
9	临海桃渚火山	浙江省台州市临海市	国家地质公园
10	浮山	安徽省安庆市枞阳县	国家地质公园
11	漳州滨海火山	福建省漳州市漳浦县	国家地质公园
12	西樵山	广东省佛山市南海区	国家地质公园 国家重点风景名胜区
13	腾冲地热火山	云南省腾冲县和梁河县	国家地质公园
14	涠洲岛火山	广西北海市北部湾	国家地质公园
15	山旺	山东省潍坊市临朐县	国家地质公园
16	白水洋	福建省宁德市屏南县	世界地质公园
17	香港	香港特别行政区	国家地质公园
18	百丈漈	浙江省温州市文成县	国家重点风景名胜区
19	仙居神仙居	浙江省台州市仙居县	国家重点风景名胜区
20	方山南嵩岩	浙江省台州市温岭市	世界地质公园
21	仙都	浙江省丽水市缙云县	国家重点风景名胜区
22	十八重溪	福建省福州市闽侯县	国家重点风景名胜区
23	峨眉山	四川省乐山市峨眉山	国家重点风景名胜区
24	雪窦山	浙江省宁波市奉化市	国家重点风景名胜区
25	长白山火山	吉林省白山市长白县	国家地质公园
26	伊春小兴安岭	黑龙江省伊春市	国家地质公园
27	大同火山群	山西省大同市	国家地质公园
28	平和灵通山	福建省平和县	国家地质公园 国家重点风景名胜区
29	政和佛子山	福建省政和县	国家地质公园
30	吉林抚松	吉林省抚松县	国家地质公园
31	泽雅	浙江省温州市瓯海区	非国家公园的火山风景
32	新昌大佛寺	浙江省绍兴市新昌县	非国家公园的火山风景
33	天目山	浙江省杭州市临安市	非国家公园的火山风景
34	凤阳山	浙江省丽水市龙泉市	非国家公园的火山风景
35	南明山	浙江省丽水市莲都区	非国家公园的火山风景

续表

序号	公园名	位置	等级
36	大洪山琵琶湖	湖北省随州市	非国家公园的火山风景
37	昆仑山活火山	新疆北部和田地区于田县南	非国家公园的火山风景
38	大屯火山群	台湾省台北市阳明山公园	非国家公园的火山风景
39	兰屿	台湾省东南	非国家公园的火山风景
40	伊通火山群	吉林省四平市伊通县	非国家公园的火山风景
41	王借岗玄武岩石群	广东省佛山市	非国家公园的火山风景
42	女山火山群	安徽省滁州市明光市	非国家公园的火山风景
43	昌乐火山口	山东省潍坊市昌乐县	非国家公园的火山风景
44	仙华山	浙江省金华市浦江县	非国家公园的火山风景
45	南京方山	江苏省南京市江宁区	非国家公园的火山风景

六处世界地质公园（其中山旺公园仅部分为火山）是黑龙江五大连池、黑龙江镜泊湖、浙江雁荡山、内蒙古克什克腾、广东海南雷琼、福建宁德（雷琼是由广东雷州半岛和湛江湖光岩、海南石山火山群两个国家地质公园合并而成；浙江温岭市的方山南嵩岩火山风景区已经合并到雁荡山；克什克腾公园仅部分为火山景观；宁德也仅白水洋景区为火山景观）。

中国6个火山世界地质公园的风景特征表

名称	风景特征
五大连池	以湖光山色为特点：5个串珠状的火山堰塞湖，14座火山。山如翡翠，湖如镜面，加上似珍珠的泉水，还有石龙、石海构成了一幅动人的天然画卷
镜泊湖	中国最大的湖瀑相连的火山堰塞湖，与神秘的火口森林和罕见的熔岩隧道并称为"镜泊三绝"。塞外风光，别具一格
雁荡山	被康有为誉为"雄伟奇特，甲于全球"，长期风化后形成了洞巧、瀑幻、峰奇、夜美"四绝"，加上野花、小溪、幽竹等，美不胜收
克什克腾	以花岗岩石柱林、冰川遗迹和火山温泉等地质遗迹为特色。火山景区是达里诺尔湖以及周围的火山群构成了壮丽的湖光山色，还有热水塘温泉

续表

名称	风景特征
雷琼	雷琼火山区共发现 177 座火山，其中雷州半岛 76 座、琼北 101 座。最著名的是湛江湖光岩，其火山大都为“玛珥”类型。火山风化形成的红土孕育了红土文化
宁德	潜火山岩形成的火山峡谷的玩水、戏水景观；福建屏南白水洋水波广场

注：国家地质公园有 23 处（包括 6 处世界地质公园），山旺公园仅部分为火山景观。

国家重点风景名胜区处有 12 处。四川峨眉山是由花岗岩、石灰岩、变质岩组成，但顶部有大面积的玄武岩覆盖。这片玄武岩是由距今两亿四千万年古生代的二叠纪时的火山喷发形成，其海拔 3077 米的金顶就是由玄武岩组成。后来，受到冰川、流水的风化侵蚀，形成了今天的险峻的山峰。其中 6 处既是国家重点风景名胜处，又是国家地质公园。

台湾的大屯火山群在距今 50 万 ~ 250 万年喷发形成，由安山岩构成，高度在 800 ~ 1100 米，有 20 座火山，其马槽温泉水温达到 75℃。阳明山温泉、北投温泉浴后游人赞不绝口。阳明山公园是台湾四大公园之一。

山东昌乐团山子火山口柱状节理

读者不妨根据上面的介绍，选一个自己钟情又交通便利的火山公园，去欣赏一下火山风光的美景。

魅力无限的玄武岩石柱林

讲火山，玄武岩石柱是绕不过去的重要一项。下面我就借助诗歌《玄武岩石柱之歌》既简练又形象生动地予以介绍。全诗如下：

吉林伊通西尖山火山锥高 354 米，玄武岩石柱被揭露出来，成为伞状

一根根石柱，好神奇！

在山东昌乐的团山子，我看过。

它们在大大的火山口中，像扇子似排列。

车水马龙的车进进出出，石柱一根一根减少，火口一天天扩大。

我们来此考察，守在火口外的一位大娘说："搞地质的，不收票，请进。"

熊熊大火不仅诞生了高大的石柱，还有那璀璨夺目的蓝宝石玲珑可爱。

事物就是如此。

一根根石柱，好神奇！

在吉林长春伊通，我见过！

它们是 7 座火山丘，似天上北斗七星落平川，天上地下互辉映。

座座山丘石柱露，多姿多样在比美。

有的似华盖，撑在蓝天下；有的像宝塔，仿佛少林塔林异地造；还有一头雄鹰欲振翅。

郊外农舍好整齐，石墙一排接一排，千家万户一个样，块块石砖石柱造。

石柱为我们遮风挡雨。

一根根石柱，好神奇！

我走过，福建漳州两个火山岛，中国著名火山岛——林进屿和南碇岛。

乱石穿空，惊涛拍岸，卷起千堆雪。

还未踏上南碇岛，极为壮观景象眼前见。

百根、千根、万根石柱耸立海岛石壁上，犹如少女乌黑的头发一片又一片，发状石林当地传。

海中最美数珊瑚，于是有人叫它们熔岩珊瑚更亲切。更有人叫鱼鳞石，啊，怎么石柱成鱼鳞？

您若从上往下看，石柱横断面都是正五边形或六边形，就像鱼鳞在闪光。

少女、珊瑚、鱼鳞片，好似无限生机，又似永恒美丽，更像青春在闪光。

小岛因这石柱更诱人。

一根根石柱，好神奇！

我到过福建漳州牛头山，大海之中潜伏着神秘的古火口。

海洋中、海岸上都是石柱，脚下是枕状的石头，地面上则是石柱

福建漳浦牛头山火山的玄武岩石柱

的建筑世界。

多种多样的石柱造型，巨人堤、扇子、西瓜皮、海底兵马俑。

牛头山古火口好似一口浅浅的水池，池坝由一人高的石柱而立，麻麻密密，平时看不见，潮退露真容。

石柱之扇，所有的石柱朝着一个方向——古火山口倾斜，好似阅兵式上的士兵坚定威武。这扇状之面令人想起春秋战国的战场！

西瓜皮之柱使人目瞪口呆，石柱和石块弯腰堆砌成夏天的花纹绿皮西瓜，一圈又一圈。

吉林伊通火山脚下的农家院，院墙是用玄武岩石柱堆砌而成

地质学家妙想把此石柱称作海底兵马俑，这阵势、这数量不输秦始皇兵马俑。强大、强大的中国，始终是中国人的梦！

东海之滨石柱是我们伟岸的身躯。

一根根石柱，好神奇！

辽阔的中国大地上，处处有它们的身影。

最年轻的火山之岛——广西涠洲岛的岩壁上，屹立着；福建南屏白水洋涟漪边的山路边，守卫着；云南腾冲南国的艳阳下，挺立着……

中国的美丽，离不开这些神奇的石柱；中国的富饶，离不开这些神奇的石柱。

一根根石柱，好神奇！

爱尔兰人称为“巨人堤”；欧美人认为是巨型管风琴的一根根吹管；好莱坞影人把它当作外星人的太空基地，在这里拍出了伟大的科幻之片。

神是人们崇拜的最高对象，这是神造出的工艺品；石柱高出海面的不同，分成了 3 个梯级——如愿椅、巨人井、神仙凳。

石柱耸立的大海之滨，有蓝天，有沙滩，有渔船，有陡崖，有涛声，有怪石……让我们从中获得教益！

中国大地上雄伟壮丽、整齐得像军人的方阵一样的玄武岩石柱主要分布在东部沿海一带的东北的伊通、山东的昌乐、福建的漳州和屏南、广西的涠洲岛以及云南的腾冲等地。它们都在中国现代两大火山带——沿太平洋火山带、西南地中海火山带之中。

雁荡山的两个火山洞

浙江温州的雁荡山不但是中国的重点风景区，也是世界地质公园所在地，因为它是一座白垩纪的古火山。当地常用徐霞客《游雁荡山日记》中的一句话来宣传雁荡山：

锐峰叠嶂，左右环向，奇巧百出，真天下奇观！

实际上，这是徐霞客于1613年4月12日游完雁荡山灵岩景区的龙鼻、天聪两个火山洞穴后，对这两个洞的高度评价。2007年5月，我循着徐霞客的足迹考察了雁荡山灵岩景区，并仔细考察了龙鼻、天聪两个洞。

我们一进入灵岩景区，就见到像一堵高高的城墙耸立在蓝天之下的一座绵长的长方形的山，当地称为“嶂”。这个嶂就是雁荡山中著名的屏霞嶂。在屏霞嶂的顶上有一块景石，很像蛤蟆，称为“蟾蜍石”；与嶂相对的一山峰上也有一景石，很像乌龟，称为“玉龟”。据说这个景区叫灵岩，也是起源于这个“玉龟”景石。徐霞客在游记中就写道：

东南为石屏风，形同屏霞，高阔各得其半，正插屏霞尽处。屏风顶有“蟾蜍石”，与嶂侧“玉龟”相向。

碧霞嶂的下面有两个山洞，一个叫天聪洞，另一个叫龙鼻洞。在导游的指引下，从嶂左的石阶往上攀登，大约向上走十多分钟，石阶没有了。眼前出现一道陡坎，走到陡坎前有一个洞。往里一看，洞中有洞，里面有三个小洞——两个圆洞和一个长洞，并且有天然的光把这三个洞照得很亮。游人无法进入洞内，因为这道陡坎约有 1 米多高，越过这道陡坎，下面看不见底，就如同从河岸直接下到河底。徐霞客描述该洞：

蹬级尽处，石阈限之。俯阈而窥，下临无地，上嵌崆峒。外有二圆穴，侧有一长穴，光自穴中射入，别有一境，是为天聪洞。则嶂左第一奇也。

来此之前，我对这段文字不甚理解，为什么出现了阈？为什么要“俯阈而窥”？我到此一游，两个问题迎刃而解。其一，阈就是指洞外 1 米多高的陡坎，应该是当年火山喷发的流纹岩浆冷却后形成的；其二，翻过陡坎是容易的，但不知深浅、冒险进去多半要摔伤甚至危及生命。我仔细看了看这个洞，很像人耳的外形；洞内三个小洞就像内耳和耳蜗。人哪有这么大的耳朵，那么这只耳朵就是天的了，故名天聪洞。正因这个洞的构造如此巧妙，再加上看过的龙鼻洞，徐霞客就写下了“真天下奇观”的赞誉。

从天聪洞下来就是新近修葺一新的灵岩寺。从此向碧霞峰的右边走去，大约也走了十多分钟，在半山腰见到一个洞口，导游介绍说这就是龙鼻洞。和天聪洞不同，龙鼻洞洞口很大，人可以直接走进去。该洞高 5 ~ 6 米，面积约 50 平方米，洞顶有一条浅灰白色的宽约 1 米的闪长玢岩（火山岩的一种）岩脉贯穿在深灰色流纹岩（火山岩的一种）中，从洞顶一直贯穿洞中下垂似鼻；再加之这岩脉弯弯曲曲又很长，从洞顶到洞底似龙的鳞爪，那么这鼻子肯定就是龙的鼻子，故名龙鼻洞。原来鼻端小孔内有水一滴一滴向外滴，对这一景观，古代僧人如珙写诗赞道“石龙滴滴鼻中水，二十名泉类莫齐。”这一奇观，20 个名泉都赶不上。很可惜，最精彩的鼻端在“文化大革命”时被毁了。这个洞中还有不少摩崖石刻，其中最为有名的是北宋著名科学家沈括的题名以及清代闽浙总督苏昌的摩崖题刻“神斧划削露鳞甲，洪涛冲激遗筋骇。”这龙是大自然的“神斧”造就的；但这“龙”与洪涛无关，是“烈火”炼成的。徐霞客对龙鼻洞是这样描写的：

龙鼻之穴，从石罅直上，似灵峰洞而小，穴内石色俱黄紫，独罅口石纹一缕，青绀润泽，颇有鳞爪之状；自顶贯之洞底，垂下一端如鼻，鼻端孔可容指，水自内滴下注石盆。此嶂右第一奇也。

徐霞客看了这个洞后，将其称为屏霞嶂的“嶂右第一奇”；随后，又把天聪洞称为“嶂左第一奇”，两个洞都是出人意料的奇和巧。所以，他在写完天聪洞后接着写道“锐峰叠嶂，左右环向，奇巧百出，真天下奇观。”

导游小金介绍说，因为我是来进行地质考察的，她才带我游览这两个洞，一般很少带游人过来。我感到十分庆幸，也希望读者到雁荡山旅游，一定要去欣赏一下这两个奇特的火山洞穴，充分领略大自然的奥秘。

熊熊大火中诞生的三类湖泊

长白山的天池、黑龙江的镜泊湖和广东湛江的湖光岩是中国著名的湖泊和风景区。谁会想到它们是在熊熊大火中诞生的？没有火山就没有它们，这些波光粼粼的、风景诱人的湖泊的“母亲”就是火山。它们虽说都是火山的孩子，但她们的出生方式却各不相同，属于三个不同类型。

天池是由火山爆发形成的火山口湖，位于长白山的群峰之中，湖的周围耸立着 16 座直插云天的火山山峰。长白山地区从新生代第三纪一直延续到人类历史时期有 7 次大的喷发，最近三次分别发生在 1597 年、1668 年、1702 年。天池在中国有火山湖中的“三最”——最高（湖面海拔为 2155 米）、最大（面积 9.2 平方千米）、最深（平均深度 204 米，最深 373 米，也是中国最深的湖泊）。天池还是中国和朝鲜两国的界湖。

天池北边有一出口，称为闼门；天池水从中流出，人们称为通天河。它全长仅 1250 米，但名气很大，因为它是松花江的源头！可以说，没有火山也就没有松花江！这条河又叫“乘槎河”，唐代大诗人李商隐就写道“海客乘槎上紫气，星娥罢织一相闻。”

经过这条河，能够上天啊！中国的火口湖在其他地方还有，如五大连池火山群中的南格拉球山的火山口湖、广西西樵山的火口湖等。天池的水在奔流 1250 米后，形成了一落差为 68 米的长白瀑布，气势磅礴壮观。它是乘槎河水下跌形成的，并不位于天池北出口处。

镜泊湖位于黑龙江省宁安市西南约 50 千米的张广才岭和老爷岭南端。它是火山喷发出火山熔岩流，在今天“吊水楼”瀑布附近形成一道熔岩“大堤”，堵住了牡丹江的上游而形成的。地学上称为“火山堰塞湖”。中国的火山堰塞湖不只镜泊湖一个，五大连池就是火山喷发堵塞了白河而形成了 5 个堰塞湖。五大连池中最大的是三池，丰水期面积为 8.4 平方千米（杭州西湖才 5.6 平方千米），但它却不及镜泊湖的 1/10 大，镜泊湖的面积达到 90 余平方千米，是中国最大的火山堰塞湖。

镜泊湖区不仅有美丽富饶的物产，还有罕见的地下森林。我见过湖中红红的大鲫鱼，鱼鳞为红色，重达 2 ~ 4 千克，肉嫩而鲜美，称为“湖鲫”，在清朝就列为“贡品”。湖区遍地都是玄武岩形成的石板田。我看过当地农民抬土造田，种出了香味扑鼻、米粒透亮的火山大米品牌——响水大米。这儿还有 7 个死火山口，形成了罕见的地下“火山口森林”，其直径 30 ~ 50 米，深 50 ~ 60 米，最高的树 40 余米，离地表仅 10 米。火山还造就了吊水楼瀑布，落差仅 12 米，但其相当于 16 个杭州西湖那么大的蓄水量，通过一个出口下泻是何等壮观啊！吊水楼瀑布只有在丰水的 7—9 月才能看见。

湖光岩也是火山口湖，但不是长白山天池那种火山口湖，也不是堰塞湖，地学上叫“玛珥湖”。它是指火山喷发时，岩浆和水汽相互作用发生爆炸，在地表形成一个深切到围岩的圆形或近似圆形的火山口，如果火山口被水充满就称为玛珥湖。四周被低簇的火山喷出的碎屑包围，称为环形壁，和火山口湖及碎屑沉积物三者组成一个完整的火山体系。

长白山天池火山风光邮票

2004 年，我考察湖光岩后回京，走访了中科院火山专家刘嘉麒院士，向他请教“玛珥湖”。他告诉我“玛珥湖就是低平火山口湖”。

因为在德国玛珥地区，这种火山口形成的火口湖最为典型，德国人称其为玛珥湖，后来被其他国家沿用，其英文写法为 Maar。中国除去湖光岩外，在雷州半岛不止一个，吉林的靖宇也有。湖光岩的形成大约是在 16 ~ 14 万年，该地区地下炽热的岩浆向地表入侵，与地下水混合形成高温高压蒸汽，冲破岩石与土层时发生大爆炸。有专家认为，当时爆炸的能量大约为 1945 年美国在日本长崎投掷的原子弹爆炸能量的 100 倍！从 1997 年以后，湖光岩被认为是中国的一个典型的玛珥湖火山体系。玛珥湖有两大特点：一是位于“地上”，即低平。看玛珥湖不必爬山。二是玛珥湖一般为封闭型。这种封闭性使玛珥湖中除大气沉降物（降水、降尘等）和自生物质之外，既无外界物质带入，也无内部物质带出。湖光岩是一部十几万年地球演变发展留下的“天

镜泊湖火山风光邮票

长白山天池火山风光邮票

然年鉴”和“自然博物馆”，具有很高的科研价值。据我所知，好几位地学博士生的论文都是写湖光岩的，从“湖光岩”走出了好几位博士！湖光岩面积为 2.23 平方千米（与颐和园中的昆明湖相当），湖水温度较周围气温低 3℃左右，湖区的负氧离子含量高达 105688 个 / 立方厘米，是目前已测定的同类森林环境（由于火山土壤肥沃，湖区周围的岩壁上长满了各种林木）中较高的，是罕见的“天然氧吧”。

湖水苍茫，客到路从花外问；

岩石寂历，僧归门向月中敲。

这就是中国南部热带之城中的湖光岩之美吧！

大火熊熊中出生的 3 类湖，它们经过那么凶猛、那么直冲云霄的火的洗礼，才成就了美丽。

镜泊湖火山风光邮票

吉林的玛珥湖：鱼跃人欢、水美土肥

2004年9月，我来到吉林省白山市的靖宇考察吉林靖宇火山矿泉群国家地质公园中的玛珥湖——龙泉龙湾。一路上，艳阳高照，宽广但稍有起伏的公路两旁无数一人多高的波斯菊多多，黄花尽情绽放，给人留下深深的印象，东北的深秋时节给人一种清新之感。一到龙泉龙湾，我就惊呆了！怎么这么像湛江的湖光岩啊！也是一个小小的圆圆的湖，水也很清，简直就是湖光岩的"双胞胎"啊！大自然真是不可思议！

但细想起来也不奇怪，成因一样的，结果也一样啊！其面积为0.6平方千米，最深处达到113米，在中国深湖中排第6位，在火山口湖中排第3位。

我漫步在龙泉龙湾湖边向水中看去，水很清，有不少的鱼在欢快地游弋；水也很深，一眼看不到底；岸边笔挺的高大乔木郁郁葱葱；湖岸树木倒映水中，似一幅水墨画。我还发现了一个火山弹和一朵盛开的可人的小黄花。我去时正好是周六上午，湖岸上有不少垂钓者。湖中还有一捕鱼的小船，两位捕鱼者正准备上岸，他俩打了一条30多斤重的大鲤鱼和许多小马可（一种每条仅50克左右重的小银鱼）。陪

德国玛珥湖（这张图片是去过德国玛珥湖区的火山专家刘嘉麒送给笔者的）

龙泉龙湾岸边渔民正在从渔网上取下从火山湖中刚刚捕到的马可鱼

同考察同志说："这马可鱼味道特别鲜美，我全部买下来中午吃。"这里没有任何污染，鱼又是在这么深的火口湖中生长，味道确实鲜美！这是我第一次吃火口湖中的鱼，确实称得上人生中的一次美妙经历。

玛珥湖是如此之美，不管是在中国南方，还是在中国的北方。吉林是中国玛珥湖的"大户"。

为了读者更方便地走近吉林的玛珥湖，现把吉林主要的玛珥湖列表如下。

吉林省玛珥湖概况

湖名	地理位置	面积（平方千米）	最深（米）
小天池	抚松县	0.54	10
东土顶子火山口	抚松县	基底直径 1000 米	
西土顶子火山口	抚松县	基底直径 4500 米	
四海龙湾	靖宇县	0.47	60
龙泉龙湾	靖宇县	0.60	113
大龙湾	辉南县	0.81	86
三角龙湾	辉南县	0.47	86

续表

湖名	地理位置	面积（平方千米）	最深（米）
小龙湾	辉南县	0.06	27
二龙湾	辉南县	0.28	35
南龙湾	辉南县	0.20	72
东龙湾	辉南县	0.41	123

2017 年 6 月，中国象棋大师蒋川创造了 1 对 26 盲棋比赛的吉尼斯世界纪录（21胜3和2负），而比赛地点就是在辉南县的大龙湾景区。蒋川说这里风景很好。

罕见的火山水波广场——白水洋

我要介绍给读者的是中国最好的观波、踏波、玩波的风景区，那就是中国新近开发的火山风景区——福建屏南县的白水洋。

白水洋是山谷中由两条溪流汇合而成的一条山涧溪流。但请不要

福建白水洋节理与流水景观：水平布其下，流若织文，响若操琴

认为山溪是很狭长、又很细小的。在白水洋这段形成了一个面积达到 8 平方千米，即 8 个足球场大小的“浅水水波广场”，简称“水波广场”！

白水洋的底部是石头的，地质学上叫“正长斑岩”，就是“潜火山岩”，即火山喷发时未喷出地表，但离地表不深，后经风化、剥蚀、侵蚀，出露地表。正因为如此，河床的底部平整地铺成一片，但又不是百分百的完整，这是因为正长斑岩在冷却过程中形成了不少的原生节理即裂缝，在熔岩河底造就了许许多多的“节理坎”，河床底部仔细看是高低不平的，有许许多多的石坎。由于这些石坎密集而有规律的分布，就像我们人工画的网格一样，使河水流到此处就激起浪花并且是永无停歇，我就用两句诗来描述“一川皱起不关风，石坎遍布起波浪”。

白水洋水清水浅，一般水深 0.2 ~ 0.3 米，局部达 0.5 米，是人们戏水的最佳水深，石洁无沙。因为能够玩水，每年夏、秋两季成为中国境内最吸引人的风景区。

天然火山博物馆——五大连池火山群

黑龙江的五大连池火山群从火山类型、火山地貌、火山资源三方面来讲，都很全面。

火山类型既有休眠火山、又有死火山。五大连池火山群有 14 座火山。老黑山和火烧山是在距今不到 300 年的 1719—1721 年喷发形成的，称为休眠火山；火山景观基本保存完好，有利于科学研究和旅游欣赏。其余 12 座火山是距今 200 多万年的死火山。

据地质学家对五大连池岩石的测定，其 SiO_2 含量在 50.76% ~ 51.98%，应该是基性岩浆形成的。基性岩浆富含铁镁氧化物，黏性很小而流动性大，这种岩浆又称玄武岩浆。由这种岩浆引发的火山活动以溢出和喷出为主，爆发较少。五大连池火山喷发为夏威夷式或斯特龙博利式，这和当时的两段文字记录是相符的。

清代西清撰写的《黑龙江外记》卷一记载：“墨尔根东南，一日地中忽出火，石块飞腾，声震四野，越数日火熄，其地遂成池沼。此康熙五十八年事，至今传以为异。”康熙六十年（1721 年），在《宁古塔

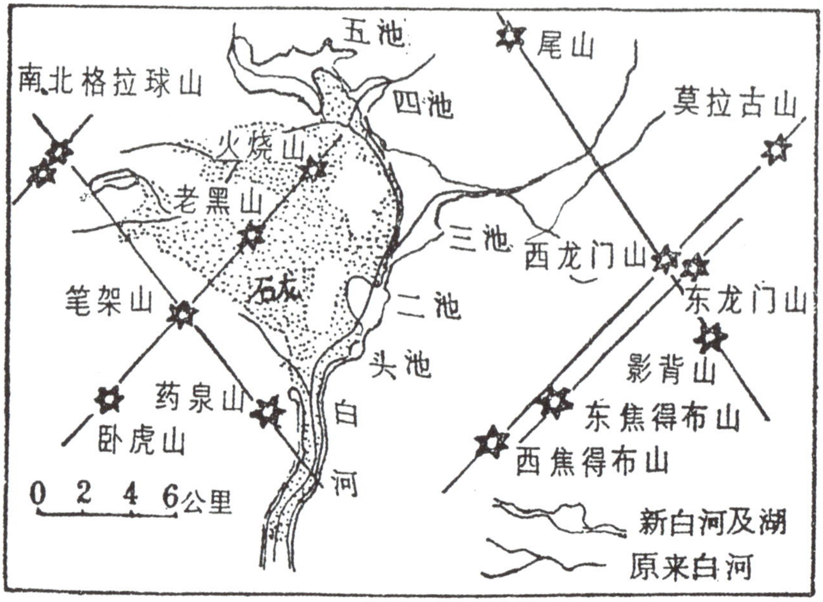

五大连池堰塞湖和火山分布图（五大连池火山群沿东北－西南和西北－东南断层线分布，图中的点是石龙熔岩地）

黑龙江五大连池绳状熔岩像轮船上作为缆绳的粗麻绳，它们一股股，有的像弦，有的像大的黑蚯蚓，有的像爬虫，有的像木排

纪略》中的描述如下："康熙五十九年（公元1720年）六、七月间，忽然烟火冲天，其声如雷，昼夜不绝，声闻五、六十里。其飞出者皆黑石、硫黄之类，经年不断，竟成一山。直至城部，热气逼人三十余里，只可登山而望。今热气渐衰，然数里之中，人仍不能近，……嗅之惟硫黄气。"

从这两段文字可以看出，五大连池火山喷发不属于猛烈、凶猛的类型。

五大连池的火山群有12种火山地貌，除了有火山口、火山砾和火山弹等一般的火山地貌外，还有以下值得一提的火山地貌。

1）火山堰塞湖。五大连池是由两座较新的火山（即老黑山和火烧山）喷出的熔岩把嫩江的二级支流白河河道堵塞、断开而形成的5个火山堰塞湖。5个湖总称五大连池，从下游往上游数分别叫头池、二池、三池、四池和五池。白河就像一条彩带，把这5个美丽的湖泊串在一起。远远望去，犹如一条串着5颗闪闪发光的水晶项链。5个湖泊的总面积丰水期达到40.2平方千米，枯水期也有16.5平方千米。

2) 火口湖。火山口积水成湖，称为火口湖。这是火山景观中最为秀丽的景观。但要形成火口湖，最主要也是最难做到的条件是火山口必须没有缺口（即溢出口），不然水就流光了。在五大连池14座火山中，只有南格拉球山有火口湖，称为"天池"。过去积水深达3米。可惜在"文化大革命"期间，当地农民于火口北挖开缺口，放水浇地，致使"天池"遭到破坏。现正在恢复之中。

3）火山口。

4）火山砾。

5）火山弹。

6）副火山口。火山口不仅在火山最高处，而且还是火山地貌中最激动人心的景观。我一到五大连池就提出看火山口，主人为我们选择了最具观赏价值的老黑山火山口。

那是一个晴朗的夏日上午，老黑山的锥体在蓝天的映衬下，十分清晰地映入眼帘。它的相对高度为165.9米，是14个火山锥中最高的。上山的坡度很平缓，约30°。我们边看边走，沿途植被繁茂、浓阴蔽

黑龙江五大连池火山中的象形石：黑熊（1987 年，我第一次见到它时，和熊很像。2003 年，16 年后再见到它时，“熊头”没有了。你单独看这张照片，知道它是“熊”吗？！自然界是变化的，是年年岁岁景不同啊！）

日，不知不觉就到顶了。啊！我看见火山口了！太宏伟、壮观。这个直径达 350 米，比足球场还大；深度达到 136 米，能装进 40 多层高的大厦！这是我平生见到的最大的“洞”。这是一个巨大的漏斗状的火山口，一览无余，一眼就可看到底，给观者造成强大的心灵震撼。虽然经过了近 300 年，火山口内还是十分荒凉，只有在火山口内沿的上部长出星星点点的植物，火山口外面已长出不少的草本和灌木。一切的生命都在熊熊烈火之后重新萌发，这就是生命的力量！我十分兴奋地坐在火山口沿，伸出胜利的手势，请人拍下了这一激情的时刻！火山口探险是一项很有意义的事情，不少的探险家是进入到刚刚熄灭的火山口（往往是半年之内）中去，确实需要勇气，当然更需要科学。

老黑山火山口周围布满了火山砾，还有不少火山弹。这火山弹比手枪、步枪的子弹大得多。火山口附近就有一个形似炮弹的火山弹露出地面一半。火山喷发时喷射出数不清的火山弹，似战争中的枪林弹雨，给人以恐怖感。

从火山口下山的路上走了大约 5 分钟，又见到一个规模较小、口内已长了不少植物的火山口。这个火山口是大黑山的副火山口。见过它，十分高兴，教科书上的内容终于在实地见到了。火山喷发时，有的是主火山口和副火山口相隔不久喷发，就像我们过节时点的“彩明珠”一样，一个接着一个喷发。副火山口数量不一，最多的可达到100多个呢！

在看火山口的过程中，我们见到了4种火山地貌——火山口、副火山口、火山砾和火山弹。

7）火山渣锥。在火山大地上，除了高大的火山锥外，一眼望去，还有两种高出熔岩地面的石质景观。一为火山渣锥，就是火山渣堆积而成的，高度2～5米，往往形成象形石。这些象形石远不如花岗岩、石灰岩等山中的象形石数量多、相似度高；但其特有的粗犷、笨拙、憨态让人难忘。石熊、石猿、石牛就是五大连池中著名的三大火山象形石即火山渣锥。

8）熔岩洞穴。在老黑山的北坡有两个熔岩洞穴——水帘洞和仙女宫。五大连池熔岩流黏度小、流动性大，表面凝固而下部熔岩流动，在岩浆来源中断的情况下形成的，规模不大。洞顶有下垂的熔岩钟乳，洞壁有熔岩形成的美丽“壁画”，洞底残留着熔岩形成的像草绳一样排列的“绳状构造”。

9）熔岩瀑布。在老黑山北侧有一宽4米、落差4米的熔岩瀑布。可以想象其形成时就像一股宽4米的炽热的钢水，红中带黑下泄4米，是何等壮观。

10）石海。我第一次到五大连池火山，一下长途汽车站就惊呆了！这片大地的石头是那样黑，像一片被

大地烟囱：黑龙江五大连池喷气叠锥，中心有一圆洞是喷气的通道

黑龙江五大连池一矿泉水厂办公室桌上用火山土壤培育的鲜花

大火刚刚烧过的大地，全部是黑色，犹如史前的大地，偶尔见到星星点点绿色，那是生长在上面的植物。这片石海是如此高低不平、坎坎坷坷，没有一处平坦地面。为此，在这片大地上搭上木质的栈道，以便让游人边步行边欣赏拍照。结壳、翻花熔岩呈现为绳状、波纹状、蟒蛇状、爬虫类等结成一片，远望就像大海中卷起的波涛，称为“石海”。

11）喷气迭锥。从火烧山火山所在的石海往前行，看见坎坷不平的地面上矗立着百余个塔形的锥体，很引人注目。它们就像一个个黑铁做的烟囱，不妨称之为“大地烟囱”。它们的高度从 1 米到 10 米不等，少数比 10 米还高。这些“大地烟囱”不是排烟的而是喷气的，科学上被称为“喷气迭锥”。它们的形成是由于火山熔岩流表层固结后，受到来自下面气体的推动，少量气体顺裂隙通道溢出而形成。这过程间歇性重复进行，就形成了高达数米到十数米的迭锥。这些迭锥无论高矮，中间都是空的，中心有一圆洞，正是当年的喷气通道。喷气迭锥由于其数量多并集中分布在一块面积不大的地面上，景象还是相当壮观的。

12）象形石。五大连池在火烧山下和大黑山下有两片石海。在火烧山下的石海中发现了三个象形石，即石熊、石猿、石牛，又称三大名石。因为在近代喷发的火山岩中，寻找象形石是十分困难的。在这中间，我两次考察都关注了石熊即黑熊，都拍照了，发现了大自然中时时刻刻是在变化的。

一副对联写临海

上联：火山岩柱，冷凝收缩，雄伟百态；流纹台地，八千万年白垩纪，剥蚀风化，面目已非，沧海桑田无字书；

下联：水海相连，精心耕种，锦绣十分；桃渚古城，六百余年朱明代，战乱洗礼，风韵犹存，社会前进有证据。

横批：浙江临海国家地质公园

这是我 2002 年 3 月赴浙江临海国家地质公园考察时情不自禁写下的一副对联，以表达我对这个地质公园的喜爱。

雄伟的地质遗迹临海国家地质公园实际上是以中生代白垩纪火山地质遗迹为主体内容的一座国家地质公园，位于浙江临海市东面 50 千米的桃渚镇境内。

桃渚的火山地质遗迹以火山岩柱和流纹台地为最，十分雄伟、壮观的大堪头火山口面积约 2 平方千米。火山岩柱主要分布在火山口内，火山岩柱是酸性熔岩即流纹质的碎斑熔岩快速结晶冷却收缩形成的节理柱。当我到达大堪山，站在山下抬头向山上望去，火山岩柱布满了四周的山坡，出露的高度从几厘米一直到三四米、七八米不等，或直立或斜耸，整整齐齐的五边形或六边形石柱，层层叠叠，石柱之多、密度之大，蔚为大观。在我国火山石林中，这样大规模的流纹岩石柱林很少见。因此，在上联中我用“火山岩柱，冷凝收缩，雄伟百态”12 个字来写其成因和形态。

流纹台地是指当地两个主要的中生代火山——大堪头火山和白岩山火山从火山口溢出的酸性流纹熔岩流形成流纹岩台地。它耸立在群山之间，经过 8000 万年的剥蚀风化、流水冲刷、重力崩塌，面目已非，形成了许多的裂缝，构成了流纹岩峰丛地貌，大自然的沧海桑田

临海古长城，建于东晋以后、隋朝之前，至今已有 1500 余年的历史，被称为“江南古长城”或“江南八达岭”

变化可见一斑。上联的后半联“**流纹台地，八千万年白垩纪，剥蚀风化，面目已非，沧海桑田无字书**”26 个字写了大自然的沧海桑田变化，而且这种变化是一本无字的书，只要我们用心去读，就能读明白。

任何一个国家地质公园不仅要有地质遗迹，而且要有动植物等丰富多彩的自然景观和得天独厚的人文景观。

临海的人文景观是十分丰富和厚重的。其一是农业，其二是古城。

临江东临我国东海，而地质公园所在地桃渚为桃渚港（“港”即为“河”）所贯通，河水依山而流，沿岸的田地被农民精心耕种，仿佛一块块织锦；河水和海水相连，登山下眺，真是一幅秀美的江南水乡画。在下联我用“**水海相连，精心耕种，锦绣十分**”来描写这一风光。桃渚古城为明代抗倭遗址，是明代东南沿海为抗倭而建的 41 个卫所中至今仅存的最为完整的所城。桃渚古城始建于明洪武二十年即 1387 年，几经战乱，于明正统八年即 1443 年重建，成为今天我们所见的桃渚城的雏形。我们今天参观时仍可见到保存完好的古城墙和东、南、西 3 个城门。我们从东门而入，惊见城内完整地保存着明代街巷的原有格局，街面上首饰店、理发店、布店等店铺依稀可辨；古宅依然完好，甚至堂屋墙壁上的“捷报”“京报”等印迹也可辨认。古城中的取水用井多达 40 余眼，今天仍在使用。古城中就连住宅上吉祥物也很有趣，有一住宅在外墙上雕刻了 5 个蝙蝠，意为“五福临门”，而且几乎每个住宅上方都有一照妖镜。我用“桃渚古城，六百余年朱明代，战乱洗礼，风韵犹存，社会前进有证据”26 个字描述了这一古城。

其实，临海的人文景观绝不止上述两处。她还有坐落于市区始建于晋、扩建于隋唐的“江南古长城”，全长 6000 米，经过整修后，气势恢宏。晋代古刹延恩寺也很有名。

第 3 节　富饶的火山资源

漫话火山资源

火山地区的资源是多种多样的，也是独特的，有着其他地区不可能有的资源。根据笔者几十年的研究和野外考察的见闻，简述如下。

矿泉水资源。1987 年初夏，我去黑龙江五大连池火山考察。时间过去了 30 年，但我永远不会忘记这样的生活画面。每天太阳刚刚升起，大批来此的外地人每人外面裹一件棉衣，双手一手提一个热水瓶，来到矿泉涌出地，打满了水；然后，找一个地方就开始喝矿泉水。他们是专门奔矿泉水而来的。这里的矿泉水含有大量的二氧化碳，重碳酸根、偏硅酸等都达到了国家的矿泉水标准；富含钾、钙、镁等多种矿物质和锶、锌、碘等 14 种微量元素；水温仅 3℃左右，是中国和世界著名的冷矿泉。这种矿泉水可以医治多种内科疾病，尤其是消化系统的肠胃病。所以，才吸引了这么多的人啊！

矿泉水除了饮用治病外，用矿泉水洗浴对风湿症、高血压、神经衰弱有一定疗效。洗完矿泉浴后再到火山熔岩处进行日光浴，疗效更佳。我在此地看见不少人现场喝完了，还要提两暖水瓶回住地晚上喝；

还看到不少人手里拿着一个搪瓷和塑料脸盆，是用矿泉水洗浴的。我还看到两位俄罗斯美女也拿着脸盆接水、洗脸。五大连池供洗浴的泉主要是南洗泉和翻花泉，这里的矿泉水都是免费供给的。

南洗泉是个 200 平方米左右的池子。男女老少都在其内洗泉水。我也下去体验一下，啊！不行，下去仅 1 秒钟就上来了，这冷矿泉的水温仅 7℃，我第 1 次体验到如此低温的水。我返京回家，用温度表测了家中自来水温是 16℃，整整低了 10℃左右。来这里洗冷矿泉治病，您要做好心理准备；翻花泉有 3 个池子是专门为皮肤病患者准备的，对治疗银屑病最为有效；另一水池可治高血压和风湿病。这 3 个池子水温比南洗泉高，CO_2 浓度也低些。

五大连池的矿泉水是中国第一个上市的矿泉水，最初 10 年其包装都是玻璃瓶包装。上市的时间应为 1987 年吧。

吉林省白山市的靖宇县是火山所在的地区，有中国著名的玛珥火山。这里的矿泉水也是十分丰富、质量好，被命名为“中国长白山靖宇矿泉城”。我先后两次到此考察，深深感到不少中国人的饮料和靖宇火山矿泉相关。

北京人喝的“农夫山泉”的水大部分产自靖宇的火山矿泉，在包装上就有说明，为 9℃天然清纯、味道甘洌的火山矿泉水。我去该厂参观后，厂家送我造型各异的矿泉水 6 瓶，把“水”作为“礼”。另外，娃哈哈公司在靖宇设有分厂。火山地区的矿泉水资源不一一列举了。

温泉资源。内蒙古的阿尔山被称为火山温泉国家地质公园。公园内有涌泉 76 眼，可分为冷泉、温泉、热泉和高热泉四种。因为这些温泉能够医治许多疾病，故有“圣水”之名。

给我印象最深的是吉林长白山天池火山口下大约 200 ~ 300 米处的高山草甸中，远远看见一股又一股的蒸汽在绿茵茵的草甸上冒着白烟，十分壮观。走近一看，有 10 多处泉眼，好可爱啊！我拿出随身携带的温度表测量，大部分为 40 ~ 50℃，最高一处为 82℃。我们是在 5 月初到此地的，室外相当寒冷，用手巾沾温泉水擦了擦脸和手，好舒服啊！

云南腾冲的温泉。这里为游客建了各种式样、不同温度的浴池，每年都吸引着大量游客。

肥沃的土壤资源。火山灰风化形成的土壤一般都是黑油油的发亮，含有植物生长所需的各种营养成分，是肥沃的了不得的土壤。仅举3件我亲身感受的事。一是不管在五大连池还是在靖宇，我都见到了自然界中最鲜、最艳、最淡、最雅的花朵，为什么？这儿土肥啊。二是在镜泊湖区，我听说了中国最好的大米——响水大米就产在湖岸处。这是给清朝皇帝进贡的大米。三是人工栽种人参，质量最好的是吉林火山地区的抚松县，被称为“人参之乡”。

独特的渔业资源。火山湖中的水没有污染、是原生态的，生长于其中的鱼吃起来味道鲜美。2003年我到五大连池考察，第一天的晚餐中吃的就是一条18斤重的大鲤鱼的一部分。中国长白山天池有“怪兽”的传闻。

广东湛江的湖光岩，湖水中没有蚂蟥、青蛙和蛇，却有大量的鱼虾，甚至有巨大的神龟龙鱼出没。1998年5月28日，不少解放军官兵在游览时突然发现湖面上有9条（先为2条，后出现7条）金黄色的“龙鱼”在戏水；正在湖畔的游人还发现2只大海龟，与传说中的“龙鱼”“神龟”相吻合。笔者2003年、2004年前后两次到此考察，原湛江市副市长何均发还向笔者谈到此事。

医疗保健资源。火山矿泉水的医疗功用前面已经写了。五大连池的火山矿泥位于腐殖土层以下，对过敏性皮炎、荨麻疹、神经性皮炎治愈率可达92%，优于以色列死海海泥。1987年我去时，见到约上百男女老少脱光了衣服（仅隐私遮挡），头（光头）、手、脚、身体部分都抹上了矿泥，好新奇啊。他们不在乎，这是治病；2004年去时，已经看不到这种景象了，矿泥资源已经被管理起来。你要治疗，可以购买，大约是2元一斤。不少火山地区环境优美、湖光山色、负氧离子高，成为养生的好地方。

旅游资源。随着经济的发展、大众科技修养的提高，到火山地区去旅游成为一种新时尚。我第一次到五大连池，一下长途公交车，踏上火山地面时，惊呆了！脚下的土地这么黝黑，这是被大火烧焦了，一大片一大片啊；这地面又是这样的尖锐，石质像锯齿，熔岩的造型千姿百态。这只有火山地区才有啊，令人想到史前世界。还有那福建屏南的白水洋，中国“最火”的旅游区，每年夏季游人遇到高峰时段还需要排队。连见多识广的国务院原副总理吴仪到此实地调研后，也情不自禁地在现场写下了“奇特景观”四个大字。浙江雁荡山、福建漳州滨海火山、广西北海市的涠洲岛……都是十分壮丽的山海大观的火山旅游风景区，等待着您的到来。

火山资源的种类很多，上面仅仅是举例而已。有些火山形成的资源，您可能闻所未闻，笔者也选择了两个方面介绍如下。

火山喷发与山旺化石

山东省中部临朐县上林乡的山旺村是所有学地质学尤其是学古生物学人心中的“圣殿”，因为这里埋藏有 1800 万年前地质学上称之为新生代上新世的大量丰富的精美化石。

地球大约从 5 亿多年前就开始有大量的生物生长，在特定的条件下，这些生物死后的遗体或遗迹成为化石。化石是古生物学家研究的材料，没有化石就没有古生物学家，也不会了解我们地球及其生物的进化规律。化石是一种特别重要的科研资源。

山东山旺角岩山地质剖面：含化石的硅藻土层及上面的玄武岩层

山旺村方圆仅为1.2平方千米，但其化石异常丰富且数量巨大。现在发现的就有10多个门类600余种动植物化石。植物化石有苔藻、蕨类、裸子植物和被子植物；动物化石有昆虫、鱼、两栖、爬行、鸟和哺乳动物各类。

2003年4月7日下午，我参观了山旺古生物化石博物馆。自己虽然在中国地质博物馆工作20余年，但从未见过这么多的动植物化石，陈列在一个展厅中的达200余件，而且是同一个时代、同一个地点的化石令我十分震撼。陈列室最后部分陈列的10只柄杯鹿构成的鹿群化石给我留下深刻印象。实际发现了60多只柄杯鹿化石。这种巨大化石的数量是罕见的。1986年，从事古生物研究的杨洪先生写道：上午我还是用背包往回背，下午嫌不过瘾，干脆找来一辆独轮车，用不了2个小时就可以满满装上一车。7年后的1993年，古生物学家在山旺进行保护性发掘时，在不到10平方米的区域内共发掘出鹿、犀牛、猪、鱼、树叶、花瓣化石等600余件。这在中国化石发掘史上是罕见的。又过去了10年，我于2003年4月到达山旺村时，山旺的剖面已经不再容许任何人随随便便采集化石了。有人告诉我，如果仔仔细细寻找，还能找到一些小型的动植物化石。中国古生物学的奠基人杨钟健先生1935年来此发掘，至今整整80周年了！可见山旺化石之丰富。十分有幸，我收藏了两块化石：一片1800万年前的树叶化石，一条鱼的化石，都十分精美。

这里的化石不但数量巨大，而且也十分生动和精美。杨洪先生是这样描述的：

其一：“剖面上的几层硅藻土中几乎层层都有植物化石……几乎每取下一块岩石都能得到一块非常精美的标本，打开看不是一枚小叶，就是一根小枝，很少例外。白色的硅藻土，印着褐色的叶片，既好像是画家的妙笔画上的，又好似是雕刻家的神刀刻上的。在剖面上工作，真像是在艺术的沙龙里欣赏一件件精美的作品。”

其二：“凡是看过齐白石国画的人都会为他笔下那活灵活现的蝌蚪所倾倒，那饱蘸浓墨的笔只轻轻在纸上一点，一只摇头摆尾的小蝌蚪便出现了。原来我总以为这是大师高度提炼的写意，可到了山旺，却真正看到了大自然的生花妙笔所绘出的‘蝌蚪园’。那是一个风和日丽的下午，我在角岩山西麓采集植物化石，无意之间，我剥开一块极薄的硅藻土；忽地，我眼前展开了一幅美丽的画卷，在厚不过几毫米、长宽不足一尺的雪白硅藻土上却保存着8只形态各异的蝌蚪。洁白的硅藻土，深褐色的蝌蚪。那神态和风姿比起白石老人的画来有过之而无不及呢。”

山旺的化石为什么如此丰富生动呢？这些化石是如何形成的呢？这是火山突然喷发造成的。这里有两个有说服力的证据：一是含化石的硅藻土之上紧接着的地层就是第四纪（新生代的第二个时间段，在上新世之后）的火山喷发形成的玄武岩地层；二是山旺村实际为一个盾状火山包围的盆地。在临朐县城，有一座小火山叫朐山，保留了整齐的玄武岩柱状节理、火山口等。正是火山的大规模喷发，不是一座，而是几座十几座先后喷发，一齐向生机蓬勃的山旺湖（当时山旺为湖）汹涌而来，所有的生物都没有反应过来就被掩埋，所以柄杯鹿呈现出各种各样的奔跑姿态，昆虫的翅、树叶的脉等都保存下来了！

儋州盐田千古奇

海南省中西部的儋州市境内的洋浦经济开发区有个盐田村。这个村利用海水制晒盐的盐田0.5平方千米有余，而盐田村晒海盐的最后一道工序却与火山有关。

一进村，就可以看到由黑黑的岩石制作的呈圆形、半圆形、三角表、方形的石槽，似巨型的“砚台”摆放在海边大地之上，十分醒目。这些“砚台”的台面直径达到40～50厘米，高30～50厘米，深1～2厘米，内壁是经过打磨的。这些“砚台”的数目竟然达到7300个之多，多么壮观啊！制作这些“石砚台”的石头就是当地火山喷发形成的火山岩。

用这种“砚台”晒出的盐，白如晴云，吹之欲散；松松团絮，触之欲起；皎若雪，细若棉。它是一种优质的海盐。火山岩耐酸碱、抗腐蚀，对微生物无害，无放射性。这种盐味鲜，咸味醇正适中，对某些疾病有疗效，不加碘；是绿色环保产品。清代乾隆皇帝御书“正德”赐给盐田人。2008 年，以传统手工艺类别正式入选第二批国家级非物质文化遗产保护名录。现有 30 多户盐工，沿袭着 1200 多年前的古老劳作方式。

无独有偶，这不禁使我想到了考察湛江湖光岩火山风景区时见到的一架榨甘蔗汁的机械装置，它放置在湖岸建造的一个“雷州古院”中。其齿轮、压杆是木制的，而主要部件即下面两个圆的滚筒是用当地火山喷发的玄武岩制作的。这两样生产工具的制作，把火山岩石的应用提高了一个档次，火山岩不仅仅只能用来修路和架桥，它还有更妙的用武之地，我们不得不佩服前人的聪明才智。

人杰地灵的西樵山

4000 多万年前，在中国南部大火与海水的反复而激烈的搏斗中，大火终于战胜了海水，一座不小的山丘终于诞生了，这就是西樵山。她终于踏踏实实挺立在北回归线之南的中国境内的佛山市南海区。这艰苦的诞生过程使得这个“新生儿”具有特殊的个性，她秀美、绚丽又有气势。

站在西樵山峰向远处眺望，珠江三角洲西南部特有的桑基鱼塘景色展现在眼前，千万口鱼塘和稻田中的水面在阳光的照映下闪着银光；那把鱼塘和稻田分隔的桑垄和蔗基交织成绿色的项链，把大地编织成充满生机的一幅图画。这就是锦绣的西樵。

西樵山不仅风景好，而且在这块土地上涌现了不少杰出的人物。明代的湛若水官至史、礼、兵三部尚书，至今在西樵山还留有他讲学的地方。近代的康有为，倡导维新、发动戊戌变法的领袖，年轻时曾在西樵山的三湖书院求学；三湖书院的门匾为民族英雄林则徐题写，笔力刚健。另外，清末民初被誉为“武林之光”的著名武术泰斗黄飞鸿、著名的中国铁路建设的开山鼻祖詹天佑、中国民族工业先驱陈启源等这些在中国近代史上占有一席之地的历史名人，均出自西樵山所在地广东南海。

西樵八景区

西樵山经过多年的规划，建设形成了八个主要景区——白云洞景区、天湖公园景区、石燕岩景区、九龙岩景区、翠岩景区、碧玉洞景区、云海莲台景区和黄飞鸿狮艺武术馆。

这里的洞不是我们一般人所理解的“山洞”或“洞穴”，而是指一条“山谷”，如白云洞位于西樵山的西北麓，是由海拔 191 米的白云峰和海拔 217 米的长庚峰、华盖峰三峰围抱而成的马蹄形的山谷。碧玉洞位于西樵山东北麓，是海拔 194 米的珠峰与海拔 156 米的玉峰之间的一条窄窄的峡谷。

西樵山的八个景区以六个自然景区为主体，各自代表了一个意境，白云洞——秀、翠岩——翠、碧玉洞——险、九龙岩——幽、天湖——静、石燕岩——奇。在西樵山这六个景区可以随处见到自然基础上的人工改造，形成了天人合一的景致，大到东西两天湖，中到一井一泉，小到一石一草。有不少人认为，以自然风景与人文胜迹结合的完美程度而论，西樵山应居广东四大名山（另外三山是东樵罗浮山、鼎湖山、丹霞山）之首。

古火山口与湖泊

在这里，两个古老而干涸的古火山口造就了两个年轻而又丰盈的湖泊。

西天湖位于云海莲台即南海观音文化苑景区，湖面有 0.08 平方千米。它位于山中，说准确点它是三面环山，有一个缺口。湖中观月是最美丽的，此湖在湖岸建有“待月亭”“水月轩”以及“伴云亭”“倚天亭”等。圆月之夜，湖光山色和皎洁的月光互相辉映，这种清幽之境令人陶醉。

东湖在西樵山碧玉洞景区中，位于西樵山的东面，因此叫东湖，又叫东天湖。它和西天湖一样，也是由人工在火山口出水口处筑坝蓄水形成，时间早在 1964 年。东天湖的水比西天湖还深一些，面积大约只有西天湖的一半，但湖水碧绿、海拔不高，显得比西天湖更为秀丽。

1981 年，陈小橙先生在《冬游西樵山》一文中，有关西樵山火山

古火山口：广东西樵山西天湖

的描述是既通俗又准确的。他在文中写道：

在山的上部可看到火山口重叠的有趣现象；在海拔170多米处，山坡有明显的转折，这是原先的大火山的边缘；在它的里面又有三个次一级的火山口，即东天湖、西天湖和大科峰东南的圆形谷地；在圆形的谷地中，相对高度约80米的蜘蛛峰矗立其间。这些地貌现象说明西樵山火山至少有过三期喷发。

中国的火山口众多，但火口湖并不多。此前，给我留下深刻印象的仅有广东湛江湖光岩、吉林靖宇和长白山天池三处，但湛江火口湖的形成距今不过14—11万年，长白山天池则更加年轻。而西樵山的火山口是距今4000多万年前的产物。可以说，在自然的基础上，人工使西樵山的火口湖恢复了青春。在西樵山的每一处考察，都能深深感到西樵人民的聪明才智，他们把西樵山这座古火山留下的自然资源保护和利用得如此独具匠心，实在值得称赞。

火口湖造就两条美丽瀑布

西樵山由于降水丰富（年降雨量达到1638毫米），在山中形成了许多流泉飞瀑，古人即有“谁信匡庐千嶂瀑，移来一半在西樵”的诗句。西樵山中有两条著名的飞瀑，一是位于白云洞景区的飞流千尺瀑；二是位于碧玉洞景区的玉岩珠瀑。实际上这两条飞瀑的源头都在火口湖，没有火口湖的水，也不会有飞瀑。这两条瀑布可以称为湖瀑，由于火口湖的水外泄成为瀑布的在中国并不鲜见，如黑龙江的镜泊湖水外泄成为吊水楼瀑布，但它们均在我国的北方，而飞流千尺和玉岩珠瀑却在南方，在北回归线以南标准的热带地区。在一个景区同时拥有两条由火山造就的湖瀑，在我国大概仅此一处。

“飞流千尺”是西樵山最有名的瀑布，又称云瀑。瀑布的落差应该在50米左右。由于其水源是西天湖，自从西天湖1951年诞生后，飞流千尺的水量就可以人工调节，不像从前时大时小。飞流千尺实际上是一个三折瀑，自上而下分别称为龙涎瀑、云外瀑、飞流千尺，其中以飞流千尺最为壮观。

玉岩珠瀑位于西樵山东部的碧玉洞景区，其形成是由于东天湖的水流下泄。她是西樵山中水量最大的瀑布。瀑布水从珠峰与玉峰两峰间劈崖而下，十分壮观。瀑高而奇，流无定势，奇丽诱人。我在考察中既看了飞流千尺，又看了玉岩珠瀑，感觉到这两个瀑布的不同之处。

广东西樵山山中飞瀑

一是玉岩珠瀑的水量明显大于飞流千尺，游人根本无法靠近。水量大气势就大，有一股摄人魂魄的力量。二是飞流千尺的水形细长、纤秀，水是倾泻而下的；芦荻先生在《好山好水写西樵》一文中写道：“碧玉洞的瀑布（即玉岩珠瀑），悬崖絮飞，势无一定，状至惊怖。云瀑则壁立千仞，飞流映空，散花激雪，璀璨夺目，景最奇出。”玉岩珠瀑给人更多的感觉是“惊怖”，而云瀑呈现的则是“奇景”。三是玉岩珠瀑包括摩崖石刻在内的人文景观虽然比云瀑少很多，但这却使玉岩珠瀑凸显了其自然本色的一面。

玉岩珠瀑下形成的溪流因盛产九节菖蒲而称菖蒲涧，菖蒲涧的水流到玉湖，经漱玉泉，出西樵山的登山大道，从暗渠东进入官山涌，成为珠江三角洲的河道之一。

广东西樵山玉岩珠瀑

鲜美的西樵之花

西樵山无愧于国家森林公园的称号，无论站在哪个山头，放眼望去都是一片绿色的海洋。所以，西樵山素有“绿色翡翠”“固体水库”的美称。据初步统计，西樵山的植物约 3000 种，森林覆盖率达到 90% 以上。西樵山有三个地方的植物独具特色，它们是西天湖、四方竹园和丹桂园。

西樵山的植物何以这么丰茂、这么生机蓬勃、这么苍翠欲滴？原因就在于西樵山的土壤是经过了火山活动的洗礼、是在熊熊大火中诞生的。火山活动形成的粗面岩和凝灰岩经过四五千万年风化形成的土壤，其钾、磷、氮的含量大大高于普通土壤，十分肥沃，同时它的土壤结构比较疏松，因此植物在其中生长得格外茂盛。可以说是肥沃的火山土壤孕育了鲜美的西樵之花。

三块奇石的形成

西樵山的自然景观除了波光粼粼的明镜般的天湖和喷珠吐玉、气势不凡的瀑布外，还有姿态各异的奇石。

西樵山的奇石很多，而天然形成的未经人工雕饰的奇石最著名的有三处，即九龙岩、冬菇石和试剑石。这三块奇石和西樵山的火山活动密不可分。九龙岩是火山熔岩流冷却、凝固、风华而形成的，冬菇石则是火山活动喷发出的巨大火山弹经千万年风化形成，试剑石则是由火山岩石崩塌形成。

九龙岩是高约 10 米、宽约 15 米的一面岩壁。这岩壁是灰白色的火山角砾岩，上面布满了50 ~ 200 厘米、大小不等的孔穴，形如蜂窝。这数量众多的孔穴是如何形成的呢？实际上，这是火山喷发时留下的熔岩内的气孔，经千万年的风化作用逐渐扩展而成，而且这些孔洞大都是小小的穿洞。它们宛转相连，就像一个雕刻大师用一块玉石雕成的九连环。

冬菇石位于石燕岩景区，是西樵山的名石。这是块巨大的圆形石头，直径应该在 10 米左右，是火山活动喷发出的巨大火山弹经千万年风化形成。

试剑石在白云洞景区的小云亭旁。它实际上是一块崩塌的火山岩石滚落下来，从中间断开而成。它断面长约 2 米，断面平滑，呈弧形，缝隙约 50 厘米。

独特的西樵火山

我去西樵山考察之前，从不少书刊上知道西樵山是一座古火山并且有火口湖，便以为它和长白山及其天池一样，即一座山上有一个火口湖。经过这次考察才知道自己弄错了。西樵山有自己的独特之处。第一，它是座大火山，不是想象中的“一座”或“几座”，而是由 72 座山峰构成的一座复合大火山，它周围的面积达到了 20 多平方千米，最高的主峰名为大科峰，海拔 344 米，其他大部分山峰也在二三百米。它四周多为陡峭的崖壁，这样的高度兀立于珠江三角洲平原之上，显得相当巍峨。在山顶上竟有 8 个村庄，这也可看出西樵山的大。第二，它不是由一次而是由多次火山喷发形成的，即在大的火山锥上又叠加了小的火山锥。第三，西樵山是古火山，其活动时间应为距今 5100 万—4500 万年前的第三纪。正因为距今已经 4000 多万年，火山地貌经过风化已经变得面目全非，很难辨认。这就提醒人们，火山地貌的景观不是千篇一律而是千变万化的。第四，组成西樵山的岩石以中性的粗面岩以及火山碎屑岩中的火山角砾岩和凝灰岩为主。有人问，同

广东西樵山九龙岩

样是火山，在福建的漳州以及浙江的桃渚我们都看见了结晶很好的呈六角形的壮观的石柱，为何西樵山却没有？原因就在于西樵山的火山岩浆是中性的岩浆，而不是像漳州、桃渚那样的碱性玄武岩浆。第五，西樵山应该是由海底火山喷发形成的。当时的珠江三角洲应是一片浅海，在西樵山新石器时代（距今 6000 多年）遗址中发现了相当数量的古人用过的贝壳遗物。

广州市民的后花园

从广州如何抵达西樵山？这个看似简单的问题真应该在文章最后给出答案。

西樵山国家地质公园的前面冠以“广东佛山”，给很多人造成了误解，实际上从广州到西樵山根本不用到佛山，有直达的汽车，上车的地点一是坑口地铁站，二是广州市汽车站。路程约 45 千米，不到 1 个小时就可抵达。沿途路况良好，而且沿途经过的是珠江三角洲，一年四季都是郁郁葱葱、鲜花盛开，加上这里经济发达，不同风格、不同式样的广告牌也构成一条靓丽的风景线。可以毫不夸张地说，西樵山是广州市民休闲度假的后花园。

让人心醉的黄龙边石坝景观

Chapter 8

第八章 奇秀的喀斯特山水

让人心醉的黄龙边石坝。四川松潘黄龙风景区，是中国优美的喀斯特的代表，它是由2331个不同色彩的彩池组成的景观，被誉为“童话世界”。它有“三美”：色彩之美，形状之美，流水之美。

色彩之美。每个彩池的水颜色不同，有的蓝绿泛翠，有的浸红闪金，有的一片碧绿，有的黄绿相涌。彩色的叠加，色彩的陈列，让人们惊叹大自然的绚丽无比。

形状之美。彩池的形状有圆形的、有椭圆形的、有半圆形的，还有弓形的、双弓形的、多边形的等，高明的匠人都很难设计出如此多样的形状，把大自然的线条美发挥到极致。

流水之美。彩池中的水是流动的，是欢快的，洋溢着一股股蓬勃的生机，时而高亢，时而低沉，时而奔流，时而潺潺，像是演奏一首首动人的大自然交响曲。

这“三美”在高原的蓝天、白云、森林的映衬下，分外动人，分外妖娆。

第1节　中国的喀斯特山水

三个“天下第一”

中国的雄伟、美丽、富饶，还有灿烂的文化是和喀斯特山水分不开的；如果没有喀斯特山水，中国的自然面貌和人文历史会逊色不少。

中国最高的山峰是喜马拉雅山脉的主峰珠穆朗玛峰，高 8844.13 米，是世界最高峰，而这座山峰就是一座喀斯特山峰。它是“世界之巅”，和南极、北极并称为“地球的三极”。“珠穆朗玛”是藏语“雪山女神”的意思，它银装素裹，亭亭玉立于众山之上，似一位纯洁的雪山女神。任何人见到珠峰，都会被它的雄伟、美丽所震撼。

1990 年 5 月 9 日，中国第二位登上珠峰之顶的藏族妇女桂桑说：“当时，我想，这就是珠峰峰顶吗？我真不敢相信。我看到，四周的山都在我的脚下，显得特别矮，那些 7000 米以下的山好像都变得高高的了。云彩在我脚下飞，自己就像到了天上。往上看，头顶上只有蓝天，没有一点云彩……我在顶峰上停留了 40 分钟……是我人生中最难忘的 40 分钟。”

长江三峡是中国又一个著名的雄伟景观。它是一条高山峡谷。1500 多年前的郦道元在《水经注》中写道：“自三峡七百里中，两岸连山，略无阙处。重岩叠嶂，隐天蔽日，自非亭午夜分，不见曦月。”三峡的雄伟与两岸（尤其是巫峡）的高山密不可分，而两岸的山脉恰恰是石灰岩的喀斯特山。

中国传统上认为最美丽的地方是桂林山水。宋代文人，也是著名的外交家范成大（当过桂林地方官），他写道：“桂之千峰，皆旁无延缘，悉自平地崛然特立；玉笋瑶篸，森列无限，其怪且多，如此诚当为天下第一。”范成大第一个把桂林的峰评为“天下第一”，并强调

“诚当”。南宋李曾白在《重修湘南楼记》中，直书“桂林山川甲天下”；到了清代，曾任两广盐运司的金武祥又进一步改成了“桂林山水甲天下”，并且加了一句“阳朔山水甲桂林”。无论桂林山水，还是阳朔山水，都是中国最美丽的山水，而且两者都是喀斯特山水。现代文人郭沫若先生在《洪波曲》中写道：“我得承认，桂林、阳朔的山水，在它们的奇拔透逸上的确是甲天下的……这种山型，我在别的地方不曾看见过。”桂林风光灵秀和独特的美代表了喀斯特风光的特点。

杭州西湖三潭印月中的三个石塔中的一个

水光潋滟晴方好，山色空蒙雨亦奇。
欲把西湖比西子，淡妆浓抹总相宜。

苏轼的这首诗是写杭州西湖迷人的风光。她晴天“潋滟”，雨天“空蒙”，无论晴天或雨天，她似西施美女，总是那么美丽动人。而这杭州西湖也是发育在石灰岩中的喀斯特之湖。

喀斯特的美丽风景太多了，此外还有被称为“青山野渡、百里画廊”的北京十渡，“北京后花园”野三坡，“水剪西湖千匹锦，山移阳朔几尊罍（léi）”的广东肇庆七星岩等。

喀斯特风光之美不要忘记了泉水。

三尺不消平地雪，四时尝吼半天雷。

这是元代著名散曲作家张养浩赞济南著名的趵突泉的诗句。泉水多么有气势啊！我每次到济南都要去游览欣赏。趵突泉是不折不扣的喀斯特泉。该泉已经围成一个近千平方米的水池，建有一亭，还有一

杭州西湖的湖中游船

中国著名的观赏石：杭州西湖皱云峰

轩。泉水在水池中，明显形成三朵硕大的银色的花，喷涌的水花，永不停息，真似永不融化的雪花，而那水涌之声似雷鸣。清朝乾隆皇帝南巡时，还特地为泉边的放鹤亭题了“激湍”两字，并封趵突泉为“天下第一泉”。

你看，一下“三个天下第一”：天下第一雄伟高峰——珠峰、天下第一秀美山水——桂林山水、天下第一激湍泉——趵突泉，居然都在喀斯特山水之中。

济南可不是只有一个趵突泉。济南是一个“家家泉水、户户垂杨”的“泉城”，全市有泉水108处，著名的有“72泉”。我曾多次考察过这些泉，下面专辟一段描述。喀斯特泉不仅山东济南有，山西的娘子关泉、杭州的虎跑泉等也是著名的喀斯特泉。

喀斯特山水的美丽，还表现在石质之美。组成喀斯特山的石头是以石灰岩、白云岩为主的碳酸盐岩。这些石头在外表上是很美的，明代伟大的旅游地学家徐霞客在1628年3月20日考察福建将乐县著名的石灰岩溶洞玉华洞，在洞所在的天阶山山峰入洞前他写道：

先是过滕岭即望东南两峰耸立，翠壁嶙峋，迥与诸峰分形异色。

你看，喀斯特山上的植被是不错的“翠壁”，而且山石是一层层的重叠（就指明了石灰岩中的层理，即嶙峋），和其他山峰的形状和颜色有显著的差异。考察完洞后，他又写道：

拾级上达洞顶，则穹崖削天，左右若青玉赪（chēng）肤，实出张公所未备。……复登山半，过明台庵。庵僧曰：“是山石骨棱厉，透露处层层有削玉裁云态，苦为草树所翳，故游者知洞而不知峰。”

从这一段可以看出徐霞客对这座喀斯特山石质的喜爱，一连用了两个“玉”：一为“青玉赪肤”，一为“削玉裁云”。石之美者为玉。近看似青色和红色的玉石；远看透露的山中石头仿佛是多样又奇妙的玉石和云朵啊！徐霞客又借僧人的口气说，这天阶山的草和树长得很高、很密，把美丽的喀斯特山峰遮住了，掩盖了；但我们一定要“知洞又知峰”啊。2007 年 9 月 5 日上午，我用 4 个小时对这座由古生代的石炭二叠纪的石灰岩组成的山进行了详细的考察，真正体会到其石质之美，由衷赞赏徐霞客之言。

中国最著名的观赏石是太湖石和灵璧石，属石灰岩或白云质灰

杭州西湖一角：湖中亭

岩或白云岩，和喀斯特山的石头是一样的，也是喀斯特山水之美的组成部分。宋代欧阳修的《醉翁亭记》是写今天安徽滁州境内的琅琊山风光的，此山也是一座喀斯特山。欧阳修还为从山上崩塌下来的一块"菱溪大石"写了一首诗，称赞道："乃知异物世所少，万金争买传几人"。北宋的苏轼、米芾、黄庭坚等大文人都是喜欢太湖石的。

中国喀斯特国家公园知多少

在中国，喀斯特国家公园中除了桂林漓江和云南石林外，到底还有哪些是喀斯特国家公园？具体在什么地方？对大多数人来说是个陌生的问题。

在中国，喀斯特世界自然遗产有 3 处：中国南方喀斯特、九寨沟、黄龙，是自然遗产类型中数量最多的地质景观。喀斯特的世界地质公园有 5 处：云南石林、北京房山、四川兴文石海、河南云台山、广西乐业和凤山。喀斯特国家公园（包括世界自然遗产、世界地质公园）总数达到 40 个之多，如果加上溶洞国家公园，总数应该达到 70 ~ 80 个。中国的国家地质公园有 138 个，国家重点风景名胜区有 177 个（其中 30 ~ 40 个是属于两者）。游人如果游览 4 个国家公园，平均就可能有 1 个是喀斯特类型，这是因为中国碳酸盐岩分布面积约 360 万平方千米，相当于中国国土面积的 1/3 以上；出露地表者也达到约 125 万平方千米，占中国国土面积的 13%。

中国喀斯特国家公园（溶洞不在内）名录表

序号	公园名	位置	等级
1	中国南方喀斯特	重庆市武隆县，贵州省黔南州荔波县，云南省石林等	世界自然遗产
2	四川九寨沟	四川省阿坝州九寨沟县	世界自然遗产 国家地质公园
3	四川黄龙	四川省阿坝州松潘县	世界自然遗产 国家地质公园
4	云南石林	云南省昆明市石林县	世界自然遗产 世界地质公园

续表

序号	公园名	位置	等级
5	北京房山	北京市房山区，河北省保定市涞水县、涞源县	世界地质公园
6	四川兴文石海	四川省宜宾市兴文县	世界地质公园
7	河南焦作云台山	河南省焦作市修武县	世界地质公园
8	山东枣庄熊耳山—抱犊崮	山东省枣庄市	国家地质公园
9	长江三峡	湖北省宜昌市，重庆市	国家地质公园
10	广东阳春凌霄岩	广东省阳江市阳春市	国家地质公园
11	重庆武隆岩溶	重庆市武隆县	世界自然遗产 国家地质公园
12	广西乐业	广西百色市乐业县	世界地质公园
13	广西凤山	广西河池市凤山县	世界地质公园
14	太湖西山	江苏省苏州市	国家地质公园
15	淮南八公山	安徽省淮南市	国家地质公园
16	贵州兴义	贵州省兴义市	国家地质公园
17	凤凰	湖南省凤凰县	国家地质公园
18	封开	广东省肇庆市封开县	国家地质公园
19	鹿寨	广西柳州市鹿寨县	国家地质公园
20	洛阳	河南省洛阳市	国家地质公园
21	常山	浙江省衢州市常山县	国家地质公园
22	沂蒙山	山东省临沂市	国家地质公园
23	恒山	山西省大同市浑源县	国家重点风景名胜区
24	富春江—新安江	浙江省杭州市、建德市桐庐县	国家重点风景名胜区
25	桃源洞—鳞隐石林	福建省三明市、永安市	国家重点风景名胜区
26	洛阳龙门	河南省洛阳市	国家重点风景名胜区
27	肇庆星湖	广东省肇庆市	国家重点风景名胜区
28	红枫湖	贵州省贵阳市、清镇市	国家重点风景名胜区
29	贵州马岭河	贵州省兴义市	国家地质公园 国家重点风景名胜区
30	贵州樟江	贵州省荔波县	国家重点风景名胜区
31	贵州㵲阳河	贵州省镇远县	国家重点风景名胜区
32	贵州九洞天	贵州省毕节地区大方县	国家重点风景名胜区
33	芙蓉江	重庆市武隆县	世界自然遗产 国家地质公园 国家重点风景名胜区
34	天坑地缝	重庆市武隆县	世界自然遗产 国家地质公园 国家重点风景名胜区
35	九乡	云南省昆明市宜良县	国家重点风景名胜区
36	黄果树	贵州省安顺市镇宁县	国家重点风景名胜区
37	桂林—漓江	广西桂林市	国家重点风景名胜区

兴文县城中的三轮车都为喀斯特地貌做广告

四川兴文喀斯特著名景观：大片的石芽

续表

序号	公园名	位置	等级
38	野三坡	河北省保定市涞水县	世界地质公园 国家重点风景名胜区
39	杭州西湖	浙江省杭州市	国家重点风景名胜区
40	五老峰	山西省运城市芮城县	国家重点风景名胜区

喀斯特山水的地学分类

喀斯特山水的地学分类是深入研究喀斯特地貌的基础。笔者从1985年至今30年的旅游地学的研究，经过大量艰苦的实践和努力学习研究地质学著作，提出下列分类方案。

喀斯特山水的地学分类表

大类名	类名
山峰类	1. 孤峰　2. 峰林　3. 峰丛　4. 崮　5. 溶沟和石芽　6. 石林　7. 天生桥
洼地天坑及钙华类	1. 溶蚀漏斗和溶蚀洼地　2. 天坑　3. 钙化堆积
水体类	1. 喀斯特上升泉　2. 喀斯特下降泉　3. 宽瀑　4. 线瀑　5. 层湖叠瀑　6. 洞天
峡谷类	1. 峡谷　2. 嶂谷　3. 地缝
溶洞类	1. 最美丽的溶洞　2. 最具人气的溶洞　3. 最有特色的溶洞　4. 历史名词　5. 中国之最的溶洞

我的这个分类表，参考了我的朋友，资深的地学家陈安泽研究员的分类。但我的分类与陈的分类有6点不同：①山峰类，笔者增加了崮和溶蚀漏斗和溶蚀洼地两类；②洼地天坑及钙化类，为新增；③水体类，笔者把泉细分为上升泉和下降泉两类，瀑布也细分为宽瀑和线瀑两类，并且增了层湖叠瀑和洞天两类；④峡谷类，笔者增加了地缝；⑤溶洞类，笔者从旅游角度出发细分为五类；⑥陈的是4大类，14个亚类；笔者的分类是5大类，23类。

笔者认为，我的方案更能反映现在中国喀斯特山水的研究水平，陈的方案是2008年10月提出的，至今9年了；由于每位地学家的实践不同，也反映在分类上，笔者对山东的崮，还有武隆的地缝等进行过详细的考察和研究，陈可能这方面注意不够或是疏忽了，但陈分类的基础作用是应该肯定的。

第2节　喀斯特山峰荟萃

桂林、阳春、肇庆的靓丽孤峰

孤峰是一种单峰的碳酸盐石山，四壁峭立，峰高多在100米左右，高大的不多，孤立的耸立在喀斯特平原、河湖之上，显得十分清秀和醒目。其峰形多样，多呈塔形、锥形、田螺形。它是喀斯特地貌发育到晚期的产物。

喀斯特的孤峰，造型生动，植被繁茂，外形十分清秀。它耸立在平原之上，就好比一个个高挑、靓丽、气质又好的美女孤身一人站在那儿，不知不觉会引起人们的喜爱，从而欣赏它，并赋予它许多美好的内涵和象征。

桂林三孤峰：独秀峰、叠彩山、伏波山。独秀峰位于桂林市中心。初到桂林的人一眼就能看见它。它是平地拔起的孤峰，秀丽挺拔，亭亭玉立，像一棵茁壮生长的春笋。明代一位民族英雄赞美它：“南天撑一柱，其上有青云。”以后，人们常用“南天一柱”来形容它。叠彩山，又名“桂山”“风洞山”，位于桂林城北漓江之畔，素有“江山会景处”之称。游人循石阶登上“叠彩门”，眺望市内群峰，犹如彩缎叠置。“叠彩山”即由此得名。叠彩山中有一山洞，叫“风洞”。游人登山，爬得满头大汗，只要在洞口一站，立刻凉风习习，古人题名为“清凉世界”，桂林人称它为“风洞山”。伏波山位于桂林东北的漓江畔，也是一座孤峰。伏波是东汉时的名将马援，号称伏波将军，是东汉光武帝的一员杰出将领。他是一个英勇善战、屡建功勋的英雄。当时，光武帝接到边报，南方部落酋长卜越率兵进犯桂林城。皇帝下令伏波将军马援带十万大军“火速平定，永靖南荒”。马援接令后决定“攻心为上”“不战而屈人”，圆满地完成了任务。人们为了表达对他的敬意，把这座美丽挺拔的孤峰命名为伏波山。

“通天蜡烛”孤峰：阳春市的标志性景观。在广东省阳春市春湾镇中山公园东侧的小河旁，有一座石灰岩孤峰。它拔地而起，突兀高耸，形同一支巨大的蜡烛，当地人称之为“通天蜡烛”。此孤峰照片在阳春

广东阳春，通天蜡烛孤峰（左）

肇庆七星岩的美丽孤峰与其下波光粼粼的湖面

市街头巷尾的灯箱广告中随处可见，已成为阳春市的标志性景观。

肇庆七星岩：肇庆市在广州市西边 90 余千米，是一座历史文化名城。肇庆的星湖风景区是中国第一批国家级的重点风景名胜区，它由七星岩和鼎湖山两部分组成。

鼎湖山，在肇庆市东北约 18 千米处，因山顶有湖，四时不涸，故名鼎湖山（“顶”与“鼎”通用），号称“岭南第一名山”。

七星岩景区位于肇庆市内。七座清秀的石灰岩孤峰耸立在一望无垠的湖面上，号称“岭南第一奇观”。确实如此，湖中有岛常见，如杭州西湖、太湖等，湖中有山则十分罕见，故称奇观。七星岩是指阆风岩、玉屏岩、石室岩、天柱岩、蟾蜍岩、仙掌岩、阿波岩。当地人们把七座石灰岩山峰（即七岩）和天上的北斗七星相比，故名“七星岩”。七星岩风景区面积达到 6.5 平方千米（大于杭州西湖的 5.6 平方千米）。景区的核心就是七星岩（包括山峰中的溶洞）以及所在的波光粼粼的湖面（即星湖）。现在人们游览七星岩就是游览“七岩一湖”。郭沫若先生在《题桂花轩》一诗中有四句写道：

肇庆七星岩孤峰之一：天柱岩

果然风景这边好，如此江山何处来？
水剪西湖千匹锦，山移阳朔几尊罍。

这七座山峰都是百余米高，很适宜攀登，尤其是其中的阆风岩和天柱岩，攀登的游人较多。天柱岩相对高 113 米，站在峰顶，向山下的湖中望去，真正体会到“锦绣江南”的画面和含意，那湖水湛如蓝，让人心醉。

七座山峰中多溶洞，其中有两个洞，即碧霞洞和千年诗廊在中国较有名气，原因是其洞壁布满了摩崖石刻，构成壮丽的人文景观。摩崖石刻不仅数量大，而且年代久远，从唐代一直到宋、元、明、清，代代都有，十分丰富。

由于碧霞洞是发育在石室岩这座山峰之中，故又称石室岩洞。石室岩洞包括旱洞碧霞洞和水洞龙岩洞。

唐代著名书法家李邕曾官居北海太守，世称“李北海”。他撰写的《端州石室记》，经后人勒石嵌在石室岩洞口外的崖石上。洞口有“景福”两个大字，高宽各 4 尺，相传也为李邕手迹。洞口的上面有“岭南第一洞”等题词。这些大量的古代摩崖石刻在中国洞穴中是不多见的，是值得我们关注的。

石室岩北面的洞口出去后有一洞莲花岩。在洞中，尤其是洞口附近有大量的摩崖石刻，称为“千年诗廊”。陈毅元帅在《七星岩》一诗中也提到“千年诗廊”：

七星拔地起，洞穴腹内装。
沥湖环四周，千顷恣汪洋。
闻风亭欲飞，玉屏如铁墙。
石室叹钻天，景福秘地藏。
壁上题词句，千年成诗廊。

孤峰不仅本身清秀挺拔，而且不少孤峰中还有溶洞。洞中不但自然景观精彩，而且还有人文景观，山峰中的亭、台、楼、阁使一个个孤峰成为一个个综合风景区。

峰林和峰丛是两个喀斯特演化系统

喀斯特地区最为壮观的景色就是峰林和峰丛。有人用塔状喀斯特称呼峰林，用锥状喀斯特称呼峰丛。其实，峰林并不完全是塔状，峰丛也并不完全是锥状。

地面上看到的景象不会只有一种峰丛或峰林，而是多种并存。在《徐霞客游记》中关于广西和贵州的叙述中，徐霞客总是把三者（峰林、峰丛、孤峰）联合在一起描写，因为这是他看到的真实画面。如“有山危峙，又有尖丛亭亭，更觉层叠”，这是指峰丛；“危峰分峙叠出于前，愈离立献奇”，这是指峰林。

峰林和峰丛是同一个协同共生系统中的两个子系统。峰林是流水喀斯特，峰丛是入渗喀斯特，二者在其生成的形态类型和景观情韵上都有重大差别。二者的发育与形成基本同时、同步，峰林不是来自峰丛，峰林的年龄甚至比峰丛更老。从起始阶段，峰林和峰丛有各自的

广西桂林峰林地貌

发展方向。这是喀斯特专家朱学稳等人提出的喀斯特理论创新。

峰林地区有完善的地表水文网，是地面流水喀斯特，主要分布在地势较低、地面水网化程度较高、外源水流入区、河流下游及河流溯源侵蚀尚未抵达的分水岭源头等地。其稳定性比峰丛喀斯特低。地面形态是离立分散的石峰，被分割成块状、岛状、条带状连座石峰，散布于基本平展的地面（谷地、盆地、坡立谷及平原地面等）之上，多具奇山秀水的景观。石峰有塔状、锥状、筒柱及复合形态，高数十米到 200 米以上，直径数十米到 100 米以上。石峰中经常有许多的洞穴，有“无山不洞”之说。尤以将地面水导入含水层为主要功能的“脚洞”最为普通，地面常有潭、池、沼、湖等水体分布。

峰丛地区完全缺乏地面排水系统，而为含水层中的地下水文网所替代。地下水位深埋，为入渗型喀斯特。

峰丛地面形态为丛聚而连座的峰群，间以大量的落水洞、竖井、漏斗、洼地、谷地（干谷、盲谷、坡立谷）构成，形成山势挺拔、恢宏壮丽的景观。石峰多以锥状为主，偶见塔状、筒柱者。因有漏斗、洼地、谷地相间，故峰间多垭口，高差大者形成“峰丛深洼”。峰丛喀

贵州兴义的峰林地貌

广西永福峰丛之一：金钟山风景区

广西永福峰丛之二：夕阳下的风光

斯特地区，是各类喀斯特中形态最为丰富多样的。

中国峰丛主要分布在自东向西的第二级台阶上，连片峰丛集中在红水河两岸上，中国 150 万平方千米峰林峰丛喀斯特中，峰丛占绝对优势；峰林仅占 8%，中国峰林 95% 分布在广西境内，少部分分布在贵州中部。欣赏峰林最典型的地方应该是广西桂林、阳朔一带；欣赏峰丛应该在云南、贵州、广西等地。

沂蒙山区七十二崮好风光

“崮”是山东省沂蒙山区独有的地貌形态。在绵延数百里的沂蒙山区旅行，随时都可以见到崮。崮的外形很独特，一座座小山峰的山顶好像戴了一个“平顶帽”，“平顶帽”有大有小，形状不一；四周都很陡峭，山坡则很平缓；山顶也很平坦，起伏不大。这种地貌形态很容易辨认。

在山东沂蒙山区素有“七十二崮”之说，这不过是表示崮之多而已，实际上远不止这些。据不完全统计，在临沂地区有名有号的崮，就不下百座。在枣庄的国家地质公园中，崮就有近 30 多个，其中最著名的就是抱犊崮。

抱犊崮主峰海拔 584 米，位于枣庄市山亭区北庄镇，距熊耳山约 8000 米。抱犊崮被誉为“七十二崮之首”，又称“鲁南小泰山”。在汉代称“楼山”。魏时叫“仙台山”，明清时称为“君山”。传说古代有个王老汉，为上崮顶耕种，因山陡无法把牛牵上去，只好抱一头小牛犊上去，养大之后，让其拉犁、拖耙而得名。抱犊崮以其特有的雄、奇、险、秀，又被誉为“天下第一崮”。

在地貌学上，崮属于构造地貌中的桌状山和方山地形。一般形成于上部岩层坚硬（且厚度大），下部岩层松软的水平岩层地区。当这些地区经受强烈的切割和抬升运动，外加侵蚀、溶蚀、重力崩塌和风化等内外动力地质作用，便形成了铲状平缓（一般不超过 100 米）的硬岩盖顶和抗风化力较差的底座。峰顶和峰底座不同的抗风化力，使得上部坚硬的岩石逐渐成为崮形。

在整个灰岩的背景下，抱犊崮形成了石灰岩地区常见的溶洞，以及钟乳石、石笋、石柱等。在巢云洞和水帘洞处我们都见到了这种美丽的岩溶景观，成为抱犊崮的奇观，虽说规模不大，但像一幅幅桂林洞穴的微缩景观。更为奇特的是在崮的悬崖陡壁上，有唐代摩崖浮雕佛像十八罗汉造型生动，时过千余载，风韵犹存。

中国人对崮的熟悉应该和陈毅元帅在山东指挥的两场战役有关，即莱芜战役和孟良崮战役。这两个战役的胜利，对山东乃至全国的解放起到了很大的作用。

崮，有一种“血染的风采”。陈毅元帅当年在《临沂蒙阴道中》的“如梦令”中写道：

临沂蒙阴新泰，路转峰回石怪。
一片好风光，七十二崮堪爱。

三处印象深刻的溶沟和石芽

溶沟和石芽是洁白可爱、整齐划一的石头方阵。地表水沿可溶性岩石表面进行溶蚀和机械冲刷时，岩石中的裂隙不断扩大，形成大小不等的沟槽，称为溶沟。在纵横交错的溶沟之间的凸起芽状石脊，称为石芽。溶沟和石芽同时存在，一凹一凸，使地面坎坷不平。石芽的造型多样，而且不是一个个分离的石芽，是连成一片，纵成行，横成

石芽群

浙江常山的溶沟和石芽形成的“象形石动物园”

排。石芽之间就是溶沟，反映了喀斯特地区初期的溶蚀。在旅游风景区中，石芽往往形成多种观赏性地貌。如浙江常山的三衢山石林中，有一处景观叫“象形石动物园”，就是由溶沟之间的石芽组成的似虎似豹等动物形态。

在四川兴文石海洞乡世界地质公园的入口处，有一大片溶沟石芽。石芽的高度在 1 ~ 2 米之间，有的似一片山脊，有的似群羊下山，有的如群驼漫步。2016 年 11 月，我到此考察，一眼望去就是成百上千的山脊，似羊、似骆驼，在远处浮现，洁白可爱，整齐划一，给人以强大的视觉冲击。

云南、兴文、鳞隐、贺州四大石林带笑看

中国最著名的石林是云南省石林县的石林。万千石笋拔地起，森严刀剑指向天，这就是石林的景观。石林实际上是高大的石芽，当岩层较厚、构造平缓、垂直节理发育并且雨水充足时，溶蚀不断加深，石芽就会高达数米到数十米（此时称为石柱或溶柱），直立地表，且发育成群，远观像石头组成的森林，称为石林。石柱最高达到 30 米以上，且峭壁林立，千姿百态。石林中的石柱不仅高低不一，宽窄更是不同；宽的石柱像一面石墙，但石墙中间由于节理存在和溶浊作用，也形成无数道沟痕，好像把其分为了一根根石柱，但实际还是连在一

起的。石林的引人之处在于其石柱的象形而又逼真的造型，给人带来无限的想象。

云南石林。云南石林位于昆明市石林县，离昆明市仅 120 余千米，与昆明有高速公路相连。这里石灰岩、白云岩的石柱林立，犹如一片生机盎然的森林，故名石林，人称“天下第一奇观”。石林的石柱尖锋齐指蓝天，面积达到 400 平方千米，一眼望不到头。石柱由于受长期的溶蚀和风化，形成了剑状、塔状、蘑菇状等多种形状，特别还有一些造型惟妙惟肖的石柱，如海岸卫士、母子偕游、阿诗玛、唐僧取经、象踞石台、双鸟渡食、骆驼骑象等，越看越像，越看越有情趣。其中，最著名的是阿诗玛石柱，阿诗玛石柱形似当地的少数民族少女，头戴包头，身背背篓，双手握着背篓带，凝视远方。该石柱是一块高 20 米、宽 9.1 米、厚 2.7 米的长方形石柱。头部是一个 2 米见方的石块。这些石柱原来都是埋在地下的，由于地壳的抬升，雨水的冲刷侵蚀带走其上的土壤，石柱出土并且一点一点地长高，据统计 1000 年才长高 10 ～ 15 厘米；露出地表后又要被溶蚀掉，1000 年要溶蚀 5 厘米。这样，阿诗玛的形成大约经过 30 万年的时间。

石林中有十几处石林，主要是大石林、小石林及乃古石林等 3 座，其中又以游大、小石林为主。石林内峰多且又高，宛如一座迷宫，游人易进难出，游览时要紧随导游。石林的石柱具有很高的观赏价值。

广东阳春石林

云南昆明：石城石村

导游多数为少数民族少女，她们的讲解带来了浓浓的民族风情，赋予石林以巨大的魅力。

此外，10 余年来又发现了四川兴文石林、福建永安石林、广西贺州石林等，风景也相当不错。它们和云南石林并称为中国的四大石林。

兴文石林，分布在兴文世界地质公园内的两龙乡南的太安一带，又叫“太安石林”。这里石林面积达到40平方千米，石柱高2.5 ~ 4米，最高在8米以上，其间相嵌高 1 米左右低矮的石芽群。石林中间林竹茂盛，风景优美。兴文石海还包括石芽、孤峰、孤柱，其中最美丽壮观的风景就是太安石林。

云南石林一角：象踞石台

福建的“鳞隐石林”位于福建省永安市西北 13 千米的大湖乡皆山风景区。这里是一个面积约 8 平方千米的喀斯特公园，景观有溶沟、溶斗、峰丛、石芽、石林、溶洞、溶丘等多种类型。景观密度大，如溶洞就近百个，但都是小型的，最大的仅 217 米；溶丘也有 10 多座；溶斗最深达到 20 米。在馒头岩（残丘）东北山脚处 5000 平方米左右的面积内有成百个石芽、石锥、石柱，高度大多在 10 米左右，高的可达 20 ~ 30 米，远远望去像一片龙的鳞甲在隐隐发光，故名“鳞隐石林”。永安还有一个风景区是桃源洞，属丹霞地貌，其一线天自古有名。这样，到一个国家公园就可欣赏两种不同风格的地貌。

玉石林是大理岩溶蚀后形成的石林。玉石林位于广西贺州市八步区东北侧黄田镇清面村白面山山上，距市区 18 千米，总面积为 0.25 平方千米。这片石林是少见的大理石石林，岩石为洁白粗晶大理岩。它与北京房山区汉白玉的区别仅仅是晶粒稍为粗大一点儿，但成分、结构、色泽完全一样。其形成是由于燕山期花岗岩体侵入到古生代泥盆系的原石灰岩之中，在热力作用下发生变质作用形成的，同时形成了主要成分为锡石、赤铁矿和脉石英的矿脉。又由于附生在石林表面的苔藓类植被死亡后风化而变为灰黑色。石林形象千姿百态，有千年

广西贺州大理岩石林中的一线天

骆驼、空中走廊、世外桃源、复活节岛巨人、群鹰怪兽等百余处景点。十里画廊，位于钟山县城西 18 千米的公安镇境内，323 国道边，是总面积达到 6 平方千米的一片石林。这里无数石峰拔地而起，群山（石峰）中有数个荷塘，池中妩媚的荷花与蓝天下雄伟的石峰相互辉映和衬托，构成一幅天然的山水画，故名“十里画廊”。

中国石林数量不少，比较著名的还有号称“华东第一石林”的浙江千岛湖石林、广东阳春春湾石林、黄果树瀑布天星景区的石林等。

四川兴文，七女峰石林

千姿百态的天生桥：从象鼻山到仙人桥

天生桥是碳酸盐岩经溶蚀冲蚀作用形成的一种拱形地貌，故名天生桥。外国人称为“自然之桥”。由于碳酸盐岩比花岗岩、砂岩等更易溶蚀，所以喀斯特地貌中的天生桥样式更丰富多彩。喀斯特中的天生桥形成是以化学风化中溶蚀作用为主，物理风化的冲蚀为次；花岗岩、砂岩等岩石中的天生桥形成则以冲蚀为主，溶蚀为次。天生桥之美是多方面的。每座天生桥的规模和形状，还有桥洞内涵、桥下景观等都是不同的。有“青山着意化为桥”，有“红雨随心翻作浪”，更有“鸟语花香”。中国不少电影还把天生桥景区作为外景地，如武隆天生桥景区就是张艺谋拍摄的《满城尽带黄金甲》的外景地。中国现在已发现的天生桥近百座，桂林市的标志——象鼻山就是一座天生桥，此景又称“象鼻饮水”。徐霞客先生是这样描写的：

飞崖自山顶飞跨，北插中流，东西俱高剜成门，阳江从城南来，流贯而合于漓。上既空明如月，下复内外潆波，“水月”之称以此。而插江之涯，下跨于水，上属于山，中垂外掀，有卷鼻之势，“象鼻”之

广西凤山县境中的社更天生桥

称又以此。

你看，山崖从山顶飞跨，插到江中，形成一桥，桥洞（即门）上面空的部分像一轮明月，下面则是波潆环绕的江水。在附近山上也有一座天生桥（即穿岩）。他写道：

崇岩旷然，平透山腹，径山十余丈，高阔俱五六丈，上若卷桥，下如甬道，中无悬列之石，故一望通明。洞此崖右有镌为“空明”者。

紧邻桂林的阳朔月亮山，实际上也是一座天生桥。广西的鹿寨也有一座月亮山。鹿寨境内有中国最早宣传的天生桥香桥。其桥下有河流流过并形成一个近 2 米高的跌水，下流 500 米就是一个塌陷天窗。这里小桥、流水、绿树、青山，十分和谐地组合成一幅天然画卷。

兴安的大型天生桥群。广西桂林市兴安县白石乡政府南面 3000 米，在 1000 米的路段内竟然有四座大型天生桥，在中国是十分罕见的。这四座天生桥的拱高从 40 ~ 100 米不等，跨度从 30 ~ 60 米不等，其间有连成一串的天然溶洞。第一座天生桥拱高达 100 余米，横跨峡谷两侧。桥下不仅流水潺潺，而且还有一形似端坐的佛祖的巨石，大佛的脚下有一泉眼，水流不断，为湘江主要源头之一。桥顶（即桥面）有天窗（即洞天），一缕阳光通过天窗直射谷底，更为天生桥增添了几分神秘和美丽。从第一座天生桥顺流而下，不到 200 米就到了第二座天生桥，其桥洞娇小玲珑似一弯细月悬挂在蓝天上，第三座天生桥与第二座天生桥仅隔数十步，与第二座却截然不同，桥拱高达百米，桥下是又窄又滑的水渠堤坝，堤下是深不见底的暗河，令人胆战心惊。第四座天生桥的桥洞形状独特，酷似法国的“凯旋门”。走出此桥，映入眼帘的是一大片开阔的田园风光。喀斯特天生桥中最大、最壮观的应该是贵州省毕节地区大方县的天生桥。它高为 178 米，拱高 105 米（桥拱最高处为 127 米，最小处 77 米），即“桥板”的厚为 73 米；桥身长（即跨度）为 400 米，桥最宽处为 200 米。

在中国喀斯特天生桥中能够和大方天生桥一比高下的只有重庆武

广西凤山地质博物馆下的天生桥

隆的三座天生桥。武隆三座天生桥中黑龙桥的拱高 116 米，三座桥的跨度都在 40 米以下，黑龙桥的“桥板”厚度达到 107 米。从视觉的综合效果来看，贵州天生桥应该是“中国之最”。因为它有一种“一桥飞架南北”的“飞”的感觉，是“飞跨”（徐霞客先生也提到飞跨）。中国岩溶天生桥不少，如广东阳春的玉溪三桥，桥下有“金盏叠泉”、三变石，这块石头从不同角度观看呈现为“犀牛望月”“狮子滚绣球”“渔翁钓清流”，桥上有“皇冠石”等精彩景观，桥下的水流特别清澈。贵州惠水县在涟江峡谷上竟有七座天生桥，还有千余个溶洞；贵州开阳县香水岩峡谷上有一座跨度为 40 米、桥面距水面近 50 米的大型天生桥。桥洞的顶上有一个数十米的天窗，白天阳光透过像金线，晚上，仰望天窗大月亮套小月亮，令人神往；广西乐业县的仙人桥，桥高达 145 米，桥厚 78 米，桥宽 19 米，平均拱高 67 米，平均跨度为 177 米，其桥高和跨度均很可观；云南中甸天生桥、广西凤山江洲

乐业天生桥：仙人桥

天生桥、贵州黎平天生桥、湖南张家界市的天门洞、贵州织金天生桥、贵州水城天生桥等都是中国著名的天生桥。

第3节　喀斯特洼地·天坑·钙华

溶蚀漏斗和溶蚀洼地：贵州兴义的八卦田

在地表流水集中渗流溶蚀、冲蚀的作用下，碳酸盐岩地区的地表形成圆形、碟形、椭圆形的洼地，其直径大于深度，称为溶蚀漏斗，简称漏斗。直径一般在数十米到数百米，深度常为数米至数十米。2005年9月，我在贵州兴义国家地质公园考察时，见到很典型的溶斗，当地称为“八卦田”或“地眼”，图案十分好看，一圈套一圈，外圈到内圈，逐级下降。溶蚀漏斗进一步侧向扩大形成溶蚀洼地，简称溶洼。

兴义地眼，八卦田

这种地形面积大小不等，大的数公顷，甚至更大，小的只有通常农家房前屋后的小池塘那么大。当地的人们就在这种地形上耕作。它们就像一双双水汪汪的眼睛，当地称为“地眼”。又由于其外表是圆形，不同的作物又是一圈圈种植，老远一看，真和中国易经中的八卦酷似，又称“八卦田”。这种景观天人合一，是人类利用自然，因地制宜进行农业生产的范例。单纯的溶斗、溶洼绝对没有这种美感。在贵州兴义、广西凤山等喀斯特公园内，见到这种地形总是眼前一亮，内心无比感动。

四面削壁、下坠百丈的天坑

天坑是一种特殊的、大型的喀斯特的负地貌。说通俗点，天坑就是一个巨大的地下洞。近年来，天坑受到广泛关注。此时，不禁让我想到了宋代文学家苏轼在浙江观看黄龙宫（比天坑稍小的喀斯特漏斗，即凹地）时写的一首诗：

梯空上凌绝，俯视惊一呀；
神井拥云盖，阴崖垂鲜花。

他爬梯上到山的绝顶，往下看，让人大吃一惊；凹地好像神仙用的井，云就是井的盖，神井见不到阳光的井壁上长满了鲜花。苏东坡用神、井、云、花描写了这种地形是很到位的。

现在，人们用五大特点描述天坑：雄（坑体巨大）；险（坑壁峭立）；秀（林木翠绿，暗河潺流）；幽（坑深宁静）；旷（分布在一片喀斯特峰丛大地之上）。

这五大特点使天坑成为旅游业的新宠和热点。

著名地学专家朱学稳教授提出了天坑的三条标准：①发育在连续沉积的厚度特别巨大的碳酸盐岩层中；②四周岩壁陡峭；③口部平面直径和深度都在 100 米以上的大型陷坑状负地形（地表以下）。根据天坑的成因可以分为塌陷型和冲蚀型两大类。塌陷型天坑除上述三条外，在其发育中还应有一条地下河与之相连。没有地下河水的运动就没有天坑。

中国的天坑主要是塌陷型。其形成可分为三个阶段：①地下河阶段，地下河把崩塌的物质运输出去；②地下崩塌形成大厅；③大厅顶板逐步崩塌，形成出露的天坑。塌陷型天坑，一般分布在灰岩大片裸露处，地面缺水，天坑与过境的地下河相伴。没有地下河就没有天坑。

广西凤山，游人在天坑中行进

天坑原称为“大型或巨型塌陷漏斗”。在中国人们还把天坑成为“岩湾”“石院”“龙缸”“石围”“凼”等。

乐业穿洞天坑：溶洞与天坑

乐业穿洞天坑：穿洞洞口向外望

世界天坑之都：广西乐业

乐业县城海拔 970 米，是广西海拔最高的县，四周都是如“山”字形的典型的喀斯特峰丛环绕。乐业已发现的天坑达到 28 个，占中国的 45%，占全球的 31.8%。全球大型天坑 25 个，乐业就有 8 个。乐业有 24 个天坑集中分布在大石围附近，又称大石围天坑群，在 110 平方千米之内，是世界天坑密度最高的地区。乐业天坑不仅有大型，还有小型和中型；口部形状大多近圆形，但又各不相同；剖面则有倒置漏斗型、井筒型、漏斗型三种。从天坑的总数、大型天坑数、密度以及形态的多样性，“世界天坑之都”“世界天坑博物馆”，乐业是名副其实，当之无愧。我在乐业开会和考察，2 天之内看了 3 个不同类型的天坑，大呼意外，大有收获！

黄猄天坑。它是我们考察的第一个天坑，位于县城西边 20 余千米处。天坑的口部有 3 个观景台，以二号最佳，站在观景台往下一看，好一个大坑啊！实际上，它的口部直径为 170 ~ 320 米，平均深度为 140 米，最大深度为 161 米，比黑龙江省五大连池火山中的老黑山火山口（136 米）还深，容积为 629 万立方米。

你看，黄猄天坑这个“窟窿”和一个巨大的火山口不相上下，其容积即便把西湖所有的水倒进去也填不满。黄猄天坑还是一个兰花盛开的地方，这里的野生兰花有三个世界之最：世界最大的大香荚兰野生居群；世界最大的莎叶兰野生居群；世界最大的带叶兜兰野生居群。这里被命名为“中国兰花之乡”“中国兰科植物保护区”。黄猄天坑坑底非常平坦，给人一种宽阔、舒适之感；国家体委在此建有世界第一个天坑攀岩速降基地。

穿洞天坑。从穿洞进入坑底，坑底又有洞，洞中有天窗，是一个坑洞一体的大天坑。穿洞天坑离县城仅半个小时车程。这次不是爬山到天坑顶部眺望，而是从山的中下部的入口进入了一个喀斯特溶洞。洞内钟乳石不多，也比较暗，走着走着，越来越亮，突然见到一个很大的洞口。原来这是天坑中的一个穿洞。走出穿洞，蓝天如洗，阳光灿烂。一下子就进入到穿洞天坑的底部，在地面下有 100 多米深，我们成为“坑底之蛙”了！抬头向上看，我们在六座山峰的包围之中。坑底石乱棘深，由于已开发成旅游区，游路叠石置阶，两旁还有栏杆，行走方便，但感觉湿度稍大。非常奇怪，在坑底发现又一个长满绿色生物的洞口，并能听见哗哗的流水声，此洞未开发，游人是无法进入的。

再往前走，又有一个溶洞，走进去一看是个圆形的厅堂式的溶洞，面积不大，直径为 70 米；但十分高，高 79.3 米，约 26 层楼房之高。更绝的是洞顶有一个天窗，一缕光线射下来；要把这种光线奇观照下来很难，因为一年之中把坑口、天窗、人和光线四种景物照在一张照片上的机会是不多的。我虽然在考察时无法照下，但看到这样的照片，也不禁叫绝。不久出了这个洞的洞口，再往前走一段距离，居然来到了我们进来的同一个溶洞，然后走出穿洞，也走出了这个天坑。在天坑的底部我们又游览了两个溶洞，经过两个小时完成了这次穿洞天坑之行，不仅体会到两种喀斯特负地貌的结合之妙，也亲眼证实天坑和地下河是不可分割的，没有地下河就不会有溶洞。

大石围天坑。又大又奇特的喀斯特公园。大石围天坑在县城西边 1 个小时的车程。上山的步道修得很好，15 分钟登上了一个用木料修建的似轩的观景台。啊！好大好深的天坑，四周三个陡峭的山峰把其围住，故名大石围。难怪我惊讶，大石围实际上底部面积有 10.5 平方千米，位居世界第一；容积为 7475 万立方米，位居世界第三，四川九寨沟最大湖泊长海积满了水（容积为 4673 万立方米）倒进大石围天坑也只能淹没其 62%；最大深度 613 米，为世界第二，把高 405 米的中央电视台放进去还绰绰有余。

大石围的口部直径为 420 ~ 600 米，口部面积为 16.6 万平方米，比北京劳动人民文化宫（13.9 万平方米）和大观园（12.5 万平方米）还要大。大石围的观景台是设在天坑的中部，不仅能看到坑底，更能仰视其刀削斧劈般的万丈绝壁；看黄猄天坑是爬到坑顶往下看，看穿洞天坑是从坑底往上看；比后两者产生的视觉的冲击力强烈得多。尤其是那南峰近 90 度的石灰岩岩壁上挺拔生长的棵棵青松，给人以无限的启示。山峰上茂密的植被如绿色的地毯，在蓝天之下，更觉美丽。

乐业大石围：陡峭的石壁和松树

大石围的坑底和周围有着丰富的动植物资源。兰科植物就有 15 属 27 种，还有珍贵的短叶黄杉、红豆杉、掌叶木、黄心含笑、福建柏、方竹等。坑底的地下湖还生活着盲鱼、鲶鱼等多种生物。总之，大石围是一个既大型又奇特的喀斯特公园。现在开发的仅仅是口部以上的旅游观光设施；随着经济的发展，从坑口到坑底旅游路线的逐步开发，会给人们带来意想不到的惊喜。天坑坑底之游比火山口之旅更加丰富多彩，因为坑中会见到许多陌生可爱的动植物。

中国和世界口部直径最大的天坑在贵州

从 20 世纪 80 年代开始，迄今 30 余年的艰苦工作，中国地学专家发现并研究了约 50 多个重要的天坑。主要集中在重庆的奉节和武隆、四川的兴文、广西的乐业和巴马等地；而贵州天坑的发现和研究则刚刚起步。但根据现有的资料来看，贵州天坑的规模、数量，很可能后来居上，成为中国乃至世界天坑之最。

贵州的天坑主要位于黔南平塘县西部的塘边镇境内，12 个天坑组成了一个壮丽的天坑群，其中打带（岱）坨天坑是已知的世界最大的天坑。现在把最主要的 5 个天坑的情况列表介绍如下。

贵州天坑中 5 个主要天坑的情况

名称	口部直径（米）	深度（米）	特点
打带坨	1500	500	中国和世界最大天坑
重庆小寨	626 ~ 537	662	原中国和世界最大天坑
倒坨	300 ~ 600	>600	平塘天坑最深的
猫的坨	500 ~ 800	500	最美的平塘天坑
大窝凼	600	300	—

注：打带坨的坑底有霸王河流过，坑中有珍稀植物，还有一群野生猕猴，坑中风光迷人。倒坨天坑由上下两个天坑组成，东西排列；西边的天坑为一直筒筒的正圆形。猫的坨天坑的南边岩壁上有一个洞穴，叫安家洞，所以猫的坨天坑又叫安家洞；洞顶不断往下滴水，洞内有水池。天坑内不仅有原始森林，还有各种鸟类生活。大窝凼天坑的底部有 10 多户农家，自耕自足，好似“世外桃源”，亚洲最大的天文射电望远镜就位于此地。

平塘天坑群的出现和霸王河密不可分。该河在塘边乡绿荫塘入洞成为地下河（伏流），在罗甸县董当乡大井响水洞成为明流，在这 20 千米的地下河河段中有多处出露地表，而这些出露地表的河段就是天坑。

平塘的天坑群由于其景观的独特、美丽，已有游人进到大窝凼、打带坨、猫的坨（安家洞）旅游。现在，平塘已经成为国家地质公园。今后，随着交通设施、旅游设施等硬件条件的改善，以及巨型射电天文望远镜的建成，贵州平塘天坑群将和广西乐业天坑群、重庆奉节天坑群、重庆武隆天坑群一样，成为闻名国内外的旅游胜地和天坑研究基地。

2331 个彩池和金沙铺地的钙华堆积

喀斯特山水中，黄龙和九寨沟是近年来两个最诱人的美丽地方。

它们不仅是国家级的风景名胜区，更是世界自然遗产。

20 世纪 80 年代，我们地质部门（现国土部的成都水文队）对这两个风景区进行了艰苦的长期的科研工作。1987 年，我有幸参加了他们的成果鉴定会并在黄龙和九寨沟进行了 1 周的实地考察。

2331 个彩池：色彩的盛宴。未进入黄龙景区，就能听见淙淙的流水声在黄龙沟内的原始山林中回响，真是“万籁发而清风生”。这阵阵似洞箫的乐声，顿觉阵阵清风吹。进入景区后，发现这是一条山坡，又长又陡峭的山坡，但其坡度均匀，开阔平直，宽 150 ~ 250 米。山坡上全是水池，而且那湖中的水绚丽多彩。它们一个连一个，一个挨一个，一个接一个。到底有多少个啊？经过地质队员一个一个地清点，2331 个！每个都是完整的，都有自己黄色的堤坝（地学上称为“边石坝”）围绕起来，成为一个个小的湖泊或者水池，这些水池叫彩池。黄龙的 2331 个彩池，分成 8 群，从上游到下游分别名之为：石塔镇海、琪树流芳、争艳彩池、婆萝映彩、明镜倒影、盆景池，潋滟池、迎宾池。眼前的景象不禁使我想到了唐代大诗人杜甫的《绝句》：

两个黄鹂鸣翠柳，一行白鹭上青天。

这两句中一连用了“黄”“翠”“白”“青”四种鲜明的颜色，织成绚丽图景；加上声音的描写，传达出欢快的感情。但和眼前黄龙的这幅画相比，仍逊色不少。这里湖水的颜色不仅是彩色，还是彩色的叠加。有的蓝绿泛翠，有的浸红闪金，有的一片碧绿，有的黄绿相涌。

大自然中最美妙的色彩，在这里得到了尽情地陈列！这里的流水之声美妙不逊于黄鹂的鸣叫。也许人们奇怪，为什么无色的水在这里却如此富于变幻？奥秘就在于彩池是由石灰钙化和藻类生物组成，前者主要为黄色，而后者有多种颜色，再加上彩池位于原始森林包围之中，使光产生了折射和倒映，从而呈现出多样的色调。

让人更为惊叹的还有彩池的形状，有圆形的、椭圆形的、半圆形的，还有弓形的、双弓形的、多边形的等，似高明的匠人精心设计的。此处海拔在 3000 米以上，天格外蓝，云也分外白。水池平铺在大地上，远远望去，一环扣一环，环环不同，大自然中的线条美，在此得到了无限的发挥！

这不同的彩池就好比2331个不同釉色、不同图案的斗彩“瓷碗”，集中在这蓝天白云下流水欢歌的原始森林环境中。

金沙铺地。沿黄龙沟而上，约行半小时，景色忽然开阔，彩池被挤到一旁，中间是大片的开阔地，仿佛是大海的海滩，所不同的它不是沙滩而是钙质的石灰岩（钙华）。这片钙华略有起伏，从沟上顺流而下的流水在这片钙华滩上流淌，呈现出银白色的水帘和水珠，仿佛在金沙滩上跳动。这片长达2500米的壮丽景观就叫“金沙铺地”，其宽度在30～170米。金色的沙滩铺地，居高俯视恰似一条金龙在林海中飞舞。难怪这里的寺庙叫“黄龙寺”啊！

石塔镇海。它由400余个边石坝组成彩池群，非常壮观。在彩池群中，有两座建于明代1630年的石塔，由于石灰华的不断沉积，石灰华已经把石塔的下部淹没了2米（由此，我们可以推算出石灰华的沉积速率），只有上部露出。瞭望这两座石塔犹如冰雪雕刻，再配上蓝绿的池水和尽染的层林，仿佛集春、夏、秋、冬于一景，趣味无穷。这一景点就叫“石塔镇海”。

黄龙奇观，地学上叫“高寒喀斯特景观”。20世纪60～70年代曾经有一段期间，“喀斯特”更名为“岩溶”，又称“高寒岩溶景观”。通俗些说，就是石灰岩在高寒地区形成的独特景观。

黄龙的高与寒。黄龙沟上游海拔3560米，下游入涪江处为3170米，整个钙华体长约4000米。其海拔超过了3000米，属于高海拔地区。当地的年平均气温低于5℃（北京则为11.8℃）。黄龙景区是在四川松潘县境内。对于这里的高寒，我是有亲身体会的。1987年9月的一个下午，我抵达景区后来到驻地，放眼一望漫山遍野都是高大的针叶杉树林，没有看到低海拔处的阔林树，也没有针、阔混交林，海拔确实很高了。在来黄龙的途中可以很清晰地看到海拔5588米的常年被白雪覆盖的岷山山脉的主峰雪宝顶。到驻地后不到半小时，竟然下起了雪，雪纷纷扬扬一直下到深夜，接待方给我们每人披上一件棉的军大衣。我看到了“胡天八月即飞雪，千树万树梨花开”的景象！

在这种高寒的气候条件下，钙华堆积景观的生长，与人类的生命相比较是十分缓慢。专家测定其年龄为 15 万到 50 万年。自然界这个伟大的能工巧匠，真是在精心并且尽其所能地为人类设计、创造出意想不到的精品工程啊！杜甫在《戏题王宰画山水图歌》中写道：

十日画一水，五日画一石。
能事不受相促迫，王宰始肯留真迹。

而大自然则是“万年画一坝，千年画一水”啊！所以我们在游览这些自然奇观时，千万要抱着像爱护我们的生命一样来爱护这些世界的自然遗产，在中国辽阔的 960 万平方千米的大地上，仅仅有一个这样的自然遗产啊！

第 4 节 美轮美奂的喀斯特之水

泉源上奋，水涌若轮的趵突泉及其他

喀斯特泉又称岩溶泉。这是碳酸盐岩地区，承受压力的地下水从地下涌出地表，构成上升泉水景观，它是喀斯特地区最秀美的风光。它们大多分布在山前，形成了山清水秀的一幅画。泉水水量的大小不一，涌吐的方式有别，水位的深浅各异，形成了一个绚丽的泉水世界，吸引着游人的目光。

泉水天然就给人一种亲切感。像《边疆的泉水清又纯》《泉水啊！泉水》等歌曲就受到人们的喜爱。那些点点滴滴向上喷出的泉水，舒缓、不急迫、不争前恐后，秩序井然的呈现自己的光彩和魅力。有些泉则是另外一番风采，清代文人蒲松龄在《趵突泉赋》中对这类泉写得很贴切。

其石中含窍，地下藏机，突三峰而直上，散碎锦而成漪。波汹涌而雷吼，势湏洞珠垂。

中国岩溶泉众多，只能把最典型的列举如下。

72 名泉与大明湖。济南的 72 泉是中国最典型、最著名的岩溶泉。正因为有 72 泉，济南被赋予了“泉城”的美好称谓。清代刘鹗写的《老残游记》，更是把济南形容为“家家泉水，户户垂杨”。现代更有“四面荷花三面柳，一城山色半城湖”之说。济南的泉远远不止 72 个，这 72 仅是“名泉”的数量。72 泉大体分为趵突泉、黑虎泉、珍珠泉、五龙潭四大泉群。这 72 名泉各有各的特点和风采，从泉名就可略知一二，如趵突、金线、柳絮、玛瑙、琵琶、溪中、汇波、悬清、天镜、珍珠、朱砂、腾蛟等。限于篇幅，只能把 72 泉之首的趵突泉介绍如后。

趵突泉之美：中夜凝听疑是雨，一池皱起不关风

趵突泉位于今济南市内的趵突泉公园内。其四周有围廊和亭子，把这一泓泉水围在中间。泉水清清，中间有数股泉水不停喷涌。郦道元在《水经注》中就写下的“泉源上奋，水涌若轮”;《古今图书集成·职方典》中写：趵突泉“三窟突起，雪涛数尺，声如殷雷，冬夏如一，固寰中之绝胜也，景标为趵突腾空”。在泉中还有不少的游鱼，增添了生机。

泉旁有许多石刻，如“第一泉”“趵突泉”“观澜”等，其中还有清康熙帝题的“激湍”两字，这“激湍”两字来源于清代文人写的：“仰而见山之青，俯而见泉之洁。清流激湍……”。趵突泉是泺水之源，在泉旁有泺源堂建筑。中国不少河之源是泉水。元代的赵孟頫就写道：“泺水发源天下无，平地涌出白玉壶”。离趵突泉不远还有金线泉。其泉面有一线水棱突起，日光通过后，经折射，在泉底形成一条金线。在金线泉旁是柳絮泉和漱玉泉，宋代著名女词人李清照的故居就在其旁。

大明湖位于济南城北，是由许多岩溶泉的泉水汇集而成。大明湖本身不是泉，湖底为火成岩。郦道元写道：“泺水北流为大明湖”，泺水之源就是趵突泉。长期以来，就有“众泉汇流，平吞济泺”。意大利著名的旅行家马可·波罗在他的《中国游记》中对大明湖也写道：“园林美丽，堪悦心目，山色湖光，应接不暇”。郭沫若先生写一副对联赞美：

杨柳春风万方极乐，
芙渠秋月一片大明。

山东还有两处著名的岩溶泉景观。一是临朐县的老龙湾。这是一个由无数岩溶泉眼喷涌而出的泉水汇集而成的湖，湖水清清，湖岸杨柳依依，幽静秀丽。湖旁有古代建筑的亭子，保存完好，湖周还有一些“龙”字的题刻。另一处是泗水县城东陪尾山麓的泗水泉林。这里清泉星罗棋布，密似树林一般，故名。这是一处大型的岩溶裂隙泉群，每昼夜流量达67200余吨，泗水河的源头，有人说：“济南山水甲齐鲁，泉甲天下”“泗水陪尾泉甲济南”。在泗水河上还有一座距今近900年

难老泉亭，北齐建，明嘉靖重修，高 7 米，八角攒尖顶

的石拱桥。这里的风光曾吸引乾隆皇帝 9 次驾到。

河南辉县百泉。百泉位于河南省新乡市辉县市境内，在苏门山南麓，因其涌水泉眼无数，故名百泉，百泉水涌出后被围砌在一座面积达百亩之大的长方形湖池之内。我们所见到的是个“泉湖”。往湖中看，喷玉跳珠不少，在日光的照射下，似一片黄金，人称“涌金”。它是太行山两翼发育的特大型的岩溶上升泉之一。其水温常年保持在 20℃。泉水流到卫河，故有“卫源”之称，百泉的北边苏门山的啸台，是西晋隐士的隐居之地。百泉是河南省内著名风景区，30 多年前我到此地时就遇到一批电影演员在此拍摄电影，把其作为外景地。

山西的娘子关泉、难老泉、霍泉，河北邢台的百泉，野三坡的鱼谷泉（谷雨那天从泉中涌出大量的鱼），广西凤山的鸳鸯泉等都是喀斯特区著名的岩溶泉，都值得我们去欣赏。有的泉附近有溶洞，如鱼谷泉附近有鱼谷洞，鸳鸯泉附近有鸳鸯洞，更构成了一个有泉水、有溶洞的山清水秀洞异的好风光。

中国最著名的瀑布：黄果树瀑布

中国瀑布众多，但最著名的应该是贵州的黄果树瀑布。该瀑布位于安顺市镇宁县和关岭县交界附近，属镇宁布依族苗族自治县管辖。在贵州省省会贵阳市西 90 余千米，离贵州重镇安顺市仅 52 千米。黄果树瀑布出名始于明代旅行家徐霞客，雄伟壮观，气势宏大，徐霞客先生一见到它就用“一溪悬捣，万练飞空”来形容。后经过历代名人的游历、传播，成为知名景点。通往瀑布的交通方便，沿途公路状况良好。从贵阳出发，当天就可来回。黄果树瀑布坐落在北盘江支流打邦河上游的白水河上，北盘江是属于珠江干流南盘江的支流。

打帮河是中国瀑布发育最多的河流之一。其平均坡降为 9.5%，总落差为 1083 米，而其流程仅 114 千米。打帮河奔腾在白云岩、石灰岩等可溶性岩石地区，由于溶蚀作用使河床内外形成众多的大小不等的落水洞，为瀑布的形成创造了良好的条件。

白水河在黄果树一带，河床一般宽约 20 余米，但到达黄果树瀑布

贵州黄果树瀑布全景

时，豁然开朗，宽度达到了81.2米，水流到此像决堤的洪水，从高达66.8米的陡崖飞流直下，争相跌入崖下的“犀牛潭”中，发出轰然巨响，势如山崩地裂。这是多么雄伟的奇观！

黄果树瀑布的水量全年充沛，即使枯水季节，由于暗流补给，水流量至少也有2～3立方米/秒。瀑布之水照样雄奇。黄果树瀑布在汛期时，流量超过1000立方米/秒。距离瀑布还有数里之遥，已能听到瀑布咆哮之声。随着距离的缩短，吼声渐大，水雾更浓，甚至变成了绵绵细雨，润湿了路面也润湿了游人。在盛夏季节，在阳光的照射下，瀑布的水帘被化作七彩虹，犹如彩虹桥飞架在山河之间，秀丽无比。

打帮河上源支系繁多，众多的瀑布和跌水广布其间，成群成串出现，达数十处之多。这么多的瀑布组成了气势磅礴的瀑布群。这种奇观在我国其他地区极为罕见。

黄果树瀑布上游的叠瀑

黄果树瀑布实际上也是一个瀑布群。白水河在流经黄果树地段时，河床迭次断落，形成了著称于世的9级瀑布。它们的间距不一，落差不等，在空间排列上错落参差，跌宕有致，组成了一个岩溶叠瀑景观。每个瀑布之间构成层湖景观。我去看黄果树时，在其下游就见到两个小跌水，也就是两个小小的湖泊。白水河上的9级瀑布中，从上至下黄果树瀑布位居第4，但却崖高水激，

贵州黄果树瀑布下游的叠瀑

黄果树瀑布后面的水帘洞洞口

水帘宽阔，是 9 级瀑布中最大，也是最为壮观的一级瀑布。

黄果树瀑布不是中国最大的瀑布。衡量一个瀑布的大小，要根据落差（即瀑布的高度）、宽度和流量三个方面。黄果树瀑布的落差为 66.8 米，在我国排在 6 名以外。河南修武的云台山瀑布，落差 314 米；浙江雁荡山的大龙湫瀑布，落差 190 米；四川江津的望乡台瀑布，落差 152 米；离黄果树瀑布不远的滴水滩瀑布，是个 3 级瀑布，每级落差都在 130 米以上，整个落差达 410 米；贵州赤水的十丈洞瀑布，落差 71.5 米；四川松潘县的扎嘎瀑布落差 93.2 米。所以黄果树瀑布的落差，在中国远不是第一。

黄果树瀑布的宽度为 81.2 米，黄果树瀑布的平均流量是 16 立方米 / 秒，最大流量大于 1000 立方米 / 秒，最枯流量 2 ~ 3 立方米 / 秒。无论从落差、宽度和流量来衡量，黄果树瀑布算不上中国瀑布的冠军。

那么谁是中国的最大瀑布？从落差、宽度和流量三项标准做综合评价的话，实难找出绝对冠军。就单项指标来说，落差最大的当属台湾省嘉义县的蛟龙瀑布，它分 4 级飞泻，其中最大的一级落差就达

500 米，整个瀑布的落差在 1000 米左右。由于落差太大，近观无法睹其全貌，只能远眺方见一条巨大的蛟龙从天而降，被誉为“难得一见的旷世奇观”。以宽度而言，四川九寨沟诺日朗瀑布宽度 270 米（又说 300 米），当属中国最宽之瀑布，可惜其落差仅 20 米，在气势上大为逊色。从流量来看，黄河壶口瀑布当属中国瀑布之最。壶口瀑布宽度虽只有 30 多米，落差也仅 50 余米，但来自上游的滔滔黄河水几乎都要在壶口倒悬倾泻。即使在冬季枯水期，流量也有 150 ~ 300 立方米 / 秒。在天寒地冻之季节，目睹涓涓飞流，给人以俊美之感；一到冰河解冻的 4 月初，流量骤增至 1000 立方米 / 秒以上，巨流夹带着大量冰块直冲而下，如狮吼虎啸，震天动地；一到夏天，流量再度增加，飞流破空而下，激起的水柱像箭一样直射苍穹，刹那间，一支支水柱又化作细小的水珠，弥散成迷蒙的白雾，在阳光照耀下彩虹迭现，胜如仙境；金秋两季，千溪万壑之水汇聚，流量增至 3000 立方米 / 秒，多时达到 8000 立方米 / 秒，这时的瀑布连成一片，以千钧万马之势奔腾而下，洪波怒吼，激湍翻腾，声如炸雷，惊心动魄，其气势之宏伟，堪称一绝。四方游客，蜂拥而至，争睹壶口瀑布的奇观。

中国的瀑布姿态万千，数量众多，已知地面上的瀑布成千上万，还有许多隐藏在大山峻岭之中的瀑布，正等待着探险者去发现。我国还有许许多多的地下瀑布，隐藏在深不可测的洞穴之中。中国瀑布之最，在地上还是在地下，谁是真正的冠军，有待新的发现。

别样美的“层湖叠瀑”的九寨沟风光

九寨沟景观与前面说到的黄龙景观一样都是位于高寒地区的喀斯特山水，都是国家级重点风景名胜区，都入选了世界自然遗产名录。

但是，两者也有 4 点不同。

1）两者不在同一个地方。1982 年，国务院公布第一批国家重点风景名胜区 44 处，把黄龙寺—九寨沟列为一处，不少人误认为两者在一起。九寨沟在九寨沟县（原来称南坪县）西 40 千米处，距黄龙有 100 千米左右。

四川九寨沟诺日朗瀑布

四川九寨沟树正群海：湖瀑寻欢

2）九寨沟的海拔比黄龙高，周围的山峰大都在4000米以上，最高的达到4632米。

3）两者的地貌类型和面积不一样。九寨沟四周大都是4200～4600米的高山封闭的一个喀斯特盆地，由盆地中的3条沟组成。黄龙是一面山坡，或者说是一条沟，比较开放。九寨沟盆地面积达到640平方千米，比云南省最大的湖泊滇池的两个面积还要大。黄龙的面积比九寨沟要小。

4）两者的景观类型不一样。黄龙是以2331个彩池以及一条“黄龙”为主的钙华堆积景观。九寨沟是一个层湖叠瀑的水体景观。松潘县和九寨沟县都属于阿坝藏族羌族自治州管辖，九寨沟之名是因为沟内有9个藏族村寨而得名。

3条沟·114个海子·17个瀑布

九寨沟实际上由3条沟（谷）组成：1条主沟，2条支沟。2条沟组成“Y”形。主沟叫“九寨沟”，又叫“树正沟”，全长约13千米。2条支沟，东面的叫“则查洼沟”，长约8千米；西面的叫“日则沟”，长约18千米。主沟和日则沟是喀斯特水的排泄区，集中了九寨沟中的绝大部分海子（湖泊）和瀑布；则查洼沟是喀斯特水的径流区，大部

四川九寨沟五彩池之水

分地段和时间是干沟，只有少数几个海子。

九寨沟114个海子沿沟分布，构成了梯状湖群。可以说，这本身就是一大奇观。更为令人叫绝的是，114个海子中有17个各不相同的瀑布。她们似17位少女，高矮、胖瘦、风韵、气质都不同；又像114朵绽放的各色鲜艳花卉中有17座白色的云梯。在这114海子中，规模大、具有较好观赏性的湖泊有11个（如表所示），17处瀑布中有5处最为著名，构成“层湖叠瀑”。

九寨沟中11个湖泊的地理概况

湖名	沟名	海拔（米）	最深（米）	面积（平方米）	备注
长海	则查洼	3060	88.8	1028103	1
五彩池	则查洼	2995	11.2	5645	2
箭竹海	日则	2618	10.3	165034	
熊猫海	日则	2587	22.3	91200	3
五花海	日则	2472	11.2	76847	4
金铃海	日则	2452	28.5	1639	
镜海	日则	2390	24.3	196840	5
犀牛海	九寨	2315	16.0	200098	
卧龙海	九寨	2215	22.1	61838	6
火花海	九寨	2187	17.8	26353	7
双龙海	九寨	2178	4.1	6033	

九寨沟的所有湖泊都是由外动力作用下形成的堰塞湖。近年来，四川地震形成堰塞湖的新闻时有报道，实际相当于人工定向爆破堆积坝。

1）长海。它是九寨沟最大的湖泊，面积为 100 余万平方米，有北京颐和园中的半个昆明湖大；它也是九寨沟最深的湖泊，最深处近 90 米，平均深为近 45 米。这是因为它位于径流区，由崩积作用形成，湖堤高。长海的形成大致在 23.5 万年至 19 万年前，其形成非一朝一夕之事。

2）五彩池和五花海有异曲同工之妙。不过它的水面较小，景观更为浓缩精彩。

3）日则沟和九寨沟的湖泊水是溢堤式排泄，就似一杯水装满后自己溢出，在堤前形成瀑布。而熊猫海的湖水溢出形成了宽 50 米、落差达到 65 米（著名的黄果树瀑布落差为 67 米）的瀑布，是九寨沟内落差最大的高瀑布。它声势浩大，气势磅礴。

4）五花海在高瀑布之下，是九寨沟最美的湖泊。湖底有岩溶水涌出，有钙华粉末沉积，加上湖水深浅不同，湖底滋生的藻类和水草也不同，湖面泛出五彩斑斓的色彩。

5）镜海的湖面平静如镜，而且水也很透明，真像一面镜子。这个湖以观倒影而著称。

水量大的珍珠滩瀑布，距离镜海 2000 米，宽 162.5 米，落差 21 米，终年有水。由珍珠滩飞撒而来的水珠汇成急流，沿钙华陡崖飞泻而下，在林海中发出隆隆吼声。

宽宽的诺日朗瀑布。在镜海、珍珠滩（和黄龙的金沙滩相似）的前面是珍珠滩瀑布，在珍珠滩瀑布的前面有一系列的小海子称为诺日朗群海，这群海的前面则是诺日朗瀑布；正好位于九寨沟 3 条沟的交汇点，又是九寨沟风景区的中心。该瀑布宽 270 米，落差 24.5 米；其宽度是黄果树瀑布（81.2 米宽）的 3 倍多，声势十分壮观。

6）树正瀑布的后面是无名海，前面就是树正群海和卧龙海。该瀑布宽 62 米，落差 11 米。在下泄时，被数以千百计的树干分裂成无数水束，喷薄而下。这种景观在国内瀑布中实属罕见。

四川九寨沟下游钙华滩上的流水

7）火花海瀑布是火花海的湖水溢出泄到双龙海形成的瀑布，宽49米，落差仅8米，是九寨沟中落差最小的瀑布。这个瀑布异常美丽，瀑面像一面凹形的镜子，远看如峨眉新月挂在深蓝色的天空，明亮闪烁；近望似大海中掀起的碧波，汹涌澎湃。

在此要特别指出，我们游览的顺序是从海拔低的最北边的双龙海进入，逐渐向南边海拔最高的长海行进；我们看到5个瀑布中的第一个是火花海瀑布，最后一个是高瀑布，在九寨沟游览，会明显地感觉到，看到的是一种景观的组合：几个湖和一个瀑布组合在一起；下一段又是几个湖和一个瀑布组合在一起。当然，每一个组合中的湖和瀑是千差万别的。飞流直下的瀑布把湖分成好几层，绚丽的湖泊又把瀑布分成好几叠，形成了一种“层湖叠瀑”的童话世界。

“水往低处流，人往高处走”。我带领读者从九寨沟的沟口往南、往高处走，好好看一看沿途经过的5个主要的“重叠”的风景：①双龙海与火花海瀑布（瀑面似凹形镜子）；②卧龙海、树正群海与树正瀑布（瀑布水下泄时分散成成百上千束水流）；③犀牛海与诺日朗瀑布（九寨沟最宽的瀑布）；④诺日朗群海与珍珠滩瀑布（林海中发出隆隆吼声）；⑤五花海与高瀑布（落差仅比黄果树瀑布少2米）。

为了让读者对这5个瀑布有一个更直观的了解，还是列一个表如下。

九寨沟景区五大名瀑一览表（从南向北）

瀑布名	高（米）	宽（米）	瀑后湖	海拔（米）
火花海	8	49	火花海	2187
树正	61	62	无名海	
诺日朗	24.5	270	诺日朗群海	
珍珠滩	21	162.5	镜海	2390
高瀑布	65	50	熊猫海	2587

这5个“重叠”的景观都集中在九寨沟和西面的日则沟中，景观密度大。从双龙海到长海的高差约1000米，走到高瀑布仅仅是500米的高差，却看到5个“层湖叠瀑”，真是美不胜收，令人应接不暇。

日则沟风景并不是说走到高瀑布就为止了！后还有熊猫海、箭竹海、天鹅海、草海、百草滩等景观。则查洼沟虽说没有“层湖叠瀑”，但五彩池、长海、上季节海、下季节海等很好看的。

九寨沟和“层湖叠瀑”的美丽，在于两者一动一静，动的是瀑，静的是湖，动静相配；一素一艳，素白的是瀑，艳丽的是湖，素艳互映。每一个瀑布的特色不一，每一座湖泊的特点各异，就像五对美丽的夫妻，在一起组成了不同的五种“味道”！

忽然想起了宋代文人欧阳修的《蝶恋花》词的第一句：“庭院深深深几许？杨柳堆烟，帘幕无重数。”每层帘幕之后就是新的一层风光，新的惊喜！

让人心醉的洞天景观

中国的洞天景观真是美得让人心醉。下面就请随我一起去考察中国的两个喀斯特洞天景观，一个是中国重点风景名胜区贵州省大方县的九洞天，另一个是世界地质公园广西凤山的三门海。

2012年春末，我在贵州织金洞参加完国际学术讨论会并看完贵州大方县绚丽而壮观的杜鹃花海后，就兴致勃勃地考察了九洞天。

当时正是樱桃刚刚成熟上市的时候，沿途不少农家把自产的樱桃

九洞天：六洞天洞外景观

装在筐中在道旁售买。我在这吃到了中国最好的樱桃，新、鲜、爽、甜，吃的不是樱桃，是美味，是浓浓的大地之情！从大方县城经过近2个小时到达了位于县城西57千米的九洞天。

乌江是贵州的主要河流，其源头是六仲河，九洞天就在六仲河流经大方和纳雍两县交界的一段上。在这短短的5000米的河段上，形成九段明流，九段伏流，九暗九明，明暗交替，形成由西向东串珠状的洞穴（即穿洞）奇观，这些不同样式的穿洞实际上就构成了众多天生桥景观，主要的穿洞为9个，故称“十里九洞天”。六、七、八、九洞天由5座天生桥组成，其中3座并排跨于河上，每座相距30 ~ 80米不等，地下河此出彼进，时隐时现。3座天生桥高约百米，跨度30多米；桥下岩燕密集，穿梭飞舞；河中隐约可见不少的鲤鱼、鲢鱼、大花鱼等。另一座立于岸边，是连接大方、纳雍两县的主要通道。向下游前进1000米便到了九洞天，原名“仙人洞”，现叫“大观天”，实际上也是一座天生桥，形如古城门，通过桥洞往桥后望去，远处赤壁恰似一幅中国地图，大自然的鬼斧神工，妙不可言。六洞天到九洞天共有5座天生桥。五洞天称为“葫芦天”（因桥下两潭形如葫芦而得名），从照片上看这也是一座标准的天生桥。除一洞天外，二洞天（雷霆天）、三洞天（金光天）、四洞天（玉宇天）也为天生桥。但无论如何在5000米的河段有9座不同风韵的天生桥（从名字就可知其造型和景致的不同）确实是非常不易形成的，为此，当地人用一副对联赞美这里的风光，非常贴切：

洞上桥、桥上洞、洞洞桥桥别有洞桥天；
山中水、水中山，山山水水独具山水魂。

这副对联真是艺术性和科学性达到了一定的高度。从艺术性来讲，对仗十分的工整、规范，无可挑剔。从科学性来讲，上联把天生桥的洞与桥讲得很有风趣，把洞、桥、天三者的关系这么有机地结合在一起，是我们这些地学专家做不到的，尤其是“天”，把天生桥之中的“天”凸显出来；下联是讲山和水的，把地质学上的山（主要是内营力地质作用）和水（主要是一种外动力地质作用）联在一起，确实这天生桥就是水对山的千百年侵蚀才得以形成，水是柔软的，山是坚硬的，但柔可克刚，这也是中国老子哲学思想吧。山水是矛盾的，也是互相依存的。

不少到过九洞天的地学家认为，九洞天是“地下喀斯特景观与地面喀斯特形态相结合，胜过世界上任何景致”，“是世界喀斯特学的一

九洞天：四洞天玉宇天进口处

九洞天中的一洞天：月亮天

九洞天中的五洞天：葫芦天

本完整教程。”

游览九洞天，是从一洞天步行到八洞天，因为九洞天离八洞天还有 2000 米，因时间关系，一般游人不去的；然后从六洞天处坐船顺鸟江源六仲河，回到一洞天。整个游程需 2 个小时左右。

第 5 节　神秘的喀斯特峡谷

中国第一峡：长江三峡

峡谷，大自然的阳刚之气和阴柔之美的和谐统一。

喀斯特地区峡谷众多，风光绮丽，是人们向往的旅游目的地。在这众多的峡谷之中，名气最大、风景最佳的还要数长江三峡。唐代大诗人李白的《早发白帝城》：

朝辞白帝彩云间，千里江陵一日还。
两岸猿声啼不住，轻舟已过万重山。

你看，李白把三峡两岸山之高和山之多、水流之急，以及猿声的鸣叫写得多生动、多简练啊！但是，我们到长江三峡还要看水、看峰、看岩、看星星、看月亮、看天空，看那一艘艘轮船，还要听风、听雨、听鸟鸣、听水清、听雷鸣，听那一声声汽笛。峡谷的美是多方面的。

长江三峡西起四川省奉节的白帝城，东至湖北省宜昌的南津关，全长 204 千米。从西向东分别是瞿塘峡、巫峡、西陵峡。长江三峡为国家级的重点风景名胜区，整个三峡景区可用“壮美”两个字来形容，但三峡之中各峡的风景又各有不同。

雄伟险峻的瞿塘峡。瞿塘峡在白帝城和巫山县的大宁河口之间，包括风箱峡和错门峡，全长仅 8 千米，是三峡中最短的一个峡谷。可它却最为险要，两岸悬岸壁立，江流湍急，号称“天堑”。峡中的滟滪堆，为三峡著名的险滩。为了航行的安全，1959 年航道工人炸除了滟滪堆，从此，这个险滩成为历史。但是，现在过此峡仍然惊险。郭沫若先生写道：“滟滪已无堆，瞿塘仍可危”。刘白羽先生也写道：“现在，这巨礁，早已炸掉，不过瞿塘峡口，激流澎湃，涛如雷鸣，江面形成无数漩涡，船从漩涡中冲过，只听得一片哗啦啦的水声”。八阵门、夔门、凤凰饮泉是瞿塘峡的三个主要景观。

孔明的“八阵图”，读过“三国演义”的人都知道。实际上它是梅溪河水泻入长江时，由夹带的砂石堆积而成，属于一种洪积扇（洪水堆积而成的一种像扇子一样形状的地貌），通称“沙洲碛坝”。远远望去，好像是人工在长江上堆积而成的一种图形，被说成是孔明的八阵图。在干旱地区的陆地上，在山谷出口处，这种洪积扇是常见的。

夔门位于瞿塘峡的出口处，两岸的山峰欲合，好像一扇门半开，称为夔门。两岸的高山，南侧的叫“白盐山”，北岸的叫“赤甲山”。这两座山隔江壁立对峙，悬崖峭壁，气势非凡。在南岸山壁上镌刻着“夔门天下雄”五个大字。“白盐山”的得名是因为渗出的白色碳酸钙（和白石灰成分一样）沉淀在山的表面；而“赤甲山”则是由含铁质较多的紫红色泥灰岩，经过长期风化，形成了一座赭红色的高山，因酷似袒胸披甲的勇士而得名。在灿烂的阳光照耀下，一个红装，一个素裹，人们称为“赤甲晴辉”“白盐曙光”。

凤凰欣泉实际上是由石灰岩形成的石钟乳的造型景观。石钟乳高约20米左右，直径6米，形状像一只凤凰；两旁的小石钟乳，以及藤萝和山花，犹如色彩斑斓的羽毛。山上有一股清泉喷出，恰巧顺着凤凰颈缓缓流下。只要你全神贯注地观察和想象，就可看见头小、颈细、尾大的“凤凰”张嘴接饮甘泉。泉旁建有一台，叫凤凰台，供游人小憩。

瞿塘峡像三峡的一道闸门。古人说：“众人会万涪，瞿塘争一门”。

幽深秀丽的巫峡。巫峡以巫山得名。它西起四川省巫山县的大宁河口，东到湖北省巴东县的官渡口。它包括金盔峡、银甲峡、铁棺峡，绵延40千米，是三峡中最长、最整齐的峡谷，因此又称“大峡”。巫峡特别曲折幽深，也有3个风景奇观：巫山十二峰、巫山云雨、楚蜀鸿沟。

巫山十二峰。离巫山县城不远的长江南北，各有六峰。这十二峰，峰峰秀丽无比，和桂林至阳朔的峰林一样美丽。巫山十二峰，连绵不绝，互不相同，构成了三峡水上一条曲折流动的锦绣画廊。这中间最著名的是位于长江北岸的神女峰，又称“望霞”峰，在其峰顶有一巨石，犹如亭亭玉立的少女，民间传说是西天王母娘娘的幼女瑶姬的化身。她和十一个姐妹一道，帮助大禹治水，又为劳动人民做好事。为此，当地人民修了一座“凝真观”庙供奉她，而她不愿意，坚持站在山头朝迎晨曦、夕送晚霞，为过往的船只指点航路。

巫山云雨本是个神话，但也是巫峡气候的真实写照。因为巫峡山高谷深，湿气不易蒸发，故容易成云致雨。这里除了秋季多晴日外，春季朝云幕雨，夏季暴雨倾盆，冬季蒙蒙细雨，终年云雨难断。在这里，你有时会遇上“东边日出西边雨，江南降雨江北晴，山上下雨山下晴”等奇异现象。

楚蜀鸿沟。从神女峰下行约8千米，江南岸有座名叫碚石的小镇，属四川省巫山县；江北岸也有一座小镇，叫万流，属湖北省巴东县；两地之间有一溪流注入长江，叫边域溪，是川鄂两省的天然分界线。

在界河入口的岩壁上，镌刻着“楚蜀鸿沟”4 个大字，非常醒目。若坐船旅行到此地，就会体验到“一船跨两省”，即“船头已入鄂（湖北），船尾尚留川（四川）”的情景。

滩多水急的西陵峡。西陵峡西起巴东县的官渡口，东到宜昌市的南津关，全长 114 千米。以宜昌市的西陵山得名，自上而下，共分四段：香溪宽谷、西陵峡上段峡谷、庙南宽谷、西陵峡下段峡谷。

“巴东三峡巫峡长，猿鸣三声泪沾裳。”这是我国古代地理名著《水经注》中引用的两句渔歌，它道出了巫峡是三峡中最长的一峡。西陵峡全长 114 千米，远远长于巫峡，但又为什么说巫峡最长呢？原因就在于西陵峡中的香溪谷（长 48 千米）和庙南宽谷（长 31 千米）占去了 79 千米，上下两段峡谷的总长只有 35 千米，而巫峡却是一条绵延不断的完整峡谷。

西陵峡的特点是大峡套小峡，峡中有峡。人们熟悉的有十几个峡，但主要由 4 个峡组成：从西到东分别为兵书宝剑峡、牛肝马肺峡、崆岭峡、灯影峡（又称宜昌峡）。西陵峡以滩多水急著称，但比较有名的险滩已不复存在了。尤其是 1981 年 1 月 4 日，长江葛洲坝工程的大江截流后，形成一座 15.8 亿立方米库容的水库，往日的许多险滩已埋入水底。西陵峡虽然滩多流急，但两岸风景却很美丽。宋代著名文学家欧阳修就写下了“西陵山水天下佳”的名句。西陵峡的著名景点有：兵书宝剑峡、牛肝马肺峡、中堡岛、灯影峡。

兵书宝剑峡是进入西陵峡的第一峡。它上起香溪河口，下至新滩，全长 10 里，江面宽仅百余米，两岸山峰高达千米，气势雄伟。入峡不久，便可看到北岸峭壁上有一小孔，孔内有页岩，形如书卷；其下方又有一巨大的石灰岩，状似一柄长剑，直刺江中。相传，三国时孔明入蜀经过此地时，将他写的一部兵书，连同一把宝剑，遗存在这里，用以激励后人。这就是兵书宝剑峡名称的由来。在兵书宝剑峡里，除了“兵书”“宝剑”，两岸山峰上还有如狗的白石、如棺的黑石、如仓的岩洞，所以又有白狗峡、铁棺峡、锁山峡和米仓峡之称。

牛肝马肺峡在青滩下十余里。在此段峡谷北岸的岩壁上，有两块重叠下垂的赭黄色石灰岩，一块像牛肝，另一块像马肺。实际上它们都是钙华形象化的名称。清光绪年间，英、德殖民者的“洋船”相继打着“打通川江”“开发天府”的旗号，闯入三峡。英国的军舰开进此峡时，竟开炮打掉了“马肺”的一叶。郭沫若曾写下“兵书宝剑呈形似，牛肝马肺说寇狂”的诗句，怒斥帝国主义的侵略罪行。

中堡岛位于太平溪东，三斗坪西。长江三峡峡多、滩稠、峰密，而岛屿却只有这一个。中堡岛的面积约 0.15 平方千米。过去，冬春两季三面水枯，徒步可至；夏秋两季四面环水，全靠舟楫往来。葛洲坝水库蓄水后，中堡岛便成为常年的江心岛。岛上土地肥沃，绿树成荫，柑橘飘香。由于举世瞩目的三峡工程就在三斗坪处兴建，现在中堡岛已经沉入水底。

灯影峡是西陵峡下段的风景集中点。在南岸的石鼻山上，有四块奇石兀立，形状和《西游记》中唐僧师徒四人的模样相像，惟妙惟肖。孙悟空一足屹立而回顾，唐僧、猪八戒、沙僧的头均向孙悟空眺望，十分诙谐。他们酷似灯影戏（四川人对牛皮影戏的称呼）中的角色，故人们给这段峡谷取名为“灯影峡”。

西陵峡地域内的秭归县，历史上出了三位名人：作《离骚》的楚国大夫——屈原，出塞和亲建立了伟业的王昭君（又称“明妃”），作《高唐赋》《神女赋》的文学家——宋玉。三峡沿岸可以说是人杰地灵。

后起之秀的河南云台山峡谷

写到喀斯特峡谷，不得不写河南云台山世界地质公园中的 4 个峡谷，它们是小寨沟峡谷、老潭沟峡谷、温盘峪峡谷、青龙峡。

小寨沟峡谷与龙凤瀑。小寨沟长 2.5 千米，一进沟就有景，三步一景，五步一瀑，十步一潭，所以又被称为“潭瀑川”。把流水地貌中观赏性最强的瀑、潭、泉都集中在这么一个小小的山沟中，在国内是罕见的。而且其瀑布姿态各异，成因不同，落差不一，著名的有情人瀑、丫字瀑、龙凤瀑，一个比一个精彩，一个比一个迷人。那潭池里的水清澈见底，山花野草倒映其中，更显秀美，点缀其中的寿桃石、蝴蝶石，又为水的柔性增添了阳刚之美。小寨沟这个名字真配不上这美丽

龙凤瀑的一片钙华景观和龙凤瀑

河南云台山的云台飞瀑

的景色，应该更名为“情人谷”或“翡翠谷”似更合适。

龙凤瀑位于小寨沟的尽头，是一个明显的泉瀑。其水流是从半山腰处的洞中流出，而不像云台飞瀑从山顶奔出。这是由于这个山崖是由两种不同的岩性构成的。其上半部分为寒武纪的透水的灰岩，而下半部为不透水的页岩。当流水透过灰岩下渗，遇到不透水的页岩就会溢出，因此形成下降泉（我们看到的泉多为上升泉，泉水从地下往上冒泡）。而刚好这泉水出露的地方又在半山腰，因此就形成了瀑布。龙凤瀑的学名应该叫“泉瀑”。由于含 CO_2 流水的沉积，在岩壁上形成大片似龙如凤的钙华，故名龙凤瀑。

从小寨沟的水，可以想到很多。中国的北方尤其是太行山区，因为缺水而导致山脉呈现为“童山秃岭”。但小寨沟使我们完全改变了这种印象。云台山虽然地处北国的太行山，却完全是江南翠山秀水的景象；虽然这里每年的平均降水量仅 560 毫米，可这并不影响瀑泉池遍布山沟。这是什么原因造成的呢？主要原因之一就是这里的地下水丰富，尤其是地质构造形成的各类泉水众多，仅著名的泉眼就有 24 个。

云台山标志性景观：温盘峪峡谷

老潭沟峡谷与云台飞瀑。落差高达314米的云台飞瀑是云台山世界地质公园的标志性景观，每个游人一到云台山，都会急不可待地一睹它的雄姿，而这著名的瀑布却隐藏在老潭沟峡谷的尽头。老潭沟其实是个峡谷，全长约2.5千米，是由断裂作用以及流水的侵蚀下切而形成的。一进入老潭沟的沟底，满目青翠，流水淙淙，奇石遍布，一下子便使人脱离了城市的喧嚣。云台山最著名的景点——云台飞瀑就在其尽头。所以游人大都脚步匆匆，顾不得欣赏沟底秀美的风景。其实，除云台飞瀑外，沟内还有幽潭、多孔泉、波浪石等美景。

当我们看到云台飞瀑时，竟有些意外。这雄冠华夏神州的飞瀑并不“大声张扬”，而是静静地从蓝天之上飞奔而下。云台飞瀑常年有水，它丰水季节的流量超过30立方米/秒，平水季节也在6立方米/秒左右，其水源是由太行山南端丰富的地下水汇流而成。云台飞瀑为一瓮谷地形，瀑布水流从上倾泻而下时刚好流经两组不同寒武纪的灰岩，上面是厚层状的灰岩，比较耐侵蚀，而下面的薄层状的灰岩（俗称“千层饼”灰岩），相对容易受侵蚀。这样日久天长，就形成了上小下大的瓮谷地形。这点在野外看的是相当清楚的。瀑布的水流似细长的白练，有人称之为线瀑，就好似一个高挑的模特女郎。云台飞瀑不仅具有独特的风韵，而且水质清洌甘甜，沁人心脾，经过化验，它是优质矿泉水。当然，在这灰岩地区的水一定为碳酸水。

在云台山世界地质公园中，最震撼人心的景观是温盘峪峡谷。从云台山主景区进大门后，往左边没走几步就有一座桥。往桥下看，100多米深的地方有一条小巧玲珑、蜿蜒曲折的“小巷”，“小巷”中有桥梁、流水、瀑布。这弯弯曲曲的“小巷”不是人工建筑，而是被称为温盘峪的峡谷，应为“嶂谷”。

在导游的带领下，我们向峡谷的底部走去。8月的天气十分炎热，但下到峡谷的底部，却感到暑气顿消，满眼都是水。谷底有流水，谷中挂满了瀑布，是这温柔清澈的水把热气全赶走了。温盘峪峡谷夏季凉爽宜人，隆冬则温暖如春，一年无四季之分，温度保持在25℃左右，故称温盘峪。

顺着人工建造的栈道来欣赏这峡谷的美景，你会发现这是真正的“峡谷”，从此岸看到彼岸是如此的近，好像对岸就在眼前。峡谷中有几处利用自然的桥梁把峡谷两岸连接了起来，游人可以自由自在地在峡谷两岸穿行往来。温盘峪峡谷最窄处不到5米，最宽处也不过20多米。峡谷的深度有80米左右，长度为1000米。这么一个“小巷”有这么大的深度和高度，算得上是异常壮观了。当然，和长江三峡、雅鲁藏布大峡谷相比，还是小巫见大巫，因此不少人称它为“盆景峡谷”。如果你要见到最窄的峡谷，就要到重庆武隆去看“地缝”了。

温盘峪峡谷下部是紫红色的石英砂岩，因此有人称其为“红石峡”。这红色的峡谷在中国乃至世界也不多见。在日出日落之时，这里霞光万道，金色的阳光使红色更加鲜艳、壮丽。尤其是在这太行山中，这个情景可能会使你想起冼星海的黄河大合唱中的“铜墙铁壁”，也可能会使你想起那已经远去的如火如荼的革命岁月。

温盘峪峡谷上部是石灰岩。峡谷两岸的瀑布据说有九条之多，称之为九龙瀑布，即首龙、青龙、黑龙、黄龙、苍龙、卧龙、眠龙、子龙、白龙，给我印象最深的是首龙、黑龙、黄龙和白龙。在这儿看瀑布与在老潭沟和小寨沟不一样，因为是在负地形，即地面以下80米来观瀑，所以更觉这水流是从“天上而来”。另外，这九条瀑布下面都形成了水潭，水潭的流水构成九龙潭——即峡谷底的流水。因为是灰岩，瀑布下有一些水帘洞形成。

温盘峪峡谷美在天成，但如果没有蜿蜒其中的栈道，我们是很难去欣赏它的。这栈道实际上是石英砂岩即丹崖长墙中间开掘的人工渠道（和河南林县的“红旗渠”相仿）。云台山风景名胜管理局在人工渠道的基础上，修建了温盘峪栈道，使游人可以非常便利地进出温盘峪峡谷。几乎所有的游人都会对这峡谷中的人工景观——栈道发出赞叹之声，使人们再次体会到中华民族不屈不挠的进取与创造精神：在陡峭险要的山崖之中硬是开出了坦途，在飞流汹涌的激流之中硬是架起了桥梁！

青龙峡与钙华瀑布。青龙峡景区位于修武县的西北边，和山西省接壤。它和上面讲的温盘峪、老潭沟、小寨沟等三个景区不在一个地方，和它们隔着一座山峰。从地貌的分区来说，温盘峪、老潭沟、小寨沟可以看作是一个大的峡谷（有人称为云台峡）群中的三个峡谷。青龙峡景区实际上由两个峡谷景区（青龙峡、净影峡）和五个其他景区（景寺盆地、双庙、猕猴谷、大山脑、马头山）一共七个游览区组成，总面积达到 108 平方千米，被誉为“中原第一峡”。青龙峡现在开放的游览线长达 2000 多米，主要景观都在峡谷的底部。

青龙峡虽说也是峡谷，在峡谷中也可看见瀑、泉、溪、湖四大类水景，但此处的水景确是大大有别于前面云台山的三个峡谷。此峡谷溪流中的瀑布如此之多，如此之美。这种瀑的形成，主要是因为在溪流中有无数的钙华（或泉华）形成的“堤坝”，也就是“边池坝”，当地人称其为“琼海玉坝”。青龙峡中的地下水、地表水、雨水不断地侵蚀、冲刷周围的由灰岩构成的山脉，由于长期的蒸发作用，氧化钙日积月累，经过千百万年就形成这“边池坝”。一个边池坝就形成一个小潭（或称小湖），同时也就形成一个小小的瀑布，这三者是配套的，当地人称此景观为“金壁流玉”。边池坝上几乎都生长有苔藓、水草和植物，它们的嫩绿色不仅使边池坝的黄色鲜艳了许多，而且也给这峡谷的水流带来了生命，使其有如一幅生机盎然的画面展现在人们眼前。

云台山的峡谷地貌和风景连在一起就是三句，那就是“不到长江三峡可看峡谷，不到贵州黄果树可看瀑布，不到黄龙可看边池坝”。

青龙峡的标志性景观是“叠翠瀑”。实际上，它是峡谷内上面一个边池坝形成的水潭以及和它紧挨着的下面的一个水潭。说通俗点，就是两个圆形的水潭一个在上，一个在下。上面一个“盆”里的水满后，由于边池坝的关系溢出形成一个小瀑布，流进下面的一个“盆”。下面这个“盆”里水满后，由于边池坝的关系溢出又形成一个小瀑布。由于这两个“盆”是紧挨着的，远看就像一个瀑布分成两截，所以应该叫“叠瀑”，但由于边池坝长满了绿色的植物，形成了“苍翠欲滴”，

云台山水帘瀑和其下的水帘洞

故又叫“叠翠瀑”。真应该感谢这些命名者，他们把地学上的一些名词起得这么优美动听。这种瀑布景观在我国北方很少见，这决定了青龙峡叠翠瀑的价值，因为在我国的北方，岩溶景观比南方要少见得多，更何况这种边池坝景观以及这种边池坝的叠翠瀑更是少之又少。

北京的后花园：野三坡百里峡

北京有一个美丽的后花园——野三坡，它居然是喀斯特嶂谷，位于市西南 150 千米左右的河北涞水县。这里发现的喀斯特嶂谷有蝎子沟、海棠峪、十悬峡，统称为百里峡景区。现在开放的是后两个平行嶂谷，为了连接起来，设计了一个索道。在百里峡入口处，就看见一个有“百里峡”题刻的，像城楼一般的山门。到海棠峪峡口，就有一个石刻“天下第一峡”。抬眼望去，两岸的山都在百米以上，我们如同在一个狭长的巷子中行走，而且这巷子是弯弯曲曲的，很有情趣。峡谷中不时有或大或小的瀑布从崖壁倾泻而下，下面则是圆圆的水潭，很是可爱。两岸山壁的岩石是一层一层的石灰岩构成的，和长江三峡的岩石属于同一类。山岩陡峭，遍布着像一把把绿色小伞一样的小草——独根草。峡谷的两旁以及顶上，则可见到高高的树林。在这流水淙淙、绿树环抱之中，炎夏的暑气顿时就消失了。走着走着，空气好清新啊。原来这里有瀑布，有繁茂的植物，空气中的负氧离子是城市中的好多倍。

大约 1 个多小时，来到了一座天生桥前，高高的桥洞，厚厚的桥板，如一道飞架的彩虹。让人惊喜的是桥下两旁有成千上万把黄灿灿的“同心锁”。我还看见一把大大的密码锁，挂有红心，人们希望友谊、爱情、亲情像这座桥一样万古永存。人间的真情多么感人，为山水添彩。到此，我们就坐索道到了另一个峡谷——十悬峡。如果你体力好就不用坐索道，有天梯上下，费时要 1 个小时左右。这边的峡谷更加幽静，流水更丰，在有水的小路上铺着圆圆的石板路，不少风化形成的象形石也让人兴趣大增。在行进中，不时听到一两声鸟鸣，不禁使人想起“鸟鸣山更幽”。怎么，一下就又到了入口处？原来这是一条环行的旅游路线。在这里，仰望天空多么广阔，白云在蓝天中多么自由自在，愉快的百里峡之行长留心间。海棠峪全长 17.5 千米，十悬峡全长 22.5 千米，两者相加，再加从住处到景区的路程，也接近百里了，真是不虚传的“百里峡”。

壁立千仞、群瀑横飞的马岭河嶂谷

嶂谷比峡谷还要狭窄，谷壁陡峭，谷深，两岸的宽度远远小于其深度。雄、奇、险、幽是其特点。嶂谷两岸壁立千仞，无论是仰看还是俯视，都突显“雄”，仿佛“雄风”一般；“奇”就是谷狭长，仿佛是大地上刚刚裂开一个口子一般，在重庆武隆则把其称为“地缝”，多么神奇啊；嶂谷又深又窄，给人以险之感，人又是如何上下，又如何在其中生活和生存的，只能用“险”来形容；“幽”则是美丽，每一个嶂谷都是一个幽深的图画长廊，每一段都有其独特的风光。喀斯特嶂谷是喀斯特公园中独具神韵的地方。中国的喀斯特嶂谷也不少，只能选取其中两处最为精彩的地方介绍。

马岭河峡谷（按一般通俗叫法）位于贵州省黔西南州的兴义县境内。马岭河是南盘江的支流，整个峡谷长达到 74.8 千米。我选择离县城仅 10 千米的马岭古桥处来看马岭古桥到天星桥这一段，全长为 9.7 千米。峡谷的深达到 120 ~ 200 米，宽仅 80 ~ 150 米，是整个马岭河峡谷中最深最窄的一段。除了峡谷景观外，这里最吸引人的是瀑布。到处都是瀑布，有十几条以上，仿佛走进了一个“瀑布陈列馆”或“瀑布的集市”。这些瀑布落差大，水帘的样式既多又美。有人统计过，仅仅这 9.7 千米中，就有 57 条瀑布之多。在马岭古桥“天星画廊”这一段 1.7 千米间就有瀑布 13 处，且瀑布的落差都在 150 米以上。这一个小小的河流段中，高瀑布的数量就如此之多，可见中国高瀑布的数量之丰富，换句话说，在中国瀑布落差在 150 米以下的，无论如何连前 13 名都进不了。

当地人把其中的几条起了非常生动的名字，一条叫“万马奔腾”的瀑布高 164 米、宽 38 米，从崖壁顶端飞流直下；“活龙口”瀑布则是河对岸上有一悬岩十分像张着巨口的龙头，仿佛要将河对岸的 4 个瀑布吞入口中而起名的；一条叫“珍珠”瀑布，瀑水在层层叠叠的岩

俯瞰马岭河峡谷

壁上撞碎为万千颗的水珠；还有8条相隔不远的瀑布，同时倾泻而下，气势如虹，水雾在峡谷中被太阳光照射，变幻出道道美玉般的彩虹，这种彩虹景观虽在其他地方经常能见到，但没有如此持久，如此壮观，如此水雾弥漫。我在峡谷中，把这些瀑布一一拍摄，由于距离远，把镜头拉到最近，才弥补了一些缺憾。这是我从事地学研究和考察40多年以来在中国大地上见到的数量最多、落差最大、景色最为美丽的瀑布群。据统计，马岭河两岸的瀑布达到100多条，百多条瀑布辉映着这绿色的峡谷，泉声山石，往复创变。

马峡河峡谷的岩石是三叠纪的石灰岩，瀑布水流在流动的过程中对这些灰岩产生侵蚀和溶蚀作用，形成大片大片的灰华，大量的苔藓植物重重叠叠在其上生长。这样就形成翠绿欲滴的犹如一幅巨型的立体画的钙华壁，其面积约为30万平方米，人们称为“牛肝马肺”。瀑布一般配套的景观是水潭，但又有如此大面积的钙华壁，在中国是罕见的景观。更为奇观的是这钙华壁中有不少的“钙华洞”，如果游人有机会在其中穿行，一定能体会到无穷的乐趣。我在拍摄群瀑时，也

贵州马岭河峡谷吊水岩瀑布

贵州马岭河峡谷群瀑雄姿

拍摄了不少的钙华壁，边拍边观察，乐在其中。一个多小时就这样，在拍摄、观察、欣赏、品味中很快度过了。这个峡谷峭壁的瀑布群、钙华壁、崩塌体还有急流险滩，被誉为“高原峡谷一线天”“十星画廊”。

马岭河峡谷还有60多个湾，20多个潭，80多个滩的绵长的漂流河段，被誉为“西南第一漂”。游人在漂流的过程中，更能亲身体会到马岭河峡谷的雄、奇、险、幽。

水澹澹兮生烟，马岭河峡谷中线瀑以及烟雾

第6节 世界级的喀斯特风光

神奇的凤山喀斯特

2010年，中国诞生了第一个喀斯特的世界地质公园。它就是由广西凤山岩溶国家地质公园和广西乐业天坑国家地质公园联合申报成功的广西凤山乐业世界地质公园。

2009年11月，我专程对这两个公园进行了1周的考察后，认为这两个公园确实漂亮、神奇，尤其是凤山。进入了凤山，恍如到了“世外桃源”。这里，天是蓝的，山是青的，水是秀的，就连家园也是整整齐齐的，环境太好了。由于多水、多树、多洞穴，这里的负氧离子含量高。正由于此，三门海附近的屯寨 80 岁以上的长寿老人占村民总数的 1.9%，是世界第五长寿区——巴马的盘阳河长寿区的重要组成部分。由于凤山地处偏远，从南宁市坐大巴到凤山县城，需要 4 个小时，整整半天。称呼其为“世外桃源”，名副其实。时光过去了 7 年，一想到凤山，一写到凤山喀斯特，我的心情还是难以平复，还是那样的激动，那样的高兴。在此，写一首小诗《凤山之歌》。

凤山，神奇的大地，我的心爱所在。这是一片爱的泉水浇灌的乐园，泉叫鸳鸯泉，洞也叫鸳鸯洞，水和洞浓浓的爱意。

凤山，神奇的大地，我的心爱所在。这里一片波光粼粼智者的公园，地下河中居然出现了三片海，确实有海的碧蓝和深情。

凤山，神奇的大地，我的心爱所在。仙人桥如此宏伟，桥下能把黄鹤楼放；阴阳山这么吻合，日光能把山相连，真神奇！

凤山啊，凤山喀斯特，不似教科书，胜似教科书，大自然的伟大杰作。地学家永远的圣地，到此，就是虔诚的教徒朝圣之旅！

凤山的喀斯特风光是世界级的峰丛岩溶类型中的一枝奇葩，鸳鸯洞、江洲洞穴地下长廊、马王洞等为代表的洞穴，江洲风景区的天生桥、三门海景区、广西凤山岩溶国家地质博物馆等都是其世界级喀斯特风光中的典型代表。

鸳鸯泉和鸳鸯洞离县城 1.5 千米，在一大片农田中有两个不大的圆圆的池塘，一大一小，大的水的颜色较浅为绿色，小的为深绿色接近蓝色，两个泉相距不到 50 米。这鸳鸯泉中并无鸳鸯，只不过是说这两个泉大小、形状等都相似，像一对鸳鸯而已。鸳鸯中鸳是雄的，颜色鲜艳；鸯是雌的，颜色不鲜艳。可是，鸳鸯泉中，颜色浅的为雄的。实际上，鸳鸯泉是岩溶泉，在喀斯特溶洞附近是比较常见的，是地下水的露头。鸳鸯泉两泉的水化学性质十分近似，两泉存在色差的主要原因与生物成分（尤其是微生物）、泉潭深度、光线入射与反射角差异有关。鸳鸯泉的美丽在于它们常年有水，而且蓝色吸引人，就像凤山大地上一双闪闪放光的眼睛。

鸳鸯泉的后面就是一座石山，从泉所在地向上走 15 分钟就能到达鸳鸯洞的洞口。喀斯特地区，这种泉和洞相距不远，洞以泉命名的并不罕见，就如河北野三坡的鱼谷泉和鱼谷洞。鸳鸯洞洞口的景观就让我大吃一惊，有两根高近 20 米的顶天立地的大石柱，还有七八个似巨钟、似古莲的石钟乳以及下面似树桩的石笋等在洞口排成一排，好大的气势啊。进洞，没走多远，感到洞口景观太密，密不透风啊！你在看一个景观时，前后左右、上上下下都是景。洞内的钟乳石太美了，每看一个都目不能移，脚不能动，看呆了。洞内的各种石笋数量至少有千余根，可以称为“石笋博物馆”，其中有两根石笋高度分别达到 29 米和 36.4 米，后者是世界第三高石笋。由于滴水与落下时飞溅水的协同沉积，这些石笋的表面都呈现为“披鳞挂甲”的棕榈石笋，十分神奇，好像一根根绣花柱，灿若图绣！鸳鸯洞中，石笋的数量、石笋的高大、石笋的漂亮，再加洞前还有一对美丽的鸳鸯泉，都是世界级的，并且应该把其列为“中国最美的溶洞”中的一个。

凤山县的洞穴达到数百个，其中还有两个世界级的洞穴即江洲洞穴地下长廊和马王洞。

江洲洞穴地下长廊已测的长度达到 37 千米，居中国第四（前三位分别是贵阳绥阳双河洞 117 千米，重庆武隆二王、三王洞穴系统 65 千米，湖北利川腾龙洞 59.80 千米）。它宏伟、高大，其高多在 30 米以上，最高为 72.5 米，最宽 115 米；有 20 多个大厅，面积在 4000 ~ 18500 平方米之间（中国著名芦笛岩主洞的面积为 14900 平方米），即最大的大厅比芦笛岩一个洞还大；洞内还有 120 多个塌陷坑。整个洞穴至少分为两层，上层为旱洞，下层为水洞（现代地下河）。洞内钟乳石丰富、体量较大，十分奇丽和壮观。

马王洞位于三门海景区山坡上，全长为 7.7 千米；洞口内大厅附近就有一座高 70 米、宽 20 米、跨度达 100 米的天生桥，是世界上至今已发现的最大的洞内天生桥；具有高度超过 150 米、连续长度达到 2000 米的近水平洞穴廊道，可以称为“世界第一高洞”；单位长度容积（即 1000 米长的谷积）为 486 万立方米，远远大于世界名洞斯科杨洞 200 万立方米，世所罕见。马王洞是又高、又大、又长的世界级溶洞。凤山公园内发现面积超过 2 万平方米的洞穴大厅有 7 个。

毋庸置疑，凤山公园的洞穴景观是世界级的景观。

江洲阴阳山和仙人桥

凤山江洲有三个岩溶景观是游人应该去看一看的，那就是阴阳山、仙人桥和地下长廊。

阴阳山位于公路的两侧，路的一侧是一片峰丛洼地，内有一个馒头状的残丘，其中下部有一个溶洞，这就是阴山。在路的另一侧有一个高约二三十米的石灰岩孤峰或石柱，则是阳山。两者之间相距有二三百米之远。当地有人说，每当日落时刻，阳山处的阳光会直射到阴山的溶洞内。这可能只是个传说吧。我在此处观察了很久，吸引我的是阴山脚下那一片精耕细作的农田，一方一方整齐地排列，像一个巨大的圆形八卦田；农田中有草场，放牧了一些牛和马，人类的聪明和力量创造的成果，呈现在我们面前。这阴阳山不过是喀斯特地区常见的残丘和溶洞，两者相距不远却不多见，不禁使人联想到阴和阳也是有道理的，世界就是由阴和阳两个不可分离的部分组成的。

江洲仙人桥距阴阳山大约半个小时的车程。桥高 64.5 米、桥厚 18.5 ~ 24 米、拱孔高度 46 米，我们的大巴车和人在其下经过时，显得异常渺小。桥的跨度达到 144 米，在中国目前已发现的岩溶天生桥中仅次于云南中甸天生桥（跨度 200 米）和广西乐业仙人桥（跨度 177 米），排名第三。桥中部宽达到 38 ~ 42 米。桥顶部有绿色的植物，显得生机蓬勃；桥中部是裸露的白色石灰岩，沉稳挺拔；桥下部有钟乳石悬挂，似天然装饰。整个桥的色彩、构图、形状十分舒服。假如在春夏季来到这里，桥下还有流水潺潺，加上山野中盛开的野花，组成了一幅优美的以桥为中心的立体山水画。

这座桥给人似“真桥”的感觉。因为它比例得当，特别是桥板较“薄”，显得轻盈、优美，和人工建造的桥的比例十分吻合。这座桥就在路中，来往的车辆从桥下穿过。

江洲地下洞穴长廊、阴阳山和仙人桥三个景观构成了江洲喀斯特的风景区。

广西凤山：江洲天生桥

三门海洞天景区

三门海是凤山公园中最神奇、最漂亮的风景区。游客从坡心地下河出口处的下游乘船逆流而进。不多久，就通过第一个山洞（实为天生桥）。第一个山洞的石灰岩壁上，有“寿源”（意为长寿之源）两个摩崖大字，十分醒目。我们的船经过第一个山洞时，突然光线暗了下来，船工打着手电照亮了山洞。山洞实际上是一个石灰岩溶洞，大约5分钟，船儿就穿越了这个山洞。出了山洞，顿时感到豁然开朗，顶上没有“山”了，向上望去，天是那么的高，但四周却是“山”。我们又见到了一片水面，即“海”。船向前走了5分钟左右，又看见了一个山洞。明白了，我们正在行进中的地方是一个个“水上天坑”或者叫“天窗”。第二个山洞的洞口和第一个大同小异，洞口长了繁茂的藤本、草本、木本等各式植物，洞下生长着丰富的石钟乳。我们在大约半个多小时内，连续穿过了三个山洞。每经过一个山洞，就看见一大片水面，当地称之为“海”；经过一个山洞就仿佛是推开了一扇“门”，这“洞”就是“门”，即“洞门”。三个山洞构成了三个门，两个门之间的地下河就是海。“门”和“海”合起来就称之为“三门海”景区。说通

凤山三门海，坡心地下河出口处：竹筏和棕榈树

俗些，三门海实际上是一门海景观区加二门海景观区再加三门海景观区。这三个景观区都集中在凤山坡心地下河出口段 690 米的长度之内，整个三门海的游程只需半个多小时，使人产生一种美不胜收、目不暇

凤山三门海：似绿宝石的水上天坑

凤山三门海的入口：水上天坑与天生桥

广西凤山三门海景区

接之感。一个画面接着一个画面，画面的景观、景色、情趣又是各不相同的。

三门海实际上是由三个山洞（或洞门）、三个通天深潭（或海）、三个水底天坑、三个天窗（即洞、水、山、天），还有河流岸边的田园风景组成的一个世界级的喀斯特风光区。其景色奇特优美、分布集中、形态典型、体量巨大。

游览由坡心地下河相连的三门海的 4 个串珠般的天窗群，是一次十分难得的独特旅程。在这里看到了天的高远、山的陡峭、水的深邃、洞的奇巧，还有那河流两岸锦绣的田园，十分优美。

我们乘船旅游是三进三出山洞，又由于返回时是同一条航线，实际上是六进六出山洞。这样，我们就可以从不同的角度和方向把山洞看六次，把海（水上天坑、天窗）也看六次。

中国最有特点的地质博物馆

我在中国地质博物馆工作多年，参观、考察过的国内的各种地质博物馆不下几十处。但看完广西凤山岩溶国家地质博物馆后，我感到震惊、激动，内心充满了意外之喜。为什么？原因就是这个博物馆是与众不同的，是有自己特色的，同时又是不能复制的。这个地质博物馆有三个国内之最，换句话说，就是三个想不到、三个从未见到的特点。

广西凤山地质博物馆：卷曲石

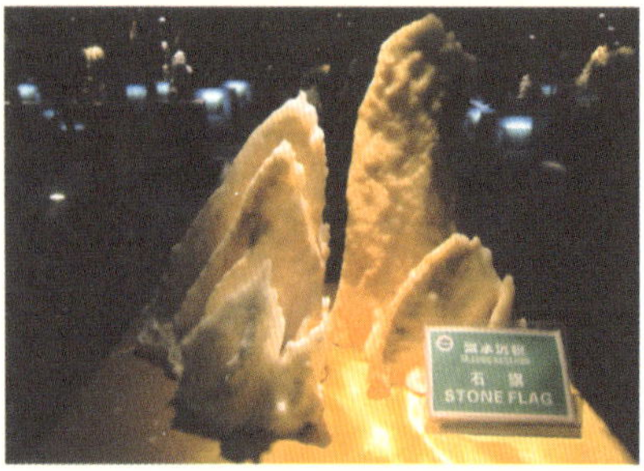

广西凤山地质博物馆：石旗

广西凤山地质博物馆：石钟乳

广西凤山地质博物馆：水下晶花

首先，位置独特。它位于一个巨大的天生桥——凤山穿岩下，把地质博物馆和地质遗产（天生桥）结合在一起、融合在一起，是一个十分巧妙又符合科学的创新设计。这座天生桥本身可以说就是一个地质博物馆。这个博物馆把人工的建筑缩小到很小的部分，尽量做到与自然浑然一体。

其次，博物馆的空间高大。一般地质博物馆的层高最高的也就 15 米，主要是为了陈列装架恐龙化石而设计的。这个地质博物馆因为是穿洞大厅（有人称为洞穴大厅），其高度达到了惊人的 100 米！其占地面积也达到 4200 平方米！

最后，馆内洞穴次生化学沉积物（以下简称钟乳石）的标本种类繁多，质量好。博物馆的最上层是一个专门陈列钟乳石标本的大厅，有石钟乳、石旗、石葡萄、流石坝池、叠石沉积、石笋、卷曲石、穴珠、水下晶花、石钟乳上的卷曲石等，这是我在国内地质博物馆看到的种类最齐全、最丰富的钟乳石，它集中了钟乳石类的 80%，所有钟乳石的标本颜色洁白、形态完整、晶形美丽，在灯光的照射下，只能用“精彩”“辉煌”“妙不可言”来形容。我不妨引用徐霞客描写洞穴景观时的一句话：“割其一脔，即可当他山之全鼎”。

这个地质博物馆的三个特点；至今想起来令我激动。我幸运、我有眼福，在中国的大地上看到了这样一座美轮美奂的地质博物馆。如果你要看一看大自然的神奇以及鬼斧神工，请一定要到这个博物馆来看一看；哪怕你是专程来看这一个博物馆都是值得的。

世界级的风景，应该有世界级的地质博物馆。广西凤山两者都有，这是凤山的骄傲，这是广西的自豪，这是中国的美丽形象！

荔波喀斯特

写喀斯特，一定要写荔波喀斯特。因为它不仅是国家级的重点风景名胜区——樟江风景名胜区的所在地，更是世界自然遗产——中国南方喀斯特的重要组成部分。

荔波喀斯特是贵州喀斯特风光最集中、最迷人、最美丽、最让人心醉的地方。这是因为其风光是以水景为主，给人妩媚、灵动之感。

荔波位于黔南州的最南端，所处的纬度为北纬 25°，离北回归线仅 2°。“荔波”是布依语的音译，意思是“美丽的山坡”，确实是名副其实。

清朝咸丰年间，贵州著名文人郑珍曾在荔波任职。他刚一到任，便对此间风光赞叹不已写下了：

莫作居夷寥落意，此间便恐是桃源。

他在荔波山水田园间行走，又写下了：

雨过桑麻长，晴光满绿田。
人行蚕豆外，蝶度菜花前。

由于交通不便，地域偏远，这个和广西相邻的贵州小县城的风光一直“养在深阁人未知”。随着经济的发展，荔波喀斯特风光终于在21世纪初绽放出耀眼的光芒。尤其是广州到贵阳高铁的开通，人们到贵州、到荔波更加便捷了。

荔波喀斯特景区，又称漳江风景区，距离县城东北17千米。它由小七孔鸳鸯湖景区、大七孔地峨宫景区、水春河峡谷景区和漳江沿江风光带四个风景区组成。

水是荔波喀斯特的灵魂，也是荔波喀斯特的血脉。水的各种形态和流动的形式赋予了这里风光的秀美和可人。

小七孔景区距离县城西南28千米。该景区从东门的小七孔古桥到西门的鸳鸯湖，全长约12千米。景区内有瀑布、溶洞、河湖、森林等多种景观，而且所有景观几乎都与水有关，大多沿响水河分布。

七孔古桥位于景区东大门之首，“小七孔”名字得于此桥。这是一座小巧玲珑的古石桥，长25米，宽4米，拱高4米，建于清道光十五年（1836年），至今170余年了。桥由麻石条砌成，桥身爬满了藤蔓和蕨类。古色古香的石桥下是绿得令人心醉的涵碧潭；两岸古树参天，像华盖巨伞撑在桥上。国内这种小石桥并不罕见，但桥下有如此美的潭，桥上有如此绿的树的小石桥，却十分罕见。

喀斯特地区的河流上游，由于大量钙华坝的形成，往往形成了“层湖叠瀑”的景观。小七孔的68级瀑布是最为典型的代表，在长仅1.6千米的河谷中形成68级跌水瀑布，故名68级瀑布。瀑布总落差约为40多米，每级仅0.5 ~ 3米之间，每级有钙华坝，坝下形成水深2 ~ 3米的水潭（实际可称为湖）。这美丽的景观使人想起了四川九寨沟的“层湖叠瀑”。自然界多么神奇，都是相同的“层湖叠瀑”，但如此不同，瀑不同，湖亦不同，小七孔更加玲珑秀美。

进入东大门后见到的第一个瀑布就是拉雅瀑布，它和68级瀑布相邻，互相辉映。其水质极为洁净，汇入溪流后清澈见底，很多游人在此取水直接饮用。

鸳鸯湖。它位于景区西大门，是一个岩溶湖，由两个大湖、四个小湖串联组成，因湖中有两棵并排的参天大树而得名。这两棵大树的根在水中，枝叶则在湖上缠绕在一起。鸳鸯湖水深37米，水恒温为

15℃左右，终年有双双对对的鸳鸯游弋于湖面。湖的四周密密麻麻的各种植物长满了好几层，湖真是隐藏在翠绿之中的一块“蓝宝石”。

卧龙潭与天钟洞。卧龙潭在鸳鸯湖的北边，实际也是一个小小的岩溶湖。它有四个特点：一是深，深不可测；二是蓝，一泓蓝汪汪的水；三是清，可见水底石头；四是水盈时，在潭边形成犹如丝绸般漂亮的水帘瀑，银瀑与幽蓝形成色彩的对比。

天钟洞在鸳鸯湖的南边，是一个发育在石炭组中的不大的溶洞，洞内有一尊形如大钟的巨型石笋。洞内灯光设施不理想，游览必须有导游带路才行。

水上森林。位于小七孔景区中部。森林都生长在湍急的溪流之上，还有各种藤本植物自水上横穿而出，溪水中飞快地游着各种不知名的小鱼，更有湿地沼泽穿插其间。在这段徒步旅游中既有木板路，又有石墩路；有时水弄湿了衣服，脸上却笑盈盈。除此之外，龟背山原始森林、野猪林陆上森林等也很精彩！

在小七孔景区，我们体会到喀斯特地区各种水的魅力，有河流水（响水河）、瀑布水、湖水、潭水；我们从水上森林看到了生命的顽强和绚丽。喀斯特本身和水密不可分，喀斯特景区水的深邃和清澈让我们心醉。在这里深深体会到水不仅是“生命之源”，也是旅游的欢乐之本。

大七孔在小七孔北面，相距 8 千米，距县城 28 千米。这一景区内也有一座七孔桥，比小七孔桥大，故称大七孔桥。该桥高 7 米，宽 4.5 米，长 35 米，是荔波县境内第一大石拱桥。大七孔景区实际上是一条喀斯特的峡谷，主要景观有恐怖峡和天生桥。

进景区就是一条两岸崖壁耸立的恐怖峡，由于钙华沉积在岩壁上，形成了一幅幅生动的壁画，十分好看。峡谷内游人不能大声呼叫，否则峭壁上一些风化的大小石块发生“共振”，就会“沙沙”飞下来，伤害游人。当地百姓称之为天神恼怒，叫“恐怖峡”。

继续前行，可见一座天生桥横跨峡谷，桥下有水。天生桥拱离水面 60 米，厚 20 米，高达到 80 米，宽桥孔宽 20 多米；尤为特别的是河水流过天生桥后，形成 2 米多高的瀑布。桥孔下遍布形态各异的钟乳石，桥侧长满了灌木和花草，十分美丽。专家把此桥誉为“大自然神力所塑造的东方凯旋门”。

世界自然遗产新奇葩：武隆喀斯特

武隆县位于重庆市东南部，与贵州省相邻，长江南岸支流乌江下游的峡谷区，是贵州高原与四川盆地的过渡地带。武隆县进入 21 世纪后，声名鹊起。武隆县不仅是芙蓉江国家级重点风景名胜地所在地（2002 年国务院批准），还是武隆岩溶国家地质公园所在地（2003 年国土资源部批准），更是中国南方喀斯特的世界自然遗产所在地之一（2007 年进入）。武隆喀斯特景观价值在短短的 5 年，提升了三大步，从中国走向了世界。

武隆县对于大多数人来说，还是陌生的。不妨从一个真实的历史故事说起。美丽的溶洞芙蓉洞和芙蓉江峡谷的起点都在武隆县的江口镇。让人无法想象的是唐代当了 30 年宰相的长孙无忌的墓就在江口镇。时光过去了 1300 余年，今天人们来到江口镇很少有人关注长孙无忌，他们的兴趣都在位于此镇的一个美丽的地下溶洞，一条秀丽的峡谷。唐代的断魂之乡，蛮荒之地，今天已经成了旅游的热点景区，世界自然遗产所在地。

武隆喀斯特主要由天坑三桥景区、龙水峡地缝景区、后坪天坑景区和芙蓉洞天星景区组成。每个景区都有其独特的喀斯特风光特点。

雄伟壮观的天坑三桥景区

在武隆县城的乌江北岸的羊水河峡谷中段 1.5 千米之内分布着天龙、青龙、黑龙三座三生桥，都为三叠纪的石灰岩。这三座三生桥的桥拱高分别为 116 米、103 米、96 米。这么高的天生拱桥非常雄伟壮观。我的家乡是武汉市，从小对长江大桥是十分熟悉的。每当我在江边眺望或坐渡轮从其下经过时，望着这“飞架南北”的人工建造的钢铁桥梁，就感觉到它的高大，但其桥下到江面的高度不会超过 30 米。如今面对拱高近百米或超过百米的天生桥壮观，令我的震撼！我们是坐一个高差为 80 米的电梯，从地面下降到离天龙天生桥底还有四五十

武隆天龙桥雄姿

重庆武隆，清清的芙蓉江

米（斜线距离）的斜坡上，然后步行十多分钟才走到天生桥的桥底。站在桥底，抬头上望，好高、好高啊！脖子都扬累了。三座桥的桥板很厚，分别为 168 米、150 米、107 米！在视觉上使我们感到桥的敦实厚重。桥的跨度分别为 28 米、31 米、34 米。这么又高又厚的桥，能有 30 米左右长的跨度还是难得的，毕竟是单拱桥啊！天龙桥高为 235 米，青龙桥高为 280 米，黑龙桥高为 223 米，离地面 200 米以上的天生桥如同高耸的艺术之宫，真似一条彩虹！在这么短的距离内有 3 座这么大型的天生桥，确实是一个自然奇观。

天生三桥之间还有青龙和神鹰两大天坑。青龙天坑位于天龙桥和青龙桥之间，口部平面形态近似十字形，东西长 522 米，南北宽 398 米，面积达到 19.4 万平方米；天坑最大深度达到 275 米，最小深度为 195 米，是个大型天坑。天坑底部平坦，绿草如茵，一线清溪纵贯东西。四周陡崖绝壁中有不少裂隙中涌出飞瀑悬泉，坑底形成水潭，周围山色、碧空及天生桥倒影其中，可谓“水天一色”。

神鹰天坑位于青龙桥和黑龙桥之间。在黑龙桥下，抬头上望，天坑上部西侧的山崖酷似一只展翅的雄鹰，故名“神鹰天坑”。其口部直径 300×200 米，面积达到 5.1 万平方米，天坑最大深度 284.7 米，平均深度 190 米，是个中型天坑。天坑四壁均在 200 米以上，西侧高达 280 余米，看上去十分雄伟、高耸。坑下也是悬瀑纷飞。

天坑三桥景区还有神鹰峡，位于黑龙桥下游，长度只有 600 米。其两岸绝壁，前半段为 150 ~ 200 米，十分壮观，有“龙门屏障”“雄狮镇关”等景点。这段峡谷为干谷。羊水河峡共四段。神鹰峡是羊水河峡谷的第二段，也是最精彩的一段，有“三桥、两坑、一峡”。这三类岩溶景观中又以三桥为核心景观，故名“天生三桥”景区。羊水河峡谷第一段叫龙门峡，第三段叫子房沟，第四段就是著名的龙水峡地缝式峡谷。

从天生三桥的桥内、桥外，神鹰峡的上游、下游，天坑的上下不同的角度来观赏，有不同的美学感受，以从桥内、下游、坑下观赏给人的视觉冲击力最强。这里人文景观还有张艺谋拍摄《满城尽带黄金甲》的外景建筑。

天坑三桥景区内一共有九个天坑，除了青龙、神鹰之外，还有中石院、下石院、三王洞、大岩脑、贺家坨、梅子坳、哈子岩等七个天坑。前两个为大型天坑，后五个均为小型天坑。中石院口部面积 27.8 公顷，最大深度 213.7 米，缓坡处有村落——中石院屯 15 户约 60 人，有小路下到天坑；下石院口部面积 35.2 公顷，最大深度 373 米，在较平缓的底部有下石院屯——26 户约 70 人。这 9 个天坑全为塌陷型天坑。中石院天坑形态完美，口部面积排名世界第二，在中国和世界占有重要位置；下石院天坑口部面积大于中石院，但其四周陡崖不完全圈闭，不属于典型的天坑。

天坑三桥景区主要是由多个塌陷天坑，三座残留的天生桥，干峡谷以及两岸洞穴和泉水构成十分罕见又十分具有观赏性的典型的谷、桥、坑、洞、泉为一体的喀斯特系统。在这里，我们看到、体会到了天坑的壮观、深邃；天生桥的雄伟、神奇；峡谷的古老、沧桑、飞瀑不倦、执着，审美得到了极大的满足。这个喀斯特系统的形成分两个阶段，早期是伏流洞穴的发育和地下峡谷塌陷；后期是地面河流的地下袭夺。

武隆峡谷精品：龙水峡地缝式峡谷

武隆县境内有五条岩溶峡谷。芙蓉江峡谷是其中之一。芙蓉江是乌江的支流，是一条秀美的河流，在武隆境内长 31 千米，由五段峡谷组成。三会溪地缝式峡谷是其二。三会溪是芙蓉江的支流，长仅为 5.1 千米。羊水河峡谷是其三。武隆三桥就在核心景区，整个峡谷分为三段。阎王沟峡谷是其四，位于武隆县东北部的后坪乡。十分罕见的是龙水峡地缝式峡谷是其五。

龙水峡地缝式峡谷简称龙水峡地缝。它位于武隆县北的白果乡，有人也称为“白果地缝”，距县城30千米左右，开车40分钟就可抵达。它是一条典型的深切峡谷地貌。

2008 年 11 月 3 日，我亲自考察了这个峡谷。我们是坐观光电梯，下到离地面 80 米的一个台阶处，然后再往下行半个小时，就到达了峡谷的底部，开始了峡谷之行。第一感觉就是这个峡谷，怎么这么狭窄啊！我 40 余年的野外考察，第一次走这么窄的峡谷，谷底宽度多为 2 ~ 5 米，只容许 2 个人并排走路；有的地方更是只容许 1 个人通过，宽度据测量为 1.3 米。峡谷两旁壁立千仞，抬头望蓝天一线，真是大地上的一条缝，叫“地缝”是很恰当的。走着走着，有时真担心天上的一线天会合拢，把我们关在里面。现在，我们把喀斯特峡谷分为峡谷和嶂谷两类；有专家则从窄到宽分为隙谷、嶂谷、峡谷、箱形谷。看来，叫“隙谷”还是没有“地缝”更通俗、更贴切。有人推测，白果地缝是地下河的洞穴顶板坍塌而成。

地缝中景观丰富，种类齐全。地缝中有两处山上塌落的巨石嵌在地缝之上，形成天生桥；一处桥的跨度仅为 2 米，为一块大的石头形成；另一处跨度为 8 米，是由一长条巨石构成。人在其下通过别有一番情趣。地缝中的水景齐全，有潭、泉、瀑。潭有串珠潭（由三个水潭组成）、雷鸣潭、葫芦潭（由三个水潭构成葫芦形）、明镜潭等，每个潭圆圆的，有清清的水，这些潭都是河流中 1 ~ 10 米不等的跌水形成的。泉则有龙缝泉。瀑布大小不一，但数量不少，由钙华形成的水帘瀑或钙华瀑比比皆是。最大的瀑布名“飞天悬瀑”，落差达到 42.8

米，而此处的岩壁高为 210 米，瀑布从岩壁的中间破壁而飞出，故名“悬瀑”，意为悬在半空之中。这里年降水量大，地缝内终年流水潺潺，峡谷内密不透风，老树藤蔓盘绕，苔藓、蕨类发育，翠竹遍生，形成了“万篁幽趣”“翠篁迎宾”等以丛林为主的景观。

整个地缝曲折幽深，长约 1000 米。当走完地缝，到达白果伏流从地下涌出的出口时，突然觉得天是这么的高，地是这么的宽。地缝之旅又称为“地心之旅”，让我们经受了一场惊心动魄的旅程，在其中又潮湿又闷热又昏暗，真有一种走向“地心”的味道。这种旅行，让我们看到了喀斯特峡谷中最狭窄的地缝的别样风景。这也是武隆喀斯特独有的魅力。

通过考察“白果地缝”，我们看到了峡谷内的奇峰异石、鱼虫鸟兽、飞瀑流泉组成了一幅幅生机盎然的图画。这张图画既是泉声山色，也可是泉轰风动，更可是松石相映；图画中的树木或高或低，或大或小，或直或弯。峡谷把大自然多色彩、多变化、多造型的特点呈现给我们，植物中既有翠绿的树丛，也有鲜艳的群花；流水中既有潺潺的山溪，也有飞泻的瀑布；天空中既有朵朵白云，也有青天一色；峡谷中的四季是不同的，一天中的早中晚也是不同的。旅游峡谷把单一的视觉效果转化成视觉、听觉、嗅觉（花香）、感觉等的美好体验，达到认识大自然、回归大自然、享受大自然的目的。

后坪冲蚀型天坑群景区

武隆县东北部后坪乡二王屯附近，发现有箐口、牛鼻子、石王洞、打锣凼、天平庙五个为地表水冲蚀形成的冲蚀型天坑群，形态典型，保存完好，是

重庆武隆飞天悬瀑

目前已知的世界上唯一存在的冲蚀型天坑群。

箐口天坑位于后坪乡以西约 3 千米。该天坑原名“漩凼”,“漩”字十分形象生动地表达了天坑形成时冲入水流的运动状态。其口部直径为 220×250 米；面积为 40000 平方米，是五个中最大的。最大深度为 295 米。其天坑形态完美，坑口呈椭圆形，可以通过数千米长的溶洞进入。雨季有三条悬瀑从 200 米高的陡崖飞泻而下，雷轰河聩，蔚为壮观。

牛鼻子天坑位于箐口天坑北边为 480 米处。在天坑岩壁上有两个溶洞排列似牛鼻的两个鼻子，当地称为“牛鼻子洞”，实为一天坑。其口部直径 80×380 米，面积 26000 平方米多，最大深度 198.8 米。地表水呈瀑布跌入天坑内，在坑底通过伏流洞穴与箐口天坑、二王洞相连。

石王洞天坑位于后坪乡二王洞村，其口部直径 150×170 米，面积 25000 平方米多，最大深度 252 米。有 4 条溪沟的地表水呈瀑布式跌入天坑，雨季时形成壮观的悬瀑。其岩壁上有数层溶洞。流入的水在坑底汇到二王洞，流到麻湾泉。石王洞四周绝壁光滑，有青苔生长，充满生机。天坑周围森林繁茂，以松、杉为主。

打锣凼天坑位于后坪乡石柱村，其口部直径 220×240 米，面积 32000 平方米，最大深度达到 372 米。在坑的东北有一高 60 米的巨大岩溶石柱巍然挺立，似天坑的守护神。

天平庙天坑占打锣凼天坑相距仅 50 米，口部呈三角形，面积 26000 多平方米，最大深度达到 420 米。因其口部东边有一天平庙，故得名。

这五个天坑所处的海拔高度，打锣凼、天平庙最高，石王洞次之，牛鼻子又次之，箐口最低。

我们对这五个天坑的欣赏主要是地表水以瀑布形式跌入 200 多米深的坑底所产生的飞珠溅玉，震天的吼声，使人惊心动魄。还有进入坑底，看四周的青山和炊烟（中石院），看坑口上圆圆的天（在大自然中，看一线天的机会不少，看圆圆的天十分罕见的）以及蓝蓝的天空上朵朵飘动的白云。这种“坐井观天”是一种特别的审美感觉。

后坪片位于乌江右岸支流木宗河的源头。后坪冲蚀型天坑的形成是在有足够充沛的地表外源水资源和足够厚度的包气带（该带的厚度是逐渐增加的），由落水洞一个竖井发展而来，而要得到发展必须要有地壳的抬升，引起侵蚀基准面的降低。研究得知，后坪侵蚀基准面从最初的 1100 米左右降至 850 ~ 950 米，又降低到现代的 100 ~ 200 米，每一个冲蚀型天坑都有一个排水的洞穴系统，如箐口天坑和二王洞，牛鼻洞和三王洞。总的集中排泄于木宗河峡谷中的麻湾洞泉，形成一个完整的喀斯特系统。

中国最深洞穴和最美洞穴集聚地

武隆县境内，深洞的数量、规模、深度都是中国其他地区无法与之抗衡的。天星乡（即芙蓉江右岸）一带，目前发现的有 256 处垂向竖井深洞和 45 个横向洞穴。中国最深洞穴的前四名都在此处。它们是汽坑洞、六尺凹口下洞、大坑洞、垌坝洞，其垂向深度分别达到 1020 米（983 米或 920 米）、832 米、775 米、656 米。中国最美丽的溶洞之一的芙蓉洞也在此。

重庆武隆芙蓉洞浮筏石笋

所有竖井（包括深洞），在空间分布上具二元结构，即上部是垂直的甚至是真正的竖井，下部则为横向或斜向的多层洞穴构成“L”图形。竖向洞道向横向洞道转换的海拔高度，都惊人一致地分布在400 ~ 480 米标高上。这也正好是本系统中规模最大、分布海拔最高的芙蓉洞的分布高度。这生动证明了长江三峡地区新近纪晚期的地壳抬升运动，前期为快速抬升，中期具震荡性质，近代又趋于快速抬升的特点。

我们现在开放的旅游洞穴以水平洞穴为主，垂直洞穴很少。我们对深洞内的情况更是陌生的。有不少人认为深洞就像人们打水的一口水井一样，直下直下，实际上，完全不是如此，自然界是复杂多样的。

洞穴之美是要亲历过才能体会到。芙蓉洞之美是任何普通人都能进洞观看到，汽坑洞等深洞之美又为有条件、有能力的洞穴探险者、洞穴爱好者提供了一个广阔的空间和舞台。这两者的瑰丽景观会使我们对洞穴之美有更加全面、更加深刻的了解。

巴马水晶宫

北京奥运会主体育场鸟巢

Chapter 9

第九章 瑰丽的地下溶洞

好奇诡的“鸟巢”。这是“长寿之乡”，广西巴马水晶宫中令人不可思议的洞穴景观组合，和2008年北京奥运会主体育场“鸟巢”，简直就是一个版本。外面覆盖着白色的卷曲石和石花就像“鸟巢”外面的钢筋，下面还有鹅管和穴珠。这个景观可以称为“夜幕下的鸟巢”，因为溶洞是处在黑暗的环境中。你看，大自然的鬼斧神工，和我们人类的精心设计，多么相似啊！

第1节　科学家和我们离不开溶洞

在地理研究中，溶洞的重要作用

1）地壳运动。地下河是溶洞的“母亲”。没有一条具有“高速公路”式运载力的地下河将其物质不断输出，洞穴的形成是难以想象的，一个溶洞的生命必然和一条河流休戚相关。地下河仅仅是使溶洞诞生，即开辟或者侵蚀、溶蚀出一个个洞腔。现在我们所看到的大部分的“旱洞”，甚至是“多层旱洞”，都要归功于地壳的运动。强烈的大幅度抬升的地壳运动把一个个地下河塑造的洞腔逐步抬升，脱离水面，成为旱洞。溶洞是研究地壳运动，尤其是新构造运动最好的“实物”或“证据”。

桂林市荔浦县的银子岩：音乐石屏

昆明市宜良县九乡溶洞中雌雄瀑

浙江省兰溪县涌雪洞中的石幔佛手

2）重建古气候或古地理环境。目前，溶洞中的次生化学沉积物即石钟乳、石笋的形成年代（即年龄），通过科学的测试手段可以准确地测定出来。这些洞穴沉积物的形式与水中 CO_2 的含量、径流量和温度有关，具体说是和当时的气候、水文、生物、岩性等条件密切相关。这些重建的古气候环境，可以为今天提供珍贵的古气候资料。1996 年，覃嘉铭就通过对桂林盘龙洞石笋的研究，提出了桂林地区 3.6 万年来的气候变化模式；1998 年，李红春用自动采样装置获取了分辨率为 3 年的北京石花洞石笋氧同位素变化曲线，获得京津地区 5000 年的来气候变化信息；林玉石等通过对云南宁蒗泸沽湖地区的洞穴石笋研究，重建了该地区全新世（即 1 万年前）以来气候环境演化的过程。中国的地学家在这方面取得了许多重要成果。2001 年，外国科学家利用巴哈马水下的一根石笋，建立了距今 4.5 万年到 1.1 万年大气中碳 14 的浓度记录，同时了解了太阳活动、地球磁场、碳循环和气候变化的重要信息。

3）洞穴生物的研究。通过对洞穴生物种类和区系的研究，可以深入了解生物对环境的适应性、扩散机制和进化途径，为保护生物多样性提供科学依据。近 20 年来，我参加的洞穴考察每次都有洞穴生物

重庆芙蓉洞巨幕飞瀑，生成年代距今 16 万年

专家同行，他们都来自大学中的资源环境学院、生命科学学院、生物研究所以及生命科学与化学学院等。由此可以看出，洞穴不再仅仅是地学家的“独立王国”了。生物学家的参与对生物地理的发展具有重要意义，每年国家投入洞穴生物的科研经费在数亿元以上。洞穴生物也是药学家即医学家的研究领域，北京医学科学院的研究人员就经常参加“全国洞穴学术会议”，进洞采取微生物的样本，在实验室进行研究。我曾经参观过他们的实验室，有许多从国外引进的精密仪器。他们就是从洞穴生物中寻觅出为人类治疗疾病所需的菌种。你看，洞穴的研究离我们是多么的近啊！

对于溶洞各种研究的详细情况，是各类专家的事情，在这里只介绍中国大地上有哪些溶洞，特别是那些已经开放的著名溶洞，带着大家走进溶洞，了解中国溶洞的美。

中国溶洞国家公园知多少

中国现在已经开放了 400 个美丽的溶洞，溶洞国家公园分为两类：一类是该国家公园以溶洞为唯一或主要景观，并以溶洞命名，如织金洞、龙宫、玉华洞等；另一类是溶洞是其组成部分，但并不以溶洞命名，如鱼谷洞、黄龙洞等。我国有黄龙洞等 59 个溶洞公园。

中国旅游名洞一览表

序号	溶洞名	位置	等级
1	黄龙洞	湖南省张家界市	世界自然遗产、世界地质公园、国家重点风景名胜区

续表

序号	溶洞名	位置	等级
2	九天洞	湖南省张家界市	世界自然遗产、世界地质公园、国家重点风景名胜区
3	芙蓉洞	重庆市武隆县	世界自然遗产、世界地质公园、国家重点风景名胜区
4	石花洞	北京市房山区	世界地质公园、国家重点风景名胜区
5	鱼谷洞	河北省保定市涞水县	世界地质公园、国家重点风景名胜区
6	本溪水洞	辽宁省本溪市	国家地质公园、国家重点风景名胜区
7	望天洞	辽宁省本溪市桓仁县	国家地质公园
8	织金洞	贵州省毕节地区织金县	世界地质公园、国家重点风景名胜区
9	三游洞	湖北省宜昌市	国家地质公园、国家重点风景名胜区
10	雪玉洞	重庆市丰都县	国家地质公园、国家重点风景名胜区
11	天泉洞	四川省宜宾市兴文县	世界地质公园、国家重点风景名胜区
12	天鹅洞	福建省三明市宁化县	国家地质公园
13	万华岩	湖南省郴州市	国家地质公园
14	龙泉砾宫	四川省绵阳市安县	国家地质公园
15	奇梁洞	湖南省湘西州凤凰县	国家地质公园
16	凌霄岩	广东省阳江市阳春县	国家地质公园
17	双河洞	贵州省遵义市绥阳县	国家地质公园
18	九龙洞	广西柳州市鹿寨县	国家地质公园
19	冰洞	山西省忻州市宁武县	国家地质公园
20	天心洞	河南省南阳市内乡县	世界地质公园
21	云华蝙蝠洞	河南省南阳市西峡县	世界地质公园
22	仙人洞	浙江省衢州市常山县	国家地质公园
23	罗妹莲花洞	广西百色市乐业县	世界地质公园
24	鸳鸯洞	广西河池市凤山县	世界地质公园
25	九洞天	贵州省毕节地区大方县	国家重点风景名胜区
26	云南燕子洞	云南省红河州建水县	国家地质公园
27	梅山龙宫	湖南省新化县	国家重点风景名胜区
28	水晶宫	广西巴马县	著名的非国家公园的溶洞风景区

续表

序号	溶洞名	位置	等级
29	玉华洞	福建省三明市将乐县	国家重点风景名胜区
30	双龙洞	浙江省金华市	国家重点风景名胜区
31	崆山白云洞	河北省邢台市临城县	国家重点风景名胜区
32	太极洞	安徽省宣城市广德县	国家地质公园、国家重点风景名胜区
33	芦笛岩	广西桂林市	国家重点风景名胜区
34	七星岩	广西桂林市	国家重点风景名胜区
35	冠岩	广西桂林市	国家重点风景名胜区
36	龙宫	贵州省安顺市	国家重点风景名胜区
37	九龙洞	贵州省铜仁地区	国家重点风景名胜区
38	瑶琳仙境	浙江省杭州市桐庐县	国家重点风景名胜区
39	垂云洞	浙江省杭州市桐庐县	国家重点风景名胜区
40	灵栖洞天	浙江省杭州市建德市	国家重点风景名胜区
41	黄仙洞	湖北省随州市	国家重点风景名胜区
42	善卷洞	湖北省宜兴市	国家重点风景名胜区
43	灵山幻境	浙江省杭州市	国家重点风景名胜区
44	黄果树瀑布后的水帘洞	贵州省安顺市镇宁县	国家重点风景名胜区
45	樵岭前洞	山东省淄博市博山区	国家重点风景名胜区
46	碧霞洞	广东省肇庆市	国家重点风景名胜区
47	千年诗廊	广东省肇庆市	国家重点风景名胜区
48	地下大峡谷	山东省沂水县	国家地质公园
49	荧光湖洞	山东省沂水县	国家地质公园
50	韭山洞	安徽省凤阳县	国家地质公园
51	天佛洞	陕西省柞水县	国家地质公园
52	卧龙洞	云南省宜良县九乡	国家地质公园、国家重点风景名胜区
53	白象洞	云南省宜良县九乡	国家地质公园、国家重点风景名胜区
54	中锋洞	四川省通江县	国家地质公园
55	狮子洞	四川省通江县	国家地质公园
56	楼房洞	四川省通江县	国家地质公园
57	阿庐古洞	云南省泸西县	国家地质公园、国家重点风景名胜区
58	隐水洞	湖北省通山县	国家地质公园
59	冰洞	山西省宁武县	国家地质公园

从上表可以看出：包含溶洞的国家公园（包括世界自然遗产、世界地质公园）总数达到 58 个。以溶洞为唯一主要景观的真正的溶洞国家公园有 19 个，它们是：织金洞、龙宫、石花洞、贵州九龙洞、九洞天、云南燕子洞、九乡溶洞、阿庐古洞、福建玉华洞、辽宁本溪水洞、浙江双龙洞、崆山白云洞、安徽太极洞、福建天鹅洞、贵州双河洞、广东凌霄岩、山西冰洞、韭山洞、柞水溶洞。有些虽然不是国家公园，但景观相当精彩，取得"国家公园"的头衔是迟早的问题，如广西巴马水晶宫。

中国的溶洞国家公园或风景区，主要集中在广西、浙江、贵州、重庆、湖南、云南等南方省区，所以，看洞还是要去南方呀！

寻找溶洞之美

中国之美离不开溶洞之美。那么，走进溶洞风景区，我们该如何欣赏溶洞之美呢？

钟乳石之美。洞穴中千奇百怪、种类繁多的钟乳石，是构成瑰丽的地下宫殿——溶洞的最主要元素。常见的有石钟乳、鹅管和鹅管林、石幔、石盾、石旗、石笋、边石坝、穴珠、石花、石柱等 10 种。中国的洞穴专家经过长期观察研究，认为洞穴钟乳石有 49 种之多，分属 5 个大类，即重力水沉积、非重力水沉积、协同沉积、叠置沉积和异因同形沉积。每一个溶洞都有自己独特的钟乳石，绝对没有两个相同的洞穴的钟乳石是一样的，同一种钟乳石，如石笋，高矮不同、数量不同、胖瘦不同、形状不同。有的似定海神针，有的似火箭，有的像天安门前的华表，有的像棕榈树，有的如擎天鸳鸯柱，有的如银雨树……真是令人眼花缭乱，精彩异常。

洞厅之美。溶洞的主体是洞腔，即过去地下河的通道，地下河河水曲折地从上游向下游运动，形成了百转千回的河道；后经地壳运动间歇性的抬升使地下河干涸露出，成为溶洞。以上两个原因形成了溶洞洞体结构的不同。洞厅具有宏大壮丽之美：人们常把溶洞比作地下宫殿，中国最大的地上宫殿要数北京故宫，有 72 万平方米；而贵州织金洞现开放的面积有 70 余万平方米，和北京故宫不相上下。湖南黄龙洞最大的大厅“龙宫”，面积 1.5 万平方米，其中仅石笋就有 1705 根，高于 1 米的有 516 根。天坛祈年殿是一个以木柱著名的建筑，但仅有 28 根龙柱。洞厅具有层楼叠置之美：由于地壳的运动，中国不少溶洞是“层楼式”的溶洞。福建玉华洞，徐霞客称为“九重楼”，实为 4 层；湖南梅山龙宫有 5 层；北京石花洞有 7 层；溶洞每层有不同的风光，到了最高层，令人感到风光无限。洞中天窗具有星星月亮之美：有些溶洞的洞顶，洞壁有大小不一、形状不同的裂缝，形成了洞穴的天窗，它们似黑暗天空中的闪烁的星星和弯弯的月亮。

洞中瀑布之美。有些溶洞中有洞中之瀑，给人一种雄壮之美。这是因为洞中特殊的回声，把瀑布下跌的水声放大了很多倍，用雷鸣、用震耳欲聋来形容毫不过分。瀑布的奔流又像一束巨大的耀眼的光柱射进洞中，使洞中的黑暗以及寂静荡然无存，还带来了一种朝气蓬勃的生机。

洞中音乐之美。中国古代宫殿中，有一种乐器叫磬，大都是用安徽的灵璧石、江苏的太湖石制作的。击打磬时，能发出各种美妙的声音。溶洞中的石头和制磬的石头质地是一样的，击打原石（即不是次

广西乐业石钟乳

雪玉洞中洁白的石钟乳和石笋

北京石花洞中的擎天鸳鸯柱

重庆雪玉洞中的金银盾（降落伞）

生化学沉积物的钟乳石），一般都能有悦耳的声音发出。浙江省湖州市的黄龙宫是个小型的溶洞。在其洞厅上有 80 ~ 90 条长短、粗细、宽窄、厚薄不一的石灰岩条片石，我们击打这些石条，便发出美妙悦耳的不同的音律。有的洪亮，有的悠扬，有的清脆，有的雄浑……

洞中人文历史之美。中国地理的主要组成元素就是山水，溶洞也不例外，也有着浓浓的人文历史之美。我国流传着许多与溶洞有关的历史名人的优美故事。湖北宜昌的三游洞是因为唐、宋两代三位大文人游洞而得名。江苏的四大洞天：善卷洞、张公洞、灵谷洞、慕蠡洞都和历史上的名人有关。溶洞中有重要的历史文物。地下洞穴是保护文物既秘密又安全的地方。湖南郴州市的万华岩，有一条地下河贯穿全洞，是一个典型的廊道式的洞穴。在入洞口即前洞口有“南宋天下第一劝农碑”，距今近千年；出洞口即后洞口有太平天国在洞内砌的城墙，作为防御工事，这两处文物很有历史价值。溶洞中还有摩崖题刻，这些石刻既有文物价值，又有艺术价值，尤其是书法艺术价值。这也构成了溶洞的美。广东肇庆市星湖风景区的七星岩景区中的碧霞洞（又称石室洞）和莲花岩（又称千年诗廊）以及桂林的龙隐洞，是中国最美的三个摩崖题刻之洞。在这里你不仅能看到不少历史名人的书法，还能看到各种各样的历史资料，让人震撼。

洞穴文学艺术之美。中国从唐代以来的1000余年，不少人用各种方法进入黑暗而又陌生的地下洞穴世界。他们进去了，虽说受条件限制，但终于看到了洞穴的绚丽和奥秘，写下了所见所闻，发出了令人惊叹的人文思考。在这方面，北宋王安石写的《游褒禅山记》就是游今安徽省潜山县的一个洞穴的游记。在文中，他提出“世之奇伟、瑰怪、非常之观，常在于险远，而人之所罕至”的观点，值得我们深思。福建玉华洞的《玉华洞志》是最使我倾倒的一本洞穴文学艺术著作，其中80余幅的洞内外景观的毛笔画，如此真实，如此生动，叹为观止，让人体会到洞穴的真，就是洞穴的美！

洞外景观之美。欣赏溶洞，不仅要看洞内各种景观，也要看洞外景观。你到一个溶洞旅游区，在进洞前或出洞后要好好欣赏洞外之美，徐霞客在1628年游完玉华洞后，就感到游者知洞而不知峰，告诫我们要知洞又知峰。

广东肇庆七星岩中洞穴题刻之一：洞名碧霞洞

洞穴题刻之二：洞穴保护

洞穴题刻之三：洞口题刻

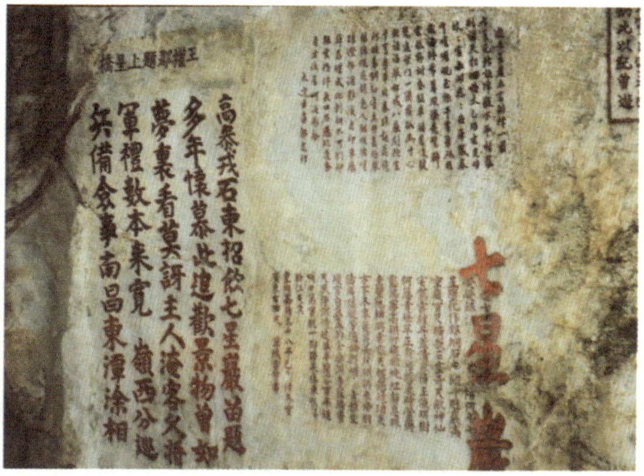

洞穴题刻之四：纪游题刻

溶洞的洞外景观，千差万别，但其实就是两大类：一类为洞外景观本来就很有特色，并且与周围环境十分协调一致，如洞外有青山、江、湖、瀑布、小溪等；另一类为洞外就是一块或大或小的“荒山”“荒地”，但人们经过规划、设计、施工建成一个既有小桥、流水，又有亭台楼阁的花园。中国的洞外景观，绚丽多姿；但是，只有“有心人”才能看到并欣赏到。你看完洞内，不要急匆匆地离开啊！

第 2 节　溶洞知识三则

溶洞的分类

对溶洞的一般分类根据洞穴的充水情况，即洞腔内的水环境为标准，分为 3 类：

1）水洞。洞中充水，游人的旅游全部是在游船上或岸边进行的。中国名气最大的水洞就是辽宁本溪水洞和贵州安顺龙宫。

2）旱洞。洞中无水，或者有水但游人无法乘船旅游的。这类洞穴一般年龄都较“老”，而且脱离了地下水位，所处的海拔位置较高，一般多在半山腰，游览时需爬山。这类洞穴在中国还是不少的，如北京房山的石花洞、广西桂林的七星岩等。

3）水旱混合洞。这种洞实际上是一个洞穴系统，最少两层，常见的是三层或四层，还有少数四层以上的。洞穴中最下一层是水洞，上面则是旱洞。游人既可坐船游下面的水洞，又可以步行游览上面的旱洞，在三种类型的旅游洞穴中，这类洞穴所占的比例较大，而且也很吸引人，如位于浙江省建德市新安江镇的灵栖洞天就是一个水旱混合洞。

这种分类是一种实用而普遍的分类。徐霞客在《徐霞客游记》中使用了明洞、幽洞、干洞、暗洞、水洞、陆洞、阴洞等七个不同的名词，其明洞是既有自然的进洞口，又有出洞口，而且洞不深，洞内明亮；幽洞和暗洞就是山中的溶洞；干洞和陆洞就是旱洞；阴洞和暗洞都是指水旱混合洞。

有人根据洞穴景观的性质，又将洞穴分成天然景观型洞穴、天然人文型洞穴、人文天然型洞穴和人文型洞穴 4 类。作为旅游溶洞来说，大都是以天然景观为主，并且有一定的人文景观（名人的摩崖石刻、碑刻以及神话传说等）。

按形成的状态来分，可以分成以下两类：

1）原生洞。和岩石一起形成的洞，如玄武岩中的洞、珊瑚礁洞等。这类洞穴所占的比例很小。如有地质工作者称吉林省蛟河市拉法山（花岗岩）中有“原生的气泡洞”。2004 年 9 月，笔者还有中国洞穴研究会会长朱学稳教授、长春地质学院（现吉林大学）马志红教授等人专程赴该洞考察后，认为这个原生的气泡洞是不存在的。

2）次生洞。岩石形成后，由于各种外动力地质作用，河流、地下水、海水、冰川、风、海浪等在内动力地质作用形成的断裂、节理等基础上继续作用而形成的洞，绝大多数洞都是这种洞，旅游溶洞都是次生洞。

洞穴的形态

按洞穴形态可分为以下 6 种类型：裂缝型洞穴、廊道型洞穴、厅

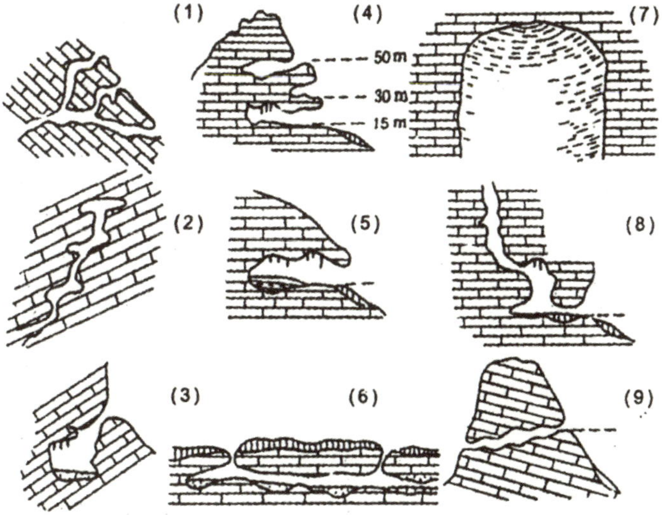

溶洞形态类型剖面图

堂型洞穴、深潭型洞穴、形态组合极为复杂的迷宫型洞穴、檐屋式洞穴。如上图，有人进一步分为9种类型：①管道状；②阶梯状；③袋状；④多层洞穴（数字为洞底海拔高程）；⑤水平盲洞；⑥地下长廊；⑦地下厅；⑧通天洞；⑨通山洞。实际上，两种分类差不了多少，有些是叫法的不统一，如廊道型洞穴和地下长廊是一样的。第二种分类中的袋状和地下厅实际就是厅堂型洞穴。

岩石的年龄绝不是溶洞的年龄

绝大部分溶洞都是发育在古生代以后的碳酸盐的岩石之中。古生代分为6个纪，从老到新，依次为寒武纪（距今5.7亿年）、奥陶纪（距今5.1亿年）、志留纪（距今4.39亿年）、泥盆纪（距今4.09亿年）、石炭纪（距今3.62亿年）、二叠纪（距今2.9亿年）。中生代分为3个纪，从老到新，依次为三叠纪（距今2.5亿年）、侏罗纪（距今2.08亿年）、白垩纪（距今1.35亿年）。新生代一般分为两个纪，即第三纪（距今6500万年）、第四纪（距今300万年），上个纪的结束时间就是下一个纪的开始时间，如寒武纪就是指距今5.7亿年到5.1亿年之间，白垩纪就是指距今1.35亿年到6500万年之间等。这个地质年代来自王鸿祯、李光岑所编的《中国地层时代表》(1990年9月版)。和地质时代“纪”相对应的地层的单位为“统”，如泥盆统就是在泥盆纪沉积的地层，就是指这套地层的形成年代是在距今4.09亿~3.62亿年。如芦笛岩发育在上泥盆统的融县灰岩之中。这是地质科学家更准确的表述，把泥盆纪这一段地质时代分为下、中、上三个阶段，相对应的地层，从老到新分别称为下泥盆统、中泥盆统、上泥盆统。上泥盆统的地质时代应该在距今4.2亿~4.09亿年左右。融县灰岩则是个地层名称。

在一个地区的溶洞大致形成在同一个时代的岩石之中，如广西南宁的伊岭岩和桂林的七星岩、芦笛岩等都发育在上泥盆统的融县灰岩之中，浙江的灵栖洞天、金华的三洞、兰溪的六洞等都发育在上石炭统船山组和下二叠的栖霞组的灰岩之中，也就是说，浙江溶洞发育的岩石年龄比广西的要年轻。贵州的织金洞、安顺龙宫都发育在三叠统的灰炭中，也就是说，贵州溶洞发育的岩石年龄比浙江的要年轻，但绝不能说广西溶洞的年龄最老，浙江次之，贵州最年轻。道理很简单，岩石形成后绝不可能立刻就在其上形成溶洞。这些灰岩在形成时均为海相沉积岩，还在大海之中，只有经过地壳运动把这些灰岩抬升形成陆地后，在适当的气候条件下经过地下河的侵蚀等才能形成溶洞。其中，仅地壳抬升时间的差别就相当大。所以说，岩石的年龄绝不是溶洞的年龄。比如，全长2500多米的京东大溶洞是发育在15亿年前前元古代长城系灰岩中，那时还没有溶洞。因此，北京某著名媒体在一篇“亿年溶洞今起做保养”的文中写道:“形成于15亿年前”很不科学。中国洞穴专家朱学稳教授对此打了一个很幽默的比方，说:“我今年70多岁了，昨天晚上，蚊子在我脸上咬了一个包，你不能说这个包也有70多年的历史吧!”

洞穴发育在不同的地质时代，各个地质时代的灰岩的化学成分是不一样的，这就使在其上形成的溶洞的大小、颜色、长短等不同。每个地质时代形成的灰岩含有不同的生物化石，如在寒武纪和奥陶纪的地层可以发现三叶虫、笔石、角石等化石；在泥盆纪的地层中可以发现鱼类的化石；在石炭二叠纪的地层中可以发现蜓类和珊瑚等化石；三叠纪和侏罗纪、白垩纪的地层中可以发现恐龙等化石，这就使在溶洞中可能发现古生物化石，而且，有时还是不同的，这是由于溶洞发育于不同地质时代的灰岩中。

第3节　中国各类“第一洞”

中国的“国宾洞”——芦笛岩

芦笛岩位于广西桂林西北桃花江右岸的矛头山（又称光明山）南侧，距市区仅6000米，是“桂林山水甲天下”的桂林山水的重要组成部分。洞口在半山腰，两旁长满了芦草，可以用来做筐，故名芦笛岩。

芦笛岩一向被称为中国的“国洞”。它是中国开发较早的历史名洞。洞中保存的唐宋以来的壁书77则，最早的一则题记是唐贞元8年（公元792年），距今1200余年了。

广西桂林芦笛岩洞外景观：人工湖芳莲湖

最早在芦笛岩内安装了现代照明设备的洞穴。芦笛岩和七星岩于1962年安装了现代照明设备，导游不再用火把、手电筒照明引导游览，并拓宽了步道。为此，著名文人邓拓（笔名左海）在《人民日报》1962年3月11日第5版发表题为《一个新发现的神话世界——桂林芦笛岩参观记》长篇文章介绍芦笛岩。你看，他把芦笛岩这个地下溶洞称为“神话世界”，并且是“新发现”的。

每年中国洞穴风景区中旅游的人数，芦笛岩是数一数二的。1992年，芦笛岩接待游客就超过100万，达到166.9万（其中境外游客47.2万）。在2003到了800 ~ 1200人/小时。经济效益很好，做到了“以洞养洞，以洞促进”的良性循环。

芦笛岩是外国首脑参观的最多的洞穴。从1962 ~ 2005年的40余年间，有38位外国元首来到芦笛岩，其中包括美国总统尼克松、柬埔寨西哈努克亲王、丹麦女王玛格丽特、约旦国王侯赛因等，人们称之为“国宾洞”。当然，这是芦笛岩“得地独厚”的地理位置，位于旅游强市桂林市内，交通实在太方便了！到了桂林，就到了芦笛岩。

芦笛岩中最漂亮的景观：由石盾和石幔组成的“圆顶蚊帐”

芦笛岩又具有“得天独厚”的美丽景观。芦笛岩是一个典型的厅堂式的游览洞穴，其主洞的面积为1.49万平方米，高度多在10米以上，最高处为18米，游览路程500米，游览时间大约40分钟。和其他溶洞比起来，芦笛洞显得小巧玲珑。它的面积还没有黄龙洞中的4层的龙宫厅（面积1.5万平方米）大，可是一共有14个景区25处景观。我的朋友洞穴专家张远海和韩道山认为芦笛岩的洞穴景观丰度是中国洞穴中最大的。它的景观是“满满当当”的，几乎找不到一处“空白”，放眼望去，满眼都是景。你想想，在仅仅500米的游程中，竟有25处观景，平均20米左右就是一个景，真是“目不暇接”啊，不愧为中国洞穴景观丰度最大的洞穴，还被誉为“大自然的艺术之富”。

芦笛岩有8个代表性景观，几乎包括了洞中次生化沉积物（钟乳石）的常见类型，它们是：狮岭朝霞，实际上为石柱和石钟乳组成的“森林”下的似石狮的石笋；圆顶蚊帐，十分形象，由石质和石幔组成；瓜菜丰收，由许多石钟乳组成的莲藕、高脚白菜、花生、豆角、冬瓜，还有广西的沙田柚，一派丰收景象；双柱擎天，这是两高大石柱，左边的一根上下还差一点没有连接上，真是“疑是相接却未接，像未相连却已连”，十分有趣，也是考验你的眼力；水晶宫，是洞中一处宽93米、最高18米的地方，钟乳石较少，让游客“得到喘息”，不然你会认为这个洞景观太满了，就像一幅画没有空白；鱼尾峰，原来是一根石柱，由于地壳运动断裂成两块，鱼身是石笋，鱼尾形成石钟乳；透明石，是洞中最薄的一块石旗，薄得可以透过光线；宝镜照蜈蚣，位于洞的出口处，宝镜是个石盾，由于含铁锰之素，而呈紫红色，对面有一个似蜈蚣的石笋，故名。

鱼尾峰

游完洞后，洞外有一个休闲广场，还有一个人工湖——芳莲湖，湖岸垂柳依依，微风袭来，顿感心旷神怡，从心底感叹：桂林之美，中国之美。

中国第一水洞——本溪水洞好风光

水洞在3类溶洞类型中所占比例最小，其中辽宁本溪水洞最为著名。

中国最长的水洞。中国著名的乘船游览的水洞有3个：贵州安顺龙宫、浙江兰溪六洞山的涌雪洞和辽宁本溪水洞。其中，本溪水洞是

本溪水洞高大的外洞口

本溪水洞层叠的内洞口

最长的，贵州安顺龙宫分两段暗河，互不相通，游完一段后上岸换船游第二段，这两端暗河长度相加为 900 米；涌雪洞先乘船游 800 米水洞，然后上岸游旱洞。本溪水洞直线距离 1675 米，由于洞身曲长，实际长度为 2800 米，来回达到 5600 米。辽宁省的本溪水洞是中国最长的并可以全程乘船游览的地下暗河。

壮丽曲折的九曲银河洞。本溪水洞洞口高大，高 16 米（相当于 5 层楼的高度），宽 20 米。由于地质构造形成了断裂，地下河是曲曲折折，有 13 个转折，人称“九曲银河”。水道宽窄不一，形成了芙蓉峡、双剑峡、玉象峡 3 个洞中峡谷，人称“洞中三峡”。

洞中钟乳石丰富有趣。洞中镇洞之宝是水洞尽头（快要到折返点时）处的一头玉象戏水。玉象鼻插清流，游船从鼻中穿过，别有风趣。古刹金钟，下面是一个圆圆的似钟的石笋和上面一排石钟乳中的一根紧紧相连在一起，造型优美。还有那水洞

本溪地质博物馆中的三叶虫化石标本

顶上成万根似剑如笔的石钟乳，在灯光照耀下金光闪闪，水洞沿途的风景又倒映在水中，坐在船上欣赏，犹如仙境啊！

本溪水洞的洞外景观有地质博物馆硅化木园、古琴湖、鳄鱼园等，成为了一个综合性风景区。唐代诗人陆龟蒙就写道：

东阳多名山，金华为最大。
其间绕松石，往往化为石。

这是目前发现的世界上第一个注意到硅化木的人。本溪当地并不产硅化木。硅化木园中的500余棵形成于1.4亿年（中生代的侏罗纪和恐龙是一个时代），实在是太难得了。我去考察时，用眼看、用手摸，硅化很深了，其断面似玛瑙、似玉髓，十分光滑，颜色也是五彩的。打磨后就是一个个天然的工艺品的大千世界。由于这批硅化木与恐龙是同一时代的，硅化木园中设立了恐龙开门、恐龙探秘等活动区。最高的硅化木达到10米以上，需两人合抱。这么多数量和规模的硅化木集中陈列于一地，创造了中国之最。另外，还有太子河漂流，

辽宁本溪水洞标志性景观：玉象戏水

好大的硅化木

本溪水洞的硅化木园

12000 平方米的古琴湖，以及种植本溪市市花的天女木兰园，每到6—9 月，天女木兰开放时，芳香扑鼻。我漫步在本溪水洞的洞外景观，看到的是山之高、云之浮、溪之流，一片生机勃发的景象，令人心旷神怡。本溪水洞的洞外景观的建设是一个成功的案例。

中国最著名的历史名洞——玉华洞

玉华洞位于福建省三明市将乐县，是中国最著名的历史名洞，是《徐霞客游记》中的第一洞。徐霞客是中国明代伟大的旅游地学家，也是中国喀斯特溶洞考察的鼻祖。徐霞客一生考察了 400 多个溶洞，他在游记中也描述了上百个溶洞。他在《游记》中比较系统地仔细地描写的第一个溶洞就是玉华洞，记载在“闽游日记前”。为了考察玉华洞，他于 1628 年 3 月 13 日，从浦城到将乐，整整走了 7 天的时间，3 月 20 日，用一天的日记，记述了考察玉华洞的详细情景。

玉华洞是一个层楼式的溶洞，徐霞客称为“九重楼”，由四层组成，表明地壳抬升了四次。他描述了洞中 8 种沉积物：荔枝柱、风泪烛、幔天帐、达摩渡江、仙人田、葡萄伞、仙钟、仙鼓，其中，“仙人田”具有很强的生命力。今天，不管是洞穴专家还是民众，还用“仙人田”来称呼“边池坝”。他写的“五更天”就是天窗，肯定它是洞中的“最奇”。

玉华洞的景观是“*炫巧争奇，遍布幽奥*”，与江苏的张公洞比较，

“两洞同异，正在伯仲间也”。徐霞客通过研究玉华洞开创了洞穴比较的先例。

玉华洞是著名哲学家杨时即杨龟山的故乡，而杨龟山又是江苏无锡东林书院的创始人，当地人发出了“有杨而玉华益灵”的感叹！当时是杨龟山召唤徐霞客考察玉华洞。玉华洞传承了中国山水文化的历

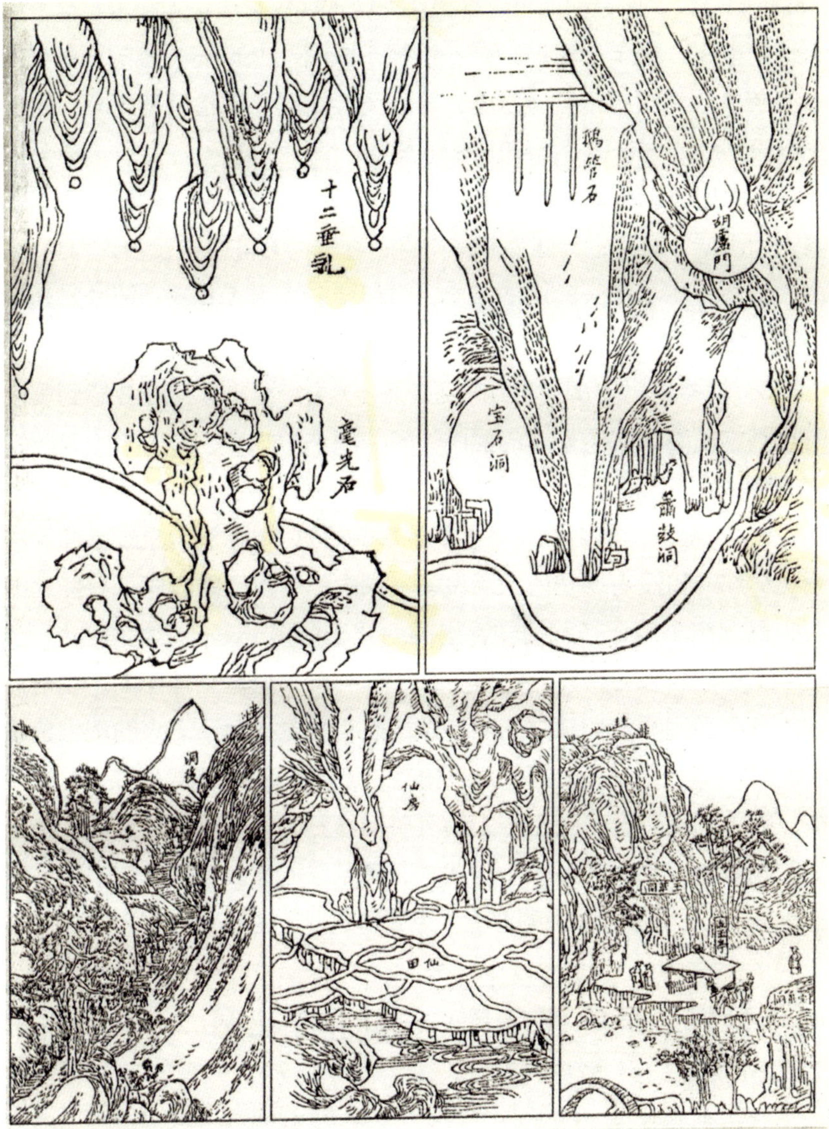

《玉华洞志》中的 5 幅毛笔画

史，中国的山水是文化山水。

《玉华洞志》可以说是中国最早的洞穴地理著作，给了我极大的震撼。

1）历史悠久、版本古老。《玉华洞志》有三个版本，分别是明万历二十年（即1592年）、清顺治十一年（即1655年）、康熙五十年（即1711年）。可惜前两个版本毁佚无传，现仅有清康熙版本，这个版本距今也300余年。我看到的《玉华洞志》是1999年重修的，由将乐县旅游事业局和将乐县地方志编纂委员会编辑。它包括两部分，即重刻清康熙版的内容和“新编玉华洞志”。

2）康熙版的洞志有六卷：卷一为序；卷二为记（即游记）、赋；卷三为古诗、歌行；卷四为五言律诗；卷五为七言律诗；卷六为绝句。古人记述玉华洞和天阶山的诗文，写得精彩，引人共鸣，精妙之处令人击节赞叹。

3）惟妙惟肖的洞内景观的毛笔画。《玉华洞志》最令我感到震惊的是其志前附的洞内景观的插图。我从洞志中知道，万历二十年版就有插图，太了不起了！这些图画一共有80幅之多，洞外景观9幅，洞内景观71幅。让我内心久久不能平静的是这71幅洞内景观是何等难画啊！那时也没有现在的照明设备，洞内黑暗，不能作画，只能是把洞内景观牢牢地记在脑海中，出洞后凭记忆再一笔一笔地画在纸上。从《玉华洞志》中得知，明万历二十年的洞志也是有插图的。我把其中的一些图画与我们现在的照片做比照，就觉“画”下来的洞中景观与“照”下来的味道是不大相同的，“画”的更经得起人们欣赏和品味，因为画里蕴含着画家个人的气质和修养，同一个洞内景观，在不同的画家笔下绝不会是一个模式，而是见仁见智。玉华洞有了《玉华洞志》，其在中国洞穴中的地位，应该得到很大的提高。

两项世界之最的拥有者——罗妹莲花洞

广西乐业县是一个喀斯特地貌广泛发育的地方。其境内天坑又多又大，被誉为中国的“天坑之都”。这里还有一个不有名但很有特色的溶洞——罗妹莲花洞。

2009 年 11 月 15 日，全国第十五届洞穴学术会议在乐业举行。我们与会专家考察了此洞。此洞离乐业县城近，只有 2000 米，位于新县城的林荫大道旁。洞前有一个很大的广场，叫罗妹广场。广场的后面就是石灰岩的山地，山顶郁郁葱葱，山壁裸露的灰岩也十分明显，罗妹莲花洞就发育在其中。洞外的景观大气、秀美。

其洞口有一个 5 层飞檐式的牌楼，在第三层的正中间有一个金字匾，上书“罗妹莲花洞”。这是我 30 年来看见的最为精美、最为讲究的旅游洞穴的入洞口。

上午 9 时入洞参观，大约 10 时多出洞，用了 1 个小时左右，洞内的游览长度为 1000 米左右，为廊道型的旱洞。洞穴沉积物数量丰富，而且种类也很有特色，以边池坝、莲花盆、石柱和莲花盆的叠置沉积、穴珠等 4 种景观为主，仿佛进入了这类景观的一个专业洞穴博物馆，这使得这个洞在中国洞穴中很有观赏和科研价值。

在这里看见了数百个典型仙人田（边池坝），让人惊叹。美中不足的是田中大都干涸，沉积物也不那么雪白。在紧挨着仙人田的是一大片低矮平坦的水池，水池中的水不太多，但其中莲花盆的数量竟然达

阳朔莲花洞中的莲花岩奇观（照片为我的朋友韦海州先生提供）

到 296 个，如果加上盆中盆就是 600 多个了，要知道，在中国溶洞中有一个或几个莲花盆就成为“奇观”了。它虽说是水池沉积，但还应有滴水、流水、飞溅水协同才能形成，十分罕见。罗妹洞中有这么多莲花盆是连我们这些内行人都无法想象！这些莲花盆一个挨一个，盆的外形多种多样，它们形成了“蔚然大观”，理应成为罗妹洞的“镇洞之宝”。在这众多的莲花盆中有一个直径达到 9.2 米的世界最大的莲花盆。我一进洞就迫不及待地寻觅它，直到快出洞口才见到。它不是孤零零的一个盆，周围还有两三个小盆，相比之下，更显得其硕大无比。见到它，内心万分激动，因为这是“洞中的世界之最”，不是每个人都能见到的啊！加上洞中莲花盆的数量，我在此见到了两个洞穴沉积物的“世界之最”。这世界最大的莲花盆应该是“宝中之宝”了！

在洞中，我还第一次看见了石柱生长在莲花盆中的叠置沉积。两种洞穴沉积物生长一起，好奇妙啊。地质学上这两种洞穴沉积物应该是同时沉积的。罗妹洞中有一大片穴珠，生长在一片池水的水坑之中，好圆、好多啊！这小小的穴珠由滴水、浅池水和缓流水协同形成。徐霞客在考察今天广西天等县境内的龙巷东北坞上洞时，见到了穴珠后十分高兴。他在《粤西游日记》中写道：

罗妹莲花洞中世界最大的莲花盆，直径达到 9.2 米，面积近 20 平方米

下有丸石如珠，洁白圆整，散布满坡坂间。坡坂之上，其纹皆粼粼如绉簇，如鳞次，纤细匀密，边绕中洼，圆珠多堆嵌纹中，不可计量。余选其晶圆者得数握，为薏苡，为明珠，不能顾人疑也。玉砂，洞中甚难得，亦无此洁白。

说句实话，我考察洞穴 30 余年，还是第一次在罗妹洞中见到这么多的穴珠呢！

第 4 节　中国最美的溶洞

中国最美的溶洞不是一成不变的

中国最美的溶洞是哪个洞？每个人都有自己的答案。但根据洞穴专家的意见来判断，是大多数人能够接受的。因为他们大多考察过中国大地上几十个，甚至上百个洞，而且几乎所有的著名洞穴都看过。这样，就比较客观、公正。但中国最美的溶洞不是一成不变的。造成这种变化有 3 个原因：

首先，游览条件的变化。中国在 20 世纪 60 年代以前，溶洞内是没有灯光的，人们要么是举着火把，要么是打着手电观看溶洞，其视力范围和美感受到很大的影响。如徐霞客考察了金华和兰溪的洞穴后，搞了个排行表，双龙溶洞排第一。而 20 世纪 60 年代，郭沫若先生游览后，果断的认为冰壶洞不仅在浙江排第一，在中国也应该进入前列，这大概就是游览条件所致。

其次，不断开发出新的溶洞。中国从 20 世纪 80 年代开始，溶洞的开发进入高潮。20 世纪 80 年代末，开放的溶洞只有几十个，到 21 世纪初超过 100 个，如今达到 400 个之多。浙江富春江畔的桐庐的瑶琳仙境，长期以来被认为是中国最美溶洞，但 2005 年，由《中国国家地理》杂志举行的评比中，却是广西十分偏远的织金洞夺冠。又过了七八年，到2012年之后，大多数洞穴界专家认为新开发的广西巴马水晶宫，在新、奇、美上已经超过织金洞，应为中国最美的溶洞。

最后是溶洞本身的变化。溶洞开放后，生态环境发生了巨大变化，洞内的钟乳石如果保护不好，逐渐老化。如广西桂林的七星岩，在明代，徐霞客专程去考察，并专门为这个洞写了一篇游记。其中写道：石幔“委裘垂毯，纹缕若织……有弄球之狮，卷鼻之象，长颈盎背之骆驼”。今天的七星岩的钟乳石几乎没有什么美感了，到桂林旅游的人，也基本上不去七星岩了。

如诗如画的富春江畔的瑶琳仙境

富春江，当数中国大地上风景最美的地方之一。元代大画家黄公望的《富春山居图》是中国画的国宝就是一个有力的证据。无独有偶，中国有一个被称为“全国诸洞冠”的瑶琳仙境的地下溶洞，是中国地下风景最美之一。它位于富春江旁的桐庐县。

新安江、富春江、钱塘江是浙江省同一条江不同地段的名字。从

瑶琳仙境：严子陵钓台

瑶琳仙境的镇洞之宝：海狮接水

建德市的梅城附近到杭州市萧山区的闻家堰这一段，称为富春江。梅城以上直到发源地称为新安江，闻家堰以下直到入海口称为钱塘江。桐庐县刚好在富春江这一段，景色十分优美。清代刘嗣绾的《自钱塘至桐庐舟中杂诗》写道：

一折青山一扇屏，一湾碧水一条琴。
无声诗与有声画，须在桐庐江上寻。

山势迤丽如扇屏陈列江岸，水声悦耳如琴声，加在一起就是无声诗与有声画。

瑶琳仙境从汉代就有人进洞观看。2016 年是明代著名戏曲家汤显祖逝世 400 周年。当年，汤显祖秉烛游览过瑶琳仙境并写诗一首，题为《分水县访桃溪潘公仲春，出桐庐，秉烛游仙洞，香气袭人衣，十余里不绝》。分水县（地界属今桐庐），桃溪在瑶琳洞附近，潘仲春当过汤显祖家乡江西临川的知县。在题目中汤游“仙洞”后，说洞中香气袭人衣，十余里不绝。这可能是春天洞外花香传入洞中。你看，洞

瑶琳仙境的银河飞瀑

瑶琳仙境的瀛洲华表

是仙洞，还有香气袭人呢！

瑶琳仙境有7处代表性景观：①银河飞瀑，高大的石幔；②瀛洲华表，高7米的石笋；③海狮接水，石幔和石笋组合的镇洞之宝；④玉柱擎天，一根高14米、直径约4米的粗壮的石柱；⑤山水盆景带，洞内形成的泉水渗流区；⑥群狮厅，第二洞厅中有46只似狮子的石笋；⑦瑶琳正峰，是一根下小上大的石笋，仿佛是瑶琳仙女的化身，得到很多游人的喜爱。

瑶琳仙境的形态属于厅堂式、地下峡谷式、地下管道式三种类型集中在一起构成的复合式溶洞。在游览时不会感到单调乏味，洞的纵深达到1000余米，总面积近28000平方米，洞高一般在12～30米，洞宽在15～50米。全洞有7个洞厅：最大的洞厅为三洞厅，面积达到9400平方米，容积达到188000立方米，全洞受断裂控制，总体近东西走向。

清代乾隆《桐庐县志》上有这样的记载："瑶琳洞在县西北四十五里，洞口阔二丈许，梯级而下五丈余，有崖，有地，有潭，有穴，壁有五彩，状如云霞锦绮。泉有八音，声若金鼓笙琴，人语犬声，可惊可怪，盖神仙游集之所也。"这68个字把洞的形状、色彩、声响等特点写得很生动形象。再加上我们现在了解的瑶琳洞的钟乳石的丰富，瑶琳仙境，我于2000年前后去考察过，确实是一个美丽的洞！随着中国经济的发展，新的更加美丽的溶洞会不断出现在中国的大地上，但是，不要忘记，在20世纪70—90年代，瑶琳仙境是当之无愧的中国最美的溶洞。

拥有“地球之宝”的织金洞

2005年在《中国国家地理》“选美中国特辑”专刊中，贵州的织金洞高居中国最美的洞穴之首。当时，我正在撰写《瑰丽的地下艺术宫殿——中国溶洞之旅》，但是，织金洞我未去过。说什么我也要去看一看。2005年9月，我专程赴贵州考察织金洞。9月27日，在贵州省地勘局的大力支持下，专门派了一辆小车，上午8时从贵阳市出发，中途大部分为山路，路况尚可，沿途景色比较单调，为石灰岩的峰丛。经过一些村庄聚集地，大都以“场”为名，什么“狗场”“牛场”等等。真没想到，司机几乎不停地行驶着，花了整整3个小时，于中午11时才抵达织金洞。美丽的洞穴大都不在“通都大邑”，而在“穷乡僻壤”，织金洞亦不例外，不付出代价是见不到精彩的风景的。

我们在织金洞导游的陪同下12点左右进洞，参观了3个小时后出洞。我总的感觉是织金洞好长、好大、好丰富啊！

织金洞已被勘察的长度为12.1千米，在中国长洞中排第十位。现在开放的游览路线长3500米，全部是步行游览，最快地需要2个半小时，在中国旅游洞穴中居前列。

织金洞高大宏伟。洞内的高度均在60 ~ 100米之间，最高的洞厅约50层楼高，最宽的跨度为175米。织金洞有11个大厅47个厅堂；它的厅堂比不少洞的大厅还大。在我所游览的洞穴中，它长度排不上第一，但洞的容积、规模应该是排中国第一。

洞穴沉积物非常丰富，有12个景区：双狮迎宾、塔林宫、望山湖、寿星宫、讲经堂、灵霄殿、水晶宫、广寒宫、十万大山、宴会大厅、水乡泽国、金鼠宫。全洞景观多达114个，中国著名的桂林芦笛岩也就25处。

我自叹文字水平有限，只好借助徐霞客的文字稍加改动来表达对

闪闪发光的银雨树（图中人物是为了对照自然景物大小）

霸王盔

织金洞的感受：织金洞，乳柱多而大，都作垂龙舞虬状，比列皆数丈云。不少乳柱攒丛，石钟乳细的若骈枝，团聚为千百枝。有些石柱列队排列，形成长榭，从榭中观看，疏楞绮牖，牵幕披云，形成奇异景观。我所见过的洞穴沉积物的瑰丽，没有超过织金洞的，“割其一脔，即可当他山之全鼎”。

我认为，织金洞有10个代表性景观：银雨树（石笋）；霸王三宝（霸王靴、霸王盔、霸王鞭，为3个石笋）；灵芝山，高达70余米的像一座小小石山一样的石柱；擎天一线，高37米的美丽的石柱，外表被无数的石花砌叠，纤细、秀长、宁静、无依无靠，称为“擎天一线”；有些石花组成了数只猿猴，攀援而上，称为“群猴登天”；姊妹玉树（石笋）；大壁画（石笋和石钟乳）；鹅管和卷曲石。

在这10个代表性景观中，银雨树和霸王盔应该是“地球之宝”。银雨树位于广寒宫，实际是根石笋，高达17米，根部直径0.42米，下粗上细，分了许多节。树的每节都有似叶片（长70厘米）状的磷酸钙沉积物，闪闪发光，所以叫作“银雨树”。这叶片是飞溅水和毛细水共同作用形成的方解石晶体。银雨树的下方是两株倒塌的花瓣状石笋，又有人称其为“传代树”。由此看到，大自然的新陈代谢永无止境。这个景观专门有 17 米高的石笋生长成在倒塌的石笋上实属罕见；更难得一见的是那硕大的“树叶”。原国际洞穴联合会主席福特教授就说银雨树几乎是他见过的最好的洞中的碳酸钙沉积形态，并认为织金洞是一个最值得纪念的溶洞。

另一个应该描述的洞穴沉积物就是“霸正盔”。它的石笋颠覆了人们想象中的石笋外形，由两个石笋组成，下面的一个石笋圆圆的，还有一个口，像战士戴的钢盔；在其上又再次堆积了一个长形的戟状石笋。它说明了早期滴水量大，先形成帽状石笋，后期滴水量少形成杆状石笋。我一见到它就笑了，太有趣了！它从造型上应该比银雨树好，但其形成难度应该逊于银雨树。所以，考虑良久，我还是把银雨树作为该洞的“镇洞之宝”。

织金洞不愧是中国最美丽的洞穴之一，2015 年被评选为世界地质公园，但其洞中缺水，任何最美的洞穴，也不都是十全十美的。

织金洞是中国大型溶洞之一，洞内总面积达到 70 万平方米，北京故宫的总面积为 72 万多平方米，两者大小差不多，所以说溶洞是地下艺术殿堂是很合适的。织金洞中最大的大厅广寒宫的面积达到 5 万多平方米，几乎有 25 个故宫的太和殿（故宫的太和殿高 35 米、宽 60.1 米、深 33.33 米，总面积为 2003 平方米）的面积，而广寒宫中有一株巨大的石柱，叫娑罗树，高度达到 70 余米，也比太和殿高一倍啊！织金洞有 11 个大厅，47 个厅堂，都很高大。如讲经堂长 200 米、宽 50

织金的刺绣和蜡染女（织金洞的瑰丽不正是大自然的刺绣和蜡染吗？）

米，面积达 1 万平方米。其中，有一个 20 米高的宝塔形石笋，上面端坐着一位聚精会神的佛正在讲经，故名。织金洞最高的洞厅达到 150 米，即 50 层楼房之高。最宽的洞厅跨度达到 175 米，比北京颐和园昆明湖中著名的十七孔桥长还长 25 米。织金洞确实是中国一个大型的美丽的溶洞！

为了发展旅游业，织金洞外现在已建成了洞外商业一条街。图片中的刺绣和蜡染就是在商业街拍摄的。

迷人的长寿之乡的水晶宫

2009 年 11 月 18 日，我们专程从广西凤山到长寿之乡巴马参观水晶宫。进洞前，所有的人必须戴上鞋套，就如进入了一个高精密度的实验室。一入洞，就被震撼了，迎面是两个又白又高又大的圆顶蚊帐，顶天立地，形成了洞内“一线天”，我们一个挨一个、一个接一个地从这石巷中穿过进入洞内。圆顶蚊帐由帐幔组成。圆圆的帐顶叫石盾，像古代兵器盾牌。石盾是由洞壁裂缝中挤压出来的渗透水形成，从盾板夹缝中流出的水，形成了下部的石幔。石盾的石幔就组成了圆顶蚊帐，此类景观在不少洞穴中可见，但像这么白这么高大的十分罕见，在洞内行走，感到既软和又平坦，原来洞内地面都铺上了绿色的吸水吸尘的环保地毯，没有一寸裸露的地面，这是我见到的中国环保措施最为严格的洞！

我望着洞内上下、前后、左右 6 个方向，一下子就惊呆了！这里的钟乳石是如此洁白，晶莹可爱，难怪被称为“水晶宫”。走一步就是一个景，队伍行进得十分缓慢。整个洞内又湿又暖和，就像温室一样，又似夏天的桑拿天。原来，这是一个年轻的充满活力的洞穴，几乎所有的钟乳石都在生长之中。它又像一个大的产房，小小的新生的钟乳石也像洁白娇嫩的婴儿需要得到细心的关爱和呵护。洞中有大片的鹅管、卷曲石、石花，千姿百态，多种多样，奇形怪状，你不得不感叹大自然或造物主的神奇。我不禁写了一首诗：

洞中的神啊，水中的仙，
神姿仙态水晶的洞！
雪花一样白啊，婴儿一样嫩，
白嫩娇美洞中的物！
幻一样奇啊，梦一样美，
如幻似梦洞中的景！

独有的生态环境孕育了这座洞穴中的钟乳石之美。洞中四个钟乳石给我留下了深刻的印象。一是“鸟巢”。一个圆形的石钟乳外面覆盖着白色的卷曲石和石花（均为非重力水沉积物，毛细水及其更微弱的水分活动条件下形成的沉积物），就像“鸟巢”外面的钢筋水泥，在洞中仿佛是“夜幕下的鸟巢”。二是“银髯飘飘”。巴马县是中国著名的长寿之乡，水晶宫中不少景观是和长寿文化结合在一起的，如寿星探秘、寿星踏雪、长寿天麻、南山论寿、彭祖祝寿等。银髯飘飘是好几层洁白整齐的鹅管排列在洞顶，高低参差，十分壮观，酷似无数老寿星的漂亮的银胡子，这是从洞顶裂隙中渗出的重力滴水形成的。三是弯曲的石钟乳。在洞中有一处洞顶有一大组洞穴沉积物，有无数晶莹的鹅管、雪白的绒状的石花以及一面长长的挺拔的石旗，最吸引人的是有一根弯曲的石钟乳。这弯曲的石钟乳在洞中特别罕见。因为石钟乳属于洞中重力水中的滴水形成的，应该是垂直向下的。这种弯曲能够形成并保持很长的时间，应该是一个奇迹，其形成应该是洞中的风的影响，当然，这股风是相当相当微弱的风。从中，你也可以看出自然界中各种神奇

巴马水晶宫：雪白的石钟乳、鹅管、石花、石旗

的力量。四是石盾和珍珠塔。这四个景观把巴马水晶宫的三大特色：新、奇、白，表现得淋漓尽致，让人眼前一亮。它们都可作为“镇洞之宝”；如果非要选一个，那就是“弯曲的石钟乳”，是自然界的杰作。

巴马洞是个廊道式的洞穴，长仅600米，宽8～40米，高10～35米。规定的一个半小时的参观时间到了，我只看了三分之二，其景观的丰度实在太大了，在洞外汽车喇叭的催促声中，我依依不舍地离开了巴马水晶宫。这次考察后，我认为巴马水晶宫应该是中国已开发的旅游洞穴中最美的洞穴中的第一名，即中国第一美洞。它的美是生命之花绽放的美！

最后，应该告诉读者，命名为“水晶宫”是个“错误”。喀斯特溶洞中永远不会有水晶，水晶的化学成分是二氧化硅，只能生长在石英岩中，我永远忘不了前几年考察石英岩之山——中岳嵩山时，在一个山洞中竟然发现了两颗小小的仅比大米粒大一点的晶莹剔透的小水晶，好可爱啊！这才是一个真正的水晶洞。而喀斯特溶洞是由石灰岩、白云岩、白云质灰岩等构成，其化学成分主要为碳酸钙，形成的矿物结晶叫方解石。另外，最好的水晶大都是无色透明的，也有蓝水晶、紫水晶、黄水晶等，但没有白色的，而溶洞中的钟

巴马水晶宫：欲接未接洁白如削玉的石钟乳和石笋

巴马水晶宫：透明的鹅管、卷曲石、晶莹剔透的穴珠

巴马水晶宫：洁白的石旗，罕见弯曲的石钟乳

乳石是以白色为主。当然，这个“错误”是个美丽的错误。

第 5 节　八大名洞的镇洞之宝

“定海神针”黄龙洞中成长

张家界（即武陵源）应该是中国最火的旅游景区之一，而武陵源中的王牌景区之一的黄龙洞应该是中国最火的旅游洞穴，其门票收入一年超过亿元，应该居中国洞穴的前三名。

2003 年 11 月，我考察了黄龙洞。这是一个层楼式的大型溶洞。它全长达到 11.7 千米，现开放的为 2500 米；垂直高度 140 米，内分两层旱洞和两层水洞。

游完黄龙洞后，感到洞中的次生化学沉积物，有的大气磅礴，如千根石笋、万个流池坝等；有的秀美玲珑，如定海神针、卷曲尺、鹅管等；有的还充满温情，如恨难逢、双门迎宾等。“情一样深啊，画一样美，如情似画的黄龙洞！”这就是我的感受。黄龙洞是中国最美丽的溶洞之一。

黄龙洞中的定海神针

黄龙洞的“镇洞之宝”应该就是第四层“龙宫”中的千根石笋。黄龙洞中的工作人员统计出黄龙洞龙宫大厅中有 1705 根石笋，这是我在考察中得到的最确切的石笋数据，也是石笋最多的溶洞之一。更难能可贵的是，在这 1705 根石笋中，高于 1 米的竟有 516 根，占到近 1/3。这千根石笋的场面是十分壮观，不少的造型像火箭，有人把这一景又形象而风趣地称为“火箭发射场”。

在这千余根石笋中，有一根最高、最美、最吸引游人的，被称为“定海神针”。它像一位窈窕淑女，个子高挑，腰身很细。这根石笋的高度达到 19.2 米（比 6 层楼房还高），中间最细处只有 10 厘米。它不仅秀美，还生机勃勃，正在生长之中。“定海神针”是中国溶洞中罕见的“宝中宝”。为了把无价之宝的风景变成有价之宝，黄龙洞经理叶文智于 1998 年为其投保 1 亿元人民币。这件事轰动了张家界，轰动了湖南省，甚至中国旅游界，国内外数十家媒体争相报道。正是有了这亿元石笋，不少中国人，甚至外国人，都怀着一股新奇、期待的心情来游黄龙洞，来看这“镇洞之宝”：定海神针。

黄龙洞的洞外景观十分大气，洞外建了一个很大的原生态广场。以此提醒人们节约资源，保护地球环境。离黄龙洞不远就是高峡平湖——宝峰湖，它像一颗蓝绿色的宝石嵌在山中。它水清，似一面镜子，有人称为人间瑶池。湖中还有一根高约 20 米的“美女柱”，与“定海神针”的高不相上下，似两姐妹，姐姐在湖上迎游人，妹妹在洞中接亲人。

去武陵源，除了看那无比壮丽的砂岩峰林景观外，一定不要忘了去看那一洞一湖的黄龙洞和宝峰湖。黄龙洞由于在武陵源风景区中的索溪峪景区中，每年的游客应该在百万人以上，门票收入过亿，称得上“亿元溶洞”。美丽的山水无价又有价，我们一定要保护好它们！

奇观，永福岩中的“万里长城”

“桂林山水甲天下”，就包括桂林的洞。写洞是不应该不写桂林的洞和“镇洞之宝”的。桂林的冠岩、灵佛洞（兴安县）、银子岩和丰鱼岩（荔浦县）等都是很漂亮的洞，洞中也有很有特色的沉积物。但我认为，桂林市永福县金钟山旅游度假区中的永福岩，不仅洞穴沉积物数量多，而且“镇洞之宝”——“万里长城”，可称为中国溶洞中洞穴沉积物的又一奇观。

2010 年 11 月 3 日上午 10 时 45 分，我进洞考察。进洞后，感到无数的石钟乳垂空而下，缤纷不一，十分的瑰丽；洞底的石笋参差而立。洁白的鹅管在洞顶一簇一簇，遍洞都是，还见到一片壮观的石旗。石旗是由洞顶或洞壁上连续性水流形成的薄而透亮的旗帜状流石。大约走了 20 分钟，又见到了一根很漂亮的石柱，石柱似竹子有节，而且节的距离也很等距。这反映了流水的沉积变化的韵律。不知不觉半个小时过去了，一个从未见过的洞穴沉积物呈现在我眼前，当地人称为“万里长城”。这是高 1 米左右的一道边池坝。一般的边池坝构成两种景观，一种是“仙人田”，似山区的梯田。徐霞客用“塍叠波平，琼户重重”来形容。另一种似平原地区的水田，是在一个平面上。这个边池坝是一个纯粹的坝，一道高约 1 米、延伸约 20 多米的弯弯曲曲的洞中之坝。让人大吃一惊的是，坝内没有“田”，却有十分夺目的钟乳石沉积，洞底的石笋和洞顶的石钟乳，上下辉映，多姿多彩，颜色雪白；还有石柱，亭亭玉立；部分积水处还有十分可爱的很矮的石笋生长其中。这个坝实际形成了一个舞台的前沿，其后正在上演着一部精彩的“洞穴大观”之戏。参观的人全部走过后，我登上石坝，从上往下仔细观看，就如同从空中俯瞰万里长城一样。为了知道坝的宽度，我当时

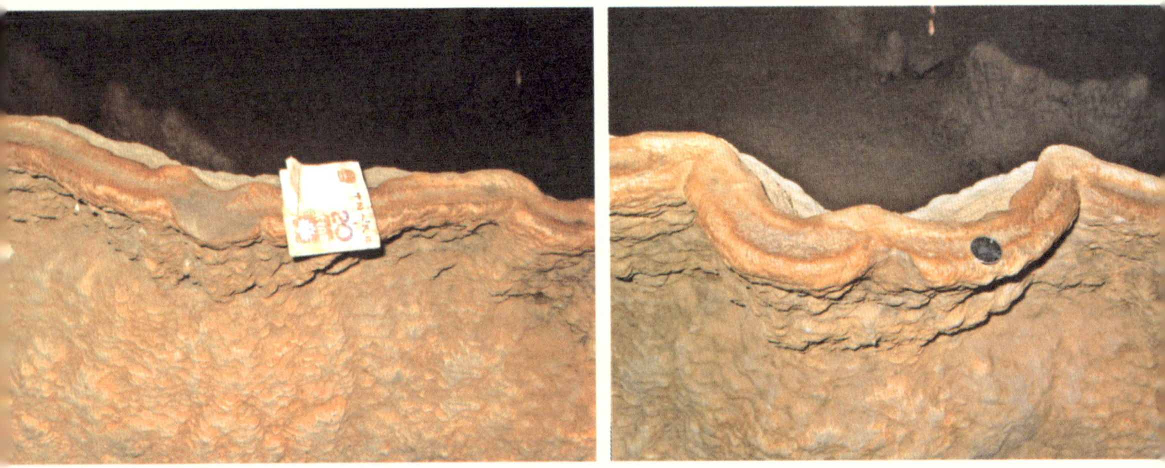

永福岩洞中的长城。这景观使人应接不暇，不自觉其足之不前也

把20元人民币折成一半，放在其上，与其差不多宽，回来一量为7厘米。这个坝顶平面的颜色中间深，两边浅，把这7厘米宽的顶部分成3个部分，令人叹服！坝上有的地方有石花点缀，美丽异常。大自然造就的这道“万里长城”是既绵长，又纤秀。这个景观不仅作为该洞的“镇洞之宝”，即令作为中国洞穴的“镇洞之宝”，也是当之无愧的。

看完“万里长城”往前走不远，又见到了一个洞穴沉积物奇观斜塔。该塔高约5 ~ 6米，明显分为六层，塔外的花纹雕镂得令人难以置信，远远胜于比萨斜塔。我在云南弥勒的白龙洞中看过的斜塔，比这个高，但无此美丽。之所以形成斜塔，应该是在形成过程中，洞底的地基逐渐地十分微小地年复一年地倾斜所致。

出洞口走不多远，有一石碑，刻有洞穴研究会会长朱学稳教授的题词:“此洞是千里挑一的世界奇洞”，并提倡把其“开发成世界性的游览点”。他看的洞比我多，我同意他的看法。您有时间，一定要到永福岩来看一看洞中的“万里长城”。在这里，你还可以泡温泉、听高亢的侗族大歌呢！

永福岩洞中“长城”局部

永福岩洞中“长城”后面的洞穴景观大舞台

阿庐古洞的“过江石盾”能坐人

阿庐古洞位于云南省中南部的泸西县近郊，距县城只有2000米。阿庐古洞由泸源洞、玉柱洞、碧玉洞三个旱洞和水洞玉笋河组成。三个洞名都有“玉”字，被称为“云南第一洞”，是中国最美丽的洞穴之

阿庐古洞：透明鱼

一。云南省彝族作家李乔写了一首诗赞美它：

天下美景数何处，阿庐古洞可称奇。
洞中有天已算异，洞中有河通天阙。
泛舟河中游天池，玉树琼花美无比。
如梦如幻历仙境，君如不信请光临。

阿庐洞的名字源于古代彝族有一个阿庐部落居住在此，该洞在明朝就已闻名。距今470年的1541年，当地知府解一经就撰写了《阿庐洞记》。徐霞客于1638年考察了此洞，在《滇游日记》中写道：此三洞之分向也。其中所入皆甚深，秉炬穿隘，屡起屡伏，乳柱纷错，不可穷诘焉。

可见“阿庐古洞”名副其实，确实是中国西南大地上的一个“古洞”，同时也是一个名洞。1990年，我有幸考察了此洞，感到洞穴沉积物类型繁多、色彩斑斓、造型奇特，其中的擎天玉柱、石盾过江、玉晶三宝给我留下了难忘的印象。

阿庐古洞：擎天玉柱

擎天玉柱，高8米，直径只有0.3米，从洞底直达洞顶，上下几乎一般粗细，真像人工雕刻的龙柱。这石柱的主要成分为碳酸镁，比一般洞中的碳酸钙石柱显得更美，称为“玉柱”，因而该洞被命名为“玉柱洞”。

“石盾过江”，在碧玉洞中，这个石盾的面积达到了20多平方米，远远大于北京石花洞中的“仙女绣花台”石盾。这个石盾像一条船，

阿庐古洞外景

阿庐古洞：石盾过江

盾上又沉积了许多似游人的石笋，故得名“石盾过江”。石盾由盾面和盾坠（即边缘的穗）两部分构成。盾面有上下两片，两片之间为水流的通道；盾坠是由盾面边缘水流再渗出时而形成。这个石盾不仅造型优美，而且规模是中国最大，属世界罕见，不少中外地质学家认为是“阿庐一绝”。我认为把它列为阿庐洞的“镇洞之宝”是毫无异议的。

“玉晶三宝”也在碧玉洞中，是由石钟乳、卷曲石、鹅管集中在一起组成。石钟乳洁白圆润，造型似一尊无臂的维纳斯雕像；卷曲石似石钟乳初生时的状态，由非重力水形成，它们有的向下，有的向上，有的从侧壁伸出，又呈卷曲状，似雪中细细的树枝；鹅管则挺然下垂，像透明的玻璃管，晶莹剔透。三者交织在一起，称为“玉晶三宝”。这景观可以列为“阿庐之宝”，但并不能列为“镇洞之宝”，因为在巴马水晶宫、重庆芙蓉洞等洞中均有类似的景观。

更有趣的是，阿庐古洞中的地下水洞即玉笋河中还有“透明鱼”呢！更值得游人一观。阿庐洞的洞外是一个十分美丽的园林，有亭，有假山、有水、有曲径，还有那绚丽的热带花草。游完溶洞，在此小憩，十分惬意。

隐水洞的“仙人田”不流又不涸

2010 年 11 月 17 日，我专程赴湖北通山考察隐水洞。隐水洞距离咸宁市还有 60 千米左右，咸宁是一个以温泉和桂花著称的很有名的城市。

隐水洞洞口处有一个很大的广场，有一个“地质博物馆”，里面既有标本又有介绍隐水洞的图片；还利用洞口的山溪水修建了一个漂亮的水池，金鱼在其中游动，生机盎然。洞外“湖北通山隐水洞地质公园”的洞标十分醒目，提醒游人来到了一个地质公园。洞口处有一条山溪流进洞内，溪水十分的清澈，水流平静。洞口既高又宽，而宽又大于高，给人以宏拓、高朗之感。进洞不久就坐船游览，导游告诉我们坐船游览达 1000 多米，约占游览路线的 1/3，这一段水洞主要是欣赏洞顶的石钟乳和岸边的钟乳石。大约过了 10 分钟，洞顶就出现了一大片鹅管，中间杂有石钟乳和石旗，在绿色的灯光映照下，似一片可爱的草地；紧接着洞顶上又出现了数百面石旗，麻麻密密排了好几层，仿佛进入了一片旗海之中；船行进的左边岸上，又有一列石钟乳和下面的石笋刚好相接为一石柱，并且在水面上映出漂亮的倒影。船行 20 分钟后，来到了一大片水面，紧靠河岸处有密集的洞穴沉积物，在彩灯的映照下，绚丽无比，尤其是一个圆圆的标准的石柱，十分醒目。此后，船进入了一个小小的峡谷，几分钟后，水面又开阔了，突然水面上有一个硕大的似永乐大钟的石笋生长在河中，在黄色的灯光下，闪着金光，当地人称为“金秤砣”。又过了半个多小时，在一处人工修建的大坝处上岸了，此处还形成了一个壮观的洞中瀑布。

中国最水汪汪的仙人田：隐水洞中的仙人田

上岸就是旱洞了。刚走了几分钟，一堵石帷幕呈现在眼前，它如巨大舞台上的幕布，长近 20 米，高约 10 米，很是令人惊叹。这是连续水流形成的沉积物，当地称为“金瀑布”。边走边看，犹如进了一座瑰丽的地下宫殿，走了大约不到 10 分钟，听见水声潺潺，像奏乐一样动听，同时洞中的灯光也变得更加明亮，像一幅画一样美丽的景观映入眼帘，这个景观就是隐水洞的镇洞之宝：仙人田。徐霞客在《浙游日记》中对仙人田有精彩描述：

南者为水洞，一转，即仙田成畦，塍界层层，水满其中，不流不涸，人从塍上曲折而入，约二十丈，忽闻水声潺潺。

若夫新城之墟，聿有洞山，两洞齐启，左明右暗，明览云霞，暗分水陆，其中仙田每每，塍叠波平，琼户重重，隘分窦转。

若无法去现场，那你对照着书中的图片，读徐霞客这两段文字，一定会品出其中味道。特别是仙田成畦，即排成一行又一行，田埂（即塍）一层又一层，塍叠（远远望去是叠）波平，太贴切了！徐霞客很幽默，洞中之田，肯定是“仙人”耕种，故称为“仙田”或“仙人田”。现在，洞穴学家把“仙人田”称为“边池坝”。

我在这个景观处足足观察了十多分钟，拍了不少照片，才依依不舍地离开了。离开这个景观没多久，就坐上了洞中小火车游览。火车在石林中前进，两旁及头上的景观一个接一个，刚刚“迎来”又“送去”，美不胜收，如同穿行在热带雨林之中。这一段旅程有 1000 米之多，如果步行参观也要 1 个小时左右，但坐小火车，既新奇又快捷，仅仅用了十多分钟就完成了。

从小火车下来后就进入了步行游览区。当地人把隐水洞分为 9 个区段，称为“九关”。步行游览是从第六关“金山关”开始，沿途看见了造型多样的洞穴沉积物：马良神笔（石钟乳）、大莲花（石钟乳）、雪山飞狐（石钟乳）、神猴拜师（石笋）、电闪雷鸣（小石笋遍地）、通山花生（石钟乳）、癞蛤蟆吃天鹅肉（石笋和石钟乳）等，令人目不暇接，不知不觉就到了第九关“朝阳关”，意味着洞穴旅游马上就要结束。从进洞到出洞整个游览用了整整 2 个小时，而这 2 个小时就像看了一场精彩的电影。

洞口处有一处广告，写着“华中最美的溶洞：隐水洞”。由于工作关系，我曾考察过国内许多洞穴，我觉得这个评价毫不夸张。隐水洞全长达到 5180 米，为大型溶洞；洞内景观丰富多彩，奇特壮丽，“镇洞之宝”的仙人田更是中国罕见的漂亮景观；洞内游览方式既有坐船，又有乘小火车，更有步行，每段的距离都适宜，让人感到刚刚好（现在有些洞中坐船游览仅几分钟，最短的金华双龙洞仅 1 分钟多）。所以 5000 多米的洞，只花费 2 小时就游完了，不感到疲劳和枯燥。这是个新开发的洞，大家有空不妨去看一看，不会让你失望的。

鸳鸯洞中的石笋林

在广西乐业凤山喀斯特世界地质公园内有一大型溶洞：鸳鸯洞。

走进鸳鸯洞没走多远，大型的密集的钟乳石景观就让我大感意外！洞内的景观太密了，走到一个景观处，你的前后左右、上上下下都是景。洞内的钟乳石，光景陆离，耳目闪烁。洞内的石笋数量至少在千根以上，而且密度和高度比张家界的黄龙洞还大，堪称“石笋博物馆”。这中间有两根石笋的高度分别达到 29 米和 36.4 米，后者列世界第三高石笋，也是中国目前最高的石笋，相当于 12 层楼高，十分难见。古巴高 67.2 米和意大利高 38 米的石笋分列世界石笋的冠、亚军。

气势宏伟的凤山鸳鸯洞洞口

鸳鸯洞的“镇洞之宝”就是这石笋林，或称“洞中石林”。由于石笋又密又高又大，不像在黄龙洞中找“定海神针”那么容易；要寻觅世界第三高石笋，一定要导游的指点才行。这儿的石笋表面呈现为“披鳞挂甲”，似一根根绣花柱，灿若图绣。其成因是滴水与落下时的飞溅水协同沉积而形成的。

披鳞挂甲的棕榈石笋，十分美丽像一根绣花柱

鸳鸯洞全长在1000米左右，为廊道式的洞，整个洞雄伟宏丽，深诡见奇，是中国最美的溶洞之一。凤山地质博物馆位于一个巨大的天生桥——凤山穿岩下，可称为中国最为宏大的、最为自然的（有一半是天生的标本）地质博物馆。这里陈列的洞穴次生化学沉积物（以下简称钟乳石）的标本种类多、质量好，是中国任何一家地质博物馆都无法与之比及的。有石钟乳、石旗、石葡萄、流石坝池、叠石沉积、石笋、卷曲石、穴珠、水下晶花、石钟乳上的卷曲石、石花等，集中了常见的钟乳石类型，且形态完整，晶形美丽，在灯光的照射下，只能用“精彩”“辉煌”“妙不可言”等来形容。这肯定是一个世界级的地质博物馆。你若有机会参观鸳鸯洞，一定要来看一看这个博物馆，在短短半个小时，可以把美丽洞穴沉积物尽收眼底，享受一场视觉的“饕餮大餐”！

“水中金山”的璀璨辉煌

我于2005年9月参加全国第11届洞穴学术大会时，考察了湖南新化的大型洞穴——梅山龙宫。新化县位于湖南省中部，也曾以锡矿山的锑矿著名。现在，锡矿山的锑矿已经单独划出，归冷水江市了。

新化县还有两位名人，一位是于 1905 年 12 月在日本蹈海的近代民主革命家陈天华；另一位就是“抗美援朝”战争中，勇救朝鲜落水儿童而献身的国际主义战士罗盛教。但现在，新化县的“形象代表”应该就是梅山龙宫了！

梅山龙宫是一个水旱一体的多层洞穴，又称为“峡谷层楼式”。洞为 5 层，整个高差在 40 米。已探明的洞穴长度约为 3000 米，游览的长度近 2000 米，其中包括 466 米的地下河。我们是从地下河所在的第一层坐船开始游览，然后逐层上升参观，从入洞口的上方到出洞口出洞，等于是在山洞中绕了一圈。

梅山龙宫洞内的次生化学沉积物丰富多彩，尤其是五大奇观各有千秋，让我大开眼界。进洞口不久，就坐船游览水洞。从船上向洞底望去，根本看不见洞顶的沉积物，十分空旷，一眼就望见直达 40 米高的洞顶。这就是五大奇观之一的“峡谷云天”，是地壳运动产生的奇观。在游完水洞上岸处，看见一个巨大的石笋在红色灯光的映照下好像哪吒，被称为五大奇观之二的“哪吒出世”。下船后不久进入了第三层，这里有一个大厅被称为“玉皇天宫”，里面的石柱、石笋密集；它

梅山龙宫中的水中金山，耀人眼目

们十分苗条、纤细，令人怜爱，在国内其他洞穴中并不多见，因而被称为五大奇观之三。然后通过一个人工隧道进入第四层，越往前走，灯光越亮、越闪烁，猜想应该有一片水域在灯光照射下发出来的，不然，不会这么亮、这么闪光。

果然，被称为五大奇观之四的“水中金山”呈现在眼前。这是我在国内溶洞中见到的最为壮丽的景观。洞底一泓碧水，水平如镜。导游告诉我，其面积达到 368 平方米，这么大的边池实属罕见；更令人想象不到的是洞顶有数百万根洁白无暇、美妙绝伦的鹅管，管长多在 20 ~ 40 厘米，少数在 1 米以上。它们在水池上方的洞顶上，上下映照，浑然一体，在水中形成了一座如梦如幻、五光十色的“水中金山”。这么众多漂亮的鹅管加上一个大的边池坝形成罕见的景观，我在中国溶洞中仅见于此处。此景应该作为梅山龙宫的“镇洞之宝”。

徐霞客在考察广西白崖堡南山下洞时，对鹅管作了描述：“俱长六七寸，中空如管，外白如晶，天成白玉搔头也。”当时，徐霞客称为“石乳”，并且忍不住“折得石乳数十条”。当然，今天，我们在游览洞穴时，是不容许采折洞穴沉积物的！鹅管是方解石的晶体，看上去很漂亮。梅山龙宫的鹅管长度大大超过了徐霞客见到的六七寸，多为一尺左右，长的为三尺以上。我们今天比徐霞客更加幸运，不仅景观本身的美丽超过了他所见的，更为重要的是，这些自然景观又添加了灯光的照射，他那个时代见到的景观与我们见到的不可同日而语了！想看多久，就看多久，不必担心“火炬”熄灭。

从“水中金山”再往前走不远就是五大奇观之五的“河砂层”。这一景点高约 6 米，被一个古河床的断面分成上、下两层。反映了梅山龙宫形成的两个阶段，以及洞穴形成的水源主要来自地表水和外源水，而不是灰岩含水层。

出洞口是一个很大的绿化很好的九龙文化广场。它坐落在半山腰，四周青山，头上蓝天，不远处就是资江蜿蜒，还有那锦绣的农田，令人感到好惬意啊！梅山龙宫无论从洞内还是洞外景观来说，是我看到的属于中国最美丽的第一档次的洞穴。

金华溶洞添新篇，冰壶仙瀑尤为异

金华三洞是中国名洞，叶圣陶先生写的《金华三洞》的游记是我们中学时代学过的课文。“细说三洞”是指双龙、冰壶和朝真三洞。2007年5月15日，我考察了位于金华北山的金华三洞中的双龙、冰壶两洞。冰壶的洞中瀑使我至今难忘。1964年，郭沫若先生游过金华三洞后曾写诗《游冰壶洞》：

银河倒泻入冰壶，道是龙宫信是诬。
满壁珠玑飞作雨，一天星斗化为无。
瞬看新月轮轮饱，长有惊雷阵阵呼。
压倒双龙何足异，嵚崎此景域中孤。

郭老此诗中对洞中瀑的描绘，讲瀑布的气势如天上的银河倒泻；讲瀑布的水花似珍珠、如雨点，又像满天的星星；讲瀑布穿过的天窗如十五的圆月，天天都是圆的，日日都是十五的夜晚；讲瀑布的声音如惊雷阵阵呼呼；讲冰壶洞胜过双龙洞，在中国少见。

谈到冰壶洞也不得不提到徐霞客。1636年10月，他考察了金华三洞，对冰壶洞有如下描述：“洞门仰口如张吻，先投杖垂炬而下，滚滚不见其底；乃攀隙倚空入其咽喉，忽闻水声轰轰。愈秉炬从之，则洞之中央，一瀑从空下坠。冰花玉屑，从黑暗处耀成洁采。”

徐霞客写了水声轰轰；更写了水花，用冰花和玉屑来形容它的美丽，在洞的黑暗中像火花一样闪耀成洁白的洁采。后来在总结这三个洞时，他写道：“朝真以一隙天光为奇（洞中有一天窗，光从中射入），冰壶以万斛珠玑为异，而双龙则外有二门，中悬重幄，水陆兼奇，幽明凑异者矣。”

短短数语，把金华三洞的特点都写出来了。最后他在考察完紧邻金华的兰溪四洞后，又与金华四洞（还有一个讲堂洞）相比较，将这个八洞列了一个排行榜：“双龙第一，水源（今名涌雪）第二，讲堂第三，紫霞第四，朝真第五，冰壶第六，白云第七，洞窗第八”。郭老不

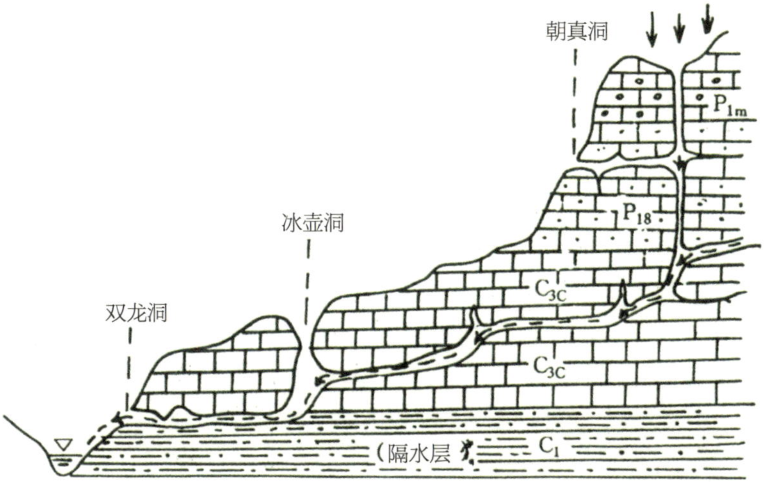

金华北山三洞成因示意图

服气，认为冰壶洞“压倒”（即绝对地胜过）双龙洞，而且还是中国少有的，当然，这是见仁见智的事，没有对错高下之分。确实，我 2007 年 5 月考察冰壶洞时也被震撼。

游金华三洞先游双龙洞，由于其洞口十分矮（仅 50 厘米）又在水中，游人要平躺在仅容两人的轻舟上，大约几分钟后才能上岸观赏。前人描述“上船莫嫌洞口小，逆水而上别有天”。原来游完双龙洞后，又要乘轻舟出洞，从另一洞口进入冰壶洞。现在为了方便游人，两洞已经打通，游完双龙洞就直接进入冰壶洞了。朝真洞由于在冰壶洞东北 1000 米，而且又要再爬 200 米山路，时间不允许，未去。但我们去了新开发的两个洞：桃源洞和仙瀑布。现在，应该是“金华五洞”。

桃源洞位于双龙洞西北仅 200 米，整个洞好像一个倒挂的葫芦，长 400 米，面积 3000 平方米。洞内有灰岩溶蚀的残余物形成的“仙果佛手”，佛手下方有雪白的新生的石花和卷曲石，地下还有一条百米长的地下暗河通道——潜龙峡。

仙瀑洞位于双龙洞东北 2000 米的鹿田村附近，洞口海拔 705 米，有 5 个洞厅，最引人入胜的是第 5 洞厅中落差 73 米的大瀑布，不似冰壶，胜似冰壶，十分壮观雄伟，缺憾是水量季节变化较大。仙瀑洞所在地还是观赏黄大仙景区和鹿湖风景的好地方。

金华山三洞和灵栖三洞有异曲同工之美，三个洞也是同在一个山丘上，而且也是三洞各具特点。双龙洞在最下面，是个水洞，海拔高375米；中间为冰壶洞，是个竖井溶洞，海拔高445米；最上面为朝真洞，是水平溶洞和竖式落水洞的结合体，海拔高645米。这三个洞规模不大，但特点明显。三洞中双龙洞最有名，国家重点风景名胜区也是以其命名的。

从金华北山三洞成因示意图上可以知道，这三个洞是由一条地下暗河联系在一起的。

天窗：通江中峰洞仙境

2015年8月，我去四川省东北的通江县参加全国洞穴学术会议。洞穴会议一般都是在有洞特别是有大型洞穴的地方召开。洞在山中，而其形成又和地下河以及地表水密切相关，洞实际上就是山水的结合产物，往往能带给人意外的惊喜。

通江溶洞之多出人意料，在它的境内居然有128个溶洞，被称为“溶洞之乡”，这个数字应该不比桂林逊色。我们仅仅一天的野外考察时间，全部是看洞，上午看一个洞：狮子洞；下午看两个洞：楼房洞和中峰洞。

盛夏时节，我们到了通江的诺水河。诺水河为嘉陵江的上游，是一条窄窄的水闪着波光的弯弯曲曲的峡谷，让人十分怜爱。

沿着峡谷有一条栈道，向上步行10多分钟，坐电梯进入了狮子洞。狮子洞并无狮子，是一个廊道形的溶洞。位于洞中部有不少的石笋和石柱，醒目的是这些石笋和石柱的中间部位有一条明显的界限，洞中罕见。原来这是条“水线”，表明地下湖水在此停留了至少几百年的时间，使得在此处形成了一圈碳酸钙的沉积。说明这里地壳的抬升是间歇性的。还有一个景观称为“诺水仙境”，由石笋、石柱、石旗等组合构成，下面有水，水中有倒影，非常动人。楼房洞中的两个巨大的宽宽的石瀑布——石幔，宏伟壮丽。一个叫“九寨之瀑”，真有点九

洞厅天窗之美

寨沟宽达 270 米的诺日朗瀑布之风韵；另一个相隔不远，叫“水帘之瀑”，和“九寨之瀑”不分伯仲。这两个洞中石幔应该在中国洞穴景观中占有一席之地！

最后一个洞是中峰洞，它是一个大型的洞。进洞口是一个人工开的隧道，好长，越走洞中风越大，气温大约 10℃，夏天要穿御寒的衣服。大约走 45 分钟，突然来到了一个壮观的大厅，大厅高约 50 米，非常宽敞，更让人惊喜的是大厅中从上到下、从右到左，密密麻麻的景观，岩石在彩灯照射下颜色十分绚丽。但听导游讲，这仅仅是第一个大厅，还有七八个之多。体力实在感到跟不上，想原路返回，也不可能，咬咬牙，坚持着往前走。紧接着参观了三四个大厅后，突然出现了好大的一个地下湖。我们坐船游地下湖再到对面，千载难逢的休息，船在地下湖中缓缓前进，只有桨声灯影，寂静极了！

上湖岸，黑暗中突然有人叫我们向右一拐。生平从未看过的洞中景观出现了！这里是一片雾气，雾茫茫，犹如阵阵的仙气；向前一看，好大的一个“天窗”，这个“天窗”的位置离我们最少有 40 ~ 50 米之远，但不在洞顶正好和视线平行；更让人难以置信的是“天窗”内

洞厅天窗之美，江西永新梅田洞的天窗

外之雾气进进出出，永不减少。雾气围绕着我们，在此，伫立良久。此景只能用“仙境”来形容！

徐霞客在考察福建玉华洞的天窗时，写道：“遥望空濛，忽曙色欲来，所谓‘五更天’也。至此最奇。”他认为天窗是洞中最奇景观，原因就是，在空濛之中，感到光明即将来临。

王安石在《游褒禅山记》中曾说道：“世之奇伟、瑰怪、非常之观，常在于险远，而人之所罕至焉，故非有志者不能至也。”这次考察使我对这句话有了又一次体验，没有努力坚持，就会功亏一篑。洞中的“天窗”给我们以启迪，它使我们在黑暗中看到光明，还有那“天窗”外的青山！我们在科研工作中不也是在寻找“天窗”，寻找光明吗？而这光明往往在“山重水复疑无路”之时啊！

第 6 节　中国溶洞之最

中国的长洞

关于中国的长洞，我列举了 14 个洞，因为第 14 名的长洞刚好为 10000 米，也就是说，中国前 14 名的长洞都在 10000 米。具体见下表所示。

中国长度超过 10000 米的 14 个溶洞

序号	洞名	地理位置	长度（米）	深度（米）	备注
1	双河洞洞穴系统	贵州绥阳	134949		2
2	百朗地下河洞穴系统	广西乐业	75000		3
3	腾龙洞	湖北利川	52800		4
4	坡心地下河洞穴系统	广西凤山	> 40000		
5	白水洞	贵州江口	22450		
6	多缤洞	贵州修文	21100		
7	黄金洞群	湖北咸丰	> 20000		5
8	穿岩洞（板洞）	贵州安龙	17600	355	
9	飞虎洞	湖南龙山	17000	340	
10	织金洞	贵州织金	12100		
11	金佛洞	重庆南川	11600		
12	大洞	湖北五峰	10932	314	
13	三王洞	重庆武隆	10099	236	
14	金伦洞	广西马山	10000		6

注：数据引自陈伟海等著的《重庆武隆岩溶地质公园，地质遗迹特征、形成与评价》。笔者根据最新资料作了修改、调整和补充。

备注：

1）表中所列的 14 个洞，全为洞穴系统。洞穴系统大致可分为三类情况：一是若干个洞由一条地下洞连通（如百朗地下河洞穴系统）；二是有一个主洞，众多的支洞，多层的结构（如双河洞）。三是既有水洞，又有旱洞（如腾龙洞）。

2）贵州绥阳的双河洞是中国最长的溶洞。

3）广西乐业百朗地下河是广西四大地下河之一，主流全长 65.6 千米，有 11 条支流。经过中外洞穴探险家的共同努力，现探明的地下洞穴白洞长 4862 米；大槽洞长 9461 米，黄裰洞长 2407 米；金银洞长 5595 米；牛坪洞长 3576 米。

4）湖北利川的腾龙洞，是我国 20 世纪 80 年代发现的最长的溶洞，被称为“天下第一洞”。但现在已经退居第三位了。

5）湖北的咸丰黄金洞群，位于咸利公路的 59 千米处。据初步探

贵州双河洞之一：水洞口

贵州双河洞之二：水洞石膏洞栈道

测，有主洞5个，支洞26个，总长度超过2万多米，容积达150万立方米。洞内有洞，洞洞相通，洞下有水，水里有山，成为多层次、多变化的网状洞穴系统。

6）金伦洞，位于广西南宁市区以北106千米的马山县，洞深10千米，穿过12座石峰之腹，已开发游程2000米，于1998年向游客开放。该洞洞穴系统庞大，洞厅雄伟，地下河蜿蜒，石钟乳丰富，游程曲折，幻象叠起。英国专家认为该洞是世界十大溶洞之一。现在，我把它列为中国的第14位，原因是未见它的具体数据，仅有长10000米或超过10000米的报道。中国前14名的长洞中，大部分都不是旅游名洞。原因有四：①交通不便。②洞穴过长。考虑到游览时间和游人安全等因素，不宜开放游览。③洞穴内的景观不集中。④没有完善的旅游设施。现在，这些长洞仅仅是洞穴探险者和地质工作者常去的地方。

贵州双河洞之三：水洞地下瀑

中国第一长洞——双河洞有 168 支洞

双河洞位于贵州省遵义市绥阳县内，在县城东北 42 千米处的温泉镇中桂花村和铜鼓村范围内，有两条河流在双河洞所在的铜鼓村交汇，故得名。

双河洞是一个结构复杂、平面展布呈树枝状的洞穴系统。该洞主要沿北东方向发育。双河洞现已探明有 168 个一级、二级支洞，118 条大小不等的支洞道、4 条地下河、27 个洞口，上下 4 层，真可谓是洞连洞，洞上有洞，洞下有洞，洞中套洞，水洞旱洞交织，异彩纷呈。到 2009 年，双河洞探测的长度达到 135 千米，是中国目前为止最长的洞穴（洞穴长度的计算和河流是不同的，河流长度只计算主流，支流不包括在内，洞穴长度则主洞、支洞的长度都包括在内）。亚洲已经测量出的最长洞穴位于马来西亚，长度为 109 千米；双河洞的长度已经超过它，成为亚洲之冠。

双河洞所在的绥阳县不通铁路，距遵义市 84 千米，距贵州省省会贵阳市 250 千米，位于贵阳市和遵义市之间，每天有多班旅游车和长途汽车往返。

双河洞内由于洞系统庞大，至今未完全探测完毕。就目前的情况来看，双河洞是一个迷人而又漂亮的洞穴。其中的石膏晶洞是双河洞系的二级支洞，洞内有 3 万余平方米（像 3 个足球场那么大）的石膏晶花，形态似石菊花、石珍珠、石瓜、玛瑙、白象等。身临洞中仿佛进入了一片飞雪漫天、晶莹剔透、洁白无瑕的童话世界。如此壮观的石膏晶洞在中国实属罕见。卷曲石洞也是双河洞系的二级支洞，长 600 米，洞内有多姿多彩的卷曲石；洞底水池中生长着晶花。国内溶洞中，这样多的卷曲石集中于一个洞且大面积分布，也不多。大风洞是双河洞系的一级支洞，长 2000 余米，里面的次生化学沉积物

贵州双河洞之四：大风洞中壮观的石钟乳

丰富多彩、琳琅满目。现在对外开放的仅有大风洞和双河水洞。

双河洞所在地还有绥阳温泉、飘水岩瀑布等，现在已经开辟为国家地质公园。

中国的深洞

中国前 10 名的深洞见下表所示。

中国前十名深洞

排名	名称	深度（米）	长度（米）	位置
1	汽坑洞	1020	5880	重庆武隆
2	六尺凹口下洞	832	4352	重庆武隆
3	大坑洞	775	4274	重庆武隆
4	垌坝洞	656	7234	重庆武隆
5	寨洞	552	8402	湖北鹤峰
6	吴家洞	436	/	贵州水城
7	白雨洞	424	/	贵州盘县
8	大硝洞	419	1185	重庆武隆
9	格必河洞	418	7746	贵州紫云
10	大洞	417	1197	重庆武隆

注：该表援引自 2008 年 11 月全国第十四届洞穴学术会议上陈伟海等发表的《武隆喀斯特系统构成及遗产价值》一文。笔者根据最新资料作了修改、调整和补充。

提到中国的深洞，我们一定要提到红玫瑰洞穴探险俱乐部。他们在中国测量了超过 105 千米洞穴，包括中国目前最深的三个洞穴和世界上第十大洞穴——红玫瑰大厅。

深洞完全不像水井那样简单。不是像不少人认为那样，深洞像人们打水的水井一样，直上直下，其结构复杂多样的。为了让读者了解深洞的情况，我引用了红玫瑰洞穴探险俱乐部创始人艾琳·林奇绘制的汽坑洞测量迹线剖面图。

汽坑洞的洞口海拔为 1162 米，一直到海拔 454 米的“时间耗尽”，基本上都由竖井状、短斜井状通道组成。这段垂直距离达到 708

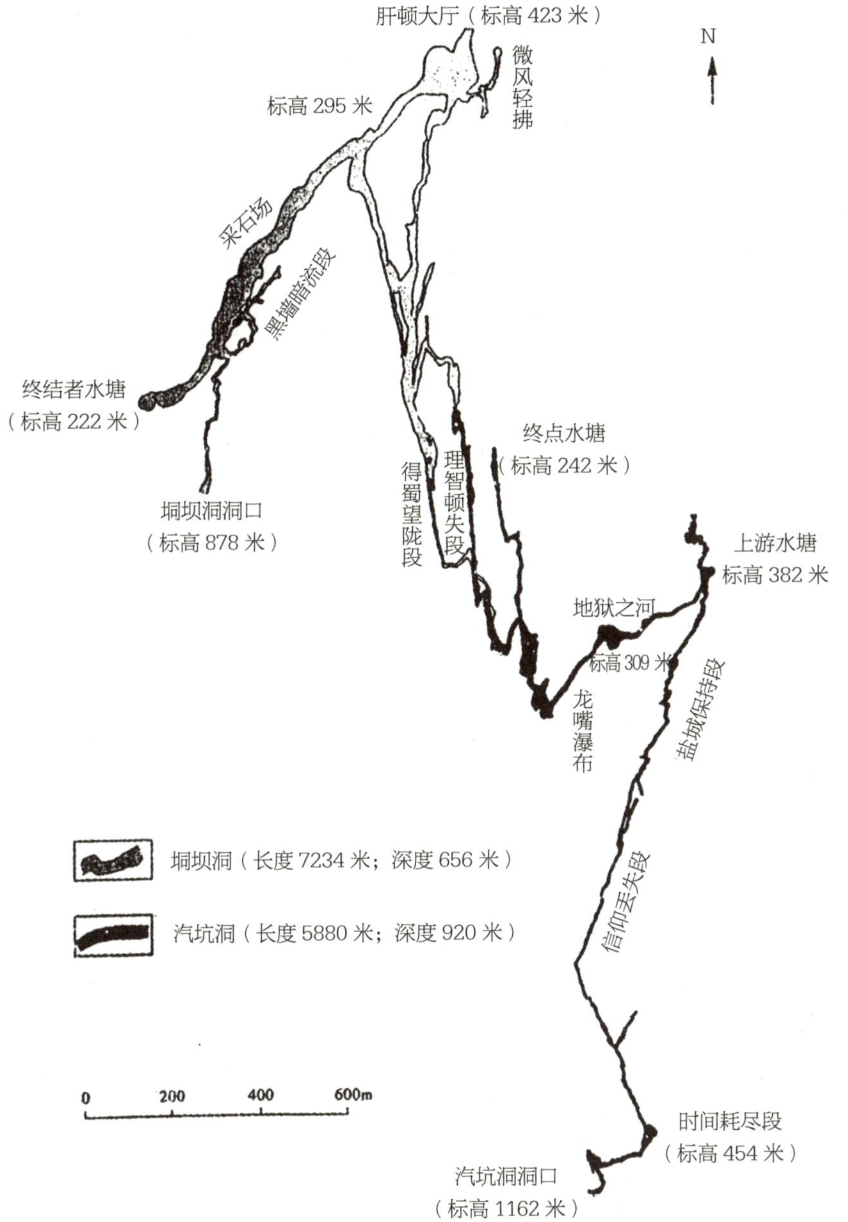

艾琳·林奇绘制的汽坑洞测量迹线剖面图

米！在黑暗中，前途未知，一米一米地探测前进，心情的紧张和行进的艰难可想而知。从 454 米的“时间耗尽”段到 242 米的“终点水塘”，在这段高差 212 米中，虽基本为水平状通道，但中间有一个 60

美国年轻的女探险家艾琳·林奇（左二）和笔者（右二）在凤山野外考察中合影

米的龙嘴瀑布，另外这些水平通道以狭窄洞道为主，宽 0.5 ~ 40 米不等，以 1 ~ 5 米为主，洞内每段的名称就表明了探洞者的心情："时间耗尽""信仰丢失""真诚保持""地狱之河""理智顿失"等。垌坝洞的情况和汽坑洞基本相似。

中国最大的洞穴大厅

所有的旅游溶洞，都有洞厅。有的洞就是由一个大厅组成（如广西桂林的芦笛岩等），大多数的洞是由好几个，甚至十几个以上的大厅组成。那么，中国最大的洞穴大厅到底有多大。根据现有资料中国前三名的洞穴大厅分别为：苗厅、犀牛大厅、红玫瑰大厅。另外，阳光大厅的体积巨大，居国内第二，世界第三。下表列出了中国最大的四个洞穴大厅。

中国最大的四个洞穴大厅

名称	地点	面积（万平方米）	体积（万立方米）	备注
苗厅	贵州格必河	12	40	1
犀牛大厅	贵州安龙	7.7		
红玫瑰大厅	广西乐业	7	70	2
阳光大厅	广西乐业	3	52	3

注：1）苗厅面积为 12 万平方米，即有 12 个足球场大，从面积来讲，是中国最大的洞穴厅，在世界上仅次于马来西亚穆鲁国家公园中鹿洞的沙捞越大厅（面积为 16.27 平方米）；从体积来说，与法国的维尔纳厅并列世界第四位。

2）红玫瑰大厅从面积来讲，在中国位居第三，在世界上与老挝的"一个大厅"并列世界第五；从体积来讲，居国内第一，世界第二（世界第一仍然是沙捞越大厅，体积 120 万立方米）。其附近为大曹天坑（口部直径 300 ～ 140 米，坑口面积约 3 万平方米，最大深度 92 米）。如果红玫瑰大厅（高 200 米）的顶板崩落，则会形成一个新的比大曹天坑还大的天坑。

3）阳光大厅的面积居国内第十位，世界第二十三位；其体积居国内第二，世界第三。阳光大厅附近有白洞天坑（口部直径 220 ～ 160 米，口部面积 2.2 万平方米，最大深度 312 米）。从白洞天坑的底部可以通到阳光大厅，阳光大厅的顶板已有部分坍塌，形成"冒气洞"，如果完全坍塌就成为一个新的天坑。由此可以看出，地下洞穴大厅和天坑在发展上存在着先后的序列关系。

这 4 个大厅到底有多大呢？还是和中国一些名洞的洞穴大厅的面积比较一下吧。有比较才有鉴定，看了下面的数字就可以感觉到苗厅等中国前三位洞穴大厅的巨大了。

中国若干名洞的洞穴大厅的面积

洞名或厅名	地点	面积（万平方米）
芦笛岩	广西桂林	1.47
都乐岩	广西桂林	0.64
莲花厅	广西阳朔莲花洞	0.087
清风洞	浙江建德灵栖洞天	0.6
双龙洞	浙江金华	0.12
冰壶洞	浙江金华	0.2
朝真洞	浙江金华	0.254
流光泻玉厅	四川兴文天泉洞	2.2

广西桂林市资源县的丹霞地貌：资江之门

Chapter 10

第十章 靓丽的丹霞山

资江之门。这是广西资源县境内的典型的丹霞地貌。中国著名地质学家冯景兰院士，1928 年提出了丹霞地貌外形的四个特征：峰崖崔嵬，江流奔腾，赤壁四立，绿树上覆。这张图片把这四个特征表现得淋漓尽致。冯先生把丹霞地貌称之为“岭南奇观”。

读者看了这张图片，仿佛就进入到丹霞知识殿堂的大门。这张图片也使我们想到唐代大诗人李白的一句诗：“天门中断楚江开”。这个丹霞之门则是资江的水流在地壳运动下冲开的，费尽了多少辛苦啊。我们要认识、了解、掌握丹霞山的知识也是要付出一番工夫的。

第1节　中国丹霞的魅力及分布

丹霞山的“四美”

巍峨的山脉是大自然中最为壮观的地貌。中国人喜欢登山观景，大思想家孔子就说过：“仁者乐山，智者乐水”。唐代大诗人杜甫从泰山脚下走过，遥望高高的泰山，就萌发出了“会当凌绝顶，一览众山小”的雄心壮志。大家包括我在内都登过不少的山，当问到我“在你登过的山中，哪一类山脉给你留下了最深的印象，让你总觉得挥之不去？”我静静地想了想，回答是“丹霞山”或说“丹霞地貌”。这类山无论从哪方面看，都给你以启迪。

丹霞之美有四点：

色彩之美。“色如渥丹、灿若明霞”，这是中国古代文人对广东丹霞山的描述，是说丹霞地貌的颜色像“渥丹”，即百合花一样鲜红，又像旭日东升的霞光一样灿烂。有人称广东丹霞山为“红石公园”，再配上蓝天、碧水和绿树，就像一幅色彩绚丽的油画。

造型之美。丹霞地貌公园中不但有千姿百态的山峰，还有千奇百怪的丹霞洞穴。丹霞地貌的造型之美令人叹为观止，徐霞客归纳为三个特点：摩云插天，势欲飞动；移步换形，与云同幻矣；自为变幻，而各尽其奇也。循着徐霞客提出的这三条，去观察、欣赏丹霞地貌的山峰，一定会深有感触。

别树一帜之美。清代文人袁枚在《游武夷山记》中，写道：“嘻！余学古文者也。以文论山：武夷无直笔，故曲；无平笔，故峭；无复笔，故新；无散笔，故紧。不必引灵仙荒渺之事为山称说，而即其超隽之概，自在两戒外，别树一帜。”袁枚认为具有丹霞地貌的武夷山有“曲、峭、新、紧”四个特点，堪称是“别树一帜”之美。

几乎所有的丹霞地貌，不仅有山，更有河流、湖泊，如武夷山有九曲溪，广州的丹霞山有锦江，龙虎山有泸溪，泰宁有大金湖，飞天山有翠江，形成山明水之美。我借用唐代大诗人的两句诗，改动三个字，来表述丹霞之美：江碧天逾蓝，山青石欲燃

人文之美。不少丹霞山还有着深厚的人文积淀，吸引着来自天南海北的游人。归纳起来有宗教文化（特别是道教文化）、悬棺葬俗文化、古代寨防文化、朝山古道文化、古代书院文化、摩崖石刻文化、古代建筑文化等七大类。每类都包含着深厚的文化内涵。

正因为丹霞山有以上“四美”，福建的武夷山被誉为“秀甲东南”。郭沫若先生甚至说道：“桂林山水甲天下，不及武夷山一小曲”；泰宁金湖被称为“天下第一湖山”，明代举人池显方游完泰宁上清溪后，写道：“如渔父之别桃源也”。

中国的丹霞景区拥有一个世界双遗产，一个世界文化遗产，一个世界自然遗产，三个世界地质公园。这是值得我们骄傲和自豪的宝贵资源。

冯景兰先生提出的丹霞山标准

用丹霞等描述自然风光的名词来形容地形地貌，中国古代早已有之。公元 5 世纪南朝人肖子开在《建安记》中写道：武夷山“望若朝霞”；同时代的江淹也写道武夷山为“碧水丹山”。明朝的徐霞客在浙江考察天台山时也用“丹霞层亘”形容岩层。清代袁枚更把广东丹霞山称之为“色如渥丹，灿若明霞”。他们笔下的“丹霞”仅仅是个文学名词或形容词，与“丹枫疏密”“斗锦裁霞”等是一样的，与我们今天地学家所说的“丹霞”“丹霞地貌”是完全不相同的两回事。那么，到底什么是“丹霞地貌”呢？

丹霞地貌这个名词的源头以及科学内涵是中国著名地质学家冯景兰先生第一个提出的。1928 年，他在《两广地质研究所年报（第一号）》刊发的《广东曲江仁化南雄地质矿产》一文中，首次提出了“丹霞层”，并把这层岩石的特性和地形的关系，以及成因、特点，做了生

动而精彩的论述：

地形与岩石之关系，在本区中更为明显，第三纪红色岩层之下部，常为深厚坚固相间之块状砂岩与砾岩，侵蚀之后，绝崖陡壁，直如人造之坚固伟岩之炮垒，而不知其为天造地设也。南雄之苍石寨、扬历岩，仁化之锦岩、丹霞山、人头石、千金寨、书堂岩、断石岩、观音岩、笔架山、马头寨，曲江之龟头石、挂榜山、三岌峰、五马归槽等，皆由此种岩石侵蚀而成。峰崖崔嵬，江流奔腾，赤壁四立，绿树上覆，其岭南奇观也。

冯景兰先生在文中明确提出了以下四个标准：

1）岩层时代，为第三纪红层的下部。20 世纪 80 年代，广东的地质工作者经过研究把这个岩层划入白垩纪。丹霞地貌的岩层时代应该严格限定在白垩纪。

2）岩石性质，为深厚坚固相间之块状砂岩与砾岩。也就是砂岩、

贵州赤水天生桥：渡仙桥

江西龙虎山壮观的锦石岩

砾岩、粉砂岩、泥岩等陆相沉积。

3）形成动力，为流水“侵蚀以后”所在。当然还应有各种风化溶蚀、重力崩塌等外力地质作用。

4）外形即地貌造型有 4 个特点：①峰崖崔嵬；②江流奔腾（所在地区大都有江流或湖泊）；③赤壁四立（绝崖陡壁如炮垒）；④绿树上覆。

我非常赞同冯先生的观点，认为丹霞地貌应该严格按照以上四条来判断；不符合其中一条，特别是地质时代不符，就不能称为丹霞地貌。当然，可以有所发展和深入，如黄进先生把丹霞地貌外形归结为“顶平、身陡、麓缓”，就得到不少同行的承认。

白垩纪距今 1.35 亿年到 6500 万年。当时气候炎热干燥，沉积在内陆盆地的河湖相碎屑物质中所含的铁、锰物质，在强烈的氧化作用下变成红色，在有些地方，这种岩石的颜色非常鲜艳，尤其是在阳光的映照下呈现出红色的霞光，景象颇为壮观。

红岩·城堡·绿帽

根据冯先生的标准，在野外辨别丹霞山，从外形上掌握三个特征即可。一是红色的岩石；二是赤壁陡立形成的城堡、炮台；三是山顶上有郁郁葱葱的林木。

红色的岩石。丹霞山之名来源于岩石的颜色是“色如渥丹，灿若明霞”。丹霞山岩石像“渥丹”百合花一样鲜红，又像旭日东升时发出的霞光一样灿烂。广东丹霞山又被称为“红石公园”。

浙江天台县境内的赤城山也是一座丹霞山。唐代大诗人李白在《梦游天姥吟留别》一诗中写道它：“天姥连天向天横，势拔五岳掩赤城。”你看，赤城山在李白眼中是和五岳相提并论的。

明代徐霞客1613年四月初八也登了赤城山。他写道：“离国清，从山后五里登赤城。赤城山顶圆壁特起，望之如城，而石色微赤。”徐霞客一下就写出了赤城山的两个特点：第一个是形状像城，第二个是岩石的颜色微红。1632年3月20日，徐霞客又来到赤城，写道：“北七里，至赤城麓。仰视丹霞层亘，浮屠（佛塔）标其巅，兀立于重岚攒翠间。”你看，他又一次肯定了赤城山岩石是红色的，不经意间还使用了“丹霞”两字。

城堡和绿帽。冯先生形容其外形“如人造之坚固之炮垒，而不知其为天造地设也。”专业名词称为“丹霞方山”。宋朝文人刘斧在《武夷山记》中就写道：“其山东望如楼台，南盼如城壁，西顾如廪庾，北观如车盖。”楼台、城壁、廪庾、车盖，说明了山是赤壁四立，形成方形。龙虎山的仙人城、浙江的方岩、资源的八角寨和降龙寨，还有赤城等都是十分典型的方山。丹霞山地区，无论山是何种形状，其上绿树葱葱，仿佛戴了一顶绿色的帽子。你见到丹霞山时，这两个特点是很容易见到的，这也是丹霞山最显著的两个标志。

中国何处有丹霞

读者一定十分关心中国究竟有哪些丹霞山，下表列出了中国著名的丹霞山：

中国著名丹霞山名录表

序号	山名或公园名	位置	等级
1	武夷山	福建省南平市武夷山市	世界遗产、国家重点风景名胜区
2	丹霞山	广东省韶关市仁化县	世界遗产、世界地质公园、国家重点风景名胜区
3	龙虎山	江西省鹰潭市	世界遗产、世界地质公园、国家重点风景名胜区
4	泰宁大金湖	福建省三明市泰宁县	世界遗产、世界地质公园
5	桃源洞	福建省三明市、永安市	国家地质公园、国家重点风景名胜区
6	齐云山	安徽省黄山市休宁县	国家地质公园、国家重点风景名胜区
7	资源	广西桂林市资源县	国家地质公园
8	莨山	湖南省邵阳市新宁县	世界遗产、国家地质公园、国家重点风景名胜区
9	飞天山	湖南省郴州市北湖区	国家地质公园
10	坎布拉	青海省黄南藏族自治州尖扎县	国家地质公园
11	火石寨	宁夏固原市西吉县	国家地质公园
12	黎明—老君山	云南省丽江市玉龙县	国家地质公园
13	崆峒山	甘肃省平凉市崆峒区	国家地质公园、国家重点风景名胜区
14	江油	四川省绵阳市、江油市	国家地质公园
15	穿岩十九峰	浙江省绍兴市新昌县	国家地质公园
16	方岩	浙江省金华市、永康市	国家重点风景名胜区
17	江郎山	浙江省衢州市、江山市	世界遗产、国家重点风景名胜区
18	冠豸山	福建省龙岩市连城县	国家重点风景名胜区
19	龟峰	江西省上饶市弋阳县	世界遗产、国家重点风景名胜区
20	贵州赤水	贵州省赤水市	世界遗产、国家地质公园、国家重点风景名胜区
21	青城山	四川省成都市、都江堰市	国家重点风景名胜区
22	剑门关	四川省广元市剑阁县	国家重点风景名胜区
23	天台山	四川省泸州市叙永县	国家重点风景名胜区
24	四面山	重庆市、江津市	国家重点风景名胜区

续表

序号	山名或公园名	位置	等级
25	大足石刻	重庆市大足县	世界遗产
26	承德避暑山庄	河北省承德市	国家重点风景名胜区
27	烂柯山	浙江省衢州市	著名的非国家公园的丹霞风景区
28	三都屏岩	浙江省金华市、东阳市	著名的非国家公园的丹霞风景区
29	乐昌平石	广东省韶关市、乐昌市	著名的非国家公园的丹霞风景区
30	白石山	广西贵港市、桂平市	著名的非国家公园的丹霞风景区
31	南雄苍石寨	广东省韶关市、南雄市	著名的非国家公园的丹霞风景区
32	黄冈赤壁	湖北省黄冈市	著名的非国家公园的丹霞风景区
33	通道万佛山	湖南省怀化市通道县	著名的非国家公园的丹霞风景区

从表中可以看出：中国著名的丹霞山中共有 6 处世界级的风景区：3 处世界遗产，3 处世界地质公园。

2010 年，龙虎山（包括龟峰）、丹霞山、湖南莨山、福建泰宁、浙江江郎山、贵州赤水等 6 处丹霞山一起组成“中国丹霞”，被列入“世界自然遗产名录”。

国家重点风景名胜区 16 处，占中国 177 处的 9%，超过了火山（12 处）。有 7 处既是国家重点风景名胜区，又是国家地质公园。

中国的丹霞国家公园一共为 26 处，加上著名的丹霞风景区达到 33 处。地理分布都集中在中国的南方，尤浙江、福建、广东、江西、湖南、广西、四川、安徽等省区为多，北方仅有承德 1 处。另外，青海、宁夏、云南、甘肃等西北、西南地区有个别的分布。

丹霞公园所在地，旅游资源大都比较丰富，如丹霞山所在地韶关市有佛教六祖创立的南华禅寺、曹溪温泉（规模大、环境好、水质好）、马坝人遗址等。龙虎山有大上清宫，号称“中国道都”，是历代张天师阐教演法、为弟子授录传度、历代高道修身养性之所。现按北宋鼎盛时期的建筑以及风格重修一新，占地 40 万平方米，里面还重溯了《水浒》的故事。泰宁素有“汉唐古镇、两宋名城”的美誉，曾有“一门四进士，隔河两状元，一巷九举人”之盛况，朱熹、李纲、杨时等历史人物都在此读书讲学，宋哲宗将曲阜孔子阙里府号“泰宁”赐作县名。县内有许多文化遗迹可觅。

丹霞之山应为丹霞之丘

武夷山、龙虎山、赤城山等丹霞之山，是我们的通俗叫法。但它们不是山地，而是丘陵，不是丹霞之山，应是丹霞之丘。山地与丘陵的区别是高度，包括海拔高度和相对高度。中山大学黄进教授在著作《武夷山丹霞地貌》中将武夷山主要山峰的高度做了归纳，我们据此可得出结论：丹霞之山确实为丹霞之丘。地学上规定丘陵的海拔高度和相对高度是在 500 米以下，而山地即便是低山，高度应该在 500 米以上。在武夷山的 19 座山峰中，超过 500 米的仅有幔亭、大王、鼓子、三仰 4 峰，而前三者又在 600 米以下，仅仅只有三仰峰达到 729 米。武夷山应该叫武夷丘才名副其实吧！武夷山不是个例。我去过的赤城山海拔 339 米，相对高度也就是 200 米左右；浙江江郎山主峰海拔 824 米，但其三峰的相对高都在 300 米左右；广东丹霞山主峰长老峰，海拔 417 米；浙江穿岩十九峰主峰望海峰，海拔 400 米；安徽齐云山主峰，海拔 580 米。

中国的丘陵主要分布于长江之南、云贵高原以东的广大地区，统称为“东南丘陵”。它又可细分为 3 块：江南丘陵（湖南、江西两省），广西丘陵，东南沿海丘陵（浙江、福建两省）。丹霞之丘正是分布在这片丘陵地区。

丘陵根据成因可以分成 4 类：①由侵蚀和溶蚀作用形成的石质或土质丘陵。有丹霞之丘、石灰岩之丘、黄土之丘等。②火山之丘，包括泥火山。③盐丘，其形成是埋藏于地壳表层的盐层，当受到压力时，使上覆的岩石土层突兀，构成以盐层为核心的盐丘。湖北省应城县境内的盐丘就很典型。④冰碛丘陵，它是由冰川退缩后遗弃的岩石碎屑所形成的，不成规律分布在大地上。中国的丘陵以丹霞之丘和火山之丘为主。

丹霞山的雄伟不会因其高度低而减一丝一厘。这是因为“身陡、顶平、麓缓”中的“身陡”形成了陡、峭、雄壮等视觉景观，徐霞客在写到大藏峰时用的是“壁立千仞”（而其相对高度为 224 米）；登到高 179 米的隐屏峰顶时写道：“四面悬崖，凭空下眺，真仙凡敻隔！”写到高 224 米的仙掌岩时，用“岩壁屹立雄展”；写到高 121 米的城高岩，用“矗然独上，四旁峭削如城”。

丹霞地貌分类

当我们走进丹霞国家公园或丹霞风景区时，你会和走进其他类型的国家公园或风景区有完全不同的新奇感受。这里碧水丹山，山中有水，水中有山，争奇斗异，巧妙玲珑，往往一下子就被这美丽的风景所震撼。我第一次到武夷山、丹霞山、龙虎山、大金湖、飞天山等丹霞公园时，看到眼前这靓丽的风景，都有同样的感觉：既兴奋又激动。这不禁使我想起宋代著名诗人陆游写的《初入武夷》一诗。

未到名山梦已新，千峰拔地玉嶙峋。
幔亭一夜风吹雨，似与游人洗俗尘。

你看，陆游未到武夷“梦已新”；到了一定是梦断武夷吧！

明朝张于垒先生在《武夷游记》中写道：“分之，可作数十处名山；缩之，只如一幅小图画。离奇诡谲。”

我们到了一个丹霞公园或风景区，又应如何来观赏品味众多的丹霞风景呢？东华理工大学郭福生教授把丹霞地貌分成两大类：山峰、崖壁、岩块等归为丹霞正地貌；峰谷、一线天等所有洞穴归为丹霞负地貌。我根据自己的经历和体会，从便于游人识别与观赏的角度考虑，将丹霞地貌分成三大类：峰石类、洞穴类、水体类，各大类下又分为几个类型，如下表所示。

作者提出的丹霞地貌分类表

大类	序号	类型	代表性实例
峰石类	1	孤峰	武夷山的玉女峰、大王峰
	2	峰林	浙江穿岩十九峰
	3	峰丛	丹霞山的僧帽峰丛
	4	方山	龙虎山的仙人城
	5	丹崖赤壁	泰宁大金湖大赤壁
	6	石柱	丹霞山的阳元石
	7	一线天	福建永安桃源洞一线天
洞穴类	1	岩槽或廊	福建泰宁的状元岩
	2	扁平洞	福建泰宁的甘露岩
	3	额状洞	福建泰宁的栖真岩
	4	水平凹槽	丹霞山区随处可见
	5	垂直凹槽	龙虎山的仙女岩
	6	水平洞穴	丹霞山区随处可见
	7	蜂窝状洞穴	福泰泰宁的天穹岩
	8	壶穴	浙江新昌的千丈坑
	9	天生桥	江西贵溪的仙人桥
	10	崩塌洞穴	广西资源的人字天
水体类	1	水帘瀑	福建武夷山水帘洞
	2	瀑布	贵州赤水四洞沟
	3	泉	江西龟峰无声泉
	4	峡谷	武夷山九曲溪
	5	河流	江西龙虎山泸溪河
	6	湖泊	福建泰宁大金湖

在中国每个丹霞公园中，都能看到精彩的洞穴景观。如上表所示，我将洞穴类分为 10 种类型：

1）1 ~ 3 为大型的单体洞，人可以自由进出，有一定的高度、深度，洞中可以有建筑物。

2）4 ~ 6 类为小型洞穴，人不能进入。

3）蜂窝状洞穴群是由密集的小型洞穴顺岩层排列而成，似蜂窝；还有一种为套叠状洞穴群。

广西资源丹霞地貌中由崩塌洞穴形成的“人字天”

4）壶穴，又称瓯穴。它是流水携带沙砾在岩石河床上形成的口小肚大的洞穴，进一步扩大就成为圆潭。由于地壳的上升，过去的河床上的壶穴就清楚地暴露在岩壁上。我见过最明显的就是浙江新昌县的千丈坑壶穴群。有人把这些壶穴认作冰臼是没有根据的，无论是从地貌特征和气候等方面新昌是根本不可能有第四纪冰川。

5）天生桥、穿洞或穿岩。广义的天生桥实际上是岩石（以灰岩、砂砾岩等沉积中常见，其他岩类罕见）中的穿洞，但这个穿洞的形状大都是拱形的，和人工建造的桥拱相似，其形成主要是内外动力地质作用。狭义的天生桥仅指由流水侵蚀而成，而且至今桥下仍有流水。本文所说的一般为广义的天生桥。因为它和人工建造的桥的相似，又是纯自然形成的，故称“天生桥”。“天生桥”由于岩石的不尽相同，拱形千变万化，拱的高低不一，桥上和桥下的景观也大相径庭，使得这类景观不但很早就被人注意，而且还赋予了各种各样美妙的名字。

丹霞地貌中的天生桥和石灰岩中的天生桥，在数量和美丽程度上不相上下，各有特点。丹霞地貌中的天生桥，下面一般没有水，直至今日我也没有看到过下面有水的天生桥，况且，天生桥没有桥墩，这样，就更凸显出天生桥“一桥飞架”的壮观和宏伟。

6）崩塌洞穴。以上几种洞穴大都是以流水的侵蚀、溶蚀、风化作用为主形成的洞穴。在丹霞公园内还有以崩塌作用为主形成的洞穴，如广西资源的人字天。崩塌时的长条状岩块恰好横架在一条小溪两岸，形成崩积天生桥景观。

在广东丹霞山区的大瑶山北侧的一条小溪上就有一座小型的崩积天生桥，水从桥下过，人在桥上行，实在是妙。这些崩塌的洞穴，徐霞客作了很好的描述："其洞乃大石叠缀所成，乱崖颠磴，欲坠未坠，迸处为罅，覆处为洞，穿处为门，门不一窍，洞不一层，中欠宽平，外支幽险，若叠级架板，亦可幽栖处也。"

实际上，丹霞中的大型洞穴都是由小型洞穴逐渐发展、扩大而生成的，如水平凹槽的逐渐发展就形成了扁平洞。

第 2 节　奥妙无穷的丹霞峰石

丹霞孤峰

丹霞孤峰是丹霞地貌风景区常常可以见到的一种景观。绝大多数是由于侵蚀、溶蚀等原因形成；也有一些是崩塌后形成的。孤峰的美在于其造型千姿百态，并且有一些神话故事和其紧密相连，更加吸引游人。孤峰之美就在于"孤"，它最多不能超过三个峰，不然就不是"孤峰"，而是峰丛或为峰林了。

我在武夷山、龙虎山、泰宁、丹霞山和龟峰等地见到过上百座孤峰，心中往往会生出莫名的波澜和激动，山的美在孤峰中凸显得更清楚、更动人。用苏舜钦的诗《淮中晚泊犊头》来说明我的感受。

春阴垂野草青青，时有幽花一树明。
晚泊孤舟古祠下，满川风雨看潮生。

孤峰就像“一树”一样，在草青青的山中，在无限清澈辽阔的江中，是那样的鲜明。

玉女峰和大王峰。福建武夷山的自然景观可以概括为“三三、六六、九九”，也就是三三九曲溪，六六三十六峰，九十九岩。这三十六峰实际上大多为丹霞孤峰，玉女峰和大王峰就是其中的典型。玉女峰像一个少女亭亭玉立在九曲溪畔，更让人叫奇的是山峰上的植物——云杉，像是她发髻上的玉簪。在旭日东升时，更显其楚楚动人。大王峰造型伟岸，颇有大王的风范。传说漂亮的玉女和魁伟的大王一见倾心。有个铁板鬼得知此事报告了玉皇，下令捉拿玉女上天，玉女宁死不返。铁板鬼施法把他俩点化成石，分隔在九曲两岸；铁板鬼自己也怕玉皇问罪，变成堵在玉女和大王之间的铁板嶂。你看，三个孤峰编成了一段凄美的神话故事。

鲁迅峰和仙桃石。在江西龙虎山的泸溪河两岸有两座孤峰也很有名，因其外形，一座命名为鲁迅峰，另一座则为仙桃石。这两座孤峰是山上巨大的岩块崩塌后形成的孤峰，后又滚落在河岸上。自然力量之大，可以让巨石成峰，又能让山峰移动！在泸溪河中，还能看到崩

崩塌残留孤峰，龟峰的老人峰

龟峰景区骆驼峰附近的丹霞孤峰：南天一柱

贵溪仙人桥西边的丹霞孤峰（徐霞客在日记中写此石“轰踞其旁，若人之坐守者”）

塌下来形成的玉梳石（一石风化成中间有几条裂缝）、莲花石、石鼓石等重要景石。

丹霞峰林

丹霞山峰之间相连的基底被侵蚀，形成相隔的群峰，称为峰林。从外形上来看，峰丛和峰林有着显著的不同。峰丛是若干个（很少有超过 10 个的）山峰聚集在一起，一簇一簇地分布；而峰林是若干个（大都在 10 个以上）山峰，分隔开来，一峰一峰地排列；峰丛造型生动有趣，峰林气势壮观雄伟。

对于峰林地貌，我借用宋代文学家苏轼的两首诗来说明，一首是《题西林壁》中的两句：

横看成岭侧成峰，远近高低各不同。

另一首是《江上看山》：

船上看山如走马，倏忽过去数百群。
前山槎牙忽变态，后岭杂沓如惊奔。

仰看微轻斜缭绕，上有行人高缥缈。

舟中举手欲与言，孤帆南去如飞鸟。

当然，苏东坡第一首写的是庐山，第二首写的是长江两岸的峰林，并不是丹霞地貌。但是这两首诗把峰林地貌的山势起伏不定、山态瞬息万变的景象写得使人有身临其境之感。而丹霞峰林给人的印象和这两首诗描述的差不多，即有“异曲同工”之美。

浙江新昌穿岩十九峰以及广西资源的群螺峰是最为典型的丹霞峰林。

穿岩十九峰，位于浙江省绍兴市新昌县城西南 22 千米的镜岭镇。19 座山峰南北走向排成一排，因为其中马鞍峰中有一东西相通的岩洞（称为穿岩洞），故名“穿岩十九峰”，十九峰的前面是镜岭江与韩妃江汇合的江面，形成了碧水丹山的美丽风景。有人用：“绕山清江如练，倒影摇曳生姿”来形容这里的山和水，更有“浙东张家界”之称。这 19 座山峰高低起伏，外形各异，人们用形名峰，从北到南，十九峰的峰名为：香炉峰、缆船峰、马鞍峰、新妇峰、棋盘峰、卓剑峰、覆钟峰、望海峰、笔架峰、阳岫峰、泗洲峰、馨峰、蒸饼峰、幞头峰、文殊峰、普贤峰、摆旗峰、狮子峰、鹅鼻峰。

十九峰中最吸引人的是马鞍和望海两峰。马鞍峰如骏马奔腾，峭壁千丈，最奇的是下面有一穿岩洞。该洞长 25 米，宽 10 米，高约 5 米。远看和桂林月亮山相似，高高的挂在天空。正因为如此，明代一位文人写道：“半天高插万余丈，一洞可容千数人”。当然，这是文学的传说，因为这个洞的面积约 250 平方米，很难“容千数人”。望海峰海拔 400 米，为十九峰中最高的主峰，岩壁陡峭，中间有一条既窄又险的 99 级石阶路，人称“一步登天”。站在峰巅，秀美的江南景色，尽收眼底。

广西资源的群螺峰。为什么叫螺峰？因为呈水平状的成层岩层，风化后，硬的突起成额状，软的长满灌丛成青罗带，犹如一圈圈的螺旋状的岩带环绕山峰，酷似一座座挺立的螺形山峰。这峰林有如“群鲸戏海”，又如“万马奔腾”。其中，突出的 5 座山峰，组成了“群螺

广西资源的丹霞山峰奇观：群螺观天

观天”。这 5 座山峰的高度在 608 ~ 540 米，分别取名为：蓬莱峰（头螺）、瀛洲峰（二螺）、方丈峰（三螺）、普陀峰（四螺）、观音峰（螺外螺），在各峰间有一条山溪——练溪蜿蜒其间，溪西岸为丹岩赤壁，羊肠小道上布满荆棘，游人很难行走。大多数游人都是站在八角寨山顶，欣赏这一美景。当地人把“群螺观天”认为是这里“丹霞风景之魂”，连绵曲线既具阴柔之美，又具雄伟挺拔的阳刚之势。在观景中游人会感悟到一种内在的力量。

丹霞峰丛：风景怎生图画

由于各种风化、侵蚀、溶蚀、崩塌作用，一个完整的丹霞地貌逐渐被瓦解。我们可用“分崩离析”“四分五裂”“形单影孤”来形容，丹霞地区的丹霞峰丛是指一片山脉被侵蚀成若干个孤立的山峰，但其基座是连在一起的。丹霞峰丛是若干个高低不同、造型各异的山峰聚集在一起组成了一簇让人惊叹不已的天然图画。这不禁使我想起宋代辛弃疾的词《丑奴儿近》开始的两句：

千峰云起，骤雨一霎儿价。

更远树斜阳，风景怎生图画？

把词中的“千峰”换成“峰丛”，就是我见到丹霞峰丛的感受。峰丛、远树、蓝天、日光等组成了一幅山水图画。

广东丹霞山的僧帽峰丛和茶壶峰丛给我留下了难忘的印象。

僧帽峰丛。2002 年初夏，我去丹霞山考察。先乘坐缆车到景区的最上层。在缆车中俯视丹霞山景区真是“碧水丹山”，一条弯曲的清清的锦江穿过景区，满目的山岩又红又鲜亮。下了缆车就是长老峰景区，到达了最高层后，步行来到了一个“虹桥拥翠”观景点。往对面的山峰看，一幅我从未见过的大自然“水彩画作”呈现在我的眼前：蓝天之下，在一片绿树覆盖的青山中，有十几个高个山峰簇拥在一起。它们的崖壁都是一层层的由红色的岩石组成，十分陡峭，近于直角 90° ；山峰的顶部则一律戴了一顶绿冠。这山峰有的似粮仓、有的像城垣、有的如方寨，整整齐齐组成了一个峰丛。在峰丛的最高处，也是最醒目处的山峰的外形竟然和济公戴的船形帽十分的相似，人们称为僧帽峰，僧帽峰峰丛的气势和形象，让人过目难忘。2003 年 9 月，科普杂志在刊发我撰写的《中国丹霞地貌之旅》一文时，就把我拍的僧帽峰照片作为题图大照片刊出，很有气魄。僧帽峰丛也经常出现在景区的明信片上，它已经成为丹霞山的“名片”。

茶壶峰丛。它大约由 5 个丹霞山峰组成，其中的 3 个山峰组成了一个茶壶造型。这 3 个山峰，矮小的一峰似茶壶嘴；中间肥胖的高峰如茶壶的壶身；另一侧的峰高度刚好矮于中间，而高于第一个峰，似茶壶把。这把大自然的茶壶，在丹霞山“望仙台”景区能够一目望到。广东是个讲究喝茶的地方，这把“茶壶”正巧成了广东的一个标志。我在广东湖光岩景区见到一副有关喝茶的对联十分有趣：

喝一壶靓茶倾二句闲话乃三生有福，

赏四周美景会五湖佳友说六路无妨。

广东丹霞山中的僧帽峰丛

2004年，为了祝贺丹霞山被评为世界地质公园，中国邮政为丹霞山发行了一套四枚邮票：一枚为锦江，一枚为翔龙湖，另外两枚就是茶壶峰和僧帽峰。

丹霞方山：楼台彩翠远分明

宋朝文人刘斧在《武夷山记》中就写道："其山东望如楼台，南视如城壁，西顾似廪庾，北观如车盖"。文中的楼台、城壁、廪庾、车盖，十分贴切地说明了山的形状是方的。浙江的方岩国家公园更加直白，就叫"方岩"。方岩山拔地而起，最高峰海拔389米，赤壁丹霞，宛如擎天方柱，顶平如台，四壁如削，形似方城。中国丹霞公园或风景区中的著名方山有上百处之多，如广东丹霞山中的马鞍寨、旗杆寨、葫芦寨，广东乐昌平石的金鸡寨、万古金城，福建冠豸山的竹安寨、旗石寨，广西资源的八角寨，宁夏西吉的火石寨，湖南莨山的牛鼻寨、林家寨，齐云山的方腊寨等。

人们常在方山的顶部或半腰，修建寨墙、寨门、栈道以及各种防卫工势，形成了具有军事防御、训练功能的古寨。不少方山中有较大的洞穴，许多寺庙道观和书院就建在其中。郁达夫在《方岩纪静》中就写道："……形成大洞，似巨怪之张口。口腔上下，都是石壁。五峰书院、丽泽祠、学易斋就建筑在这巨口上下腭之间，不施椽瓦而风雨莫及，冬暖夏凉红尘不到"。

方山景观中包含着许多中国文化的内涵，江西龙虎山的仙人城就是典型的方山。

仙人城实际上是一座孤独的山峰。其山顶为方形，顶面较为平缓而宽敞形成平台，平台的面积大于5000平方米，现建有“兜率宫”，为道教的寺庙；四面为绝壁。远远望去，就像一个方桌一样，地学上称之为方山地貌，又叫石寨。古人也很有眼光把其称为“城”，和“寨”相近，并幻想这里住过“仙人”。这“仙人”和道教的宗旨“成仙”吻合。仙人城不高，只有281米。为了游人游览，景区沿悬崖峭壁建筑了780级台阶，盘旋而上，极大地方便了游人。唐代诗人顾况留下诗句：

楼台彩翠远分明，闻说仙家在此城。
欲上仙城无路上，水边花里有人声。

第一句把“仙人城”山峰看成“楼台”而且色彩斑斓，确实如此，仙人城的山顶长满了各种各样的树木和青草，并且满山遍野还盛开着兰花、百合、牵牛花等，十分好看，诗人用“彩翠”真是符合实际；其四周几乎是裸露的紫红色的峭壁，远远望去，就很分明了。第二句说明了此山命名的由来。第三句是感叹这么好的山景要登攀欣赏，却无路可上。时间流逝了1000多年，今天我们终天把“无路上”，变成了“有路上”。这从无到有，也反映了人类前进的步伐。第四句是说这仙人城虽说上不去，但作者还是在水边花里听到“人声”，这人当然是“仙人”了。多么优美的诗啊，四句话就把一座山写得“有声有色”！

丹霞赤壁

丹霞风光中最引人注目、最为雄伟的景观是由红色、紫红色砂岩、砂砾岩、粉砂岩组成的陡立的丹崖赤壁，它高耸而顶部平直，像一堵石墙。宽大、高耸、平展、裸露，加上红色是它的5个特点。此景大都在水面上，更显其阳刚之气。

云锦石赤壁。它位于江西龙虎山的仙岩景区。远看像一幅特大的锦毯垂天而下，上连青天，下接碧水，色彩鲜艳，人称云锦石。崖壁上还有许许多多的像黄沙一样的东西聚集在峭壁的凹处，有人说是“鸟粪”，这反而给云锦石“锦上添花”，更耐看。

大赤壁。它坐落在泰宁大金湖景区，是一座高百米、长500余米的裸露的峭壁。峭壁中红色砂砾岩的沉积条理纵横交错，编织成一幅色彩斑斓的图案。游船到此，只觉飞彩流丹，霞光满目，俯视水中倒影，更觉赏心悦目。这是百里金湖中最大、最美、最奇、最雄伟、最华丽、最壮观、最有特色的“七最”景观。2007年9月发行的泰宁世界地质公园两张一套的纪念邮票，有一张就是以大赤壁为图案。另外，泰宁公园还有两处丹崖赤壁，一为落霞壁，色彩十分鲜艳，如太阳西下时天空中布满的落霞；二为晒经崖，岩面上有类似象形文字的各种凹凸面，有如经书上的文字。崖上还有一些洞穴，更增加了神秘感。

福建泰宁大金湖的大赤壁邮票

两个晒布岩。武夷山中的晒布岩，是由于下雨时由山顶汇集的片状水流侵蚀及溶蚀作用，在巨大的岩壁上留下了一条一条的侵蚀凹槽，远望如同一匹匹布，挂在岩壁上，由此得名。有人认为它又像一位神仙的手掌，又名“仙掌岩”。明代徐霞客也注意到了这个著名景观，在《徐霞客游记》中写道：“隘口北崖即仙掌岩，岩壁屹立雄展，中有斑痕如人掌，长盈丈者数十行”。无独有偶，在广东韶关丹霞山的阳元石景区也有晒布岩。

丹崖赤壁在地学上称为“石崖”。它是沿垂直的大裂隙或断裂面形成的，后经水流的冲刷侵蚀。在丹霞地貌区，丹崖赤壁是最常见的，可以说比比皆是，但是像上面列举的这样壮观的石崖还是鲜见的。

丹霞石柱：孤峰的同胞兄弟

丹霞石柱的成因和孤峰相同，但其外形比较工整，仅有各种柱形、棒形、宝塔形等。不少丹霞山中的石柱形状别具一格，名气很大。风化、侵蚀、溶蚀以及崩塌等外力地质作用就是造就这些象形石的“工匠”。在游览丹霞公园时，对这部分内容应该仔细观察，必定会有不少的收获。

阳元石，又称祖石、求子石。其高 28 米，直径 7 米，为十分逼真的男性生殖器造型。其实，它是由于风化作用，30 万年前从石墙上分离出来的。不少人称阳元石为“天下绝景”，因为在中国自然景观中，如此惟妙惟肖的阳元石就此一处。阳元石位于广东丹霞山世界地质公园中，并且是其标志性景观之一。

碣石，又称金枪峰，位于江西龙虎山公园，离马祖风景区很近。此石就位于村庄旁的平地之上，孤零零的一个丹霞石柱，高度达到 57 米。远远就能看到，十分醒目。当年，徐霞客来到此地时，也对此石柱作了描写：“一石尖插平畴，四面削起者为碣石，最峭……至碣石下，则其石仰望穹然，虽渐展而阔，然削立愈甚，有孤柱撑天之状。”徐霞客先是远眺，后是近观（仰望），写出了上面的文字，很到位。

眼睛石，位于广西资源八角寨的西边，高约 50 米，石柱顶上有蓝绿藻生长，呈浅蓝色，好似人戴了一顶多层折叠帽。帽檐下石柱上有两个洞穴似一双黑黝黝的眼睛，奇怪的是从眼睛中还真有泪水流出，在柱面上形成了“泪痕”。实际上，这眼睛石是从姐妹峰中风化分离出来的。在姐妹峰山北东向的一山顶而上有 5 个石柱，分别高 37 米、30 米、18 米、14 米、12 米，似 5 个“寿星”，故此山又名“五仙寨”。

广东丹霞山的阳元石

一线天：带给人们“奇、险、妙”三大快感

一线天在室外，我们看到的天是高远、辽阔、无边无际、一片开阔。正如唐代诗人王维所写：“江流天地外，山色有无中。”

但是，当你走进岩石的裂隙中，天却变得很狭窄，只能见到一线天光，故称“一线天”。一线天带给人们“奇、险、妙”三大快感。“奇”，进入一线天后，无限辽阔的天空突然变成十分有限的狭窄的一线，奇感油然而生；“险”，行走在一线天中，总有些恐惧、害怕、心生凉意，害怕一线天逐渐变窄，甚至“合拢”，进入“暗无天日”的境地，害怕太窄，走不过去；“妙”，当你走完一线天，重新看见辽阔的天空，感到真是一件妙不可言的事情。

一线天的成因比较简单，是岩石中一条接近于垂直（直立）的节理（裂缝），或断裂经风化，侵蚀逐渐变宽变深，以致形成一条狭长的石巷。衡量一线天的规模有3个主要指标：长度，宽度，高差。长度越长、宽度越小、高差越大，越惊险刺激。另外，就是裂缝即一线天的延伸方向，是笔直的还是弯曲的。最后就是岩壁的性质。一线天可以发育在不同种类的岩石中，各有不同的“味道”。丹霞地貌中的一线天，是最具特色的，也是给游人带来最多欢乐的景观之一。福建浦城浮盖山一线天，经过它如同死里逃生：1630年的八月初四，徐霞客用文字记录了他是如何度过这一线天的：

乃爇火篝灯，匍匐入一罅，罅夹立而高，亦如外之一线天，第外则顶开而明，此则上合而暗。

福建冠豸山丹霞一线天

福建冠豸山阴阳岩：生命之门

初入，其合处犹通窍一二，深入则全黑矣。其下水流沙底，濡足而平。……洞既束肩，石复当胸，无可攀践，逾之甚艰。再入，肩不能容，侧身而进。……出则自下侧身以透，胸与背既贴切于两壁，而膝复不能屈伸，石质刺肤……急之愈固，几恐其与石为一也。既出，欢若更生。

你看多艰难呀，爬着进去，初入还有一线天，后来全黑，又窄（从束肩到不容肩，只好侧身而进，后来胸背几乎与石粘在一起了）又不平，洞底有水流，石质又坚硬刺皮肤，出来后异常兴奋，犹如又一次获得了生命。

福建永安桃源洞的一线天：徐霞客就提到“大、逼、远、整”四大特点。其高约 140 米，宽 40 ~ 100 厘米，长 120 米。“整”是指整齐，两旁的石壁就像刀劈的一样，直立的仅有很小的倾斜。它是由近东向西断裂引起，初窄、中宽，断面呈弧形；从顶到底，由直立到 80° 倾斜。明代徐霞客特别欣赏，在游记中写道：

上劈山巅，远透山北，中不能容肩，凿之乃受，累级斜上，直贯其中。余所见“一线天”数处，武夷、黄山、浮盖，曾未见若此之大而逼，远而整者。既而得天一方，四峰攒列。

丹霞地貌中的一线天还有许多，如武夷山的一线天，其下面是灵峰洞、风洞、伏羲洞三洞。冠豸山的一线天，高 150 米，宽 10 ~ 20 米，长 100 多米，气势雄伟，电影《陈毅出山》外景即选此拍摄。

第 3 节　妙在其中的丹霞洞穴

妙极的扁平洞穴

丹霞地貌是由不同性质的砂岩组成，有些抗风化弱的泥质岩、砂岩等很容易风化。风化后在岩石中、岩壁上留下许许多多的洞穴，有

广东丹霞山的锦石岩，是个扁平洞穴，洞穴中建有寺庙，人称“妙（庙）在其中”

的甚至成为洞穴群。由于这些洞穴大小不同，形状各异，数量又多，成为旅游地貌中游人十分感兴趣的景点。这些大自然的雕琢，没有矫饰，娴熟的技艺出神入化，千姿百态，千奇百怪（如千嘴岩）。在丹霞地貌景区最精湛的天然艺术品应该是这些洞穴；最令人赞叹的人工建筑应该是洞穴中的寺庙，人们往往用“妙（庙）在其中”来表达，上述观点就是我考察了中国主要丹霞公园的洞穴景观后得出的。

徐霞客在描述丹霞洞穴中，用了“妙极”两个字。1636 年 10 月 25 日，他考察了今天江西省龙虎山世界地质公园中的丹霞山峰马祖岩中的大型扁平洞穴，他写道：

马祖岩在左崖之半（即崖壁的中间），其横裂一窍（横裂表明这窍即扁平洞穴是顺着地层的层面发育的，多么精确），亦大约如新岩，而僧分两房，其狗窦猪栏，牛宫马栈，填塞更满（你看，这洞穴中既有僧房，也有畜舍）。……由岩下行，玉溜（流下来的雨水）交舞于外，玉帘（雨水形成的水帘）环映于前（这两句写得太好了，就像一副对联。由此，也可看出徐霞客的乐观主义精神），仰视重岩叠窦（丹霞地貌中的洞穴确是很多）之上栏栅连空，以为妙极。

如果你不是亲自考察或游览过丹霞地貌中的扁平洞穴，是无论如何弄不懂徐霞客游记中的文字的。但是，如果你仔细考察过丹霞地貌中的洞穴，并具有一定的古文知识，就可以非常有兴趣地读懂徐霞客的文字，而且可以细细品味。如这段文字中，徐霞客用的“窍”“窦”“栏”“宫”“栈”等都是写洞的。他最后用了“妙极”两个字，来总结丹霞地貌中的这种洞穴，多么生动有趣！徐霞客在游记中用“妙”这个字，还真不多；而这里，他又用了“妙极”，可见他对这种洞穴的印象深刻和喜爱。有人说，徐霞客是研究喀斯特地貌的先驱，但很少有人（包括专家）对他在丹霞地貌的研究予以关注。

在这里，还要注意徐霞客用了“重岩叠窦”。说明扁平洞所在岩壁上，布满了各种形状、大小的洞穴。我 3 次去龙虎山考察，丹霞之洞，正如没有月亮时的天空，星星点点，数也数不清楚的。

竖向凹槽：阴元石和仙女岩

阴元石是广东丹霞山的绝景之一，其造型和女性生殖器非常相像。丹霞山还有一个男性生殖器的石柱——阳元台。两者相配，十分有趣。

阴元石位于翔龙湖景区。整块石头高 10.3 米，宽 4.8 米。其造型景观，只占整块石块中间部位。该景观于 1998 年发现并对外开放，被誉为“母亲石”和“生命之门”。实际上，它就是一个以流水侵蚀作用为主形成的竖向洞穴。由于它的垂直节理只切过该石头的下部的砂岩层，而上部的砂砾岩仍然完整保留，所以其造型景观也就集中在石头的中下部位。在漫长的岁月中，先是坡面流水沿石头的节理侵蚀出竖向凹槽，然后再一步步侵蚀成为如今的形象。

仙女岩位于龙虎山的泸溪河河岸上，被誉为“大地之母”和“天下第一绝景”。游完泸溪河，上岸步行 10 分钟左右就是这个景点，它位于仙水岩的嶂谷中，为一高近 20 米的漏斗状洞穴，酷似庞大女性下身裸体矗立在眼前。

竖向凹槽，又称竖状洞穴或垂直凹槽。这阴元石和仙女岩实际上都是竖状洞穴，也可称为直立的沟穴，多呈竖直的长条状、纺锤状。它是由于水的溶蚀作用和物理、化学、生物的风化作用而形成的。在丹霞地貌中并不罕见，但被大自然雕刻成阴元石和仙女岩这种造型是极罕见的。2002—2015 年，我三次去龙虎山考察，每次到这一景点，都看到游人啧啧称奇。

广东丹霞山阴元石：生命之门

龙虎山的仙女岩，被誉为“大地之母”

扁平洞甘露岩中的甘露寺

丹霞洞中最有名的寺庙是福建泰宁的甘露寺。这个洞位于大金湖景区之中，是个拱形洞。南宋朝的1146年，当地著名僧人了凝和尚在洞中主持修建了举止闻名的甘露寺。该洞高约80米，最宽和最深处均为30米。整个泰宁不仅多岩洞，岩洞中的寺庙也多，据说有100多座，现存的达到72座，都分布在岩洞之中，形成了独特的岩寺文化，并专门出版了一本《天籁禅音》来讲述。栖真岩（道观）、丰岩（曾经同时建了3座寺庙）、醴泉岩等都是福建有名的寺庙。

蜂窝状洞穴群——千嘴岩和天穹岩的风采

近年，我先后两次去福建泰宁考察两处蜂窝状洞穴群——千嘴岩和天穹岩，那里洞穴密度大，洞穴数量多。

千嘴岩分布在上清溪。在一面紫红色的崖壁上布满了洞穴，有一二层，每层从左到右都是洞穴。这些洞穴的大多数形状像香蕉或者说像人的嘴，或者说像月牙，洞穴的直径在 0.5 ~ 6 米。每个洞穴边缘高、中间低，呈圆碟状或不规则形状成群分布，非常奇特壮丽，当地人把此景观称为“千嘴岩”洞穴群，确实不过分。我曾拍过一张照片，在其上就有 18 个洞穴，但估计仅还只是其几十分之一！仔细看这些洞穴大小不一，形状不一，没有两个完全重样的。你可想象一下，这千余张“嘴”布满在一面岩壁上的情景，是何等的有趣，又是何等的壮观啊。《科技导报》2003 年第 2 期的封面就选用了它。

天穹岩，位于金湖的寨下景区。在岩壁的上部形成了一个直径一二十米的圆形大洞，如同天穹一样，故得名。在这个大圆洞（即天穹岩）中，又密密麻麻分布了许多蜂窝状的小洞，有人称为“套叠状洞穴群”。大洞套小洞，真使人惊叹大自然的鬼斧神工。

龟峰的蜂窝状洞穴

福建泰宁千嘴岩

七座著名的丹霞天生桥

安徽齐云山的天生桥（石桥）。齐云山不仅是中国四大道教名山（另三座为湖北省武当山、江西省龙虎山、四川省鹤鸣山）之一，还是著名的丹霞地貌风景区，被称为“白岳”，也是国家地质公园所在地。徐霞客在 1616 年游齐云山时对其中的一座天生桥作了以下描述：“岩之右，一山横跨而中空，即石桥也。飞虹垂蝀，下空恰如半月。坐其下，隔山一岫，特起，拱对其上，众峰环侍，较胜齐云天门：即天台石梁，止一石架两山间，此以一山高架（即此天生桥厚度大得多），而中空其半（桥拱比天台石梁高得多），更灵幻矣（注意徐霞客用了“灵”和“幻”两个字来形容天生桥）！”

丹霞地貌的岩石色彩因为“灿若明霞”“色如渥丹”，因而在蓝天、红石、绿树的配合下，丹霞地貌区的天生桥特别鲜艳，她像着了一身红衣的青春美少女！

广东丹霞山中雄伟的通泰天生桥和避暑胜地天罡桥。广东丹霞山中发现的天生桥共 8 座，一座在大石山景区，其余 7 座均在阳元石景区。通泰天生桥是其中最大的一座，长 50 米、内拱跨度 38 米、拱高 15 米，桥面平整，造型优美，极似中国“古桥之王”的赵州桥，被人称为“岭南第一桥”。这座桥的成因，是由于流水顺着裂隙将内部蚀

福建泰宁寨下峡谷最壮观的蜂窝状的丹霞洞穴：天穹岩

东西横跨、若飞梁天半的江西宜黄的石拱天生桥

穿，桥体与山坡分离而形成。天罡桥，位于狮子岩。夏日在此凉风习习，暑气全无。当地人把“桥拱”称为“风车岩”或“风姿岩”，这桥下是夏季游人避暑的好地方。

2004 年秋，我考察丹霞山时，特意考察了通泰天生桥，最突出的感觉就是“桥脚”，好粗好大，犹如大象之腿。

中国七座著名丹霞天生桥概况

桥名	地点	备注
通泰桥	丹霞山	丹霞山 8 座天生桥中最大的一座，长 50 米，高 15 米
天罡桥	丹霞山	夏日避暑之地，当地人称“风姿岩”
汤家坝	莨山	中国境内跨度最长的天生桥，长 64 米，高 20 米，宽 14 米
大仙桥	宴石山	位于广西博白县，号称“亚洲第一桥”
穿坦	飞天山	无具体测量数据，号称“中国最长的丹霞天生桥”，长 50 米，高 30 米，宽 30 米

贵溪天生仙桥，令徐霞客大异之，并称赞说：“驾虹役鹊之巧，恐不迨此也。”

广东丹霞山中的天生桥：天罡桥

续表

桥名	地点	备注
天生桥	烂柯山	号称道教第八洞天，中国围棋发源地，桥长 34 米，高 8 米，宽 30 米
天生桥	齐云山	山中有多座天生桥引起徐霞客的兴趣

通泰桥、天罡桥、穿坦和烂柯山的天生桥我都到实地考察过，给人的感觉就是“群山之中”“一桥飞架”，与城市之中的桥的感觉完全不同，有灵幻、亲切之感，桥使人想到鹊桥，桥洞使人想到美丽的月亮。寻觅天生桥的过程给人难忘和惊喜。如我找穿坦时，在湘南的竹林、稻田之中，烈日之下，跋涉了 1 个小时后，终于在蓝天白云之下，一座赤壁之桥在绿色的锦绣大地上升起，眼泪几乎掉下来，大自然如此之美，中国如此之美，生活如此之美，激动之情难以抑制，仿佛有一首歌从心里唱出来:《中国，我爱你》。

2016 年 4 月 14—25 日，我到江西专门考察了 4 座丹霞山中的天生桥，其中贵溪的仙人桥和宜黄的石拱桥，是 380 年前令徐霞客终生难忘的两座天生桥。

第 4 节　带给我们无限欢乐的丹霞之水

水体景观是丹霞山之魄

大多数丹霞山是既有山又有水，山水结合，叠加在一起，形成山环水绕、山水相随相亲的风景区。中国人认为，山有水则活、则秀、则媚；水有山则雄、则壮、则刚。这样，丹霞山就是一个既秀丽又阳刚的山地，是一个漂亮而鲜活的地方。

丹霞山的水体景观大体有以下 6 种类型。

1）水帘洞或水帘瀑。丹霞地貌中的洞嵌进在软弱的岩层中，形

作者在福建泰宁大金湖国家地质公园上清溪峡谷漂流中

最环保、最舒适、最安全的漂流船，由电瓶作为动力；船上有凉棚，遮风挡雨；船四周通透，方便观景；船上仅坐 8 人，空间大。这是笔者在资江漂流中，亲身体会到的

最刺激、最有味道的人工划船的资江漂流

成了额状洞、扁平洞等廊状洞。洞在高千仞的岩壁上，瀑流悬空倾泻。如武夷山中的水帘洞，非常壮观。

2）瀑布。贵州赤水丹霞风景中的瀑布景观，引人入胜。

3）泉。由于丹霞山是由不透水或很难透水的砂岩、砂砾岩等组成，山中的泉水很难找到，仅在岩石的裂缝处能够发现极少的泉，但这泉却十分可爱。如江西龟峰中的无声泉。

4）峡谷及漂流。在丹霞峡谷中漂流时激起的水花，使我们和水亲密接触，那叫声、笑声、水声、桨声久久在峡谷中回荡，兴奋、欢乐留在每个人心间。如武夷山九曲溪漂流等。

5）河流及漂流。丹霞山区的河流和两岸的山体形成了“碧水丹山”之景，在河流中漂流比在峡谷中宽阔了许多，平稳了许多，也缓慢了许多，使我们能够在平静和舒适中度过一段快乐时光。如江西龙虎山的泸溪河漂流就是一例。

6）湖泊及漂流。湖泊的水流更加平静、舒缓，水也深一些，丹霞山区的湖泊水体，就是一颗闪闪发光的宝石。在其中漂流别有味道。最令人印象深刻的是在龟峰的青山湖中的漂流。青山湖是一个人工水库。

丹霞峡谷：奇岩跋扈，天为山欺

在丹霞风景区，尤其是处于早期和中期发育阶段的景区，往往会有峡谷的产生。峡谷陡峭的崖壁，既深又狭的水道蜿蜒其中，给人一种震撼的气魄。有人称泰宁的上清溪峡谷是“奇岩跋扈，天为山欺”，这八个字形容峡谷最为恰当。

上清溪峡谷好像一个水上迷宫，它由 3 个小峡谷——乌龙峡、黄龙峡、青龙峡组成。峡谷内的水流奔泻于深潭浅滩之间，时而湍急，时而潺潺，惊险的刺激和悠闲的舒适相交，使人无限惬意；溪岸林茂竹翠，花奇草异，五彩斑斓，人在筏上如履画廊，其美景一一闯入眼帘。

上清溪峡谷是一个受不同断裂方向控制的断裂峡谷。整个峡谷长达 16 千米，其向有 99 个湾、88 个滩，弯曲的程度真是达到了十分罕见的地步。其最窄处仅有 1.53 米，仅能容竹筏擦崖壁而过；深度在 80 ~ 200 米，平均深度 134 米，深度之比达到 87 : 5。我坐过武夷山九曲溪的竹筏，一个竹筏可以容纳 9 个人；江西龙虎山泸溪河漂流

广东丹霞山地貌：洞穴庙宇

的竹筏更大，大约可以坐 20 个人；这里的竹筏除了撑筏工，只能坐 3 个人！竹筏是用 10 根竹子捆绑而成的，宽 1 米左右，长大约 3 米多，这里有不少地方河道几乎只能容纳这么窄小的竹筏，由此可以看出上清溪峡谷之窄。武夷山九曲溪漂流的竹筏为 16 ~ 18 根竹子组成。

在上清溪峡谷的漂流中能够见到“四奇”。一奇是崖壁上的洞寺，洞穴又多，形状又特别，且沿着岩层分布。著名的有“千嘴岩”“落霞壁”“仙人指路”等。

二奇是崖壁上的植物绚丽多彩。崖壁上长满了各种颜色的花草，树木较少；越近水面，植被越繁茂。这中间有不少的兰花草，还有那大片大片既可食用又可药用的黄花草。

三奇就是峡谷头上的蓝天从无限变为一线。仰视悬岩顶端，那一线白光像银河在夜空中悬挂，情趣盎然。此时，水中天光一脉，崖壁朱黛相间，加上岩壁上的流泉飞瀑飘洒的水珠，使人陶醉。

四奇就是游人“沉浸”在水波浪花之中。我们游长江三峡或其他峡谷，往往只是视觉和听觉的享乐，而和峡谷中的主体——水是接触不到的。在上清溪中漂流，每到狭窄或急流弯道之处，竹筏会在水面

广东丹霞山翔龙湖中波光粼粼的湖面

上激起无数的水波和浪花，它们向你迎面扑来，亲吻你的面颊和全身，使人感到十分的舒适；一个波浪，竹筏上就是一阵欢笑声。此时感觉到了“山因水而活，水因山而媚”的道理。虽说整个上清溪漂流花费了整整一个下午，约三个半小时，但我却感觉时间过得飞快，这是因为人和水融合在一起了。游上清溪，再用“目不暇接”“目迷五色”等来形容真是对不住这美好的景观，只能用明代举人池显方在《上清溪游记》中写的一段话来表达了：

转一景如闭一户焉，想一景如翻一梦焉，会一景如绎一封焉，复一景如逢一故人焉。出口不复识，如渔父之别桃源也。

他把丹霞地貌中的峡谷美丽写得多具体，游览这一个个不同的景观就像走进了不同的住户，又像不同的梦境，又像阅读一封封不同的来信，又像遇到不同的朋友，就如同桃花源。同时代的泰宁贡生陈九畴游完上清溪后，称其是“果逾九曲”。

大观：武夷山中的水帘洞瀑

1616 年 2 月 23 日，徐霞客考察了武夷山中的水帘洞瀑后，写道：

危崖千仞，上突下嵌，泉从岩顶坠下；岩既雄扩，泉亦高散，千条万缕，悬空倾泻，亦大观也。

武夷山是丹霞地貌。水帘洞瀑是在洞外有瀑布下泻；洞发育在危崖千仞之中，整个岩壁是雄伟平展，洞所在地岩石上面突出而下面凹进，是一个额状洞。徐霞客对这一瀑布由上到下倾泻而下的描写是从岩顶坠下、悬空倾斜，没有用“飞坠”。流动也是高度的分散，形成了千条万缕；最后定为“大观”。这个瀑布就像我们写的洋洋洒洒的一篇文章一样，多生动！

第5节　中国丹霞精彩无比

中国主要丹霞山风景区

名称	风景区
武夷山	全山有九曲溪水，36峰，72洞，珠峰三仰峰高717米。还有丰富的动植物资源；有大量的摩崖石刻以及古代儒家、道家的文化遗产及建筑
丹霞山	丹霞地貌命名地，有“丹霞地貌教科书”之称，主峰长老峰主高417米；有两个山景区——长老峰景区和阳元山景区；两个水景区——锦江和翔龙湖景区
龙虎山	丹霞地貌中晚期，有大地之母、云锦石、丹勺洞等十景，仙水岩是主景区，还有象鼻山、仙人城、天门山三个景区；号称“道教第一山”,《水浒》源地，悬棺
泰宁	由丹山碧水的金湖景区、深切峡谷的上清溪、奇岩异洞的状元岩、明代古建筑的尚书第四部分组成；号称“中国丹霞洞穴博物馆”
冠豸山	主风景区包括冠豸山、石门湖、竹安寨、旗石寨四部分。主峰灵芝峰高660米，又因状似僧帽，形如豸（神羊），故名冠豸山。寿星岩、照天烛、一线天等为主要景点
资源	以大型石寨、众多石柱、一线天和峰丛为主；主景区八角寨面积35平方千米分7个亚区；八角寨主峰（818米）、降龙寨、群螺群等主要景点；离桂林近
飞天山	徐霞客称之为“寸土不丽”；翠江和飞天山的组合令人心醉；有著名的丹霞天生桥、穿坦；苏仙岭上有丰富的人文景观。它还包括“万华岩溶洞”，它是郴州的新景区
齐云山	道教名山，主峰高580米。太素宫、玉虚宫、真仙洞府都是著名道院，观道场、食道斋、品道茶、看碑刻是特有的旅游项目，还有横江竹筏漂流
穿岩十九峰	由十九峰、千丈幽谷、台头山、倒脱靴四个景区及镜岭古镇组成，主峰王海峰高400米；境内还有大量的古植物化石、硅化木群，最长者达14米

丹霞山·韶关“三风”

广东省韶关市仁化县的丹霞山是丹霞地貌最典型的代表。我前后考察过两次，丹霞山在中国丹霞地貌中占有不可取代的重要地位。

丹霞地貌的命名地。1928 年，中国著名地质学家冯景兰先生在广东的曲江、仁化、南雄对当地的地形地貌做了研究后，第一次提出了“丹霞地貌”这个名词，阐述了“丹霞层”并描述了地形与岩石的关系，列举了 15 个丹霞地貌的实例：南雄 2 个（苍石寨、杨历岩）、仁化 9 个（锦岩、丹霞山、人头石、千金寨、书堂岩、断石岩、观音岩、笔架山、马头寨）、曲江 4 个（龟头石、挂榜山、三岌峰、五马归槽），其中的 13 个都在今天丹霞山之中。

红色岩石的源地。古人称广东丹霞山岩石的颜色为“色如渥丹，灿若明霞”。确实如此，丹霞山下锦石岩景观层，是我考察中国十几个著名丹霞山后见到的最红的岩石。丹霞山被称为“中国红石公园”，名副其实！

丹霞地貌分布面积大。在这里丹霞地貌达到 290 平方千米，集中分布面积为 180 平方千米。江西龙虎山是 187 平方千米，泰宁为 215 平方千米，都没有丹霞山的规模宏大。

丹霞地貌的天然博物馆。广东丹霞山正处于丹霞地貌发育的中期，即全盛阶段，其丹霞地貌多姿多彩，在这里可以寻找到丹霞地貌的所有类型。它有 4 个特点。

1）以玉壶峰和僧帽峰为代表的丹霞峰丛，把丹霞地貌

广东韶关风采楼一角

的群体美、组合美表现得淋漓尽致。

2）被誉为“母亲石”和“生命之门”的阴元石和被誉为“男根”的阳元石。阳元石（高 28 米，相当于 9 层高的大楼）之雄，阴元石（高 10.3 米）之奇，天下罕见，两者一阳一阴、一刚一柔、一大一小，在同一个景区内，被称为“丹霞双绝”。

3）8 座天生桥。徐霞客说他平生最喜爱的自然景观一是丹霞地貌中的一线天，二就是丹霞地貌中的天生桥。丹霞山应该在中国丹霞山中独占鳌头。

4）洞穴种类多样。丹霞山中的洞穴，既有侵蚀洞穴，又有崩塌堆积洞穴；既有水平洞穴，又有竖状洞穴；既有大型的额状洞，也有小型的蜂窝状洞穴等。最著名的是锦石岩，有 4 个天然洞穴，洞洞相连，宽敞深广，组成了一个殿堂，著名的石窟寺就建在其内，已有千年历史。

明代石碑，风采楼前后记

丹霞山各具特点的 5 个景区。它既有山景，又有水景；水景中不仅有河景，还有湖景。山景有：长老峰景区（“虹桥拥翠”观音台位于其中）、阳元山景区（阳元石外还有 7 座天生桥）、大石山景区（丹霞山的最高峰海拔 618 米的巴寨就位于景区内）。水景有：锦江长廊景区、翔龙湖景区（游程半个小时，上岸就能欣赏到阴元石）。锦江对于丹霞山，如同武夷山的九曲溪，龙虎山的泸溪河，泰宁的金湖。锦江把丹霞山弄“活”了、“媚”了。这里不是坐竹筏漂流，而是乘坐小轮船，虽说少了几分刺激，但却多了几分舒适。锦江的水上游程达到 8000 米，沿途有群象过江、玉女拦江、六指擒魔、锦岩赤壁、仙人插掌、大拇指等大小景台几十处，令人目不暇接。

韶关市位于广东省北部，珠江三源之一，北江上源的浈水和武水在韶关市区汇合。两江汇合处形成一个江心岛，而韶关市最繁华的地方都在这个江心岛上。韶关古代叫曲江，是个有着深厚历史积淀的城市，出了不少历史名人，但有三位至今令人难以忘怀，人们把韶关市内江心岛上的三条宽阔洁净的马路命名为“风度路”“风采路”“风烈路”，以此纪念三位历史名人张九龄、余靖、侯安都。这三条路又称为“韶关三风”，从前三条路上各有一座同名的楼阁，现在只剩下风采楼了。韶关由于位于南岭以南，历史上南岭的许多在雄关离韶关市不远。如著名的“梅关”，坐落在南雄市城东北 30 千米和江西交界的梅岭上，是唐元四年（716 年）丞相张九龄主持开凿的，关楼上南面书“岭南第一关”，北面书“南粤雄关”。历史上梅关是南来北往的重要驿道，今天则是旅游重要景点。韶关市内的曹溪温泉，水温 40℃，泡在里面很是舒适；还有禅宗六祖慧能（638—713 年）创建的南华禅寺。到世界地质公园广东丹霞山旅游，几乎 90% 以上的游人是先到广东韶关市。

福建泰宁世界地质公园

福建泰宁世界地质公园位于福建省北部的泰宁县境内，离武夷山 148 千米，离福州 330 千米，由丹山碧山、深切峡谷、奇岩异洞、古建筑组成，内容丰富多彩，但以丹霞地貌为主要内容。公园由四个部分组成：金湖及湖周的丹霞奇峰和岩寺，陆上的状元岩峡谷，还有我们前面已经讲述过的深切峡谷的曲流上清溪及上清溪漂流，全国重点文物保护单位——明代古建尚书第。我考察后深感其景观的绚丽多姿，仅金湖沿岸的景点就达 180 处之多。

泰宁县境内有一条河流叫金溪（因溪中有沙金而得名），是福建省最大的河流——闽江上流富屯溪的一大支流。1980 年，金溪上游兴建了池潭水电站，金溪被大坝所截断，形成了一个巨大的人工湖——

福建泰宁金湖水上一线天

福建泰宁丹霞地貌金猫邮票

金湖，面积为36平方千米，周长80多千米；湖面最长处达60余千米，又称为“百里多湖”。金湖的第一个特点就是大，是福建省最大的人工湖，比著名的杭州西湖（5.6平方千米）、武汉东湖（33平方千米）都大！

金湖的第二个特点是美。金湖四周有山，湖中也有山。山峰因湖水而有了灵魂，湖水因山峰而有了脊梁，山因水而活，水因山而媚。这种湖光山色的美丽风景在中国是不多见的，有人赞金湖为“天下第一湖山”。它的美丽在于把山的雄峻险峭和水的妩媚娇柔，集为一体，凝于一身。

金湖风景可以说是自然美和人造美结合的典范。湖是人造的，山是天然的；湖是年轻的，山是古老的；山孕育了湖，湖涵养了山。人类和自然就应该像这金湖的水和山一样，和谐共处，互为依靠，共同去创造各自和共同的辉煌。这也是我国从古至今不少人所希望的“天人合一”吧！

在金湖下游十里平湖南端有猫儿山，乘游船进入湖面，远远就可以看见有一只昂首曲背的“猫”蹲在草木葱茏的山头上，双耳高竖，像极了！在岩石造型中，狮、虎较多，猫却少见。在晴天午后，还能观看到“金猫”的倒影，像是窥视湖中的游鱼，十分有趣！更令人叫绝的是走近正面一看，“金猫”却是三座比肩而立的三座山峰，当地人称为“三剑峰”。环山而行，忽而变成三位美丽的少女，忽而变成和尚念经，忽而又变成一个笔架，使人不得不佩服大自然的鬼斧神工。假如这是某一位人类雕塑大师的杰作，那他的名声肯定超过法国的雕塑大师罗丹、古希腊的米开朗基罗。

这猫儿山实际上是丹霞发育的晚期了，整个的岩墙已经被风化成三个石柱，随着风化的进一步加速和时间的推移，这“金猫”将夷为平地。我们可以说这金猫是风的作品，是水的作品，是岁月的作品！从猫儿山的变化，我们可体会到大自然中没有永恒的东西，任何事物都是变化着的。我们每一辈人都只能看到历史某一个瞬间的画面。

一线天是旅游中的重要景观，各种岩性中均有一线天，丹霞地貌中也不例外。但这水上一线天只有金湖才有。游水上一线天和陆上一线天是完全不同的，坐在游船上游，可以更加专心致志地看这一线天了！

进入金湖幽深处，只见百丈悬崖黑森森地直逼眼前。双壁夹峙下，裂开了一条狭窄的石缝——水上一线天到了。游客下了大船，改乘小船，缓缓驶入绝壁深谷间的水上小道。两崖摩肩擦背，黑黝黝的像铁壁铜墙，夹着这长达 300 米、宽 2 米的水道。伸手可触到嶙峋的岩石，岩缝间的藤叶拂面，山泉悄然溅落头上。游客都屏气敛声，生怕一声惊呼，两壁会立即合拢。向上看，无边无垠的蓝天只剩下一条白亮亮的线！水中静静地荡漾着一脉天光，真是名副其实的一线天。使游人意想不到的是船到一线天尽头处，竟驶入了一个湛蓝色的深潭，水雾弥漫，潺潺的水声自远至近不绝于耳，原来是两股山泉从岩壁缝隙处飞流直下。两瀑之间，5 座山峰环立水边，名曰“五马落槽”。这潭呈圆月形，直径约 400 米，被称为“湖中之湖”。潭上水气氤氲，凉飕飕的，到此盛夏的暑气全消。摄人魂魄的水上一线天之旅在一个深潭、两股飞瀑、五座奇峰这样优美的环境中结束了！

游金湖水上一线天，使人对“柳暗花明”有了更深的感叹，也会体会到无路之处会生路，在人生的道路上永远不要放弃，通过了一段坎坷会迎来更加辉煌的前程。

让人眼前一亮的龙虎山

江西龙虎山位于鹰潭市，距江西省南昌市仅 140 余千米，交通十分方便。坐高铁仅 1 个多小时，就能从南昌到达龙虎山。

我 2003 年去龙虎山考察。一到景区，就给人眼前一亮的感觉。龙虎山是“山”，实际上其主景区是“水”，即泸溪河。泸溪河是信江的支流，信江的归宿是中国第一大淡水湖：鄱阳湖。信江也可以算作长江的支流。

丹霞山区一般都有“水”，称为“碧水丹山”，以福建的武夷山最为著名。武夷山的水是“曲”的，号称“九曲溪”。这条笔直、广宽、坦荡的河流，给人“一条大河波浪宽”之感，加上两旁的丹霞之山，使人真正感到山水的魅力，山使水媚，水使山刚。我这个南方人，也感到美好舒服。

龙虎山之旅最核心、最精彩的项目就是泸溪河漂流。当时，漂流是用传统的人工竹筏，师傅慢慢地撑竹筏，竹筏慢慢地在水中前进，两岸的丹山让人心旷神怡。坐在竹筏上，我们欣赏到龙虎山。2015 年，我再去时，竹筏漂流已变成了电动船，虽然速度快了，但少了许多味道。

云锦石赤壁。这是竹筏漂流看到的第一个壮观的景点。它远看像一幅特大的锦毯垂天布下，上连青天，下接碧水，色彩鲜艳，人称云

龙虎山远景峰丛排衙峰

江西龙虎山排衙石峰丛近景

江西龙虎山最著名的丹霞石墙山：象鼻山

锦石，这块岩壁又称为云锦石赤壁，实际上它是一块丹霞陡壁。

沿途还能看到我们前面描述过的鲁迅峰、仙桃石和被称为“天下第一绝景”的“阴元石”。

龙虎山是道教名山。当地把泸溪河两岸的地质景观用道教文化命名，共有十大美景，洞穴构成的景观有仙女配不道、丹勺盛不得、道堂坐不得；崩塌石构成的景观有仙菇采不得、玉梳梳不得、莲花戴不得、仙桃吃不得和石鼓敲不得；尼姑背和尚走不得、云锦披不得景观

江西龙虎山泸溪河风光

实际上是残峰和陡壁。

龙虎山中最壮观、最引人入胜的就是排牙（衙）石峰丛。它是一排十余个山峰，一个挨着一个排列在一起，像人的一排牙齿，高低不同，形态不同，故名“排牙石”；有人认为这些山峰又像不同面孔的人物，排列在封建社会衙门内的衙役，故名“排衙石”；还有人认为这些山峰似群仙，又名“仙班迎客”。这些名称，反映了当地人民对这一景观的喜爱。

龟峰：峦嶂之奇，水帘之异

江西弋阳的龟峰是中国著名的丹霞山峦。徐霞客在《徐霞客游记》的“江右游日记”部分对其进行了精彩的描写。2015 年 11 月，我以《游记》为指南，在龟峰进行了 2 天的考察，深深理解到徐霞客对龟峰的评价：“盖龟峰峦嶂之奇，雁宕所无，但诎水观耳”是何等的精确，何等的贴切。“峦嶂之奇”，即峰峦之奇，是丹霞地貌特有的，号

江西龟峰最有名的丹霞山峰：饿虎赶羊

称“天下奇观”的雁荡山火山地貌全然没有！

圭峰又名天柱峰，龟峰群之中，有一高峰上片石擎天，似中国古代朝臣手中的圭笏，故得名“圭峰”，它是龟峰的标志性景观。徐霞客的《游记》中写道：“日已下舂，西南渐霁，遥望一峰孤插天际，询之知为龟岩，在弋阳南十五里，余心艳之。”这高耸天际之峰使徐霞客决定进行龟岩之行。

叠石如龟，三叠为一的龟峰

游龟峰前我就听说了“饿虎赶羊”，还以为是在一个山峰上，有一巨石如虎，前面有许多小石似羊罢了。但到了龟峰好汉坡景观，我大吃一惊！你无论如何也想象不出来，这是一座丹霞龟峰，上面风化形成了一个很大的洞穴，似老虎的血盆大口，更无法相像的是口中岩石风化形成了一个惟妙惟肖的羊头，老虎正要把羊吞下去，徐霞客名之为“饿虎赶羊”，叹之为“何酷肖也”！大自然的鬼斧神工，远远超出了人的想象。他立即叫人“芟夷深莽，叠级置梯”。他推测这里还有类似的景观，真是奥妙无穷啊！

惟妙惟肖的丹霞峰石：童子拜观音

龟峰是龟峰群峰之中最引人注目的，醒目而造型独特，一进龟峰景区就能见到它。徐霞客描写：“龟峰三石攒起，兀立峰头，与双剑并列，而高顶有叠石，如龟三叠，为一山之主名”。其形成是由于风化作用使山顶岩石沿水平节理，分成三块（其中间还连成一起）似断似连的石头，形成一个龟形。中国人对龟有一种好感，称为“灵龟”。现在这个丹霞山景区，也称为“龟峰”。一进景区大门，就可以看到两个丹霞孤峰分别和两个石墙（即嶂）组成两个大大的“灵龟”，故起名“神龟迎宾”！

徐霞客描述的龟峰峰丛有名的山峦达 20 座左右，有老人峰、展旗峰、象牙峰、双鳌峰、明星峰等。

老人峰“上突出以圆顶，从下望之，如老僧南向，袈裟宛然”，这是徐霞客的描述。

展旗峰是一个很宏伟的石壁或石墙或嶂，加上流水的侵蚀，上面形成一道道楞，看上去很有趣。它与福建武夷山、广东丹霞山的晒布崖、福建泰宁的大赤壁、江西龙虎山的云锦石赤壁同属一种类型，但看上去更有气势。徐霞客描述它：“斜而张者展旗峰也，东昂西下，南北壁立，南插澄潭。”

象牙峰，在好汉坡处，与“饿虎赶羊”相邻。它实际上是个丹霞之嶂，其上的裂隙形成一个似雕刻成的象牙，其象牙处生长了草木，一眼就能看出。在此，更能理解徐霞客为什么说龟峰峦嶂之奇了。峦指山峰，嶂是指石墙，在龟峰这两者往往是联系在一起分不开的。如龟峰实为一个嶂、一个石墙，下面分成两部分，左边的叫双剑峰（下面分成两部分）；右边的叫龟峰（下面分成三部分，徐霞客称为“三剖其下而上合”）。大自然就像一把锋利之刃，岩石就像豆腐一样，被切成一条一条的。丹霞山之中，这种“一分为三”的杰作不胜枚举，如徐霞客高度赞扬的浙江江郎山三峰，还有福建泰宁大金湖岸边的三剑峰。这种地貌是因为构成丹霞山的是河流、湖泊中沉积的砂岩，容易沿其节理进行切割。

双鳌峰是山峰下面风化成两个鱼形的脑袋，故得名。以形命名的还有含鱼峰、轿顶峰、狮子峰、香合峰、童子峰、观音峰、灵芝峰、围屏峰、城垛峰、石人峰、画笔峰、骆驼峰等。龟峰的峰造型真是丰富多彩，有的像动物：龟、骆驼、虎、羊、鱼、狗、象、狮子；还有的像人与神的造型：老人、石人、观音；像各种物品更多：棋盘、香合、旗子、围屏、帽子，甚至有的像天上的星星。

龟峰的峦嶂之奇不仅浙江雁荡山古火山地貌所无，就是在中国丹霞山之中也是罕见的。龟峰的峦嶂可成为丹霞山中峰峦的一本天然教科书。你看懂了、理解了龟峰的峰峦，对了解其他丹霞山的峰峦应该不成什么问题。

江西龟峰，一圆一方，圆的为金钟峰，方的为丹霞石墙

丹霞是由砂岩、砂砾岩、粉砂岩以及中间夹杂的黏土层组成。这些岩石抵抗侵蚀、风化的能力不同，软的岩层被侵蚀后就形成槽状洞、额状洞（即上突下嵌）。如果有瀑布从上面倾泻而下，就会形成水帘瀑。人既能在瀑布后面欣赏，也能在瀑布前面欣赏，古往今来，人人喜爱。

1616 年，29 岁的徐霞客在游武夷山的最后写的景观就是水帘洞："危崖千仞，上突下嵌，泉从岩顶坠下，岩既雄扩，泉亦高散，千条万线，悬空倾泻，亦大观也！其岩高矗上突，故岩下构室数重，而飞泉犹落栏外。"

20 年后，49 岁的徐霞客又来到龟峰，仍念念不忘水帘瀑，在1636年10月21日的日记中写道："寨顶之西有画笔峰，盖寨顶北下者，即为罗汉诸峰，其南回西绕，列成屏嶂，反出龟峰之后者，此是也。岩上有泉，是名水帘洞，此俱谷之外者也。其谷四面峰攒，独成洞窟，惟西向一峡，两崖壁立，水从中出，路亦从之。"

原来读《徐霞客游记》，根本忽视了这一段话。2015 年 11 月 5 日我游龟峰时，导游给我解释道：这是一个半圆的回壁，即徐霞客说的南回西绕，形成屏嶂。这个屏嶂很有气势，是电视剧《西游记》的重要外景地之一。屏嶂所在的岩壁的颜色“色如渥丹，灿若明霞”，像一幅主色调为红色的画一样，故称为“画笔峰”。当走到此地，突然见有很细很细的水滴滴下，由于山谷很静，也能听到极细微的水声。导游说，我们大声叫吧！她年轻，带头大声喊叫，真灵验，岩上的水渐渐大起来，终于见到比较大的水滴跌落在山谷中的树叶上，岩上的跌水越来越大。你一定要在喊过以后赶紧跑，不然会被这水淋湿一身。这里四面峰攒，独成洞窟，岩上有泉，故得名水帘洞。这种景观在丹霞山中十分罕见。此时，导游又给我们背诵了 1636 年 10 月 22 日徐霞客对此泉的评价：“泉从崖东飘坠，飞珠卷雪，为此中绝胜。”原来龟峰的“绝胜”是这水帘洞啊！确实，像武夷山中那种由上突下嵌的岩层形成的水帘洞在丹霞地貌中常见，但像这种由半圆的岩壁合围形成的水帘确实少见。徐霞客写下了千古名句：“盖龟峰峦嶂之奇，雁荡所无，但詘水观耳。”意为龟峰山峦和岩嶂的奇在雁荡山是没有的。徐霞客为什么将这里的龟峰与雁荡山比较呢？原因只有一个，那就是这水帘洞所在的嶂和雁荡山的屏霞嶂十分相似，屏霞嶂也是一个回壁，徐霞客称

龟峰，被誉为“仙女散花”的水帘洞瀑

为“锐峰叠嶂，左右环向”。我因曾去过雁荡山，所以对他说的说法十分明白。雁荡山是白垩纪的古火山，和龟峰丹霞山无可比性，但岩壁的外形确实是相似。龟峰峦嶂之奇，主要是包含画笔峰所在的嶂，奇就奇在它有“泉”。徐霞客又深情地写道：

此谷独飞珠卷雪，在深谷尤异。但其洞虽与泉对，而洼伏崖末为恨。顾其危崖四合，已可名洞，不必以一窟标举也。时朔风舞泉，游漾乘空，声影俱异。霁色忽开，日采丽崖光水，徘徊不能去。

徐霞客多么喜欢这一景观，用了两个“异”，一是在深谷特别异，难得；二是在朔风的吹动下，泉在空中飞舞游漾有声又有影，两者都很特别。最后夕阳之光照进山谷丛林之中形成了美丽的霞光（日采）、锦绣的岩壁（丽崖）、光灿的流水（光水），使这位老旅行家徘徊此景，真舍不得离去！380 年后，我游此景也有同样的感受。实际，他在前一天就说水帘洞“真霄壤间一灵胜矣”。

徐霞客说的“但诎水观耳”，意为这个水帘洞的泉水和雁荡山的大小龙湫之水是逊色了不少。言下之意，如果要是水大一些，那么这个景观就无“挑剔”了！这句话并不是说龟峰景区缺水。

但今天的龟峰人却以这句话为目标，在景区修建了一个很大的水库，名为清水湖。我去考察时已基本建好，湖中不仅有游船还有游艇。游艇在湖中的水面犁开道道的银波，水波在阳光下奔腾，青山的倒影在水中舞动，一幅幅怡人的画面让人心醉！

靓丽的赤水丹霞

中国“颜值”最高的丹霞应该是贵州赤水

2010 年，在巴西利亚举行的第 34 届世界遗产大会上，“中国丹霞”被列入“世界自然遗产名录”。这是中国的第 40 个世界遗产，第 8 个自然遗产。中国丹霞是由 6 个著名的丹霞地貌风景区组成，它们是贵州赤水、福建泰宁、湖南崀山、广东丹霞山、江西龙虎山（包括龟

贵州赤水丹霞天生桥：渡仙桥

峰）、浙江江郎山。

贵州的赤水丹霞分布面积广，主要有：五柱峰景区、十丈洞景区、四洞沟景区、杨家岩景区（又叫红石野谷景区）、龙凤岩景区和石破天惊景区。

赤水丹霞被称为“最靓丽的丹霞”在于它的“岩”“水”和“湿地”。

雄伟的丹崖赤壁：佛光岩（又名大白岩）

丹霞地貌中最引人注目的、最雄伟、最华丽的莫过于丹崖赤壁。它陡立而高耸，像一堵红色的石墙。泰宁大金湖的大赤壁、龙虎山的锦石崖都给我留下了深深的印象。但赤水丹霞的丹崖赤壁佛光岩，却是一个伟大的另类。

佛光岩有“四奇”：首先是形状奇。它不是陡立、平展的，而是环形的、半圆形的。我至今仅见这两处（另一处是在上述的龟峰）。其次是又高又宽。石壁高达 300 米，宽即长达 700 米。再次，有一挂瀑布从石壁中部跌落，飘散的水雾如烟似缕。我弄不清楚这么红的红色岩壁为什么叫大白岩？难道是和这瀑布有关？最后，丹霞地貌的顶部一般都有绿树覆盖。此岩壁不仅顶上，岩层之间也有树木，形成绿色的腰带。

贵州赤水四洞沟瀑布群景区的飞蛙崖瀑布

佛光岩的红岩、绿树、瀑布……多种元素汇聚一起，形成了一种绚丽的自然景观。佛光岩位于五柱峰景区，距赤水城区大约 42 千米，三面都与赤水桫椤国家级自然保护区相连，其峰大多在千米以上，形成了壮丽秀美的丹霞景观，素有“世界丹霞之冠”“世界丹霞第一园”之美誉。

丹霞峰林：五柱峰酷似一幅风景画

五柱峰位于五柱峰景区。它和佛光岩构成了赤水丹霞的标志性景观。

五柱峰是由五庙塔柱一样的丹霞孤峰构成的丹霞峰林，与广东丹霞山的茶壶峰不同之处，在于后者的基座还相连，此处基座并不相连。五柱峰每个石柱造型不同，石柱上生长着草蕨和青藤，与裸露的红色岩壁互相映衬，强烈的色彩对比，加上蓝天、白云，构成了一幅绝美的风景图画。

巨大的槽状丹霞洞：红石野谷

红石野谷位于杨家岩景区，在赤水市西南 16 千米处的大同古镇华平河畔。它实际上是一个巨大的槽状丹霞洞穴，长达到 1000 余米，高 40 余米，洞深为 15 余米，是一个巨大的半月形洞穴。它是丹霞地

贵州赤水丹霞中的石柱：外星人

贵州赤水丹霞中又一座壮观的天生桥

貌中常见的发育在相对软弱的岩层中的槽状洞穴。我第一次见到的大的槽状丹霞洞穴是福建泰宁的状元岩，但远远没有红石野谷这么大的规模。

江郎山之行

2002年，我考察完常山国家地质公园后，浙江的地质学家陈良富先生请我顺路到江郎山去看看。他说，你是研究徐霞客的，一定要去看一看。

常山县和江山市同属衢州市管辖，是相邻的两个县市。来到达江郎山山下，远远就看见在和平地相接的丘陵台地上，有三座孤零零的山峰高高耸立，“长”在山丘之上，十分醒目。在阳光的照射下，三个山峰的明暗变化很明显，使我马上想到杜甫《望岳》诗中的两句：“造化钟神秀，阴阳割昏晓。”加上眼前的近景，田野上的绿色和黄色的作物更觉美丽。难怪徐霞客写下了赞誉的文字：“此峰特出众山之上，自为变幻，而各尽其奇也”。

我们的小车顺着盘山公路约10多分钟就到达三峰脚下。进入景区，与其他的丹霞公园一样，红色砂砾岩、砂岩、粉砂岩的崖壁之间以及顶上，随处可见藤萝倒垂，野花盛开。我们主要游览了三峰中的亚峰和灵峰之间的一线天。在山中霞客亭的石碑上，雕刻了徐霞客对江郎山的评价：

夫雁荡灵峰、黄山石笋，森立峭拔，已为瑰观，然俱在深谷中，诸峰互相掩映，反失其奇，即缙云鼎湖，穹然独立，势更伟峻，但步虚山即峙于旁，个不相降，远望若与为一，不若此峰特出众山之上，自为变幻，而各尽其奇也。

徐霞客的这番评论使人倍感意外，万没想到在浙江西南偏僻的江山市有这么一座美丽的丹霞山，被他誉为超过了“已为瑰观”的雁荡山和黄山以及“穹然独立”的缙云鼎湖风光。

不但徐霞客，唐代祝其贷、白居易，宋代辛弃疾和明代徐渭都有诗赞美江郎山，辛弃疾的《游江郎》写道：

三峰一一青如削，卓立千寻不可攀。
正直相扶无倚傍，撑持天地与人看。

辛弃疾在诗中由山谈到人，“正直”二字包含了多少内容啊！

三峰中东边的叫郎峰，中间名亚峰，西边为灵峰。关于江郎山，相传春秋战国时代，山下有一户姓江的人家，父亲被征兵去打仗，留下年幼的三子。过了 10 年，仍不见父归。江家三子：江郎、江亚、江灵遵母嘱上山顶遥望盼父归来，年复一年，终不见父亲踪影，最后化为这三片石峰。古老的神话为其增加了魅力。

三峰的形成是由于风化作用把原为一个整体的岩墙，侵蚀成三峰，江郎山又称“三片石”，

浙江江山市江郎山一线天

如中间的亚峰宽90多米，厚仅56米，是一个“薄”片，故有此称。三峰高260多米。徐霞客对江郎山的赞誉就是对峰丛的赞誉：“众山之上，自为变幻，各尽其奇也”。

江郎山是由郎峰、亚峰、灵峰等三座山峰组成的，这一线天发育在亚峰和灵峰之间，长达100多米，在中国十分罕见。其宽4～5米，并不是太窄；但两旁是高达260多米的山峰，山峰上植被繁茂，一线天是既高耸又毓秀。2003年的春天，我专程到此考察，走在其中，仰望苍天，广阔的天空呈现出真正的“一”线，真有“坐井观天”之感！这一线天一旁的亚峰宽约90多米，厚仅56米，近看岌岌可危，更增添了这一线天的险峻。这江郎山原为一体，由于岩石的风化侵蚀成三峰，而其中的两峰又构成了这奇妙的一线天，我走出一线天，豁然开朗，回望山峰，更觉其秀丽奇妙。

江郎山所在地的江山市还有两件事，给我印象深刻。一是在山下饭馆吃完午饭后，老板竟送给我一小包亲自从江郎山上采的岩茶，显示出山里人的热情和豪爽。二是在离江郎山不远处，有一个民办的萤石矿。我亲眼看到他们从地下采出的浅绿色的亮晶晶的萤石（化学成分为氟化钙），撒满一地，在春末夏初的阳光下，闪闪发光，太美了。我在中国地质博物馆工作20年之久，看见这些矿物晶体，也不禁热血沸腾，无比兴奋。大自然不仅造就了美丽的山脉，还成就了如此美妙的矿物晶体。

飞天山随笔

飞天山在湖南南部郴州市境内。它和江西龙虎山与泸溪河的山水组合相仿。这里的江水如此清澈，波光粼粼，仿佛是绿绿的翡翠在闪光的翠江。这翠江是东江和郴江交汇于此汇合而成，是湖南湘江支流耒江的上源，飞天山就在翠江两岸。这两个风景区在郴州市东北25千米处。徐霞客对此处的风景赞不绝口，在《楚游日记》中走到郴州的郴口时写道：“（飞天山）江口诸峰，俱石崖盘立，寸土不丽”。现在，翠江和飞天山风景区是中国国家地质公园，即湖南郴州飞天山国家地质公园的两个重要组成部分之一（另一部分为万华岩溶洞）。

丹霞第一桥——穿坦。丹霞地貌中的奇峰异石怪柱纷繁多样，十分引人。我对飞天山最感兴趣的景观是天生桥。中国研究丹霞地貌的权威，中山大学的黄敬教授认为，湖南飞天山中的天生桥是中国丹霞地貌中最大的天生桥。我到了郴州，就一定要去飞天山见识见识这“中国丹霞第一桥”。

湖南郴州飞天山中的天生桥：穿坦

我们的观赏点在天生桥的正对面，这里是一个大平台。当地人把天生桥叫“穿坦”，这“坦”可以理解为“岩”的意思。站在平台上眺望天生桥，好壮观！这座天生桥高高耸立在蓝天白云之下，周围没有什么景物遮挡，给人的感觉就是“一桥凌空飞架”，体量好大。此桥长大约为 50 米，宽达到 30 米。其桥洞看得清清楚楚。这座天生桥使人想到了鹊桥。我观赏停留了近 20 分钟，才恋恋不舍地走下观景平台。中午时阳光灿烂，岩石的色彩也更加鲜红，蓝天赤壁，分外艳丽。

石面坦——美丽的湘女。那天中午时分，我们抵达了翠江风景区和飞天山风景区的大门，也是核心景区所在地的石面坦。石面坦（又称晒布岩）是一个高大的长方形的景石，景石的侧面十分像一个人头，鼻子眼睛、嘴等都惟妙惟肖，当地人称为“石面坦”即石人之面。这个石像的两侧石壁上有非常明显的垂直的槽沟，一条挨一条非常壮观。在飞天山，当地人叫“手指岩”。这实际上是下雨时，片状流水侵蚀而形成的槽沟。石面坦上有清晰的摩崖题刻。370 年前的 1637 年农历四月十二日，徐霞客在《楚游日记》中写道：“重岩若剖，夹立江之两涯，俱纯石盘亘，倏左倏右，色间赭黑，环转一如武夷。……余揽山之胜，过午不觉其馁。”你看，这段“山水之胜”，竟

飞天山中的丹霞孤峰：鲁迅峰

江西龙虎山泸溪河中由崩塌石构成的丹霞孤峰：鲁迅峰

然使徐霞客这位见多识广的旅行家连肚子饿都感觉不到！我和徐霞客是有同感的。这段风景的美丽，主要是岩壁绵延不断，其上水平的岩层一层一层地堆积得如此整齐，加之整个岩石是红色的，可以说是一大片赤壁直插江中，直滨江流，而江水又是这般的翠，这里只能用"碧水丹山"这四个字来形容。在这片大赤壁的扁平洞穴中居然有庙宇建在其中，我还惊讶地在岩壁较低的洞穴中看见了船棺。这是我在福建武夷山和江西龙虎山之后第三次在丹霞地貌中见到船棺。寺庙和船棺使人神飞奇想，恨隔江不能也。整个翠江两岸丹霞山的顶上是郁郁葱葱的。由于我们坐的小游艇行驶得快，在翠江的江面上"犁"出道道的白波，无形中使气氛更加欢快。当年，徐霞客晚上在此江写下了一段优美的文字："是晚素魄独莹，为三月所无，而江流山色，树影墟灯，远近映合，苏东坡承天寺夜景，不是过也"。我们今天在快节奏的生活中，已经体会不到月光映照下的江流山色、树影墟灯中的宁静的旷野之夜了。

翠江就是湖南最有名的湘江的支流耒水的上源。这条江叫翠江是名副其实的，其美在"江流山色"，或称为"碧水丹山"。福建的武夷山也是碧水丹山，但武夷山的水仅仅是九曲溪，而翠江是一望无际的，江面更加开阔，感觉到江流，而九曲溪感觉不到江流。翠江两崖的山是连绵的，更有山的气势。这里的丹霞山就别有一番滋味在心头。正因为如此，徐霞客评价为"寸土不丽"。

烂柯山：中国围棋的起源地

烂柯山，位于浙江省衢州市。

烂柯山对于许多人来说并不陌生，因为烂柯山山名的由来与一个神话故事有关。1400 多年前，南北朝时期的文学家任昉所著的《述异记》中记载：“晋时王质伐木至，见童子数人棋而歌，质因听之。童子一物与质，如枣核，质念之不觉饥。俄顷，童子谓曰‘何不去？’质起，视斧柯尽烂。既归，无复时人。”后来演变成民间广为传诵的“山中方七日，世上已千年”。正是因为这个故事，我对烂柯山还是熟悉的，只是不知道此山竟在浙江衢州。

现在这里已辟为公园，进园后已经看不见 1400 多年前王质伐木时的莽莽苍苍的森林，但公园内可见十数棵高大的参天古树，可以让人联想到当年枝繁叶茂的景象。公园中的主要景观就是一座远看如弧形单孔石拱桥的小山丘，其海拔仅 164 米，相对高约 50 米。

与江郎山不同，烂柯山最典型的丹霞地貌是天生桥。正因为如

浙江衢州烂柯山天生桥

此，烂柯山又名石桥山、石室山。这座天生桥的跨度达34米，“板桥”厚3.5米、宽30米、桥高8米，国内罕见。桥洞如宽敞明亮的拱形大厅，可容千人，当地人称为“石室”，道家则称其为“青霞第八洞天”。洞天，通俗的讲就是风景优美的地方。

大自然鬼斧神工何以在这巨厚的山岩中“开凿”出这样一座天生石桥？原来，这座山的岩石结构为沙砾岩夹钙质粉砂岩，沙砾岩中的砾石大小不一，小的如豆，大的如拳，分选性差，钙质以及石灰岩等很容易被流水侵蚀，天长日久，在其附近地下水或降水的共同作用下，沙砾岩中的砾石慢慢被溶蚀、剥落、崩解，使得崖壁千疮百孔。再加上这沙砾岩属沉积岩，层理发育，在流水集中的地方岩石逐渐被侵蚀，形成桥洞，后来地壳上升，形成了“天生桥”。

更令人称奇的是，在烂柯山天生桥上还有一个小的穿洞，这个穿岩小洞正好成了下面大的天生桥的注释。

中国是围棋的发源地，围棋古称“烂柯”，加上广为流传的神话故事，使得烂柯山成了中国围棋圣地。每年都有围棋界的高手前来“朝圣”，聂卫平和马晓春都先后专程来到烂柯山，为此，当地还在天生桥的桥洞下，铺就了一块20米见方的特大围棋盘，人工景观和着自然风景和神话故事，相得益彰，相映成趣。

此外，烂柯山“时间”也很出名，唐代诗人孟郊在《烂柯山石桥》中写道：

仙界一日内，人间千载穷。
双棋未遍局，万物皆为空。
樵客返归路，斧柯烂从风。
唯余石桥在，犹自凌丹虹。

宋代的朱熹在《烂柯山》一诗中也感叹：

局上闲征战，人间任是非。
空交采樵客，柯烂不知归。

我国古人以烂柯山为载体生发出“天上”和“人间”两种时间标准，山中方七日，世上已千年。现今，用爱因斯坦的“相对论”来解释不无科学道理。而现在许多科学幻想也都与此不谋而合。

别树一帜的丹霞人文景观

丹霞山中有着瑰丽的丹霞文化，即人文景观。它表现在以下5个方面。

1）道教文化。中国有五大道教名山：武当山、武夷山、龙虎山、青城山、齐云山。这后4座山都是丹霞山，原因有三：①道教讲“炼丹修道”，丹霞山岩石的红色和其“丹”的颜色吻合；②丹霞山中巨大的扁平洞穴为建造道观提供了良好的条件，在经济不发达时代更是如此；③丹霞山不仅岩石色艳丽，而且植被繁茂，流水清澈，信道教徒很容易产生“成仙”的思想。你在大多数丹霞山都能感受到道教文化，尤其是以上4座山。如在龙虎山，旅游车上印有“道教第一山”；道教正一派创始地正一观建设得十分规整，上清宫天师府规模庞大；建筑雕梁画栋，盘龙的牌坊；还有最高的三清神、玉皇大帝，乃至四圣、斗姆、魁星等众神都请上神坛，或威严、或慈祥，让人烧香礼拜；道教“阴阳鱼”的标志随处可见，甚至在道路的台阶上、旅游纪念品上。中国的山水是人文山水啊！

2）船棺崖葬文化。这是中国古代一种独特的丧葬习俗或者说是丧葬文化。它和丹霞中的大型洞穴密切相关。武夷山、龙虎山、飞天山、丹霞山都有发现，称为“悬棺”。这种习俗和特定地区、特定民族文化有关。有人认为和道教的“羽化而登天”思想有关。为什么做成船形？古代人认为升天一定要坐船经过“银河”之故吧。真是凑巧，现代人类探索太空的工具也叫船，宇宙飞船。船棺中最大的疑问是，古人是怎么把船棺安置在几乎无法攀登的

龙虎山道教色彩

龙虎山天师祖庙

龙虎山阴阳鱼

悬崖峭壁上的洞穴之中？现在龙虎山用“绳索和滑轮”把船棺升上和落下，进行“升棺”“落棺”表演，这仅仅是一种商业行为。我们在看表演时，仍然对古人的智慧充满了敬意。

3）建筑文化。丹霞洞穴中的寺庙建筑达到了令人难以想象的地步。如泰宁甘露岩寺，就建在一个高约 80 米、上宽下窄的洞穴。寺建于南宋 1146 年，设计师僧人了凝采用“一柱插地，不假片瓦”的独特建筑技巧，成就了中国古建的佳作。日本奈良大佛殿 1180 年重建时，曾派名僧到此学习。

4）“性”文化。龙虎山泸溪河漂流上岸后步行不远，看见一处非常逼真的“女性生殖器”的造型，称为“仙女岩”，又称“大地之

用绳索和滑轮技术进行的升棺表演：升棺途中

升棺结束：棺木顺利进入丹霞陡峭岩壁的洞穴

道人书法正能量

母”。这个造型十分高大，高在 20 ~ 30 米之间，十分裸露。令人不可思议的是这个“竖状侵蚀洞穴”不时有渗出的流水湿润，中间居然还生长着几绿色的草丛；真是“天下绝景”。无独有偶，丹霞山有一个石柱，叫“阳元石”和“男性生殖器”如出一辙，高 28 米，直径 7 米，根在下，头在上，十分醒目！这两处“性”造型，对于几千年来受封建思想的中国人，真是一个触动。使人们大方勇敢的坦诚而对“性”文化。专家考证，汉字中“祖”字，原来“且”，就来自男根的象形。有人到阳元石“寻根问祖”。丹霞山景区还创建了“性文化博物馆”，这也是我们民族科学修养提高的一个表现。

5）中国文化。《水浒传》是中国著名的古典小说，第一回标题为“张天师祈禳瘟疫，洪太尉误走妖魔”，地理环境就是龙虎山。为什么选龙虎山？一是环境优美“千峰竞秀，万壑争流”；二是“道教圣地。只见上清宫许多道众，鸣钟击鼓，香花灯烛，幢幡宝盖，一派仙乐”。

中国书院文化密切相连。独树一帜的南宋永康学派的发祥地五峰书院就在浙江方岩之中。武夷宫建道教中心，实际上也是一个传扬中国文化的地方。著名文人陆游、辛弃疾、朱熹都当过这个宫的主管。

摩崖石刻，如郴州的苏仙岭上的“三绝碑”摩崖石刻，就集秦（观）词、苏（轼）跋、米（芾）书三者为一的杰作；2015 年 11 月，我在龟峰也见到大气磅礴的摩崖石刻。列入“世界文化遗产”的“大足石刻”更是名闻中外。

安徽天柱山，陡峭的山峰

Chapter 11

第十一章 雄伟的花岗岩山

雄伟的花岗岩山：天柱山。花岗岩是岩浆岩的一种，地表深处的岩浆由地球内部沿裂缝上升而不能冲破上覆岩石层时，就侵入到岩层内冷却凝固成岩石。这种岩石叫侵入岩。花岗岩就是侵入岩的一种，花岗岩山只有经过多种地质作用，把上覆的岩层剥蚀、侵蚀掉，才能出露成山。这一过程是漫长的，千辛万苦的。

花岗岩的矿物成分以正长石、斜长石为主，还有石英、云母、角闪石等，二氧化硅含量为 65% ~ 75%，是酸性岩。花岗岩在形成的过程中，富含节理（即裂缝），易于风化，形成许许多多的大小不等的岩块。正是这样一种风化作用，花岗岩山一般都很陡峭、雄伟，同时它们仿佛是由无数块“积木”堆砌起来的。左图中，安徽省潜山县境内的天柱山，就把这样的特点表露无遗。

第1节 认识花岗岩山

花岗岩山是被“剥蚀”出来的

花岗岩山是岩浆岩中的一种，是一种侵入岩。花岗岩原来是在地面5000米以下，大自然的各种力量把它上面的盖层剥蚀掉，才得以升到地面“见青天”。

现在著名的花岗岩山，如黄山、三清山、华山等，其海拔高度都在2000米左右，它们大多是由于距今1.2亿年左右的燕山运动形成的。也就是在1.2亿年内，把原有的至少5000米的盖层去掉了，又使花岗岩露出了2000米，这就意味着原来中国的东部是高耸的，而且高度至少在7000 ~ 8000米以上，而此时西部的青藏高原是一片汪洋大海，中国是东高西低的。陈安泽研究员指出：秦岭的地形1亿年来有巨大的变化，而印支运动在秦岭是“造山”还是“造凹”，值得推敲。但是

河北野三坡景区中的花岗岩山地貌

河南遂平嵖岈山（这两座相距千里的花岗岩山的外形何其相似）

花岗岩沿着不同方向的节理风化形成的江西三清山“东方女神”

我们应该知道，花岗岩山是被“剥蚀”出来的。

花岗岩具有抗风化的特点。花岗岩由于在其形成的过程中，岩石中存在着大量的不同方向的节理（即裂缝），很容易直接从基岩风化为砂粒。如安徽省的著名花岗岩山——天柱山就有两个景点都是和花岗岩的物理风化有关：一个为“神秘谷”，它是由许多风化后的大小石块层层叠叠堆砌在一起，形成了数量众多的岩洞，人称“花岗岩洞第一秘府”；另一个是“六月雪”，是一大堆基岩风化成的花岗岩砂粒，其颜色是白色的，酷似雪，但夏天六月是“不融化”的喽。

花岗岩山的抗物理风化比其抗化学风化能力要弱，所以，在中国北方，石灰岩的山高，而花岗岩山低。如北京周口店石灰岩山体的猫耳山，海拔为 1350 米，而其下的花岗岩丘陵只有 200 米左右。在南方多见黄山、衡山、三清山等花岗岩高山，这是因为石灰岩经不住南方多雨水的化学风化，而形成低丘、洼地。有的专家认为，这种变化以 800 毫米的年降水线和 1 月 0℃等温线，即秦岭—淮河线为界。

花岗岩由于球形风化明显，往往形成浑圆的球形外表，有的还呈现为石蛋地貌，在西北干旱地方，花岗岩被风化成“千疮百孔”，这是石灰岩等岩石山根本见不到的。

中国花岗岩山国家公园知多少

在中国，花岗岩山公园的知名度可能是最高的了。因为黄山、华山、泰山、衡山等著名的山脉都是花岗岩山。那么，中国到底有多少花岗岩山的国家公园？具体在什么地方？下表给出了我国花岗岩山国家公园名录。

中国花岗岩山国家公园名录表

序号	花岗岩山	位置	等级
1	三清山	江西省上饶市	世界自然遗产、国家重点风景名胜区
2	泰山	山东省泰安市泰山区	世界自然遗产、世界文化遗产、世界地质公园、国家重点风景名胜区
3	黄山	安徽省黄山市黄山区	世界自然遗产、世界文化遗产、世界地质公园、国家重点风景名胜区
4	伏牛山	河南省南阳市内乡县、西峡县	世界地质公园
5	克什克腾	内蒙古自治区赤峰市克什克腾旗	世界地质公园
6	泰宁*	福建省三明市泰宁县	世界地质公园、国家重点风景名胜区
7	翠华山	陕西省西安市长安区	世界地质公园
8	牯牛降	安徽省黄山市祁门县	国家地质公园
9	大别山	安徽省六安市	国家地质公园
10	石牛山	福建省泉州市德化县	国家地质公园
11	嵖岈山	河南省驻马店市遂平县	国家地质公园
12	神灵寨	河南省洛阳市洛宁县	国家地质公园
13	封开	广东省肇庆市封开县	国家地质公园
14	武功山	江西省西部的萍乡市、宜春市	国家地质公园
15	伊春*	黑龙江省伊春市	国家地质公园
16	可可托海*	新疆西北部的阿勒泰地区富蕴县	国家地质公园

续表

序号	花岗岩山	位置	等级
17	白云山	福建省宁德市福安县	国家地质公园
18	盘山	天津市蓟县	国家重点风景名胜区
19	北武当山	山西省吕梁市方山县	国家重点风景名胜区
20	千山	辽宁省鞍山市千山区	国家重点风景名胜区
21	凤凰山	辽宁省丹东市	国家重点风景名胜区
22	医巫闾山	辽宁省锦州市义县	国家重点风景名胜区
23	普陀山	浙江省舟山市普陀区	国家重点风景名胜区
24	天台山	浙江省台州市天台县	国家重点风景名胜区
25	浮盖山	浙江省衢州市江山市廿八都镇	国家重点风景名胜区
26	莫干山	浙江省湖州市德清县	国家重点风景名胜区
27	天柱山	安徽省安庆市潜山县	国家地质公园、国家重点风景名胜区
28	九华山	安徽省池州市青阳县	国家重点风景名胜区
29	鼓山	福建省福州市	国家重点风景名胜区
30	海坛*	福建省福州市平潭县	国家重点风景名胜区
31	鼓浪屿—万石山	福建省泉州市	国家重点风景名胜区
32	清源山	湖南省怀化市通道县	国家重点风景名胜区
33	太姥山	福建省宁德市福鼎市	世界地质公园、国家重点风景名胜区
34	青芝山	福建省福州市连江县	国家重点风景名胜区
35	滕王阁—梅岭	江西省南昌市	国家重点风景名胜区
36	井冈山	江西省吉安市所辖的井冈山市	国家重点风景名胜区
37	鸡公山	河南省信阳市	国家重点风景名胜区
38	石人山	河南省平顶山市所辖的鲁山县	国家重点风景名胜区
39	衡山	湖南省衡阳市	国家重点风景名胜区
40	罗浮山	广东省博罗、龙门和增城三县	国家重点风景名胜区
41	三亚*	海南省三亚市	国家重点风景名胜区
42	华山	陕西省渭南市、华阴市	国家重点风景名胜区

续表

序号	花岗岩山	位置	等级
43	嵊泗列岛	浙江省舟山市嵊泗县	国家重点风景名胜区
44	八达岭	北京市延庆县	国家重点风景名胜区
45	崂山	山东省青岛市崂山区	国家重点风景名胜区
46	临潼骊山	陕西省西安市临潼区	国家重点风景名胜区
47	桂平西山	广西贵港市桂平市	国家重点风景名胜区

*无具体山名，但有花岗岩分布

从上表可以看出：世界自然遗产有3处，即三清山、泰山、黄山。世界地质公园有7处，其中伏牛山以恐龙化石为主；泰宁则是以丹霞地貌为主，仅部分为花岗岩地貌；泰山、黄山、内蒙古自治区克什克腾、福建宁德、陕西秦岭终南山（翠华山是其重要组成部分）等5处，是以花岗岩地貌为主。国家地质公园有11处。国家重点风景名胜区有34处。花岗岩的公园总数达到47处，多于火山公园的24处、丹霞公园的27处。这是因为中国花岗岩的出露面积大于火山岩和白垩纪砂岩。

江西三清山：巨蟒出山

江西三清山：平地一线天

据建设部风景名胜区办公室提供的资料显示，2005 年花岗岩型的国家重点风景名胜区的经营收入达到 163 亿元，其中前三位的是普陀山（11.63）、黄山（8 亿元）、九华山（4.54 亿元）。游客总数达 3.6 亿人次，前三位是崂山（1420 万）、鼓浪屿—万石山（1152 万）、三亚（1136 万）。以上数据说明，花岗岩公园是一座巨大的“金矿”，为国家创造、积累了财富，同时又是吸引游人的美丽公园。

花岗岩山地貌分类

根据笔者在花岗岩山公园的考察和研究，从旅游需要的角度，将花岗岩山的地貌分类，列成表如下：

花岗岩山地貌外部形态分类表

大类	小类
峰峦类	①高峻的山峰 ②悬崖峭壁 ③石林 ④低山 ⑤峪
巨石类	①风动石 ②石蛋 ③飞来石 ④象形石 ⑤中华第一石
洞穴类	①崩塌洞 ②壶穴 ③天生桥 ④海蚀洞 ⑤一线天 ⑥风蚀蜂窝洞
水体类	①温泉 ②瀑布 ③湖泊

（1）峰峦类

①高峻的山峰：有江西三清山的玉京峰、玉虚峰、玉华峰，华山的天都峰、莲花峰、光明顶峰等。

②悬崖峭壁：有陕西华山舍身崖等。

③石林：黑龙江伊春石林、内蒙古克什克腾旗镇大北山石林等。

④低山：河南嵖岈山、广西白云山、江苏灵岩山和天平山，其最高峰海拔分别为 520 米、382 米、182 米、221 米。

⑤峪：最有名的是秦岭的“七十二峪”，它为秦岭南北交通要道，如子午道、武官道、褒斜道等。

（2）巨石类

①风动石：浙江舟山群岛普陀山的磐陀石、福建泉州东灵山和山

西藏花岗岩山（和安徽的天柱山、河南的嵖岈山的外形多么相像）

安徽天柱山顶由于风化作用形成的“飞来石”

西宁武的风动石等。

②石蛋：福建厦门鼓浪屿的日光岩、海南岛的天涯海角等。

③飞来石：安徽天柱山和安徽黄山的飞来峰。

④象形石：福建平潭海坛岛的半洋石帆、人祖崇拜、弥勒佛等，江西三清山的东方女神、出山巨蟒、狐狸啃鸡等。

⑤中华第一巨石：为花岗闪长岩，位于广东省封开县。高 191 米，长 1350 米，宽 650 米，占地 105 亩，整块巨石浑然一体，被称为“中华第一巨石”。

（3）洞穴类

①崩塌洞：河南嵖岈山的黑风洞、乾隆洞等，福建仙游县九鲤湖旁的花岗岩崩塌洞。

②壶穴：福建福安市白云山中的壶穴，数量大、类型多，可称为“壶穴博物馆”。

③天生桥：山东泰山的仙人桥、浙江天台山中的“石梁飞瀑”，是花岗岩中最著名的两座天生桥。

④海蚀洞：浙江嵊泗列岛嵊山后头湾地面上，海蚀穴遍布；平潭县海坛岛的海蚀穴众多。

⑤一线天：陕西翠华山的风洞，江西三清山的一线天，福建福鼎太姥山中的三线天（即三个一线天平行排列在一起），还有七星洞一线天（即一线天的上面两岩壁，嵌有七颗浑圆状的花岗岩石。这两个一

线天很罕见。

⑥风蚀蜂窝洞。

（4）水体类

①温泉：广东阳春市马水镇花岗岩山有罕见的高热氡泉——春都温泉，水温为74℃～79℃，水中含有48种对人体有益的稀有微量元素，其中最有医疗价值的氡元素丰富，为目前中国最大的高热氡泉。它分布于一条花岗岩山谷中，人工建有38个露天温泉池；江西萍乡芦溪武功山上的万龙国际温泉城是新开发的花岗岩温泉；江西宜春的温汤镇的温泉是我见到的

福安白云山中流水侵蚀形成的壶穴

左图：福建福安白云山中的壶穴　右上图：福建福安白云山中的壶穴：月亮门

右下图：河南嵖岈山“青蛙爬壁”

山东泰山石刻：第一山

山西宁武县境内著名的风动石：“象顶一品石”

中国最大的花岗岩温泉；中国安徽黄山温泉更是早负盛名。

②瀑布：河北涞源白石山的十瀑峡是中国花岗岩峡谷中瀑布景观最为著名的。10 个瀑布中不少是多级瀑布：双龙瀑分为 2 级，总落差为 42 米；飞龙瀑是 5 级瀑，总落差 30 米。一般花岗岩裂缝水的水质都很优良，十瀑峡的水源来自海拔 1400 米处的一个花岗岩构造节理的裂缝水，名为龙虎泉，水质甘冽清爽。江西明月山（武功山的一部分）中的花岗岩峡谷中有 5 条瀑布，水量丰沛，悬空倾泻，形态优美，气势磅礴，是我看到的瀑布之最。顺山势而上，这 5 条瀑布分别是：云谷飞瀑、玲珑瀑、鱼鳞瀑、玉龙瀑、飞练瀑。云谷飞瀑落差为 119 米，水量大，山体处在水雾云雾的缭绕之中，远看就像从云层中泄出，水声也回荡在山谷中。鱼鳞瀑的瀑水是贴着花岗岩石壁泄下，形成了无数的鱼鳞状水花，前所未见。过去写花岗岩之瀑都是只写黄山的人字瀑和九龙瀑，现在我向大家强力推荐十瀑峡以及明月山五瀑。

③湖泊：陕西翠华山的天池，又叫水湫池，位于翠华山的山顶附近，是山崩堰塞形成的，面积不大，有 200 余亩，一泓湖水，十分清澈。花岗岩山中还有一类湖是以地形地势人工建造的水库，如河南嵖岈山中的天磨湖等。

第 2 节　花岗岩山旅游

登泰山散记

泰山，位于山东省中部，绵延在泰安、长清、历城三地之间，面积约 426 平方千米。主峰玉泉顶海拔 1545 米，直插云天，巍峨陡峻，气势磅礴。

我国历史上把山西恒山、陕西华山、湖南衡山、河南嵩山、山东泰山称为“五岳”，“五岳”之中，泰山向来称为“老大”，如“五岳独尊”“五岳之首”都是指泰山。

从岩石的性质来分，北岳恒山为沉积岩的石灰岩组成，中岳嵩山为变质岩的石英岩组成，其他三岳均为火成岩的花岗岩组成，其中花岗岩年龄最老者为泰山，是五岳中的“老大”。

泰山除了风景优美、雄伟壮丽外，名胜古迹众多，人文旅游资源丰富，是我国许多名山无法比拟的。郭沫若曾说：“实事求是地看泰山，在齐鲁一带，的确是座名山。自然胜境之外，还有历代人文遗迹，泰山应该说是中国文化史的一个局部缩影。”正因为如此，泰山成为中国

泰山极顶的石碑和连心锁

泰山之夫：泰山优美环境的建设者

著名的游览胜地。1982年，泰山就被确定为我国首批国家级重点风景名胜区，1987年又被批准为我国第一个“世界文化和自然遗产”（我国至今只有两个“世界文化和自然遗产”，另一个是1990年批准的黄山）。泰山不仅在中国，在世界都有一席之地。

1985年和2010年，我两次登泰山，每到一处，都能感受到自然风光的壮美和历史沉淀的深厚。

泰山有今日的名气，除了其本身的自然和人文因素外，与众多历史名人也很有关系。孔子的家乡就在泰山南面的曲阜，离泰山脚下的泰安县城（今泰安市）也就60千米左右。孔子外出讲学登泰山，赞美道：“登东山而小鲁，登泰山而小天下。”你看泰山是如何的高大啊，登上泰山顶，天下都变得小了。当然，这“天下”并非整个世界，也非整个中国，充其量而言仅是山东省的一部分。但孔子的这两句话却使泰山的声名大振。

1985年，美国动物学家艾莉森·乔利在其论述世界天然名胜的文章的开头，很风趣地从孔子登泰山说起：

一位老人沿着陡峭的山坡向上攀登。松树林像撑开的华盖落在身后，路旁石缝中伸出一棵棵盘根错节的松柏。老人的弟子们紧紧尾随，由于疲劳，他们腿部肌肉在不停地抖动。他们登上山顶，在色彩瑰丽的庙宇中和衣而卧。天将拂晓，老人又起身登程。他站在悬崖上，下面是万丈深渊，远处是连绵200千米的平原，一马平川，直达东海。太阳升起来了，突然放出万道霞光，在大气层的折射下，像一只红玉石的高脚杯被分成上下两部分。老人高声感叹：登泰山而小天下！他的弟子把话记录了下来。

泰山石刻：五岳独尊，现流通的5元人民币背面的风光就是据此创作的

这是2500年前，孔子登泰山观日出的情景。杜甫的“会当凌绝顶，一览众山小”是一个伟大的登山口号，具有极强的号召力、感染力，鼓励人们去攀登泰山，并到达极顶。

泰山极顶看日出是泰山奇观之一。描写泰山日出最具魅力的文字，出自清代作家姚鼐和现代作家徐志摩之手。姚鼐在《登泰山记》一文中写道：“在日观亭东面，云雾迷漫。在云雾之中有几十个白得像骰子的东西耸立着，那便是山峰。天边的云彩出现一条奇异的颜色，一会儿又变成了五彩。就在这时候，太阳升起了，红得像朱砂。下面还有晃动的红光托起它来，有人说，这是东海。回过头来看日观峰以西的山峰，有的有日光的照射，有的没有。有红有白，颜色错杂，可都像弯腰曲背的样子。”此文的精彩之处在于：写云在日出前后由一线变五彩；写日出时，下有红光动摇，就像被霞光染红的海涛；写日出时的太阳像朱砂，十分贴切；写了日观峰以西的山峰有红有白，正如杜甫说的“阴阳割昏晓”。

徐志摩的《泰山日出》，全文仅千字左右，但把人的心情与日出的过程写得情景交融，浑然一体。他在泰山玉皇顶上看日出，怀着“盼望一种特异的境界”的心情，他说自己好像一个巨人“竖立在大地的顶尖上，仰面向着东方，平拓着一双长臂，在盼望，在迎接，在催促，在默默地叫唤；在崇拜，在祈祷，在流泪——在流久慕未见而将见悲喜交互的热泪……”这七个“在”把观日出的心情一层一层地淋漓尽致地展现出来。

他描写日出前后天空云彩的变化，眼前只是“一座普遍的云海”，“宛似无量数厚毳长绒的绵羊，交颈接背的眠着，卷耳与弯角都依稀辨认得出”。日出前的一瞬间“云海也活了；眠熟的兽形的涛澜，又回复了伟大的呼啸，昂首摇尾的向着我们朝露染青馒形的小岛冲洗，激起了四岸的水沫浪花，震荡着这生命的浮礁，似在报告光明与欢欣之临在……”接着，他将日出时的景象描写得更精练：“再看东方——海句力士已经扫荡了它的阻碍，雀屏似的金霞，从无垠的肩上产生，展开在大地的边沿。起……起……用力，用力，纯焰的圆颅，一探再探地跃出了地平，翻登了云背，临照在天空。”他把日出的过程，看成是一个“用力再用力”的过程，从而使太阳像人的头颅“一探再探”地跃出地平线。

泰山观日出的最好地点，是在泰山极顶（玉皇顶）的日观峰、日观亭，特别是玉皇顶上的探海石。

泰山观日出是动人的，但不少人都未能如愿，如唐代大诗人李白、现代大诗人郭沫若都登上了泰山玉皇顶，但都未看见日出。观泰山日出是有一定的时间的。

泰山观日出观的是海上日出，而泰山顶离最近的莱州湾或石臼所东南的黄海有 230 千米。所以，在泰山观日出要靠大气折光，这必须具备两个条件：一是只有在夏至（即 6 月 22 日左右）前后各约 31 天和冬至（即 12 月 22 日左右）前后各约 47 天内，才有可能在上述两处海面见到日出；二是在这 156 天内，观日出的那天天气必须是整夜特别晴朗，而且是无风或微风。这有利于大气形成下层气温低而上层气温高的逆温现象，使空气密度下密上疏，从而为大气产生折射提供充分的条件。据此道理，观日出者只有在这 156 天内的风和日丽、晴朗无云的日子里登泰山，才能如愿以偿；否则，会抱憾而归。看泰山日出，一般是头天登到泰山顶，在山顶旅馆住一宿，次日凌晨 4 时左右提前登上玉皇顶或日观峰，选好位置，只要天气晴朗，就能看到。

现在，有不少年轻的游客吃完晚饭后，大约 10 点左右出发上山。他们激情满怀，一边唱，一边叫，一边笑，一边上；前者呼，后者应，让沉寂的泰山之夜充满了青春的躁动气息。由于泰山登山基础设施好，大概 2 ~ 3 个小时，就能登上泰山顶。在泰山顶上，他们看星星，看月亮，看北斗，聊着那永远聊不完的话题。在那东方刚刚露出一点点晨曦时，他们全神贯注，非常神圣地迎接那“泰山日出”。这就是登山看日出，没有标准的答案，没有统一的思考，但有理想、有愿望、有抱负、有希望、有目标、有憧憬，更有脚踏实地的奋斗！

登泰山，一般人可坐车到达中天门。从此大约步行 20 分钟到达“对松亭”。在此处，你抬头遥望，一幅雄奇的画面展现在你的眼前：一条长长的登山石阶像一架天梯顺着山势，蜿蜒曲折地向上伸延、伸延；而南天门像一座雄伟的城楼一样镇守在天梯的尽头；再上就是飘着白云的蓝天。这就是泰山著名的“十八盘”。

十八盘是整个这段登山石阶的总称。根据石阶的陡峭程度分为三段，当地流传为“慢（即缓）十八，紧（即陡）十八，不紧不慢（即坡度适中）又十八。”这三个十八盘的整个长度约为 1000 米，相对高度差达 400 米。

从升仙坊到南天门为“紧十八盘”，古有“天门云梯”之称。要一口气爬上 500 多个陡直的石阶，才可以到达无限风光的顶峰。正如南天门两旁的一副对联写道：“门辟九霄仰步三天胜迹，阶崇万级俯悔千嶂奇观。”

1985 年，我是一个中年人，到达中天门后，就雄赳赳、气昂昂地汇入了登十八盘的人流之中。抬眼望去，十八盘入口到南天门的 1827 级台阶上挤满奋勇登山的游人，像一条弯弯曲曲的长龙在游动。登山的游客，真是男男女女，老老少少，各行各业的人都有，还夹杂着一些外国人，还有残疾者。我一步一步上台阶时，看见了一位拄着单拐的残疾者，他是一步一步往上跳，跳几步，歇一下，额头淌下一滴滴汗水，但脸上写满了刚毅，还有几位 60 ~ 70 岁的老太太，缓慢地扶着把手，低着头，默默地向上攀登，心中充满了向往。

这成百上千的人，他们不坐缆车，选择了一步一步攀登十八盘；我想，绝不都是经济的原因，他们可能是要在这种艰难的磨炼中，让自己成长。人的一生中是需要“自找苦吃”的，不然稍有一些坎坷，一些风风雨雨，你就会束手无策，无法克服。如果 2 个小时左右的苦你都受不了，何谈人生的目标和理想的实现。表面上攀登者共同的目标是南天门，但支撑着他们强大内心的是坚强的理想和信念。人们共同践行着一条真理：“世上无难事，只要肯攀登”！泰山中的十八盘刚好是花岗岩山中的一条断裂，人们正是利用了这条断裂带修建了十八盘中的 1827 级台阶，为我们攀登泰山创造了条件。这就是人们“因势利导”“因地制宜”的范例。

泰山松是泰山奇观之一。泰山松与黄山松不同，黄山松以形态奇特取胜，泰山松则以古老苍劲引人，不少松树还有着历史传说和故事。

“六朝松”，位于泰山山麓普照寺内的中院大雄宝殿之上，此松传为六朝所植。在公元222——589年，吴、东晋、宋、齐、梁、陈等6个朝代先后建都于建康（今南京），合称六朝。普照寺是六朝时创建的，故此松就称为“六朝松”。它经历了1500多年，至今仍生机盎然，干粗数抱，枝繁叶茂，宛如一顶巨大的华盖。树下有清代的“六朝遗植”石刻和郭沫若写的《咏普照寺六朝松》诗碑。树旁有亭，名“筛月”，是清道光年所建。亭内有一石几，以石块敲击，能发出悦耳动听的声响，故称“五音石”。

“五大夫松”，位于中天门北面的云步桥北。《史记》记载，秦始皇二十八年（公元前219年），封禅泰山至此，曾避雨树下，因此树护驾有功，封为“五大夫”。大夫是古代官职，位于卿之下，士之上。秦时的“五大夫”松早已不存在了，现在的3株古松，是200多年前补栽的。此处建有五松亭，亭西有一古松，状若伞盖，一长枝下垂，似招手迎人，故名“望人松”，又称“迎客松”，传为秦时古松。

泰山半山腰以下多为柏树，松树并不成林。过了“五大夫”松到对松亭处，松树成林，非常壮观。此处山崖上有一棵古松形似迎客松，附近双峰对峙，万松叠翠，犹如一片松树的海洋，叫“万松山”，又因双峰对峙，又叫“对松山”。此处建有“对松亭”，是观松的最佳处。清乾隆皇帝有“岱岳最佳处，对松真绝奇”的诗句。

泰山的半山腰以上多为松林，以下则为柏树。泰山柏树最有名的是岱庙中汉柏院的6株柏树。这6株粗大的柏树，相传为汉武帝登泰山所植，故称汉柏。院内有清帝弘历御制的“汉柏图”及题诗石碑，描绘了汉柏的古雅形状，咏赞了汉柏的挺秀状貌。这6株古柏虽然经历了2100多年的岁月，但仍然苍劲挺拔。有的树干笔直高耸，有的龙蟠虬结，铁骨铮铮，气概威武。

在泰山经石峪西北的登山道上的两旁，长满了古柏，遮天蔽日，人们好像进入了一个“柏洞”之中。泰山松柏之美在我国名山中是罕见的。

中国的松树，历来被赋予一种精神。陈毅元帅的《冬夜杂咏》之一的《青松》写道：“大雪压青松，青松挺且直。要知松高洁，待到雪化时”。泰山松更是如此，现代京剧《沙家浜》中的革命战士更是在艰苦的环境中，唱出了“要学那泰山顶上一青松”的豪迈誓言！

泰山仙人桥，位于泰山顶的瞻鲁台附近，是一座花岗岩的天生桥。这个桥是山上崩塌的三块大石块，刚好镶嵌在一个山沟的两边，形成一座桥。让人不可思议的是，崩塌的石块要在时间、空间，以及大小上计算得十分精细，且塌落的时间分秒不差才能形成这座桥，这只怕仙人才能造这样的桥，人称“仙人桥”。

中国最著名的花岗岩崩塌天生桥，泰山镇山名景：泰山仙人桥。为了拍摄这张图片，笔者又专程登了一次泰山

花岗岩在形成时都存在着一些节理裂隙，经过大自然中风吹日晒、水蚀冰冻等风化作用，由整体分裂成为大小不同的有棱有角的岩块；在进一步风化过程中，棱和角逐渐消失了，石头便变成了圆形，这称为球状风化。

在泰山的不少地方都能见到花岗岩的风化景观，如著名的摩崖石刻“五岳独尊”。这一大片石头，岩石中的裂缝就很明显；继续风化，这些大小石块就会四分五裂，散成一堆；最终可能演化成“石蛋”地貌。再如著名的摩崖石刻“虫二”就雕刻在一块风化后形成的“石蛋”上。

花岗岩风化在瞬间形成“仙人桥”却是十分难得的。它可以作为泰山标志性的地学景观。你到泰山去旅游请一定要去看一看，欣赏和品味一下这仙人桥。相信你会像喝了一杯酽茶，慢慢品，后味更浓，越品越有味。你只有在此才能真正体会到“神奇”两字。

石刻文简称石刻。它是刻在石鼓、摩崖、碑碣等石器或石壁上的文字。石刻文字始于战国，是古人书写文字的重要手段之一。西汉后开始用纸写字，但人们每遇大事，仍镌刻于石，以求永存，石刻是研究我国历史、文字沿革、书法艺术的珍贵资料。

我们在攀登泰山的途中，到处可以见到刻有题字的石刻，据统计达 1018 处，碑刻达 819 块。这些石刻有的龙腾虎跃，有的苍劲古拙，有的潇洒飘逸，有的端正秀雅。真、草、隶、篆各种书体，颜、柳、欧、赵不同流派，应有尽有。泰山石刻犹如一座灿烂的“中国历代书法展览”。其中，视为珍品的有《泰山刻石》或《泰山秦碑》，是我国现存的最早石刻。它是秦始皇之子二世胡亥于公元前 209 年东巡时，命丞相李斯篆书，刻碑立于泰山顶玉女池外（现存泰山脚下的岱庙）。原文 220 字，内容是赞颂秦始皇的功德，经过近 2200 年的风雨剥蚀和人为的损毁，现仅存 10 字（或说 9 个半字）。它是我国的稀世珍宝。宋代欧阳修、董建均为它写过《跋》。元代郝经在其《太平顶读秦碑》的长诗中赞其“拳如钗股直如筋，屈铁碾玉秀且奇，千年瘦劲飞动，回视诸家肥更痴”。近代大文学家鲁迅说它“质而壮，实汉晋碑铭所从出也”。

岱庙汉柏院内的碑刻，陈列有碑碣 151 块之多。这些碑刻集我国书法艺术之大成。从书圣王羲之、王献之父子到宋朝的苏、黄、米、蔡四大家，真、草、隶、篆体例俱全，风格各异。镌刻技术精湛，点、撇、横、捺都表现得遒劲刚健，甚至连笔之破锋，也清晰可见。著名的碑碣有汉代的“张迁碑”和“衡方碑”，晋代的“孙夫人碑”，唐代的“大唐齐州神宝寺之碣”等。

经石峪，位于泰山中路斗母宫的东北。它是一处被山水冲刷得十分平净的石坪，呈倾斜状，侧铺于峪中。其上有闻名的隶书《金刚经》石刻，现存 1067 字，字径达 50 厘米，气势宏大，被赞为“大字鼻祖”“榜书之宗”。石刻年代尚未准确考定，据传为北齐遗物。

唐摩崖石刻，位于岱顶天柱峰下。碑文是唐代开元十四年（726 年），唐玄宗封禅泰山时亲自撰书的《纪泰山铭》，有 1000 字。碑文字体多姿，书法遒劲峻朴，是不多见的唐隶。在《纪泰山铭》的右侧有清帝弘历诗刻，称为清摩崖。此处石屏峰壁上，到处有摩崖石刻，琳琅满目，洋洋大观，故又称大观峰。

徐霞客笔下的黄山之美

徐霞客于明朝万历四十四年（1616 年）二月初二日到十一日，用 10 天的时间游览了黄山，写下了《游黄山日记》。但这次黄山之行，受到冰封雪阻，不少高峰奇境未看见，内心是有遗憾的。因此，在两年半以后的万历四十六年（1618 年），时年徐霞客 33 岁。选择秋高气爽的九月，再游黄山。这次从九月初三日到初六日，前后 4 天（实际 3 天），比上次少 6 天，但看的和走的地方都比前一次多，并写下了《游黄山日记后》。

徐霞客此文的感情是丰富的，心情是欢愉的，黄山美景深深打动了徐霞客。

徐霞客行走在天都峰北边的一线天（石罅）中时，看到“枫松相间，五色纷披，灿若图绣”，被感动，发出了“黄山当生平奇览，而有奇若此，前未一探，兹游快且愧矣！”这次游览的欢快情感跃然纸上。徐霞客从内心发出了“黄山当生平奇览”的评价。

到达文殊院时，他看到“左天都，右莲花，背倚玉屏风，两峰秀色，俱可手揽。四顾奇峰错列，众壑纵横，真黄山绝胜处！”徐霞客这次被黄山的奇峰和沟壑感动！黄山的绝胜处就在能观奇峰错列、众壑纵横的文殊院。这是对文殊院的赞美，更是对黄山风景的赞美。现在有人说：“不到文殊院，不见黄山面”，和徐霞客的见解完全一致啊！

在攀登莲花峰时，徐霞客听隔峰一僧高呼曰：“此正莲花峰也！”因为此时徐霞客是处在“陟而磴绝，疑而复下”的关键时刻，这一声大叫犹如“山穷水尽疑无路，柳暗花明又一村”的指导。徐霞客被僧人的美好的人文精神所感动。

徐霞客在攀登莲花峰时，心情十分轻松，高兴。他写道：“乃从石坡侧度石隙，径小而峻，峰顶皆巨石鼎峙，中空如室。从其中叠级直上，级穷洞转，屈曲奇诡，如下上楼阁中，忘其峻出天表也！”黄山是座花岗岩山脉。由于风化作用，崩塌的岩块大小不一，崩塌的时间不一，滚落下来，会形成许许多多级数不同、形状不同的花岗岩洞，就像我们人类建筑的多层楼阁，十分屈曲、奇诡，有人称为“迷宫”。人们在里面攀登时，转来转去，上上下下，巨石叠累的洞又时大时小，攀登时是困难的又是有趣的。徐霞客不知不觉在下上之间就攀登到黄山的最高峰了，真是喜出望外。

徐霞客在狮子林的石笋矼的顶峰倚松而坐，眼前“坞中峰石回攒，藻缋满眼，始觉匡庐，石门，或具一体，或缺一面，不若此宏博富丽也！”他鸟瞰黄山，无数的山峰和无数的景石攒凑在一起，像彩画一样的景色尽收眼底，这才觉得半个月前刚刚游览的庐山以及石门，有的只有黄山的一种景观，有的欠缺黄山的某一种景观，都不如这里宏大、广博、丰富和壮丽！这是此文中，第二次说黄山像一幅图画——“藻缋满眼”，着眼于黄山的山峰和景石；第一次也是下瞰，说黄山“灿若图绣”，着眼于瞰峭壑和枫松。

黄山的这五个美景带给徐霞客不同的感动。一是黄山的色彩：五色纷披绚烂像一幅图画，又像一幅绣品。他用“绣”表明了黄山的精致。二是黄山的“绝胜处”是“奇峰错列，众壑纵横”，人们欣赏黄山往往是看峰（黄山有 72 峰之称），很少有人提到壑（即沟）。这就是徐霞客欣赏观察的独到之处。三是对僧人的赞誉，徐霞客的旅行、考察没有僧人的帮助和支持是根本不可能完成的。四是展现了黄山花岗岩洞的生动和有趣，也充分显示了徐霞客的地学修养。他描写花岗岩的裂缝“径小而峻”，花岗岩洞是“中空如室”“叠级直上，级穷洞转，屈曲奇诡，如下上楼阁中”，生动无比。五是用“宏博富丽”四个字来总结黄山美景带给他的感受。

现在，我们形容黄山之美往往用“奇松、怪石、温泉、云海”四奇来概括，而徐霞客描述黄山之美选用的是“枫松、峰壑、僧人、岩洞”，那谁对谁错，谁更接近“标准答案”呢？这个问题没有标准答案。游山、赏山是个人的审美行为，每一个人由于时间、爱好、阅历、心情等不同，对同一个景观的感受自然不同。就说现在游黄山，由于时间和经济的限制，享受温泉的游人是不多的；由于天气的条件，即使你想看云海，往往也不能如愿。所以对于通用的黄山“四奇”，一般人大都只能欣赏到“两奇”：奇松和怪石。我游览黄山用了 2 天。在光明顶的黄山气象站还住宿过夜，以便第二天看云海，但第二天天气条件限制，云海并未看到；上山时经过黄山温泉正是早上，不是泡温泉的时间，也未泡温泉。黄山之美我亲历后，只有两处景观记忆深刻：一是林荫下蜿蜒曲折伸向远方的登山小路；二是天都峰险峻的鲫鱼背。上下黄山我未坐缆车，两个白天都是在这条小路中度过。小路上方的蓝天被林荫遮住，只有不多的很细小的光柱，透过树叶的缝隙照射下来，是那么柔和可爱。小路上是安静的，可听见微风不时吹过树林发出沙沙之声，还有无名山溪发出的潺潺流水声，更有那漂亮鸟儿唱出的歌儿。这些大自然之声合成的“黄山之曲”，让人心醉，使我这个独自上下黄山的游人始终不感寂寞，并且从内心生发出感动。行走在这山路是幽静的但又不是单调的，每走一步所见景象是不同的，步步生奇。进山不会不看山，不登山，尤其是我们学地学的。在黄山，我亲自走过了天都峰险峻的鲫鱼背，又刺激又兴奋！

山崩地质公园游记

山崩是令人恐惧的地质灾害，往往给人类的生命和财产造成巨大损失。

然而，正如老子所说“祸兮，福之所倚；福兮，祸之所伏”。自然界的灾害对于人类来说，也具有两面性。远古的自然灾害给后人留下一处处千姿百态、异常壮观的地质风景，造成一座座有一定规模的地质公园。陕西翠华山就是我国唯一一处由山崩灾害形成的地质公园，让我们前去一探究竟。

翠华山位于秦岭北麓，主峰是终南山。唐代大诗人王维的诗《终南山》中是这样描写终南山的：

太乙近天都，连山接海隅。
白云回望合，青霭入看无。
分野中峰变，阴晴众壑殊。
欲投人处宿，隔水问樵夫。

太乙是终南山的别称，其顶峰（中峰）海拔 2604 米，从翠华山前

陕西翠华山山崩洞穴：五角形大厅

的长安所在的八百里秦川，远远望去显得十分高耸。2007年秋，笔者去翠华山考察，我们的汽车沿盘山公路驶进翠华山，约半个小时后，眼前突然出现一泓秀美的湖水，这就是中国最著名的山崩湖——天池。这个湖仅仅只有0.12平方千米，相当于180亩。从数字上看是不大的，但无论如何没有给人留下“小”的印象。这个湖的优美，在于其“湖光山色”。它被群山环抱，山上的林木由暖温带的落叶阔叶林组成，形成了一片青色。终南山林木，还孕育了白居易的《卖炭翁》。

这个天池在地学上叫山崩堰塞湖，是由于山崩崩下的大量石块滚落后天然形成一个堤坝，后积存天上的降雨和山上的流水而成。中国的堰塞湖不少，如东北五大连池和镜泊湖，但它们是火山喷发的熔岩流形成的“堤坝”阻塞了河流而形成，是火山堰塞湖。像翠华山天池这种由山崩作用形成的堰塞湖，且常年有水，具有旅游景观作用的，目前在中国就此一处，更显得弥足珍贵。

离开天池继续向前走，赫然见到一个巨大的山石孤零零地站在地上，一看就知道这是从山上崩塌下来的。上面有于右任先生的集字墨迹“中国山崩奇观”六个大字。由此往山上走，就进入了翠华山的山崩景区，整个面积达到32平方千米，与武汉的东湖风景区差不多大，远远大于杭州的西湖风景区。在一片山麓上面，散布着成百上千的巨大花岗岩石块，远远望去，就像一片石头的海洋，所以被称为“石海”。这些石头大小不等，形态不一，分布错落有致，但普遍都是有棱有角，说明这些石头是当地山崩形成的，没有经过长距离的搬运。许多石头被题写上了“石海”“石林”“胜境”，更为这片石海增添了人文的内涵。

在所有山崩奇石中，最为罕见的景观是一线天，它是一块非常巨大的石块，相当于一幢 5 层楼房。崩塌下来后，中间裂开了一条缝，被称为“一线天”，也可以称为“门”，当地称为“玄关”。通过这道“门”，就是山崩的主景区——石海雄姿。

巨大的山崩肯定会形成各种各样的洞穴。对此，徐霞客在福建九漈旅游时写道：“……其旁崩崖颓石，斜插为岩，横架为室，层叠成楼，屈曲成洞……”徐霞客把崩塌的岩石形成的景观分为四类：岩（斜着竖立的）、室（横向的洞）、楼（多层的洞）、洞。实际上，岩、室、楼、洞都是洞，只是形式不同而已。他在云南旅游时，对一个山崩洞的描写也很精彩：“其洞乃大石叠缀所成，乱崖颠磴，欲坠未坠，迸处为罅，覆处为洞，穿处为门；门不一窍，洞不一层，中欠宽平，外支幽险，若叠级架板，亦可幽栖处也”。

翠华山的山崩洞穴多种多样。风洞是个很大的山崩洞穴，进洞口高达 10 余米，洞内行程约数百米。正如徐霞客所言，是“大石叠缀所成”，洞内“乱崖颠磴，欲坠未坠”。我们在风洞中参观，经过了“罅（裂缝）”“洞”“门”，在风洞中上上下下，进进出出，体会到“门不一窍，洞不一层”。洞中阴风不断，不时还有水流滴下，即使是在三伏天，一进洞便暑气顿消。

陕西翠华山天池，花岗岩山崩形成的堰塞湖。在终南山顶，风光宜人

陕西翠华山玄关：山崩形成的壮观的一线天

冰洞洞内气温在零摄氏度以下，非常寒冷。洞内的“冰”并不多，之所以称为“冰洞”，主要是指洞内气温而言。

人字洞又称人字大厅，主要是由三块崩塌的巨石互相重叠，十分巧妙地堆叠在一起而形成的。

山崩这种地质灾害造成的大型的地质公园，在国内目前只有翠华山唯一一处。但是，国内的山崩景点或景区就远远不止一处。就我考察过的地方就有两处由山崩造成的景点：一处是在安徽省的天柱山。天柱山是国家级的重点风景名胜区，也是国家地质公园，又称“古南岳”。天柱山中的“神秘谷”景区就是由山崩形成的。山崩的大大小小石块层叠堆砌在一起，刚好巧妙地组成了无数个形态多样的洞。大洞小洞高低不一，前后相异，组成了一个天然迷宫，游人只有顺着指示的道路游玩才能顺利地走出这一“神秘谷”。这一处山崩的岩石性质也为花岗岩。另一处山崩景点是在山东省枣庄市的熊耳山国家地质公园。在公园内有一龙抓崖，再其下沿山坡的斜面呈扇形堆积着一大堆大小不一的由山崩形成的岩块，也有一定的观赏性。这里的石块是石灰岩，其山崩的年代是在16世纪的郯（城）庐（江）大地震引发的。

由山崩又想到火山，又联想到火山喷发造成的不少风景区。但对山崩形成的风景区却鲜有介绍，如果亲身走进这类旅游区就会体会出其独特的风景魅力。

一座花岗岩建造的城市：泉州市

泉州是海上丝绸之路的重要海港，在1000年前的宋代就是一个世界级的大港口。它也是中国首批24个历史文化名城之一。但你可能不知道，这是一座用花岗岩建造的城市。泉州就在清源山下，清源山盛产花岗岩，色白质坚，含石英 60% ~ 70%，硬度达到 6 ~ 7 度（金刚石的硬度为 10 度），“泉州白”是中国著名的优良石材。

泉州的重要建筑都是用本地花岗岩建造的，其中两座跨海石桥和两座石塔最著名，均为宋代所建。

第一座桥建在泉州城北洛阳江的“万安渡”口上，称为“洛阳桥”。公元 1053 年（北宋皇祐五年）开建，历时 6 年，1059 年建成了长 1188 米、47 墩、500 栏杆的中国第一座，也是世界上第一座海湾大石桥。

洛阳桥建成后的 79 年，即 1138 年，人们在泉州城南安海湾内模仿洛阳桥，又建了一座花岗岩石桥，长度几乎为洛阳桥的一倍，达到 2255 米（相当于五里），称为“五里桥”。桥上有题字曰：“天下无桥长此桥”。

洛阳桥和五里桥每孔都是用 5 ~ 6 条大石板铺设，每条石板长 5 ~ 10 米，厚宽各 0.5 ~ 1 米，重达万斤。建桥时，利用潮汐的涨水把石板运至桥墩位置扶正；潮水退落后，石板便架在两墩之上了。最具科学意义的是，利用海中的牡蛎附着性，把桥墩中的石缝间隙填得满满的，并胶结起来，使桥墩得到保护。这是世界上最早利用生物固墩造桥的创举。

泉州最吸引人的是坐落在开元寺的两座花岗岩石塔。东塔名“镇国”，高 48.24 米；西塔名“仁寿”，高 44.06 米；通体仿木结构，平面八角，五层五檐，雄伟壮观，富丽堂皇。双塔建于五里桥后 90 年的 1228 年，历经近 800 年的风雨，特别是经历了 1604 年的大地震，至今巍然挺立。泉州许多工艺品，多喜用双塔为标志。

泉州城东灵山上有一块似圆却方的花岗岩的“风动石”，海风吹来，欲欲摇摆，但却屹立不倒。“文化大革命”时，有人用数辆拖拉机绑钢丝绳拉它，钢丝绳断，但此重达 26 吨的石兀然不动。

罕见的花岗岩海蚀地貌博物馆：海坛岛

福建省福州市平潭县是由县址所在的主岛：海坛岛以及周围 126

福建平潭海坛岛的海滩上花岗岩风化形成的大小不等的圆形石块

个岛、648 个有名的岩礁组成“千礁岛县”。海坛岛的面积为 280 平方千米，是中国仅次于台湾、海南、崇明、舟山的第 5 大海岛。全岛均为花岗岩构成。全岛的地貌为低山、丘陵、谷地。岛上最高的君山，海拔 434 米；丘陵海拔多在 150 ~ 200 米。由于风化，特别是海蚀作用，这里的山丘圆滑，起伏和缓，大多为馒头状，谷地也很开阔，给人一种宁静舒缓的感觉，没有大起大落，在大海之中给我们一种从容不迫的大将之风。当然，由于沿节理、断层而产生崩塌，还有悬崖、陡壁。

海坛岛上最有名、最具观赏性的是众多的石蛋，海蚀、风化把石蛋雕塑成千姿百态的景石。最著名的有半洋石帆、海坛天神、球状风化石。

半洋石帆，位于海坛岛西北海坛海峡北口海中。这是两根海蚀柱，依托在一个船形的礁盘内，酷似两个石帆。它们一高一矮，高者 33 米，低者 15 米，相当雄伟！我在山东的长岛见过著名的海蚀柱九丈崖，高 33 米，在一望无垠的大海之上。有据可查，这一对白色的花岗岩石柱，400 多年以来一直誉为“天下奇观”。

海坛天神，位于平潭南部的圹屿岛上。有一巨型似全裸的男性石人，身长 330 米、体宽 150 米、胸高 36 米、头长 33 米、宽 25 米。实际上，其头部是典型的球状风化而成，其身体是花岗岩丘陵球状风化剥落的结果；其生殖器是风化壳的残留部分，高 4 米，由于其神态

平潭海坛岛岩壁上的海蚀坑

似人，故名“海坛天神”。当地妇女为了传宗接代，纷纷来此朝拜，传说一摸那“生殖器”就能得贵子，形成了“人祖崇拜”之风俗。你看，这就是中国山水被赋予的一种独特的文化内涵。附近景石很多，著名的有风动石（即“天神”的左耳）、牛鼻石、锣鼓石、香炉石等，构成造型山石群。附近的南中村，民居豪华，沙滩洁净，是一个海角神秘风景区。

球状风化石——包心菜，这是一个负地形，从地表到地下高约 2 米左右，同心圆，从上往下越来越小，似无顶的一个圆形的地下剧院。这一景观在看澳村海边平缓倾斜的花岗岩海滩上。

海坛岛上的景石还有“石猪上山”“回头观海的鹭鸪石”等数不胜数。这些景石有一个共同的特点，即它们的“身上”布满了横的或竖的线条（即花岗岩的节理），就好像这些景石是大自然用“七巧板”拼凑起来的。

明媚秀丽的 36 脚湖，海坛岛上的这个湖面积为 2.1 平方千米，与广东湛江湖光岩大小相似。这个湖湖水碧波，是一个淡水湖泊；湖周丘陵环抱，层林如黛，奇石错列，湖山相映成趣；湖中还有鲤鱼礁、海豹照镜、骆驼拉炮、白鹤欲飞等景石；湖旁的风动石架在一个小丘上，很有意思。杭州西湖中的三潭印月引无数人喜爱，而这 36 脚湖，是一个从外到内、内外都美的花岗岩石湖。

刘心武笔下的鸡公山

我喜欢读文人写的记述山水的文章，因为他们往往用寥寥数语就把山水胜景描写得十分生动、贴切，尤其是比喻更是画龙点睛。李白对庐山瀑布的描写，至今无人出其右。我们搞地学的借鉴他们的写法，也可以把描述山水的科学文章写得更为生动一些，更为吸引人一些。在《我是刘心武》一书中我读到了刘心武对鸡公山的描述文字：

据信阳人说，从世纪之初，鸡公山便与北戴河、庐山、莫干山并列为中国四大避暑胜地之一。

登上鸡公山，方知它确是一名副其实的妙地，鸡公山属于大别山的一脉，因地处豫楚交界，南方暖气流与北方冷气流常在此汇融，而南北的气流都失却了锐气，因而造成一种格外湿润宜人的自然生态，南北各种植物几乎都可以在此生长，山中常云气氤氲，而又不常大雨淋漓。更有趣的是它山形奇特，其主峰顶部系一块凸现的巨大的裸岩，岩体恰似一只引颈吭啼的公鸡，从某一角度望去，鸡冠、鸡喙、鸡耳、鸡翅俨然毕现，堪称自然奇观。

……故而当年鸡公山便有“万国建筑博物馆”之称，又有“十里风飘九国旗”之说。而中国的军阀豪富后来也都到山上营造私宅，争奇斗妍。有一位吴佩孚手下的师长靳云鹤，此人一生本无善可陈，后不知所终，但他为压倒洋人，在山上修造了一栋体积庞大、气派雄奇的“颐庐”，为将“颐庐”身后的以走兽之王雄狮为徽号的英人别墅压倒，他特在“颐庐”顶上造了两个翘角高亭，以飞禽之王蝙蝠为饰，意思是我在天上你在地下。他那座建筑竭尽豪华之能事，却偏取名为“庐”，意思是这玩意儿在我们中国不算什么，不过一草屋耳。据传他一年中来此“庐”时间不多，却天天派兵弁持枪守卫，一有那山上外国人的小孩或寄宿学校的学生走近，便厉声呵斥，不使接近。这种比：“精神胜利法”略胜一筹的民族主义作为，至今在鸡公山一带传为美谈。

鸡公山是一个“四无”的清凉世界，一无空调，二无电扇，三无凉席，四无蚊帐，因为统统用不着！

河南信阳鸡公山壮丽的云海景观

刘心武此文不过千字，但层次分明，写得有条有理。首尾两段互相呼应，首段主要是讲鸡公山是避暑胜地；何以为避暑胜地在尾段写出了令人信服的答案，人们夏季常用的4样东西：空调、电扇、凉席、蚊帐在此都用不着，这难道不是避暑胜地吗？到底是作家。而我们地学家说一处是避暑胜地，往往是用气温来说明的，会有这样的描述：鸡公山夏季平均气温为22.8℃，不仅比信阳市低3.9℃，而且山体上下气候也具有明显的差异。山下“赤日炎炎似火烧”，山上却是午前如春，午后如秋，夜如初冬。尤其难得的是，即使在炎热盛夏之时，也无扰人的苍蝇蚊虫，实为难得的避暑胜地。

刘心武第二段是写我们的地学内容，共200字，此段写得不错，作为专业的人挑不出毛病，非专业的人也能看懂。作为作家，在气流上使用了“汇融”“失却了锐气”都很生动贴切。特别是使用了“云气氤氲”“大雨淋漓”，让人耳目一新。我们写鸡公山的气候也逃离不了对气温、降水的具体数字的描述。还是前文，它是这样描写的：鸡公山年降水量是1000毫米左右，主要集中于夏秋雨季，空气潮湿，加上受华北平原和长江流域气候的交叉影响，以及特有的地貌和小气候形成的局部环境，全年有1/3时间被云雾笼罩，素有“云雾公园”之称。云雾缭绕群峰，形成茫茫云海奇景，它时而似大海波涛推拥翻滚，时而似高山深瀑飞流直下，千变万幻。

刘心武文中最精彩的应该说是第三段，讲“颐庐”的一段，十分生动和有趣。

鸡公山风景名胜区以“避暑胜地”“云中公园”“建筑博览”三大特色驰名中外。读了刘心武文，我们对这三大特色肯定会有十分深刻而又具体的印象。

第 3 节　花岗岩山的地理意义

秦岭是中国重要的地理界线

秦岭自西向东绵延在陕西的中南部，其中最著名的三座花岗岩山是太白山、终南山、华山，其海拔分别为 3767 米、2604 米、2154 米，

奇秀秦岭。这是 2013 年笔者在秦岭顶峰拍下的图片，有峰有谷；2016 年，笔者登上江西著名的花岗岩山——武功山，拍下的图片也是有峰有谷。花岗岩山的最大特色也在此吧！明代伟大的地学家徐霞客登黄山时写道：奇峰错列，众壑纵横，真黄山绝胜处！你看，徐霞客多厉害啊。

是中国东部著名的高山。

高耸而绵长的秦岭是一个天然的屏障。冬季，它阻挡了冷空气南下；夏季，它又阻挡了暖湿气流的北上，使其南北两侧气候不同。秦岭成为中国重要的地理界限，是中国最重要的花岗岩山脉。

秦岭南北两侧 7 个地区气温和降水一览表

地点	地理位置	海拔（米）	1 月均温（℃）	7 月均温（℃）	年降水（毫米）
西安	北坡麓	398	−1.3	26.7	604.2
太白	北坡上部	1543	−5.2	19.3	736.7
华山	北坡山地	2063	−7.0	17.7	925.1
凤县	山间盆地	970	−1.2	22.9	644.7
安康	南坡麓	327	3.1	27.7	779.6
汉中	南坡麓	509	2.0	25.9	889.7
佛坪	南坡麓	1192	0.2	22.4	938.5

从上表可以看出，秦岭北坡一月均温都在零摄氏度以下，年降水量都在 800 毫米以下（华山山地例外）；秦岭南坡一月均温都在摄氏零度以上，年降水量都在 800 毫米以上。而上述两条正是气候上暖温带和亚热带划分的标准，秦岭成为这两个气候带的界线，并且是显著的界限。为了把中国的这条地理界线向东能够延续就以淮河为线，但淮河南北没有山脉的阻挡，使得气温差别就没有秦岭南北那么显著。秦岭—淮河线是中国最重要的界线，是中国南北的分界线，说具体些应是暖温带和亚热带的分界线。这条地理界线的形成是因为高大的东西延伸的秦岭山脉有力地阻挡了北方冷空气的南下，使南北景观完全不同，并造成了人们日常生活中的差别。徐州和西安纬度差不多，一月均温为 −1.2℃，扬州比安康纬度还往南，一月均温为 1.2℃，徐州和扬州两地一月均温仅相差 2.4℃；极端最低温徐州 −18.9℃，扬州 −17.7℃，仅相差 1.2℃。

秦岭山脉的阻挡使陕南能够很好地发展亚热带经济作物，如柑橘、茶叶、油桐、枇杷、竹子。而东部同纬度地区因冬季低温持续，易受

中国南方名城武汉市武昌阅马场广场上的法国梧桐形成的林荫道

冻害，一般不种这些作物。

中国著名气象学家竺可桢先生在《中国的亚热带》一文中指出：我国的亚热带北界接近北纬 34°，亦即淮河、秦岭、白龙江线直至东经 104°，再向西则岷山、积石山等已是昆仑余脉，为高山气候带。淮河、秦岭、白龙江为《1956 年到 1967 年全国农业发展纲要》中每亩产量 500 斤和 800 斤的界线，也靠近一年两熟的北界。

竺可桢对以秦岭为骨干的中国亚热带的北界和西界给出了具体的经纬度。这条线绝不是如同纬度一样平直地沿着北纬 34°，有时偏南，有时偏北，曲曲折折，中间应有一个过渡地带。2013 年，我去西安南部 64 千米（高速公路的直线距离）的商洛市的柞水县考察柞水溶洞，了解到这里的地理情况。柞水位于北纬 33° 35′ 左右，处在秦岭的大山之中，为山间盆地，基本在秦岭南麓，面积 2332 平方千米，年平均气温 12.4℃，年平均降雨量 820 毫米，无霜期 210 天，森林覆盖率高达 80% 以上，相对高差 2200 米，空气中负氧离子高出西安 4 倍。当地在宣传材料上也写道“柞水县地跨北亚热带和暖温带，融‘雄秦’和‘秀楚’于一体”，在写到柞水方言时说：柞水方言是秦楚两种方言经过长期演变融合派生出来的，有北方的词语、南方的音调，但仍属于汉语北方语系。柞水是既有南方的亚热带特点，又有北方暖温带特点，但基本上属于北方暖温带。总之，秦岭这条山地界线非常宽，在线内也是一个渐变的过程。

东经 104° 线，大约经过甘肃的白银、临洮县、渭源县、岷县；四川的绵竹市、成都市、乐山市等。

白龙江为嘉陵江上游，属长江流域，是陇南山地最大的河流。白龙江长 535 千米，水量大，水流急，冬不结冰，与秦岭、淮河一起组成中国南北分界线。它所处的纬度（北纬 32° 15'N ～ 34° 15'）和淮河（北纬 32° ～ 35°）相当。

人们的日常生活与秦岭淮河线

秦岭淮河线与我们，尤其是长期生活在中国东部季风区的人们的日常生活是密切相关的。

我是武汉人，高中毕业报考了位于西安市的西北大学。到西安大约半个月后，突然流鼻血，断断续续竟达 1 个月之久，嗓子也感觉发干。这就是自然规律：我从湿润的亚热带的南方城市武汉（平均年降水量为 1284 毫米）来到了半干旱的暖温带的北方城市西安（平均年降水量 604 毫米），为了适应这里干燥的气候，我们的身体作出了反应和调整。在西安生活了 4 年，紧接着到北京中科院读研究生。北京也是

中国著名的北方名城西安市街景，行道树没有南方之城繁密，气候所致

中国最著名的古樟林，江西抚州乐安古樟林一角

北方的半干旱地区，我的身体已经毫无反应了，已经适应，应该说已经成为“北方人”了。不要说气候影响着我们，各种生活习惯也不一样。上大学时，本来就缺大米的西安，加上那时是困难时期和粮票时代，几乎没有吃过大米干饭，仅仅早饭偶尔有大米稀饭。在迎新生的欢迎会上，系上表演的节目最精彩的就是高年级学生“吼”秦腔十分高亢、有力，至今难忘。这就是北方和南方的不同，这就是秦岭淮河线对我们日常生活的影响。毕业后，来北京读研究生和工作，我的亲戚朋友来北京旅游，有些人对气候十分敏感，干的受不了，有的坚持2 ~ 3天就返回了。

竺可桢还认为，中国亚热带标准植物有：山毛榉科、樟科、茶科、冬青科、杜鹃科等常绿阔叶树，马尾松、柏木、杉木等针叶树，以及油茶、柑橘、棕榈、油桐、乌桕、毛竹等，在中国东部分布的纬度为北纬21° ~ 35°。至于一年生作物如棉花、水稻，其分布范围甚广，可从两广直到东北，实不足以定亚热带之界限。

亚热带的这些特有的植物往往会带给籍贯是南方或在南方生活过的人浓浓的乡愁和思念之情。李白的《宣城见杜鹃花》就是一篇情深

著名戏剧家汤显祖家乡，江西抚州市临川区街道的一棵大樟树

意浓的强烈思乡之情的作品：

蜀国曾闻子规鸟，宣城还见杜鹃花。
一叫一回肠一断，三春三月忆三巴。

李白是在今四川省江油长大的，三巴即今天的四川，属于亚热带，那里不仅有杜鹃鸟的啼叫，更有大片杜鹃花的盛开，李白大半生都是在中国长安以北宦游，北方见不到那红似火的大片山丹丹（杜鹃花），见到宣城杜鹃花，立刻提笔写了一首绝妙的好诗。

唐末五代诗人谭用之的《秋宿湘江遇雨》一诗，也是借亚热带的植物橘柚写乡思：

江上阴云锁梦魂，江边深夜舞刘琨。
秋风万里芙蓉园，暮雨千家薜荔村。
乡思不堪悲橘柚，旅游谁肯重王孙？
渔人相见不相问，长笛一声归岛门。

谭用之见到橘柚，又是在秋天，又是在有雨的夜晚，思乡之情陡然升起，拒绝做隐士，坚决回归家乡。

宋代诗人杨万里是江西吉安人，写了一首《秋山》的诗。这是一首写乌臼红叶的诗：

乌臼平生老染工，错将铁皂作猩红。
小枫一夜偷天酒，却倩孤松掩醉容。

不少人知道这是写美丽的南方之秋的。因为枫树南北方都有，但大片的乌臼树林只有南方才有。这首诗，让我们见证了南方和北方红叶的不同。北京香山红叶是以黄栌树叶为主，而南方不少地方是以乌臼红叶为主。湖北大悟壮观的乌臼红叶，有成万株之多，每年吸引大量游客前去观赏。

河南花岗岩山与“天地之中”

河南是中国著名的花岗岩密集区，花岗岩类面积约为 1.45 万平方千米，占全省面积的 8.7%，占整个秦岭—大别山造山带的 36.2%。河南花岗岩山脉在中国地理上的重要意义就是和中国最重要的地理界线有关。

河南的花岗岩山即东秦岭、伏牛山、桐柏山、大别山等构成了秦岭—淮河地理界线的河南部分，可以说是一条坚硬、挺拔的花岗岩长城，它从西向东，然后向东南，大致经过卢氏县、洛宁县、栾川县、西峡县、内乡县、鲁山县、方城县、遂平县、桐柏县、信阳市、高城县等。对照河南省的地图看一下，就可知道这条中国地理的界线，绝不是某些人心中的“线”只有几千米或十几千米宽，这条界线的宽度最狭窄处应该有几十千米，最宽处应该在 200 ~ 300 千米吧！

这样，就产生了一个相当宽的过渡地带，主要分布在河南省的西南部和南部。这就产生了中国的一个“中部地区”，过去的“中原省”“逐鹿中原”也是在河南的这片地区。

2007 年，我考察完花岗岩的国家地质公园河南嵖岈山后，主人用小车把我从遂平县送到驻马店市火车站。途中经过了一座天中山，附近还有一个相当高的金属制作的塔形建筑，题名“天中山”。啊！天中山原来在此。2004 年，我考察河南嵩山时，见到唐代著名书法家颜真卿手书“天中山”石碑，误认为嵩山是“天中山”（因为嵩山是“中岳”）。其实，在该石碑右面刻有一行字，写道：“周公营洛建台测景。豫州为天地之中，汝南又为豫州之中。颜真卿书”。这里讲得很明白，周朝时建

河南驻马店市一饭馆内悬挂的授予天中名小吃奖状

天中书城成立60周年庆典
河南驻马店市的人民，以位居中国之中为荣，市内随处可见天中的信息

驻马店市广场文化，其横匾提出建“欢乐中原，和谐天中”

都洛阳，并且在今天的登封市告成镇建了天文台，测景（即观测日影）得知，豫州在中国之中，而天中山位于的汝南又在豫州之中。汝南县和遂平县相邻，都在驻马店市的北部。这次考察嵖岈山，使我真正了解到中国的天中山的位置。

我在驻马店市发现了不少“天中”的信息。确实，驻马店市是“天中”之市。河南人同意或赞成别人的意见或看法，回答是:“中”，这与他们住在“天中”的位置有关。我们一定不要忘了南北界线中的过渡地带。

秦岭的东延部分到河南的桐柏山基本就终结了，再往东就以淮河为界。任何大河不能阻挡大气的运动，因而也就不能成为界线。淮河之所以成为界线，是因为它所在的纬度位置的气候条件和秦岭大致相当，并不是说它对南下的冷空气有什么阻挡作用。

淮河的源头也在河南省境内信阳市的桐柏县城西南 15 千米的桐柏山之主峰，海拔 1140 米的太白顶。这是一座由古老的花岗片麻岩（即变质岩）组成的山势峻峭、景色奇丽的山脉。具体淮河源头为太白顶北侧的牌坊洞。这是因为传说洞口原来建有一座石牌坊而得名。这里的海拔高度 830 米，潺潺流水从洞中涌出，在洞口形成一泓碧水，平静如镜，因位置极高，故取名天池。池满四溢形成溪流，这便是淮河的源头——淮源溪。

驻马店市内的“天中大药房”

距牌坊洞5000米的固庙村往往被人误以为淮源。这里有一座祭祀淮河的禹王庙，庙后有一井，井内有三泉涌出，称“淮源井”。古代中国，淮河是四渎（四条大河，长江、黄河、淮河、齐渎）之一，朝廷往往派人探源，官员畏难，走到固庙村（和牌坊洞高差620米），见到此村有不少井泉流出，就认为是淮源，至今在固庙村居然有5个淮源井。在禹王庙后的淮源井旁还有一个“淮源碑”。由此看出，要找寻到一条大河的源头要不畏艰难困苦，要有一种为科学献身的奋斗精神，不然，任何事情，尤其是地理考察是做不好的。

淮河全长1000多千米，流域面积18.57万平方千米，流经河南、湖北、安徽、江苏四省，辗转入长江，流入东海。在河南省主要流经桐柏县、息县，在淮滨县流入安徽省。

秦岭东段是长江和黄河的分水岭，而桐柏山则是汉水和淮河的分水岭。

秦岭的缺口：“峪”构成了交通要道

秦岭是一屏障，但并不是铁板一块毫无缝隙，而是像城墙一样，有城门的。秦岭中有许许多多的缺口，即山口、峡谷，陕西人称为“峪”。秦岭号称有“七十二峪”。这七十二峪构成了秦岭南北的交通要道，又称为“道”，在陕西境内，从西到东著名的有：陈仓道，今川陕公路和宝成铁路所经路线；褒斜道，今眉县到汉中的公路；傥骆道，今周至到城固的公路；子午道，今西安到四川万源的公路；武关道，今西安到商南的公路。

1623年，徐霞客考察完西岳华山后，从华阴到湖北均州走武关道留下了许多记述。

二月初三，徐霞客离开华山，在日记中写道：“初三日，行十五里，入岳庙。西五里，出华阴西门，从小径西南二十里，入泓峪，即华山之西第三峪也（你看，徐离开华阴西门向西南方走二十里，就进入了第一个山口即泓峪）。两崖参天而起，夹立甚隘，水奔流其间。循涧南行，倏而东折，忽而西转；盖山壁片削，俱犬牙错入，行从牙罅中，宛转如江行调仓然（徐霞客描写：两边山崖很高，峪很隘，峪又曲折。人行其中犹如行走在牙缝中）。二十里，宿于木柸。初四日，行十里，山峪既穷（峪即峡谷走完了），遂上泓岭。十里，蹑其巅。……三十里，抵杨氏城（这一天，徐基本在岭上行）。初五日，行二十里，出石门，山始开。又七星，折而东南，入隔凡峪（他进入第二个峪，第一个泓峪长35里）。西南二十里，即洛南县峪（徐并未走此峪）；东南三里，越岭，行峪中。十里，出山……渡洛复上岭，曰田家原。五里，下峪中……十五里为景村。山复开，始见稻畦。过此仍溯流入南峪（他进入第三个峪，第二个隔凡峪长33里），南行五里，至草树沟。山空日暮，借宿山家。……初六日，越岭两重，凡二十五里，饭坞底岔。……

2013年秋，笔者到陕西柞县的秦岭山中考察时，见到的奇特的生物：秦岭钢丝虫

又东南十里，入商州界……又二十五里，上苍龙岭。蜿蜒行岭上，两溪屈曲夹之。五里，下岭，两溪适合。随溪行老君峪中（他进入第四个峪，第三个峪长仅 5 里，山区的路是一段峪一段岭），十里，暮雨忽至，投宿于峪口。初七日，行五里，出峪（老君峪长 15 里）。大溪（是丹江的上源，不是峪中的涧了）自西注于东。循之行十里，龙驹寨。寨东去武关九十里，西向商州，即陕省间道。马骡商货，不让潼关道中。”

你看，徐霞客考察完华山后，要到湖北武当山，走的就是秦岭东面的武关道，中途经过 4 个峪，总长度近 45 千米，走了整整 4 天（初三到初六日），到初七日，才走出了秦岭，从秦岭北坡的华阴终于抵达了秦岭南坡的龙驹寨（今陕南的丹凤县）。

这些峪或道，也为我们今天修建公路、铁路创造了很好的自然条件。2013 年，我从秦岭中的柞水县的天堂寨到西安走的就是子午道，公路是无法愈越山岭的，中间打了一个长 20 千米的亚洲最长的公路隧道，1 个半小时就从柞水县到了西安市，过去步行也得走 2 天以上。这就是时代的进步，科技的力量。

福建花岗岩山的地理作用

中国的花岗岩山，我原来认为占据重要位置的是安徽的黄山、天柱山，山东的泰山等，经过最近 10 年的考察、思考和学习，我改变了看法，福建的花岗岩山应该放在中国最重要的地位。

花岗岩山沿着福建东部沿海地区，从北到南，绵延分布达数百千米，形成了雄伟的山海大关。最北部福鼎市的太姥山的主峰海拔达到 917 米，汉武帝时册封为“天下第一山”；福安市的白云山花岗岩洞穴千姿百态；连江县的青芝山、福州的鼓山双双挺立在东海之滨的闽江口岸之上；再往东到了海岛县的平潭县的海中的两块巨大的海蚀柱——半洋石帆，不由得使人想起了唐代大诗人李白的两句诗：“长风破浪会有时，直挂云帆济沧海”。这不就是海上之船的云帆吗？再往南就是徐霞客考察过的仙游的“怒从空坠，飞喷冲激，水石各极雄观”

的花岗岩山中的奔向东海的九级飞瀑；再往南，就是屹立在海边的用花岗岩建造的海上丝绸之路的重要城市——泉州；再往南，就是厦门市内的万石山以及鼓浪屿兀立海滨的96米高的花岗岩石蛋——日光岩。再往南，到了福建最南端，接近北回归线的东山县，其东山岛上有一个闻名全中国的风动石——东山花岗岩风动石。

这延伸近400千米的花岗岩上，不仅蕴藏有各种矿产资源，而且对福建省的水文地理、运输地理、旅游地理以及农林业生产有着十分重要的有利的影响。

花岗岩是不透水的岩石，因此，流经花岗岩地区的河流径流量往往较大，保证了生活在这里的人们拥有充足的水量。中国各流域河川径流资源：闽浙沿海各河的流域面积212694平方千米，占全国总面积的2.22%；径流总量2001.33亿立方米，占全国径流总量7.7%。单看这4个数据很难看懂，但一比较你就知道了，就拿黄河来比较，这4个数据分别是：752443平方千米、7.84%、574.46亿立方米、2.21%。这就是说，黄河的流域面积比闽浙沿海大了50余万平方千米（闽浙占全国2%多一点，黄河为近8%），但径流量就是河流中的水量比闽

福建最著名的花岗岩山，位于福建省福鼎市的太姥山，现为世界地质公园所在地

浙少了 1400 多亿立方米，黄河仅占全国的 2% 多一点，而闽浙接近 8%。当然，径流量大小和降水密切相关，但你不能否认河床底质的重要影响。

根据 900 毫米、200 毫米、50 毫米、10 毫米的等流线，把中国划分为半水带、多水带、过渡带、少水带和缺水带五个地表流水的径流带。浙闽沿海各河的径流深度达到 941 毫米，属于丰水带，在中国仅次于台湾、海南两省。

花岗岩地区，河流含沙量小，水澄碧通透。闽江在竹岐站的含沙量为 0.14 千克 / 立方米，而黄河陕县站则为 36.9 千克 / 立方米，嘉陵江的北碚站为 2.31 千克 / 立方米，就是流经石灰岩地区的西江梧州站也有 0.84 千克 / 立方米，由此可以看出福建闽江的水流是十分干净的。

闽江上游有三大支流：建溪、富屯溪、沙溪，在南平汇合称闽江。它是福建省最大的河流，流域面积占全省的一半，其总水量大于黄河。流域内雨量充沛，森林茂盛；花岗岩地带峡谷深切，河流似玉带。省城福州市就诞生在闽江入海口处。

厦门万石山象鼻峰。和本书丹霞地貌中江西龙虎山中的象鼻岩，外形几乎一样。但江西的大象是从“水”中走出来的，而这匹大象是从“火”中走走出来的，殊途同归

花岗岩的地质条件为兴建大型水库提供了优越的条件。闽江中游水口水库拦截闽江、尤溪，是福建省最大的河道型水库，库容达到了 26 亿立方米（云南苍山脚下面积达 260 平方千米的洱海在中国西南地区水量最大，水量为 30 亿立方米），面积 94 平方千米（接近 3 个武汉东湖的面积）。水库 1993 年建成，大坝高 101 米，长 870 米，总装机容量为 140 万千瓦，是中国华东第一大坝。库区碧波浩瀚，千舟竞渡，湖光山影。这不禁使笔者想到近千年前，晚年生活在福建建阳市的大哲学家朱熹，在水口行舟时写下的《水口行舟》一诗：

昨夜扁舟雨一蓑，满江风浪夜如何。
今朝试卷孤篷看，依旧青山绿树多。

这首诗告诉我们，美丽的闽江有时风浪是很大的，但终究是暂时的；充满生机的勃发的生命是永远长存的，生命是永远值得我们敬重的。

福建的花岗岩山与深水良港。这些花岗岩山都是在距今 1.2 亿年左右，发生在中生代的燕山运动时，地壳抬升形成的。福建沿海，如霞浦港、福州港、泉州港、厦门港等都是中国的优良海港。泉州港早在宋代已经是国际上的大海港，是海上丝绸之路必经的停靠点。

中国若干花岗岩山主峰海拔高度一览表

山名	主峰名	海拔（米）	山名	主峰名	海拔（米）
黄山	莲花峰	1864.8	牯牛降	牯牛峰	1727.6
泰山	玉皇顶	1532.7	嵊泗列岛	插旗岗	217.9
华山	南峰	2154.9	天台山	华顶	1110
衡山	祝融峰	1300.2	罗浮山	飞云顶	1281.5
普陀山	菩萨顶	286.3	石人山	玉皇顶	2153.1
九华山	天台峰	1344.4	中华第一石		191
三清山	玉京峰	1819.9	嵖岈山	主峰	520
崂山	巨峰	1132.7	武功山	金顶	1918.3
千山	仙人台	708	北大山	主峰	1879
天柱山	天柱峰	1760	九嶷山	畚箕岭	1959.2
鸡公山	报晓峰	784	太白山	拔仙台	3767
鼓山	屴崱峰	916	石牛山	主峰	1781.64
厦门	鸡母山	66.1	麦钭岩	云居山	1006
厦门	日光岩	92.68	太姥山	覆鼎峰	917

①黄龙寺塔彩池 ②贵州双河洞 ③赤水丹霞别样美 ④赤水佛光岩 ⑤贵州绥阳双河湖 ⑥贵州双河洞

Chapter 12

第十二章 爱地理·学地理

地理知识是行万里路“走”出来的，是看万卷书思考出来的。

1987 年，笔者去四川黄龙考察，从成都到黄龙走了 3 天。十分美丽的 2331 个喀斯特钙华彩池，使我震撼。此后，“钙华”这地学知识深深记在我心中。溶洞中的仙人田、黄果树瀑布的水帘洞、还有长江三峡岩壁上的牛心马肺等，都是钙华。

丹霞地貌是美丽的。广东丹霞山我去了 2 次；江西龙虎山，多达 3 次；福建泰宁，也是 2 次……但因交通十分不便，贵州赤水未去，但总不能忘怀。2016 年 10 月，贵州双河洞领导派车送我去赤水，在高速路上行驰三四个小时，终于走到了。啊！赤水丹霞别样美，也是别样红啊，别样的丹霞。

喀斯特溶洞，我已经考察了百余个之多。但每个溶洞都有自己之美。2016 年，考察绥阳双河洞，就见到了似手风琴的石幔，以及洞外的瀑布、水潭、地下河的组合。

学习地理，离不开实践。“知”和“行”不能分，“知行合一”是真理。

第1节　祖国的山山水水连着我们的心

爱国者的山水情怀

高尚的爱国主义情操和伟大的科学成就是和一个人的山水情怀，即广义上的地理修养分不开的。没有对山水的观察、了解、热爱是很难培养出人们的爱国主义感情，在中国古代出现过许多充满爱国情怀的文人，他们曾书写出名垂千古的诗句，其中，南宋时代的三位爱国文人范成大、辛弃疾和李清照是我们非常熟悉的。

范成大不仅写出了“桂林山水甲天下”的名句，而且还有许多歌颂山水的诗词，如在《忆秦娥》中写道：“东厢月，一天风露，杏花如雪……灯花结，片时春梦，江南天阔。”寥寥数句就营造出江南地阔天舒、春意盎然的美丽景色。他的爱国主义精神表现在作为南宋的“外交部长”出使金国，不辱使命。

辛弃疾，著名的抗金英雄，更是对神州的山水充满了热爱。他的名词《水龙吟·登建康赏心亭》中写道：“把吴钩看了，阑干拍遍，无人会、登临意。”热切盼望上战场的爱国情怀在词中表露无遗；在词的开头还写出山河的美好：“楚天千里清秋，水随天去秋无际。”多么辽阔无际的山水！还有那“东风夜放花千树，更吹落，星如雨……那人却在，灯花阑珊处”的元宵之夜。壮美山水下的人文多么美好，怎么不激起他的统一祖国的宏愿！

李清照，喊出了“生当作人杰，死亦为鬼雄”的豪言壮语。这位女诗人的词更是对祖国的山水描绘得生动无比。在《永遇乐》中的一开篇就写道：“落日熔金，暮云合璧，人在何处？染柳烟浓……”

爱国是我们从事一切工作的动力和源泉，我们毕生的工作都是为了使我们的国家、我们的世界更美好，地理知识是培养这种高尚情操的基础。

青少年需要广博的地理知识

作为一个国家的国民，了解自己祖国的历史是重要的，而了解祖国的山山水水也是十分必要的，因为这是热爱祖国大好河山的第一步。《中国少年报》是中国少年喜爱的报纸，我和她保持了数十年的友谊。在司惟、丁乙、王刘威等主编和编辑的支持下，我发表过《雨从那里来》《探秘地球最深处》《天外来客》《别有洞天》《保护好我们珍贵的地下水资源》等介绍中国以及世界地理的文章。让中国少年从小知道祖国大好河山。《中国少年报》要求我写的地理知识，从天外来客陨石，到神秘的海底世界；从千变万化的天文、气象，到洞穴奥秘的地下世界……你看！中国青少年需要多么广博的地理知识。青少年获得广博的地理知识是重要的，但更重要的是要懂得人类与自然是密不可分的，要学以致用，要意识到自己所肩负的社会责任与担当。

中国的青少年渴望了解自己祖国的大好河山和丰富的旅游资源。所以,《中国儿童画报》接连发表了我的文章《汉口江滩公园》《西游记的诞生地：嵖岈山》《走进济公故乡》《国清寺和三名僧》《天台山的"石梁飞瀑"》《凤凰风情》《火山浅水广场：白水洋》《野三坡百里峡：瀑布、天生桥、独根草》等，既有文字介绍又有精彩的图片，很受孩子们的欢迎。这些文字让孩子们知道中国多美好。

我还尽心尽力为中国著名的青少年杂志《博物》撰写了一系列介绍中国山水重要组成元素的各种石头的文章:《金矿：昂贵的石头》《雨花石：石上有花盛开》《孔雀石：绽放生命之绿》《水晶：石头界的超人》《雄黄：艳丽外表下的狠角色》《萤石：夜明珠传说》《辰砂：小石头，大人物》《方解石：海上变形金刚》《蓝宝石：硬汉的赞美诗》《碧玺：七彩能量块》《黄玉：传递友谊的变色美人》《绿松石：铁汉柔情》等。石头是中国地理环境的重要元素，也是非常靓丽和奇异的。下面把《雨花石：石上有花盛开》一文介绍给大家：

在烈火中历练而生，“花形的石，石质的花。”只有雨花石配得上这样的赞誉。

最经典的雨花石和玛瑙成分相同，是二氧化硅的胶体凝聚物，常有圆形同心丝线状或平行条带状结构，各层之间相互重叠，光泽如蜡，呈微透明或不透明状，多种颜色交织在一起，构成一些别致新颖的花纹。

古代印度人看到玛瑙的颜色和美丽的花纹很像马的脑子，就以为它是由马脑变成的石头，所以梵语称它为“马脑”。中国汉代以前称玛瑙为“琼”“赤玉”或“琼瑶”。自佛经传入中国后，翻译人员考虑到“马脑属玉石类”，于是巧妙地译成“玛瑙”。

相传1400多年前的梁朝，今天南京城南中华门外的雨花台处，来了一位云光法师，他在讲经过程中感动了上天，忽然间大量的仙花从天而降，色彩鲜艳的花雨落地后，竟然变成了美丽的石头，雨花石由此得名。雨花石不仅美，还价值连城。唐朝时，唐懿宗最宠爱的女儿同昌公主出嫁时，就有一枚稀世的雨花石作为陪嫁；而五代时南唐后主李煜也把雨花石作为迎娶皇后的聘礼之一。

雨花石如此美丽珍贵，不枉它们历经惊天动地的降生、沧海桑田的磨砺。远古时代火山爆发，火山灰夹杂着火山弹射向天空，熔岩流在大地上流淌，岩浆喷溢出地表后，压力和温度迅速降低，气体随之大量逸散，新凝成的岩浆岩便留下许多气孔或空洞、裂隙等。

火山作用的后期，硅胶溶液（一种不结晶的胶冻）沿裂缝挤上来，填充于气孔中逐渐冷凝。胶冻外壁与岩石接触先冷却，然后由外而内，依次冷却，环环相继，形成像树木年轮状的缠丝或环带。后来，强烈的风化剥蚀作用，使原生的雨花石从岩石的气孔或裂隙中解脱出来，又经过流水、冰川、风力等搬运，石头的棱角被磨光了，变得圆润光滑。

在南京一带就有不少新生代火山，雨花石风化剥蚀后，不少被带到河水中，沉积在河床中形成砾石层，距今约300万—1200万年前，雨花台一带都是在长江的河床中，后来地壳抬升，雨花台脱水而出，夹在其中的雨花石就显露出来，这也是为什么今天雨花石大量出产在南京的原因。

中国著名画家刘海粟先生曾感慨道“我画了一辈子画，没想到雨花石里还有我没有画过的颜色！”因为欣赏雨花石的色彩与纹理，还题写了“五彩缤纷”一词来赞誉之。

在雨花石的生长过程中，常常发生带色离子和化合物的周期扩散。除了主要化学成分二氧化硅，还含有少量的氧化铁和微量的锰、铜、铝、镁等元素，它们本身具有不同的颜色，含钛元素是红色，含铁元素为紫红色，含镍元素为绿色，含铜元素为蓝色。

由于这些溶入二氧化硅热液中的元素种类和含量各不相同，因而呈现浓淡、深浅变化万千的色彩，使雨花石极其艳丽秀美。

让青少年了解崭新的地理知识

我曾为《中国初中生报》《中国中学生报》等青少年读物撰写文章，介绍中国大地上一种新的国家公园：中国地质公园，用整幅的版面介绍了浙江临海的火山风光、福建泰宁的丹霞景观、山东抱犊崮的灰岩地貌等，在山水中介绍哲学，即山水哲学。还著文《两问长江三峡》，把“高峡出平湖”的壮美景观以及中国水利工程的雄伟，介绍给中学生，不仅让青少年知道中国地形的特点，还让他们了解如何利用地形建设国家。最近，我又为《中国少年报》的读者介绍了海洋中的新能源矿产：可燃冰，还有中国贵州的赤水丹霞地貌等，这些崭新的知识受到孩子们的欢迎。

科学家需要山水的滋润

《中国科学报》是一份面向中国科技工作者的报纸。2005 年，该报记者到家中采访我关于九寨沟山水的知识。当时，来了两位青年记者：张双虎、麻晓东。好家伙，一下谈了 2 个小时，意犹未尽。后来，小麻成为该报副刊的主编，他大力支持我撰写宣传地理的文章，从 2013 年开始，该报为我开辟专栏“品谈徐霞客游记”。我发的第一篇文章《救命银耳挖及其他》，就受到读者欢迎。他调走后，继任副刊主编为学中文的李芸女士。在她的支持和鼓励下，报纸又为我开辟了“山水人文”专栏，从 2015 年开始至今，仍在继续。

我在“山水人文”专栏发表了数十篇文稿，如《泉水与李清照》《江湖夜雨十年灯》《山水有精神》等。其中，讲地理知识的都是结合山水诗，如《奔流到海还复回》一文讲了水在海洋与大陆间的大循环，《端州石工巧如神》讲了端砚在地质学上属于什么石头,《喷泉与泉水》讲了泉水的形成等，把地理知识带上诗意。

由于是与科学家们交流、沟通，文中经常引用科学家们的事例作为素材，如石油地质学家朱夏、物理学家钱伟长等的故事。其实，科学家对地理知识的追求比我们一般人更强烈。我请北京大学数学家王诗宬院士为我的著作《中国最美的地质公园》写序时，看到他办公室挂的既不是数学家肖像，也不是数学公式，而是他在十多个国家登山时的各种装备，门上还贴着唐代诗人柳宗元的《江雪》一诗：

千山鸟飞绝，万径人踪灭。
孤舟蓑笠翁，独钓寒江雪。

笔者（左）与郑度院士，在其办公室合影

我到地理学家郑度院士办公室时，一眼就看见墙上是一幅巨大的彩色中国地形图。李政道对山水更是有很深的研究。他曾经请中国著名画家吴冠中先生画一幅山水与科学关系的画。

让我们热爱地理，学习地学。地理知识会使你明白山山水水的来龙去脉，会使你把自己的人生融化在一种美好的感情之中，从而去奋斗，去创造。中国的山山水水连着我们的心。

紫金花开北京城

我每天都去紫竹院公园散步，每次一到两个小时，由于个人爱好，对公园内的一山一石、一草一木都要弄个明白。我不仅从中增长了知识，还得到乐趣。

2006 年夏，我对公园西南门体育设施场地附近的十数株灌木很感兴趣。它们的高在 2 米左右，最高的不超过 3 米。引人注目的是树上结满了果实，大小如豌豆般，形似小梭或小舟状。由于果实繁茂悬挂于枝干上，又随风起舞，很是特别。这是什么树啊？问了来此的许多游人，都不知道。秋天，去西安开会，见到西北大学植物学的李继瓒教授，向他请教。他说，很有可能是紫荆，明年仲春时节，你看看它的花，如果花形是像飞舞的蝴蝶一样，而且颜色是红艳艳的，花不大，并且众多的花朵簇生于树干上的话，那就肯定是紫荆了。

2007 年春天，我常常到紫竹院公园西南角看看这十余株树，可是公园的迎春花开了，紫叶李也红了，这十余株还没动静。三月下旬的一天，去公园探访时，老远就看见红红的一片，太艳丽了，仔细看，花形确实是似蝴蝶状的，非常美丽，花的数量太多了，千百朵都簇生在树干上，此时树干没有叶，十分明显，形成了“群蝶飞舞枝头闹”的壮观景观。

原来这十余株树就是紫荆树。紫荆花原来如此美丽，如此璀璨耀眼。

在中国，紫荆还有一个象征兄弟团结的典故，叫“田氏紫荆堂下茂”。据说，古代京城临潼（位于今西安市临潼区）有户田姓人家，有一天兄弟三人闹分家，财产均分后，尚剩堂屋前的一颗紫荆树未分，约定次日砍为三，各得其一。不料第二天早上，这棵紫荆树枯萎待死，且状如火烧。老大见此，领悟到这是紫荆树不想分离的原因，于是对两个兄弟说："树木同株，闻将分砍，所以憔悴"，"人不如树，我焉能与兄弟分散呢？"紫荆树闻后，繁茂如旧。三兄弟见此情景，决定合财产，团结度日，日子过得越来越好。从此，有人把紫荆树称为"田氏之木"。说来也巧合，紫荆的果实成熟后，长期悬挂于枝干上，往往有先年果与当年果同聚一起的情景，给人以"子不愿离母"和"三世同堂"的联想。

紫荆树和紫荆花使我想到了香港，因为香港的区旗图案就是紫荆花啊！香港如同紫荆花般美丽耀眼，和内地密不可分。

需要说明的是，作为香港的"紫荆花"不是这种紫荆花，它是与其同科（豆科）不同属的另一种植物，即羊蹄甲属的大叶羊蹄甲，又称"洋紫荆"，在中国除香港外，主要生长在广东，为常绿的乔木。其花也为五瓣，但不是蝴蝶形，其中四瓣分列于两侧相互对称，另一瓣

北京紫竹院公园，每年 4 月初盛开的紫荆花

广西南宁羊蹄树（即紫荆花），香港的市花就是此树之花

则翘着昂头于上方，宛如兰花状，又称“香港兰花树”。著名的植物分类学家林奈认为这两种紫荆很相似，于是特别用了瑞士的一对孪生兄弟（均为著名植物学家）的姓氏作为此类植物的属名。想想和中国的“田氏之木”竟不谋而合。两种紫荆不管是哪一种都可作为香港的象征，都是吉祥之树。

每次我散步到紫竹院公园紫荆树下时，从心底总有一种感情在涌动、在升腾，都要深情地多看它几眼。

不知不觉香港回归已经 20 年了，事实证明香港人民的日子像这紫荆花一样，火火红红，红红火火，作此《紫荆花记》献上纪念和祝福。

地理知识是如此受老百姓的欢迎

《中国国家地理》杂志可以说是我的“娘家”，我曾在其前身《地理知识》杂志编辑部工作过 7 年。近 10 多年来，在刘莹、刘晶、李志华等编辑的支持下，我为该杂志撰写了几篇文章，都受到老百姓的欢迎。2011年8月，我接到《中国国家地理》杂志社张璇的电话，说他们要出一期《喀斯特专辑》，请我撰写一篇《中国名洞的镇洞之宝》的文章。接到任务后，我就从自己考察过的上百个洞穴中，挑选了9个洞，尽心尽力地撰写，后刊发在2011年第10期。杂志出版后，我立刻就到我家附近的报刊亭购买该期杂志。因为编辑部只送1本，是远远不够朋友和同行们“索要”的。没想到，老板说就剩3本了，我毫不犹豫地把三本全部购下。老板说，这个摊昨天进了10本，当天就卖了7本，你这一买，就没有了。地理知识，这么受老百姓欢迎啊！该杂志为20元人民币一本，是一个不低的价格！人们追求知识，尤其是那些好文、好图承载的知识。当年11月，我去湖北隐水洞开全国洞穴学术会议，会上隐水洞老板问我，他的洞我为什么没有宣传，很有意见；我说，我原来写了你们的边池坝（仙人田）景观，后来是编辑删掉了。你看，人们对宣传“自己的山水”多么看重啊！

由《中国国家地理》想到了我的《中国地书——中国21个国家地质公园全记录》，此书出版后，我在泰宁参加全国学术会议时，大会秘书处的王艳君女士，带了一位高高的十分帅气的小伙子到我面前说，他是海归，是你的粉丝。啊！我居然有粉丝。我问他有什么事。他手上拿着《中国地书》，要求我给他签个名就行，我当即就满足了他的要求，至今后悔的是没有给这位海归写几句话。这本书居然会成为畅销书，两年之内销售8800册，是个不错的成绩。最近流传的“世界这么大，我想去看看”，从一个侧面映射出人们对中国地理和祖国山水的一种好奇。大家出去看看后，对祖国的山山水水的热爱之情一定会油然而生！

作为一名地理学工作者，尤其是地理学的科普作家，担当起这份宣传中国地理的责任，义不容辞。只有这样，才对得起生我、养育我的伟大祖国。

最后，我要提醒大家在游览时一定要注意安全！下面我把在《中国科学报》上登载过的文章《救命银耳挖及其他》中的部分内容介绍给大家，供借鉴。

现在不少驴友或青少年到“野山”、“野洞”旅游、探险，有时会因各种意外被困需要救援，但仅有手机和 GPS 是远远不够的，还应该带上以下物件：哨子、红布（或红绳）、打火机（或火柴）、手电、罗盘、小型铁镐等。

哨子，又小又好带，作用最大，有一个真实的故事：南方农村一位小女孩迷路了，村里组织了搜寻队伍，敲锣打鼓，到山中寻找，到第 5 天时，小女孩听到了声音，但她此时已筋疲力尽，捡了根棍子（树枝）往石头上敲，但声音太微弱了，外人根本听不见，所以错过了，直到第 8 天，才被发现，如果那时她有个哨子，情形就会是另外一个样子。

现在，人们走向大自然、领略大自然的美好风景的愿望与日俱增，但由于思想准备不足，导致物质毫无准备（有人可能带很少的食物和饮用水，更不要说其他的），匆匆忙忙就上路了。在北京周围的山中，每年几乎都有人被困山中，救援人员很难发现他们，因为他们没有哨子，发不出声音；没有手电和红布，发不出光源；没有罗盘，说不清方位。

第 2 节　处处留心皆地理

行万里路，拜万人师，思万般理

“读万卷书，行万里路”是中国人提倡的学习方法，我是赞同的，尤其是地理、地质、生物等和大自然紧密相连的学科。但我认为还应该加上两句：拜万人师，思万般理。

遵循这个原则和方法，能学习到不少地理知识。我有切身的体会。我们从北京乘飞机，飞往新疆的乌鲁木齐，来回所用时间不一样。回来时比去时少用 20 多分钟。原来去时是往西走，而回来时，是从西往东飞，在高空西风带的影响下，顺风而飞时间当然用得少。

松树和地理环境的关系密切，我对3种常见的松树——油松、白皮松和华山松的特征是知道的，它们每簇松针分别为2、3、5针。白皮松一眼就能认出，皮是白色的，还有斑点；但油松和华山松如何一眼认出，我不知道。后来，一个园林工人告诉我，华山松的树干是浅色且光滑的，而油松有“斑痕”，显得十分苍劲。从此，我远远就能辨认出华山松。

马褂木（即鹅掌楸）是一种既常见又陌生的树，它主要生长在南方，是一种阔叶树，叶子像我们穿的马褂一样，顶部是平的，十分有趣。最近5年，我逐渐注意到它的行踪。每走到一个陌生的地方，我就观察行道树、广场的树、街上的树、公园的树，发现在江西金溪县的人民政府广场上，在武汉最繁华的武昌区楚河汉街上，在我家附近的北京紫竹院公园中……都有它的身影，见到它就像见到了“老朋友”，十分的亲切。这是一种值得我们关心的，和银杏一样的孑遗植物。

还有，冬天看到朝南的坡的雪融化比北坡快得多，联想到为什么从中国所在的北坡比从尼泊尔所在的南坡攀登珠峰更艰难等这些问题。生活中处处留心皆地理。

作为一个地理学家，或想成为地理学家的人，一定要“读万卷书，行万里路”，往往“行万里路”更为重要。但行万里路也是有学问的，到哪里去？怎么去（交通路线）？去了以后看什么？什么时间看？

在这里，我要感谢陈良富先生。陈良富先生是浙江的地质学家，浙江徐霞客研究会的副会长。我和他在20世纪80年代就相识了，因为他也是搞地质科普的。他比我小10多岁，尊称我为“老师”。2002年春末夏初，我去浙江考察常山国家地质公园，他作为省国土厅办公室的负责人陪我考察，一来解决了交通工具，二来成为很好的向导。考察完常山后，他对我说，你是研究徐霞客的，常山离江山市很近，而江山的江郎山又是徐霞客评价很高的山，咱们去江郎山看一看。啊，这些都是我不十分了解的，我当即同意他的安排。当天下午，我们就前往江山。在路上，他突然请车停下，叫我下车看看，原来这是中国最大的水泥厂——江山水泥厂，正把一座石灰岩的山挖去了一半用来生产水泥。我看后，深感中国人真是“移山”呀！还拍照留作资料。

武昌首义广场的马褂木

马褂木的叶与花

第二天上午，我们考察了位于浙西交通不便的江郎山，给我留下了美好印象。下午，他竟带我去参观了一个民办的萤石矿。啊！那么多耀眼的萤石，在阳光下闪着光芒。我们中国地质博物馆，有一块大萤石守卫着大门。但我却是第一次亲眼看见人们从大地之下，把它们开采，并提升到地面上。我们的大地多么富饶！至今后悔没有取出哪怕小小的一块，作为留念；当时，拿多大都可以，因为这些漂亮的石头马上就作为化工原料被运走。第三天，我们离开江山返回杭州，经过江山的奇石市场时，我想买一个奇石做的砚台。等待老板时，陈先生在摊位后的废料堆中捡到一块石头。陈先生过来说：“我给你一块石头，你看，上面有‘假化石’”。果然石头上有铁锰颗粒形成的像松树一样的植物化石。但是这块石头是板岩，是变质岩，其上是不可能有化石的，所以是假化石。

有些同行，说我知识丰富，我也是行万里路得来的，而且是在读万卷书的基础上，“用心”地行万里路。陈先生让我看江郎山、江山水泥厂、萤石、假化石，我还是有些印象，有些许的了解。经过这次行程真正变成了我的“知识”，并且储存了起来。理解的东西，才能记住。

向导游致敬

旅行和参观，是获得地理知识的重要来源的两种途径。但你要获得相关的各种知识，就离不开导游。对此，我深有体会。近 15 年来，我接触了百位导游，他们给我许多帮助，有意或无意间传授给了我许多地理知识。

其中一位是雁荡山的导游小金。她给我作了 2 天导游，热情之外，讲解详细有趣。第一天晚上夜游雁荡山时，她指着天空中的山影说，这就是郭老（沫若）发现的老鹰。啊，真像！最令我难忘的是第二天考察灵岩寺景区时，专门带我去看了不在旅游路线上的两个洞：天聪洞和龙鼻洞，使我明白了《徐霞客游记》中徐霞客称赞雁荡山为“真天下奇观”的全部含意。要知道这之前我在室内读了几个月都没弄明白。如果没有小金的细心（她了解到我是搞地质的）和她对《徐霞客游记》的熟悉，她就不会特意带我去那两个洞参观。我也很难明白雁荡山的这个“天下奇观”。

另一位是本溪地质博物馆的讲解员小王。2011 年 10 月，我专程去本溪考察以本溪水洞为主的本溪国家地质公园。在参观水洞旁的本溪地质博物馆时，小王为我作导游。她的讲解使我听得如醉如痴，特别是对“镇馆之宝”的讲解，引人入胜，但我很难记录下来。返京后，我给她写了一封信，表示感谢。没想到，她工工整整的给我写了回信，信中，条理清楚地介绍了“镇馆之宝的概况”，弥补了我没有记录下来的遗憾，她信中介绍的内容成为我写作这部书的题材之一。

记得我在《品读·徐霞客游记》（中国建筑工业出版社）一书，最后“致谢”中写道：别的钱可以省，请导游的钱绝不能省。

今天，我仍然坚持这一条。

附录1　中国的世界遗产名录表

截至2017年，共52处

中国的世界文化遗产名录（文化景观）

序　号	名　称
1	长城
2	明清故宫（北京、沈阳）
3	莫高窟
4	秦始皇陵及兵马俑坑
5	周口店北京人遗址
6	承德避暑山庄及其周围寺庙
7	曲阜孔庙、孔林和孔府
8	武当山古建筑群
9	拉萨布达拉宫历史建筑群
10	丽江古城
11	平遥古城
12	苏州古典园林
13	北京皇家园林—颐和园
14	北京皇家祭坛—天坛
15	大足石刻
16	青城山—都江堰灌溉系统
17	皖南古村落—西递、宏村
18	龙门石窟
19	明清皇家陵寝
20	云冈石窟
21	高句丽王城、王陵及贵族墓葬
22	澳门历史城区
23	殷墟
24	开平碉楼与村落

续表

序号	名称
25	福建土楼
26	登封“天地之中”历史古迹
27	元上都遗址
28	丝绸之路：长安—天山廊道路网
29	大运河
30	土司遗址
31	广西左江花岩画
32	五台山（文化景观）
33	庐山（文化景观）
34	杭州西湖（文化景观）
35	红河哈尼梯田（文化景观）
36	福建省鼓浪屿

中国的世界自然遗产名录

序号	名称
1	武陵源风景名胜区
2	九寨沟风景名胜区
3	黄龙风景名胜区
4	三江并流自然保护区
5	四川大熊猫栖息地
6	中国南方喀斯特
7	三清山国家公园
8	中国丹霞：崀山、丹霞山、泰宁、赤水、龙虎山、江郎山
8	澄江化石遗址
10	新疆天山
11	神农架
12	青海省可可西里

中国的世界文化和自然双遗产名录

序号	名称
1	泰山
2	黄山
3	峨眉山—乐山大佛
4	武夷山

附录 2　中国的世界地质公园名录表

截至 2015 年 12 月 31 日，共 33 处

序　号	名称
1	安徽黄山
2	江西庐山
3	河南云台山
4	云南石林
5	广东丹霞山
6	湖南张家界
7	黑龙江五大连池
8	河南嵩山
9	内蒙古克什克腾
10	浙江雁荡山
11	福建泰宁
12	四川兴文
13	山东泰山
14	王屋山—黛眉山
15	河南伏牛山
16	广东海南雷琼
17	北京房山
18	黑龙江镜泊湖
19	龙虎山（龟峰）
20	四川自贡
21	内蒙古阿拉善
22	秦岭终南山
23	广西乐业—凤山
24	福建宁德
25	安徽天柱山
26	香港世界地质公园
27	江西三清山
28	湖北神农架
29	北京延庆
30	青海昆仑山
31	云南大理苍山
32	贵州织金洞
33	甘肃敦煌

附录3 中国的国家风景名胜区和国家地质公园名录表（合计444处）

省·区直辖市	国家风景名胜区（截至2012年11月，共225处）	国家地质公园（截至2011年11月，共219处）
北京	八达岭—十三陵、石花洞	石花洞、十渡、延庆硅化木、云蒙山、平谷黄松峪
河北	承德避暑山庄外八庙、秦皇岛北戴河、野三坡、苍岩山、嶂石岩、西柏坡—天桂山、崆山白云洞、太行大峡谷、响堂山	秦皇岛、阜平、涞源、涞水、赞皇、临城、武安、承德、兴隆、邢台、峡谷、迁安—迁西
山西	五台山、恒山、黄河壶口、北武当山、五老峰、碛口	壶口瀑布、五台山、壶关太行山、宁武冰洞、永和蛇曲、平顺天背山、大同火山、陵川王莽岭
辽宁	鞍山千山、鸭绿江、金石滩、兴城海滨、大连海滨—旅顺口、凤凰山、本溪水洞青山沟、医巫闾山	朝阳、大连、本溪、冰峪
黑龙江	镜泊湖、五大连池、太阳岛	五大连池、嘉荫、伊春、凤凰山
吉林	松花湖、八大都—净月潭、仙景台、防川	靖宇、抚松、长白山火山、乾安泥林
山东	泰山、青岛崂山、胶东半岛海滨、博山、青州	熊耳山—抱犊崮、山旺、东营、泰山、沂蒙山、长岛、莱阳、诸城、沂鲁鲁山、青州
河南	鸡公山、洛阳龙门、嵩山、王屋山—云台山、石人山、林虑山、青天河、神农山、桐柏山—淮源、郑州黄河	信阳金岗台、尧山、汝阳恐龙、红旗渠、嵩山、焦作云台山、内乡宝天曼、王屋山、伏牛山、嵖岈山、郑州黄河、关山、洛宁神灵寨、洛阳黛眉山、小秦岭
湖北	武汉东湖、武当山、大洪山、隆中、九宫山、陆水	长江三峡、咸宁九宫山、神农架、木兰山、郧县、五峰、武当山、大别山

省·区 直辖市	国家风景名胜区 （截至 2012 年 11 月，共 225 处）	国家地质公园 （截至 2011 年 11 月，共 219 处）
湖南	衡山、武陵源、岳阳楼、洞庭湖、韶山、岳麓山、崀山、猛洞河、桃花源、紫鹊界梯田—梅山龙宫、苏仙岭—万华岩、东江湖、凤凰沩山、炎帝陵、白水洞	张家界、飞天山、崀山、浏阳大围山、平江石牛寨、凤凰古丈红石林、湄江、酒埠江、乌龙山
江西	庐山、井冈山、三清山、龙虎山、仙女湖、三百山、灵山、梅岭—滕王阁、龟峰、高岭—瑶里、武功山、云居山—柘林湖、灵山、神农源、大茅山	庐山、龙虎山、三清山、武功山
浙江	杭州西湖、富春江—新安江、雁荡山、普陀山、天台山、嵊泗列岛、楠溪江、莫干山、雪窦山、双龙、仙都、江郎山、仙居、浣江—五泄、方岩、百丈漈—飞云湖、方山—长屿洞天、天姥山、大红岩	临海、常山、雁荡山、新昌
安徽	黄山、九华山、天柱山、琅琊山、齐云山、采石、巢湖、花山谜窟—浙江、太极洞、花亭湖	黄山、齐云山、八公山、浮山、牯牛降、池州九华山、大别山、天柱山、丫山、广德太极洞、凤阳韭山
福建	武夷山、清源山、鼓浪屿—万台山、太姥山、桃源洞—鳞隐石林、金湖、鸳鸯溪、海坛、冠豸山、鼓山、玉华洞、18 重溪、青云山、佛子山、宝山、福安白云山、灵通山、湄洲岛	大金湖、漳州、太姥山、天鹅洞群、晋江、政和佛子山、连城冠豸山、平和灵通山、屏南白水洋、永安、德化
广东	肇庆、西樵山、丹霞山、白云山、惠州西湖、罗浮山、湖光岩、梧桐山	丹霞山、湖光岩、凌霄岩、西樵山、封开、恩平地热、阳山、深圳大鹏半岛
广西	桂林漓江、桂平西山、花山	资源、百色、北海凤山、桂平、宜州水上石林、大化七百弄、鹿寨、浦北五皇山
重庆	长江三峡、重庆缙云山、金佛山、四面山、芙蓉江、天坑地缝、潭獐峡	武隆、长江三峡、綦江木化石—恐龙、酉阳、万盛、云阳、小南海
四川	峨眉山、黄龙寺—九寨沟、青城山—都江堰、贡嘎山、蜀南竹海、西岭雪山、四姑娘山、石海洞乡、邛海—螺髻山、白龙湖、光雾山—诺水河、天台山、龙门山	自贡恐龙、大渡河、龙门山、安县、九寨沟、黄龙、兴文射洪硅化木、大巴山、四姑娘山、华蓥山、江油、青川地震、光雾江—诺水河、绵竹清平—汉旺

续表

省·区直辖市	国家风景名胜区（截至2012年11月，共225处）	国家地质公园（截至2011年11月，共219处）
贵州	黄果树、织金洞、㵲阳河、红枫湖、龙宫、荔波漳江、赤水、马岭河峡谷、都匀斗篷山—剑山、九洞天、九龙洞、黎平侗乡、紫云阁凸河、平塘、榕江苗山侗水、石阡温泉、沿河乌江山峡、瓮安江界河	关岭、兴义、织金洞、绥阳双河洞、六盘水乌蒙山、贵州平塘、贵州黔东南苗岭、贵州思南乌江喀斯特、贵州赤水
云南	路南石林、大理、西双版纳、三江并流、昆明滇池、丽江玉龙雪山、腾冲地热火山、瑞丽江—大盈江、九乡、建水、普者黑、阿庐	路南石林、澄江、腾冲、禄丰、玉龙罗平生物群、九乡峡谷、大理、云南泸西、丽江玉龙雪山
陕西	华山、临潼骊山、宝鸡天台山、黄帝陵、合阳洽川	翠华山、洛川、壶口瀑布、黄河蛇曲、耀州丹霞、柞水溶洞、商南金丝峡、岚皋南宫山
甘肃	麦积山、崆峒山、鸣沙山—月牙泉	刘家峡、敦煌、崆峒山、景泰、张掖丹霞、炳灵丹霞、天水麦积山
新疆	天山天池、库木塔格沙漠、博斯腾湖、赛里木湖	奇台、喀纳斯湖、吐鲁番火焰山、可可托海、温宿盐丘、天山天池、库车大峡谷
宁夏	西夏王陵	火石寨、灵武
天津	盘山	蓟县
上海		崇明岛
香港		香港火山
青海	青海湖	坎布拉、昆仑山、青海河、互助北山
内蒙古	扎兰屯	克什克腾、阿尔山、阿拉善沙漠、鄂尔多斯、二连浩特、巴彦淖尔、宁城
江苏	太湖、南京钟山、蜀冈瘦西湖、连云港云台山、三山	太湖西山、南京六合、江苏江宁汤山·方山
西藏	雅砻河	易贡、札达土林、羊八井

附录 4　专家眼中的吴胜明及其著作

《中国，多彩的大地》一书，近 50 万字，无论是找谁看一遍，写个序，都要费一个月吧；要写出切中要害的更需时间和精力，我无法完成。但读者总是要对作者及其著作有所了解吧，为此，我把三位专家——夏国治（原地矿部副部长）、郭来喜、谢延淦以及一位“小朋友”丁乙（现《中国少年报》主编）关于作者及《中国地书》著作的评价附在下面。因为本书和《中国地书》是同类书，风格相近。

夏部长为写评介，阅读了拙著半年，写好意见，又约我见面，亲自把打印稿给我，又谈了他对“天人合一”的看法。

郭先生是个大忙人，他断断续续用 3 个月写好意见，盖上章，快递给我。他是一个写作一贯认真负责的人。

谢先生，我认识他几十年，长期当领导，养成了严肃认真的精神。

丁乙是青年人，又是《中国少年报》主编。我认识他十多年了，是他联系的作者。

最后是高泳源先生的两封信。

高泳源先生，是《中国国家地理》杂志前身《地理知识》的主编。选高先生两三封信，主要是让读者知道“老先生”的认真精神和对一些学术问题的看法。我们这一辈人有幸见到了地理界的老先生。说实话，我们对老先生的认识和研究并不多。

我期待着这本书重印再版，到时您就可以读到读者（专家也是读者）对本书的评介，也许中间就有您的意见、建议。

《中国地书》读后

这是一本游记体裁的地学科普书籍，介绍了若干典型的我国国家（或世界）地质公园，是旅游地学的一本新作。我通读之后，感到有几点印象比较深刻：

（1）文笔流畅，读起来饶有兴味。一些篇幅引用了名家诗词等作品，更增加了文学味道。由于采取了游记的写法，通过作者亲身感受，把读者步步引入其中，共同领略景观的美。

（2）作者以饱满的政治热情和多年从事科普工作的高度使命感，围绕建立国家地质公园的基本目的，尽量通俗生动地介绍每个公园的地质遗迹和人文景观特点，有些篇幅更结合具体事例，强调爱国主义思想。读者（和游人）从中不仅会深化对公园的了解，而且会提高对保护祖国大好河山和景点的认识和自觉性。

（3）结合具体景点，介绍有关基础地质知识，宣传各地质公园独特的典型性、珍稀性、科研价值、观赏价值，可以帮助读者增加科学知识、体会科学精神、提高欣赏水平。对普通讲解人员学习地学知识、充实讲解内容、提升讲词科学含量，也提供了一种实用的教学参考资料。

（4）不仅重点介绍自然景观，还对公园人文景观也不吝笔墨，多所描述，从整体角度揭示文化内涵，满足读者和游客的多元需求。

（5）图文并茂。许多图片对了解有关景观和景点很有帮助。

（6）有一点可以讨论的是，书中强调了“人与自然和谐相处”，赞赏人工美同自然美结合，这当然符合建立和谐社会的要求，也是公园建设的正确指导思想，应当肯定；但把它同“天人合一”等同起来，说这就是“人们所期望的‘天人合一’”，是否恰当，值得商榷。因为如果不是望文生义，而是要追问一下古人这个“天”的含义究竟是什么，就大有可研究之处了。

总之，这是我迄今读过的一本介绍国家地质公园有分量、有一定水平的科普著作。但，它只包含了21个国家地质公园；作为读者，还希望看到它的续集能够面世。同时，希望续集或其他同类书籍在质量方面有新的提高，以更好地适应市场和社会读者的新的要求，更好地宣传国家地质公园，更好地普及地学知识。

夏国治

2006 年 1 月

《中国地书》与《新石头记》

《石头记》——古本《红楼梦》(甲戌本)，以青埂峰下一块顽石为点题，以宝黛爱情悲剧为轴线，演绎出康雍乾王朝高层内部勾心斗角、官宦家族的兴衰，成为中国古典文学四大名著之一，是曹雪芹披肝沥胆，呕心沥血，十年辛苦之作。曹老先生把一块顽石诱发的故事，演绎的如此淋漓尽致，实为前无古人。我们每一个中华儿女，都永远感激他的创世之作为丰富中华民族优秀文化遗产所做出的历史性贡献!

而今，喜读吴胜明君著《中国地书》，立刻在我脑海中浮现出《红楼梦》，可谓又一部以“石头记”为题材的创新之作，真可谓 21 世纪的“新石头记”。只不过两者导引的内涵全然不同。

吴胜明研究员，是新中国 20 世纪 60 年代培养的第一批研究生，在中国科学院这个科学大熔炉里锤炼，奠定了其扎实的科学基础和严格的治学精神。加之天生勤奋，刻苦追求，方能“行万里路，写一卷书”(其实先生著述颇丰)，此次推出精彩的《中国地书》这部创新之作。我通读后有以下感言:

(1)让石头“活化”，使公众亲近地质公园。除了宝石、钻石、玉石、各种象形石之外，通常，石头引不起人们的关注和兴趣，对公众而言地质更是专业学术语言。国土资源部推出“国家地质公园”，后来联合国教科文组织又有“世界地质公园”评选，方让世人开阔眼界，原来“无言之石”亦能“说话”，典型地质遗迹也能成景观!可惜出版界没有适应市场，只是出版一些传统的旅游指南而已。《中国地书》出版，突破了这种格局，以全新的模式解说 21 个国家地质公园（其中有一批已评为世界地质公园，如云台山、五大连池、丹霞山、张家界等）。让石头“活化”，使公众亲近地质公园，《中国地书》功不可没。

（2）博古论今，图文并茂。《中国地书》广征博引，谈古论今，以生动的语言去解释枯燥的地质构造、亿万年的地史变迁，配以大量图片绘画（包括作者自己的摄影），使读者感到生动有趣，引人入胜，爱不释手，读而不厌。

（3）文辞优美，意境深邃。地学著作容易使人乏味，许多专门术语和地质年代更让旅游者望而生畏。《中国地书》作者，多年从事地学科普，摸准读者心态，以通俗的语言、优美的文字，把深奥的地质构造、地球遗迹、专有名词、科学术语，深入浅出，画龙点睛，变得生动活泼，跃然书中，发人深思，耐人寻味，让读者品领地质公园深远意境，激励人们不得不去探讨自然奥秘。

（4）万里逍行，心血凝聚。《中国地书》最大的特色之一是作者行万里路，亲身考察，成为呕心之作。吴先生治学之道和探索精神，在当今时代更显得难能可贵！

总之，《中国地书》是中国地学向旅游领域拓展的创新之作，是理论与实践结合之作，在地学美景构筑史上开创了一代新风，是 21 世纪的一部“新石头记”。我郑重地推荐授予“创新奖”。同时，亦建议国土资源部能给予积极支持，让吴胜明先生继续探索，完成《中国世界地质公园》《中国国家地质公园》两卷《中国地书》，使之成为中国地质科学遗产与美景学科学普及的真正“全书”，为中国地质公园走向社会、走向世界做出新贡献！

郭来喜

2006.3.18

郭来喜，中国科学院地理科学与资源研究所研究员、博士生导师，中国区域科学协会副会长，神州土洋（北京）旅游景观规划设计院院长，北京大学、南京大学等十所大学兼职教授，全国先进工作者。

踏遍青山人未老　风景这边独好

——当代中国“徐霞客”吴胜明先生的旅游地理学专著《中国地书》值得推崇

吴胜明先生是和共和国一道成长起来的学者，40余年来，行万里路，读万卷书，实践、认识、再实践、再认识，在地学领域里奋力耕耘，终于结出了丰硕成果——《中国地书》。拜读之后，获益匪浅，一言以蔽之曰:《中国地书》，佳著也。纵览全貌，其特点有四:

（1）身临其境，发自肺腑。近三年来，作者行走于21个国家地质公园之间，占其时全国总数的四分之一，实属不易。若无“徐霞客精神”，很难使20万言、百余图片的著作与读者见面。诚如胜明先生所言:“写科学书籍，尤其是地学书，没有亲历是万万写不好的。”

（2）地质公园，特色独具。作者从峡谷、丹霞、化石、火山、岩溶、峰林等景观出发，夹叙夹议，阐述了“地质公园是以地质遗迹为核心内容，具有旅游休闲功能的地质遗迹的保护区”，颇有吴氏独创风格。全书集科学性、可读性于一体，既是一部论述严谨的旅游地学佳作，又是一部趣味性强的地学科普专著。

（3）天人合一，博古通今。作者通过描绘地质公园的科学特色，阐述了天人合一的和谐道理，是当今构建和谐社会在地质科学方面难得的诠释。例如，福建泰宁大金湖国家地质公园就是天人合一的典范；又如，“每逢佳节倍思亲”这个名句原来是唐朝诗人王维在修武县云台山上所作。

（4）图文并茂，引人入胜。全书构思巧妙，文辞优美，意境深远，回味无穷。读《中国地书》，仿佛打开了一部地学方面的“万卷书”，细心地阅读它、品味它，就会陶醉其间，乐意融融。

若论长短，应该说“这是一本没有写完的书”，深信在不久的将来会有续篇问世。

总之，胜明先生的专著《中国地书》是一部值得推荐的好书，是一部情趣盎然、深入浅出的地学科普旅游佳作，无论远观近赏，都给人一种精神上的享受和启迪！循此渐进，定会有更多的热爱祖国锦绣河山的“徐霞客”们继往开来，乐此不疲。

中国地质大学（武汉）教授
湖北省科普作家协会会员
谢延淦
2006 年 1 月 18 日于武汉

胸中盛满山水情怀

2003 年 11 月，我在孟子的故乡邹县采访，手机突然响了，那一边是吴胜明老师，声音特别快乐：“小丁呀，我在湖南凤凰城，这里的风景真是太好了！”

他大着嗓门给我讲述沿途名胜，语速急促。“你真的应该来，你会来吗？这样的地方不该错过。”结束的时候，这几句话他强调了好几遍。

认识吴老师的这些年，他既是我们《中国中学生报》的特约作者，又成了我中国地理的“导游”。只是这样的导游对我而言，有时太显专业。他时不时地穿插上“丹霞地貌”“火山地质遗迹”等一类术语，若不解释，我会茫茫然不知所云，而他总是耐心而风趣地进行讲解。

有一次，他送给我一套在河南内乡县衙买的书签，并详细介绍了内乡县衙。最后，他问：“你会去吗？这样的地方实在不该错过。”他指点我应该去的地方，现在算算不下三四十个了，而我总是很少有机会去。

吴老师既是一个旅行家或地学家，又绝对是一个对自然、对山水充满热情和感情的人。

2001 年秋，吴老师说他要做一个项目，争取把中国所有的国家地质公园（当时有 11 个）跑一遍，然后介绍给所有爱好中国山水的人们，让他们体会真正的自然魅力和壮美风景。他说，现在还没有人用第一手资料完整、系统、生动地把中国国家地质公园介绍给大众，这些可都是中华大地之魅力所在。

但，做事从来就是冷暖自知，此间的艰辛可能只有吴老师自己能体会。

我们也曾经抱着美好的心情踏上旅程，然而往往为其他事所苦恼：交通、通信、身体、食宿……所以，我也曾产生过疑虑，这样宏大的旅行计划对上了年纪、两鬓早已发白的吴老师来说，是不是过于庞大？但吴老师一直在走，以一种轻松的心情。

这三年来的一千多天里，有二百多天吴老师都沉浸于自然的怀抱中，深情而忘我。他最北边到过中俄边境城市嘉荫，一座恐龙的故乡；最南边到过中国内地的最南端湛江市的湖光岩。一共走了 60 个县城以上的城市，这其中包括了河南云台山、河北天生桥、福建大金湖、黑龙江五大连池、湖南张家界、四川自贡等。所有这些国家地质公园都风格迥异，各具特点。它们的形成、演变，它们与人类的故事，吴老师都一一记录下来。我常常想，做这样一份事业，除了执着和热情外，应该还有其他的东西支持他走过旅程的一站又一站吧，应该是他说“这些可都是中华大地之魅力所在”时的那种心情吧。

三十多年来，吴老师一直热心于科普事业，他是北京市科普作家协会的创始会员，2000 年被聘为北京市志愿科普顾问团成员，到北京市月坛小学等多所学校作过科普讲演。这种与青少年打交道的科普事业，如今投身于其中的人越来越少了，但这种事业的确很重要。

顺便说一下，近期的一项对科技工作者的调查显示，认为科普是科技工作者的分内事、同科研一样重要的只占 39.1%；认为如果有时间和精力才去支持一下，或认为科普低一个层次，或认为科普是基层该做的事的共占 59%。由此可见，科技界对科普的重视程度并不高，像吴老师这种学问大又肯下功夫做科普的学者真的不多。

这三年，一路风光，一路风雨，吴老师走走停停，边看边记，乐此不疲。

现在，所有这些年的旅行记录，所有这些对于地质地貌的观察和论述，所有对于人文景观的体会和感情，吴老师把之收集到一块儿，整理成书。这是他三年考察和奔波的心血与结晶，也是一位赤诚的知识分子辛勤劳作的成果。

翻看本书目录，介绍的部分地方是为人所熟知的，如张家界；但可能更多的地方不为大众所知，不是所谓的游览热线。吴老师说，这些地方跟张家界一样，经历过历史的洗涤和大地的沧桑，而岁月又被它们分别演绎，塑造成各自的性格，魅力相当，韵味迥异。它们需要被挖掘和开发，需要重新被认识和解读。更为重要的是，吴老师又演绎了它们的演绎，把祖国山河中地质方面的瑰宝，生动而完整地呈现给了读者。

纵览全书，你可清晰地体会到吴老师深厚的地学功底，任何一处地质公园，他都能把握住来龙去脉，包括它们形成的年代、变迁、价值等。除了科学性之外，我觉得本书的最大特点在于可读性强。吴老师把许多复杂、枯燥的科学理论和事实，用简单易懂且生动的方式表达出来，让人一看就能明白。这是很多此类书所不具备的，也正是本书的特色。这个特点与吴老师长期从事科普写作是分不开的，也与吴老师自身的性格有莫大关系。

这种可读性，表现在三个方面：

一是善于抓住读者的兴趣点。这从很多文章的标题中可见一斑。如《中国的夏威夷》，介绍漳州滨海火山地质公园，我就会想，中国有夏威夷吗？到底是个什么样？再如《似真似假的桂林山水》，“似真似假”，这是我所见到的有关山水最奇特的修饰。

二是文学味浓。书中吴老师用了许多文学的手法。这本书原取名《泉涌瀑飞峰林展》，就是一句古文，很有书卷气。吴老师虽然专攻地质地理，但丝毫不影响他对古典文学和中国古诗文的喜爱，他每年都要重读《三国演义》《红楼梦》《水浒》《西游记》，背诵一些唐诗、宋词名篇，他常常把两者结合起来，融汇到文章中。

三是能够提出思考。在很多篇章中，吴老师不仅仅介绍该地的特点与风光，而且也把自己的感想融入其中，提出问题，和读者一起思考。在不止一处，吴老师不断地考究“人定胜天”这个论断，到底是自然伟力强，还是人类的能力大？在河南内乡，面对一个古时匾联，他又对为官之道感想连连。人生哲理和社会哲理穿插书中，令人深省。

事实上，通过我与吴老师近几年的接触，我发现他一直深信大自然教会我们很多做人的道理，有“一线天”的光明与希望，有“山穷水尽、柳暗花明”的转折，有“有容乃大、无欲则刚”的男儿本色，这样的感悟和这样的结合，是不是某种“天人合一”呢？

吴老师是武汉人，是享受国务院特殊津贴的专家，1963 年从西北大学毕业，1967 年中科院研究生毕业。如今他出版的书有 20 多种，包括《风景名胜区奇观》《大地博物馆》《探险百年》等，不少是一版再版的畅销书。他写的科普文章，据我所知就有 300 多篇，在《光明日报》《中国青年报》《北京青年报》《解放军画报》《中国国家地理》《地球》《我们爱科学》等全国性的报刊上都发表过许多有影响力的作品。这么有威望的专家让我介绍他的新书，使我倍感荣幸。我也真心希望读者能和我一样，真正喜欢这本好书，买上一本，细细品味。

《中国少年报》主编丁乙

作者注：丁乙是南京大学新闻传播学院 1999 年的毕业生，以优异的成绩被《中国中学生报》选中来到北京。当时，该报“知识版”负责和我联系的刘季子先生刚好另有重任。小丁接替他负责和我联系，在几年的工作中，他和我接触较多，对我也比较了解，我就请他为我这本书写一篇介绍性的短文。看中他的理由有三点：一是他比较了解我的为人和该书的内容；二来他是记者，文笔不错；三是以一个纯粹的“局外人”、又是青年人的眼光来介绍此书，也许会更客观、更公正吧。

附录 5　高泳源先生的两封信

做学问要有基础

胜明同志:

您好，昨天收到你寄来的《地球》第 4 期和八月初的信，由于上次收到杂志和信以后，没有及时作复，总觉得至为抱歉，这种情绪，而且与日俱增，使人很不舒服，所以这次，决不能再蹈前辙。我想你还比较乐观，不至于终日戚戚然，不会去和人家争一日之短长，坚毅地一步一个脚印走下去，终会取得最后的成功，这就是谁在最后一个笑，谁就笑得最好。

来信讲,“做学问要有基础”，这话很对，你参加工作将近三十年，打下了一个深厚的基础，现在是关键时刻，要在这个基础上，垒起砖石，筑起宏伟的大厦来，这就需要在规划、设计上多下一点功夫。

来信又讲:“中国的自然地理面貌，我是基本熟悉”。对，我相信这句话，但从另一方面说，这些也可能是你的框框，你要从中走出来，并不容易，所以你说“要努力”，我想这“努力”主要是在探索新观点，信中也提到了，我以为，新观点不一定非要由你提出来不可，能够触类旁通，引进来就可以了。为此，我想向你举两个例。A. 本行的是美国的斯屈勒利（stiahlec），他们父子俩反复写过好多部自然地理教科书，各部书都有点新意，你可拿这些书来比较比较，他是怎样推陈出新的。B. 非本行的是我国的胡绳，抗日战争时期，他为《中学生》写过名为“两千年间”的连载，就中国封建社会作出了许多横剖面，如官僚制度、中国的兵、农民战争和少数民族的关系等，做到了深入浅出，连吴晗也很推崇这本书，称之为“中国历史的镜子”，中国近代史，这个课题也是一个不知经过多少人嚼过的馍了，但他在前十多年间出的《从鸦片战争到五四运动》，虽然还是旧的框架，但蕴含了不少新意，如讲太平天国的几章之中，有一节就谈“当时对太平天国左、中、右三种态度的知识分子”这就是创新，类似的地方还很多，这样，就有了突破。

你要凭空去创造不容易，恐也不现实，主要还是在于借鉴，从相邻有关的学科之中去引进，这就需要你去做探索了。今年春，本院自然科学史研究所要编写“二十世纪中国科技史”，其中地理学一章（一万五千字）要我承担，我已应允了，可是半年多即将过去，我仅写了两千多字的初稿，前五十年，我已想出一个轮廓，建国之后的，还没有去细想，淤泥的葡萄，只能吃一段，洗一段了。

此复并颂

康乐

高泳源手启八月十三日

科普事业不能自满

胜明同志：

现在，三月即将过去，大作《科学探险》一书[①]是否已经出版，还是又陷入“好事多磨”的魔圈之中，我一直在挂念着（倒并非想借此由头向你讨一本）。只能叹一声“现在出书好不容易”！那天下午，承你以该书的目录校样相示，看来只等开机付印，想来决不至于功亏一篑。目录虽然只经一瞥，但看到方面很广，你在短时间之内能搜集到这样多的资料，真可标为快手。又想到科学探险这个领域相当宽广，而搞的人不太多（这是我没有根据的估计），你不应当浅尝即止，而该深入进去，所谓“不入虎穴，焉得虎子”，这本身也是一种探险。你不一定要以青少年为写作对象，可以向成人讲。你不一定非写专书不可，可以改写专文，向有关报刊投稿（如中国科技报、中国地质报等）。以科学家而从事探险的，据我所知，就有鲍惠尔（Powell, 美国地质学家）、达尔文和魏格纳等人，就可来它一篇，这些当然是我的无根游谈，但请你考虑。

这几年，《地球》办得很好，有些文章我很爱看。如前一两年，有篇文章讲夏威夷群岛的火山考察的，内容很充实，文字也比较活泼，就读过多次。谈宝石的小品文也比较好，这类文章，从内容到文字，要向科学小品发展。今年第一期，介绍南延宗的文章，也引起我的兴趣。早在四川的时候，就从郭令智那里，听到他谈过南延宗，说他能鉴别不常见的矿物，现在读了该文以后，所获更多，想到中国地质学界真是人才辈出。《地球》在这方面，可以细水长流，多作一些介绍。这一期纪念高振西先生的去世就很好。陆相生油，在科学上是个突破，中国地质学家潘忠祥根据他的工作实践，在四十年代就在美国的专业杂志上发表了他的创意，这事也该介绍介绍。七十年代，在《地质论

① 此书后更名《探险世界》，由河北教育出版社出版，至今重印四次，畅销十余年之久。

译》上发表了黄汲清怀念赵亚曾的文章。郑平看了以后，认为很好，介绍给我，的确是篇好文章。过去中国科学家中遭到土匪杀害的，当首推地质学家而莫属。前有赵亚曾，后有许德佑等三人。许德佑还爱好文艺，翻译过高尔基的名剧《夜店》。抗战时中大地质系主任朱森是位有成就的地质学家，因在重庆大学兼职，多领了五斗平价米，就横遭攻击，以致死于非命。所有这些，在《地球》上都可发表专文进行介绍，主要是向后继者讲明我国的地质学是怎样发展起来的。

在去年第六期的《科普创作》上，看到科普作协的表彰名单，在刊物名单中，虽无《地球》的名字，但在个人的名单中，却看到了你的名字，真使人高兴。特在这里，向你致以衷心的祝贺。记得我过去向你谈起，一个人应当努力工作，只要真的真心实意对待工作，社会是不会忘记你的，总有一天会以各种方式表示出来。现在看来，这句普普通通的话，多多少少应验了。你到目前这个岗位已满十年了，虽然作出了成绩，但希望你戒骄戒躁，不要自满，继续勤勤业业，作出更大的成绩，因为今天，当前的工作需要你，科普事业需要你，已写了两页多纸，不知促膝谈心这个目的达到了没有？但也只能结束了。

此致

敬礼

高泳源手启

三月二十六上午

这信的第二页，如有机会，不知是否可以专请陶世龙同志看看，因为他在过去对《地理知识》（今《中国国家地理》的前身）的选题也很关心，并请你代我向他问候。

又及

后记

十分艰苦、十分有意义、十分需要人去做而又无人做的了不起的一件工作，终于完成了！

能够比较圆满地完成这件工作，有三个原因。

首先，应该感谢亲爱的祖国母亲！我是和共和国一道成长起来的知识分子。共和国建立谈何容易。我的家乡武汉是辛亥革命响起第一声的地方，即首义之地。辛亥革命，推翻了千年帝制，建立了共和。共和从这里开始，但这个过程有多少革命人士付出了鲜血和生命！这使我时时刻刻想到要用自己的专业知识为国家、为人民做出贡献。我们的党和政府随时都在激励、鼓励着我。祖国的力量是无穷的。

其次，这本书是在中国科协、中国科学技术出版社的领导大力支持和关心下，才得以顺利完成和优质的出版。出版社的许总，多次接见作者，商量如何在改革开放的今天，把书做得既有正能量，更有市场效益。前期责编李红，为了此书，她从提纲的拟定，到内容的选择，和作者进行了沟通。后期责编韩颖、李双北，坚定精准地把握住本书的精华内容和方向，并设计了优美的版式；冒着炎热和酷暑辛勤的工作，使本书又好又快的和读者见面，令我感动。她们确确实实为中国出版事业的发展，尤其是科普这一块，做出了不可磨灭的贡献。我要向她们致谢、致敬。

最后，我要感谢许许多多同事、同行、朋友的帮助、关心、爱护与支持。在第十二章提到过的，就不重复了。按从北京到外地的顺序把他们的名字列在下面。

古生物学家、德国洪堡大学的博士后季强先生，旅游地学家陈安泽先生，中国徐霞客研究会原副会长姚秉忠先生，地理学家郑度院士，《地质通报》主任刘志刚先生，《地球》主编姚鹏飞先生，中国建筑工业出版社李东禧编审、唐旭编审、李成成编辑，洞穴专家陈诗才先生，高等教育出版社黎勇奇编审，人民教育出版社高俊昌编审，北京大学出版社陈静副编审。

山东省：地质科学院张增奇副院长，地质专家刘彦博先生，地质学家刘锡清先生，洞藏酒专家李顺元先生，山东画报出版社傅光中编审，山东旅游职业学院宋德利院长及全院师生。

广西：中国地质学会洞穴专业委员会名誉会长朱学稳先生，副会长兼秘书长陈伟海先生，广西机电工业学校傅中平教授，洞穴专家韦海洲先生，乐业世界地质公园管理局汪平勇局长，广西国土厅汪海处长，岩溶专家林玉石先生。

浙江：地质学家陈良富先生，洞穴专家姚朝军先生，天台县国土局张尚杰先生。

贵州：织金洞办公室杨庆东主任，九洞天管理局王成中局长，贵州山水旅游资源勘察开发设计院陈跃康院长，贵州省水利电力学校秦刚老师。

江西：省国土厅巢志众处长，庐山风景管理局李延国副局长，江西萍乡武功山管委会负责人陈光良，抚州市旅游局杨更生副局长，龙虎山风景区国土局谭天明局长，江西省旅游发展委员会的丁主任及钟佳骏。

湖北：中国地质大学谢延淦教授，湖北大学资源环境学院王新生教授、朱俊林副教授。武汉市武昌文化中学是我的母校，向她致以敬意和深深的祝福。这是一所百年老校，又是一所武汉名校。学校里的铜管乐队闻名武汉三镇；学校的学习成绩和文体成绩，在武汉名列前茅。学校培养了许多卓越优秀的人才，如宦乡、赵寻等；健在的如中国农大的石元春院士、清华大学的潘际銮院士等。我从 11 岁到 17 岁，6 年在这所学校受到了完整的、优质的中学教育，并且顺利进入了大学学习。我永远是从武汉这座城市中走出的地学家。

陕西：西安西北大学，是我的母校。这里是笔者学习地理的起点。经过4年的艰苦学习，我十分幸运地考上了中科院的研究生。当年，整个西北大学，大礼堂是考场，数百人参考，结果只有包括笔者在内的3人考上！我深深地感谢地理系的全体师生。这所大学不如北大、清华有名，但她质朴、高亢、犹如秦腔！从这里，我走进了中国地理界的最高舞台，最高学术机构，从此开始了学习地理，研究地理的有趣，又富有挑战的学术之路。

河南：省国土资源厅陈湘波先生、石昆山处长，内乡县衙博物馆李茗公先生，邓州花洲学院领导，嵖岈山管理局尚新民先生。

广东：湛江市原副市长何均发先生，丹霞山管委会的领导。

福建：地质学家林斯扩先生、陈大方先生，玉华洞管委会陈朝芳书记、原主任谢朝阳先生，泰宁世界地质公园的领导。

在野外考察中，数十处风景名胜处，如雁荡山、芦笛岩、七星岩、冠岩、广西资源、巴马水晶宫、云南九乡、贵州大方九洞天、贵州织金洞、广东金龙洞、山东山旺、沂源九天洞、陕西秦岭终南山世界地质公园、江西龟峰、江西武功山、江西明月山、贵州绥阳双河洞、贵州赤水、山东泰山等的领导，给予了笔者很大的支持；

旅游地学家吴胜明（左二）、洞穴专家朱学稳（左三）、火山专家陶奎元（右二）、地质学家陈兆棉（右一）于本溪水洞

笔者与龟峰导游小江，她的喊叫，让我看到了龟峰的奇观，水帘洞之水从天而降

近百名的导游给予了笔者很好的讲解。在此，我深深地说一声，谢谢你们！

这是一本宣传、讲解中国地理知识的大众读物。我们每一个中国人，都渴望有一本通俗易懂，描述有趣的讲中国地理的书，希望笔者这本书能够达到这个要求，受到您的认可和喜爱。

书中照片百分之九十以上，都是笔者拍摄的；大约有十几张由郑雅文、陈琳、吴伟、卫巍所摄；如果你是拍摄者，请联系出版社，以便付稿酬，下次重印时署名。

本节要附的照片很多，想来想去，只选了两张。一张是笔者与几位地质学家的合影，其中洞穴专家朱学稳、南京地质学家尹先生、火山专家陶奎元、地质学家陈兆棉，都给予了笔者帮助。另一张是2015年11月，去江西龟峰考察时和导游小江在景区合影，表明了普通人对笔者的热情帮助。

在撰写本文时，北京突然下起了两天的阵雨；今天是个晴天，太阳格外亲切，蓝天也蓝，公园的荷花已经出前几天的一朵、几朵到今天的数十朵，裹着露珠的荷花好新鲜啊！花样的生命，花样的年华！我期盼，这本书有一个花样的生命，花样的年华！这本书，更是给我们可爱的祖国，献上的一束带着清香的鲜花；祝福我的祖国大地，繁花似锦，前程辉煌！

2017年6月22日暴风雨前夕，于中国国家图书馆一层阅览室